Criar con salud mental

Familia

Dra. María Velasco

Criar con salud mental

Lo que tus hijos necesitan y solo tú les puedes dar

Obra editada en colaboración con Editorial Planeta – España

Maquetación: Sacajugo.com
Ilustraciones: Freepick.com y Agencia WeJazz
Adaptación e ilustración de la portada: Booket / Área Editorial Grupo Planeta
a partir de la idea original de © Chuwi García, Agencia WeJazz

Bajo el sello editorial PAIDÓS M.R.
Avenida Presidente Masarik núm. 111,
Piso 2, Polanco V Sección, Miguel Hidalgo
C.P. 11560, Ciudad de México
www.planetadelibros.com.mx
www.paidos.com.mx

Primera edición impresa en España en Booket: junio de 2025
ISBN: 978-84-08-30439-5

Primera edición impresa en México en Booket: septiembre de 2025
ISBN: 978-607-639-071-9

Impreso en los talleres de Impregráfica Digital, S.A. de C.V.
Av. Coyoacán 100-D, Valle Norte, Benito Juárez
Ciudad de México, C.P. 03103
Impreso en México – *Printed in Mexico*

Biografía

La doctora María Velasco Ghisleri es psiquiatra licenciada en Medicina y Cirugía, y especialista en psiquiatría infantojuvenil y psicoterapia. Trabaja desde hace más de dieciocho años como psiquiatra infantojuvenil en el Hospital Ramón y Cajal de Madrid y su labor profesional se centra en atender a menores y adolescentes, y a sus familias y centros educativos cuando estos presentan un sufrimiento psíquico. Todos estos años de ejercicio de su profesión, así como de formación intensiva, la han ayudado a acercarse desde distintas perspectivas a la infancia, la adolescencia y sus problemas, a la realidad de la crianza de las madres y de los padres y a comprender que el verdadero reto está en la prevención tanto de los problemas familiares y de pareja como del sufrimiento psíquico de menores y sus adultos cuidadores o de los trastornos mentales. Su pasión por la profesión la ha llevado a compaginar su labor asistencial en la consulta con colaboraciones en programas de televisión, de radio, pódcast y otras plataformas. Actualmente es colaboradora habitual en *El programa de Ana Rosa*, de Telecinco en España. Además, la doctora Velasco da conferencias y desarrolla un importante papel de divulgación y prevención en redes sociales a través de su cuenta de Instagram @DraMariaVelasco, en su pódcast *Raíces* y en su página web, en la que imparte cursos y talleres.

Para mis hijos.
Sois el latido más fuerte.
La mirada más sincera.
La palabra más desnuda.
El abrazo más valiente.
La estrella de mis noches.
La alegría de mis días.
Mi mar profundo y plateado.
Mi verdadero motivo.
Mi más valiosa verdad.

Sumario

Prólogo

«Ser médico me permite ser una observadora privilegiada tanto del drama humano como de la capacidad inmensa de las personas para rehacerse y sobrevivir, para crecer en la adversidad y sacar lo mejor de sí mismas, para construir realidades imposibles que salvan a los demás y nos llenan de humanidad» así introduce María este libro. Un libro que llega en un momento en el que esta sociedad necesita más que nunca voces expertas y autorizadas sobre la salud y el bienestar de nuestros hijos e hijas.

Tengo la sensación de que la población se ha acostumbrado a que cualquiera puede dar consejos de salud y de cuidados acerca de los más pequeños y aunque la mayor parte de las veces estos consejos se dan desde la mejor de las intenciones, en ocasiones, se alejan de la realidad médica, emocional y científica de lo que realmente son los niños y los adolescentes y de cuáles son sus necesidades reales.

María y yo estamos en momentos vitales parecidos, casi dos décadas de profesión acompañando a familias, en sus dramas, pero también en sus logros, en su aprendizaje y en sus duelos; también dos décadas estudiando al llegar a casa, en muchas ocasiones robando horas al juego de nuestros hijos o a nuestro propio sueño y, ¡cómo no!, lidiando con nuestra propia maternidad y con nuestros fantasmas propios, que no son pocos...

En mi caso particular —y sé que en el caso de María también—, cuanto más estudio, profundizo y leo, más consciente soy de la complejidad de nuestro campo, de lo mucho que han cambiado las cosas, de lo mucho también que están por cambiar, de todo lo que aún me queda por aprender y comprender y de la inmensa escala de grises que hay entre los blancos luminosos y los negros azabache que parece ver esta sociedad totalmente polarizada. Y es que ya lo decía el filósofo francés Michel de Montaigne: «Saber mucho es a menudo la causa de dudar más».

Por eso me alegro muchísimo de que este libro vea la luz porque ni todo es catastrófico ni todo es coser y cantar. Ni ser madre de cuatro hijos te convierte en pediatra ni ser madre de seis en psiquiatra infantojuvenil. Se agradecen infinitamente las aportaciones de todas aquellas personas que hoy en día tratan de ayudar a los demás con su experiencia, que en muchos casos resulta inspiradora, pero no nos olvidemos de que la ciencia va mucho más allá, que el comportamiento humano es muy complejo y que cuando hablamos de salud en el más amplio espectro de la palabra, voces como la de la doctora María Velasco deberían ser un referente, o al menos una guía entre tanta oscuridad y pesimismo tras escuchar las noticias (da igual el día, da igual la hora) o, por el contrario, entre tantos focos y luces que apuntan a vidas irreales que vemos cada vez que abrimos Instagram.

Gracias, María y gracias a ti, lector, por estar aquí hoy, leyéndome a mí y en unos poquitos minutos leyendo a María en una gran obra con la que comprenderás y aprenderás a acompañar el crecimiento, el desarrollo y las necesidades de tu hijo o hija, sabiendo que, por encima de todo, lo que realmente nos hace a todos estar aquí es el amor incondicional, eterno y absolutamente transformador que sentimos por nuestros hijos, lo mejor de nuestras vidas.

¡A por ello!

DRA. LUCÍA GALÁN BERTRAND,
pediatra y escritora <www.luciamipediatra.com>

Este libro está escrito desde la visión que la medicina y la psiquiatría aportan al desarrollo del psiquismo humano y a sus diferentes aspectos, por lo que no habla de todas las realidades ni tampoco debe ser entendido como la única explicación a los distintos temas que trata. La realidad humana es muy compleja y puede ser enfocada, abordada y comprendida desde muchos puntos de vista.

Las personas de las que hablo existen, pero, para proteger su intimidad, he modificado sus nombres y otros detalles de sus vidas. Aun así, sus testimonios e historias son reales y creo que pueden permitir abrir nuestra conciencia a una realidad que por miedo negamos e intentamos evitar.

Aunque en algunas ocasiones empleo términos masculinos y en otros femeninos, siempre me estoy refiriendo a la totalidad de la realidad humana.

Introducción

Todo hombre puede ser, si se lo propone, escultor de su propio cerebro.

Santiago Ramón y Cajal

Todo hombre tiene dos fines. Uno consigo mismo y otro con el eslabón de la cadena a la que pertenece involuntariamente.

Sigmund Freud

Se hace preciso que dejemos de negar la evidencia: en contra de lo que pueda parecer, ser madre y padre hoy en día es más difícil que nunca. Se empieza a hablar del «síndrome del progenitor quemado», como la nueva «enfermedad» de los países ricos, que pone de manifiesto el enorme estrés que supone para la mayor parte de las madres y los padres de hoy en día, la crianza de sus hijos.

Parece que para ser madre y padre hay que hacer un grado, un posgrado y un máster. Esta generación de padres se forman para serlo: van a trabajar escuchando pódcasts sobre maternidad y paternidad, se apuntan a cursos, compran libros y siguen en las redes sociales a infinidad de personas que se denominan expertas en distintas materias, buscando desesperadamente respuestas que calmen su enorme incertidumbre, su aplastante culpa y su innombrable desbordamiento, consecuencia de la dinámica imposible y exigente que la sociedad les impone y que a la vez les arrebata tanto la capacidad de criar a sus hijos como la legitimidad que tienen para hacerlo.

Ahora las madres y los padres saben de medicina, psicología, psiquiatría, nutrición, deporte. Se han convertido en auténticos *coaches* de la crianza, en un intento de protegerse de las dinámicas enloquecedoras que campan a sus anchas en este momento que nos ha tocado vivir. Planean la infancia de sus hijos como planean el resto de sus vidas, para conseguir el ansiado y mentiroso objetivo que todos sin excepción hemos comprado de alcanzar la máxima felicidad. Una felicidad que, sin embargo, parece cada día más escurridiza, indefinida y difícil de encontrar.

Pero paradójicamente, a pesar de tanto esfuerzo sentido y empleado por las madres y los padres de esta generación, nos hallamos ante las mayores tasas de fracaso escolar, el mayor índice de suicidio entre jóvenes y menores, los casos más graves de acoso escolar, la mayor expresión de violencia sexual en la infancia registrada hasta ahora, un alarmante aumento de menores aquejados de disforia de género y un número creciente de divorcios contenciosos con hijos que unas veces son escudo, otras lanza y siempre testigos de una violencia que los destruye y les arrebata la estabilidad. Todo ello matizado por un inquietante sentimiento de soledad no deseada cada vez más severo que invade la vida de niños y adolescentes, pero también la de sus madres y padres, la de sus abuelos y, aunque nos cueste admitirlo, la de todos en realidad.

Es necesario dejar de engañarnos contándonos cuentos chinos, endulzando nuestros días con gominolas envenenadas o apartando la mirada de la realidad en la que vivimos y que, sigilosa, se ha colado sin que nos demos cuenta en nuestras casas. Preferir continuar ciegos y sordos, además de desprotegernos, nos sentencia a que antes o después el tsunami del sinsentido en el que viven ya muchos adolescentes y niños cada vez más pequeños nos arrastre en su salvaje paso hacia un lugar detenido en el tiempo, del que es muy difícil regresar.

Reconocer la inmensa dificultad que tenemos para criar a nuestros hijos es el primer paso imprescindible si queremos cambiar las cosas y darnos a nosotros y a nuestra familia la oportunidad de compartir y construir una vida estable en la que florecer y disfrutar.

A los profesionales de la salud mental infantojuvenil, en especial y a los psiquiatras y psicólogos, en general, nos preocupa observar que la maternidad y la paternidad son hoy un factor de estrés y de riesgo psíquico en la vida de los adultos. Nos preocupa el aumento exponencial de los síntomas psiquiátricos de los menores, que dicen no encontrar las ganas ni los motivos para tolerar una vida que se les antoja absurda, falsa, decepcionante y hostil. Menores que acuden a las consultas acompañados de unas madres y unos padres que, además de no comprender lo que les sucede a sus hijos, se sienten sobrepasados y agotados no solo ante estos problemas graves emergentes, sino también ante los pequeños y cotidianos retos que supone el día a día de la crianza.

Sin embargo, cargar a las madres y los padres con la responsabilidad exclusiva de las dificultades que observamos en la población infantil y adolescente es, además de injusto, una enorme sobrecarga de más exigencias imposibles que contribuye a generarles inmerecidamente un sentimiento de culpa asfixiante que no todos son capaces de gestionar.

Ser médico me permite ser una observadora privilegiada tanto del drama humano como de la capacidad inmensa de las personas para rehacerse y sobrevivir, para crecer en la adversidad y sacar lo mejor de sí mismas, para construir realidades imposibles que salvan a los demás y nos llenan de humanidad.

Mi especialidad, la psiquiatría, me fascina y apasiona. Me ha permitido conocer al ser humano y muchas veces ayudarle en su dolor, algo que ha calmado las inquietudes de mi yo adolescente. Pero también me ha hecho ser consciente de que mucho del sufrimiento psíquico que soporta y limita la vida de un gran número de personas puede ser evitado si se interviene de manera precoz y se desarrollan las acciones de prevención suficientes.

Tras dieciséis años escuchando a madres y padres que traen a sus hijos a la consulta y, también, a mis pequeños pacientes que con su mirada llena de verdad tanto me han enseñado, he comprendido que hay un paso que va más allá del juramento hipocrático que, junto con mis compañeras y compañeros de carrera, pronuncié emocionada el día de mi graduación como licenciada en Medicina y Cirugía. Juré que me comprometía a intentar curar siempre a mis pacientes; a que, cuando esto no fuera posible, aliviaría su dolor y, en los casos en que tampoco pudiera ofrecerles alivio, permanecería a su lado acompañándolos y protegiendo su dignidad. Pues bien, creo que a estas tres máximas hipocráticas hay que añadir una más: los médicos debemos ayudar a nuestros pacientes y a su sociedad a conservar su salud y prevenir la enfermedad y, para ello, hemos de dotar a las personas de los conocimientos necesarios, a fin de que adquieran la autonomía suficiente para cuidar y preservar su salud física y, desde luego, también su salud mental.

Todo comienza en la infancia —en el útero de nuestra madre, de hecho—. Desde entonces y hasta que llegamos a la edad adulta, nos suceden muchas cosas que determinan y condicionan quiénes somos y cómo viviremos. Pero mientras que con salud mental somos capaces de sobrevivir y de encontrar sentido en las situaciones más innombrables y traumáticas, sin salud mental la vida no es posible. El dolor psíquico y emocional es sin duda mucho más intenso e incapacitante que el físico.

En los últimos años, la salud mental ha pasado de ser un tabú a ser una de las mayores preocupaciones de pediatras, especialistas en medicina familiar y comunitaria y en otras especialidades médicas, así como de profesionales de la judicatura, de la educación y de servicios sociales. Está en un lugar prioritario en la agenda de los políticos y empieza a resonar en la cabeza de madres y padres que comprenden que el deseo de que sus hijos sean felices pasa por que tengan una buena salud mental y que, igual que atendemos los síntomas y las enfermedades del cuerpo de nuestros hijos y los vacunamos, abrigamos y alimentamos adecuadamente para evitar que enfermen, necesitamos conocer y reconocer los factores que previenen y mejoran o garantizan su salud mental.

Sin embargo, debemos comprender que para poder cuidar y garantizar la salud mental de nuestros hijos, tenemos que empezar por la nuestra. Si nosotros, como sus madres y padres no estamos bien, será infinitamente más difícil que podamos acompañarlos en un crecimiento lo suficientemente saludable. Y si estamos bien, pero desconocemos los factores importantes que garantizan su salud mental, tampoco podremos ayudarlos a que desarrollen las herramientas necesarias para vivir con salud mental en un presente que se presenta complejo y que la puedan mantener en el futuro.

Actualmente, los menores viven la infancia y la adolescencia más difícil de la historia y sus madres y padres, la crianza más exigente, angustiosa y frustrante que conocemos. Lo sé porque me lo cuentan unos y otros todos los días en la consulta.

Los niños lo manifiestan a través de sus síntomas, que son una expresión del sufrimiento derivado de no crecer sobre un suelo firme y coherente en el que poder sostenerse cuando tienen que enfrentarse a los problemas y los retos cada día más complejos a los que la vida los somete, mientras que sus padres y madres dicen no saber qué hacer y sentirse a menudo bloqueados, debatiéndose entre el exceso de información que les llega, la educación que han recibido y sus propias necesidades como personas, que no sienten cubiertas y siendo arrastrados por una sociedad que los responsabiliza de todo y que por otra parte está organizada para que una crianza con salud mental, tanto de las madres y de los padres, como de los menores, sea casi un imposible.

Esta compleja y preocupante realidad también me la cuentan los profesores y maestras, los profesionales de la educación primaria y secundaria con los que hablo para conocer cómo están mis pacientes en el colegio, cómo va su adaptación, su rendimiento y sus relaciones sociales. Me cuentan preocupados que se sienten desautorizados y sobrepasados ante la gran cantidad de problemas de conducta y emocionales que presenta su alumnado cada vez a más pronta edad.

Por su parte, mis colegas de profesión me hablan de lo mismo: se sienten desbordados porque el número de menores, cada vez más jóvenes, que tienen que atender en las urgencias y las consultas de psiquiatría de los hospitales públicos sigue creciendo, no hay suficientes camas de ingreso psiquiátrico y las listas de espera para poder atenderlos son desalentadoras.

Quien piense que este es un problema de esta generación de menores se equivoca. Quien piense que estos problemas son genéticos y hay poco que hacer se equivoca. Quien piense que, por no tener hijos, este tema no le incumbe se equivoca. Quien piense que estos tiempos convulsos se pasarán solos o que es poco importante lo que sucede se equivoca. Quien piense que es un problema derivado de la pandemia se equivoca. Quien piense que la solución está en los psiquiatras y en los psicólogos y en abrir más unidades de internamiento psiquiátrico de menores se equivoca. Porque la realidad es que la fragilidad psíquica y emocional que expresa la población infantil y adolescente nos está indicando un grave problema social de base, que se ha infiltrado y está presente en todos los ámbitos de nuestras vidas sin que seamos conscientes de ello.

Mi formación y experiencia profesional como psicoterapeuta me ha enseñado que cuando las personas tienen profundas dudas no les sirve encontrar las respuestas fuera de ellas. Los consejos son salidas rápidas que parten de un otro con sus propias vivencias. Los consejos nos calman en un principio, pero no nos ayudan a comprender de dónde provienen nuestras dificultades y cómo recuperar o forjar a nuestra manera y con solidez las capacidades que precisamos para levantarnos y continuar, marchando con nuestros propios pies.

Es hora de emprender un nuevo camino. Un camino que se recorre cargando con la mochila que todos sin excepción llevamos a cuestas. Una mochila en la que hemos guardado vivencias, desencuentros, miedos y todas las carencias que tanto tratamos de esconder, pero que forman y conforman lo que realmente somos. En esa misma mochila también se encuentran las capacidades, la confianza y el amor que necesitamos para recorrer la crianza de nuestros hijos de la mejor manera.

Este libro pretende ser esa luz o ese farolillo que ilumine a madres y padres en la noche oscura de la crianza actual. Una luz que les permita encontrar el camino de regreso a la esperanza, la alegría y la serenidad. Un camino de regreso a ellas y ellos mismos. Que les devuelva la confianza que les ha sido arrebatada, para creer que pueden criar suficientemente bien a sus hijos. Que les recuerde que realmente tienen esa capacidad. Que las respuestas que buscan en otros realmente siempre han estado en ellos.

Me atrevo a escribir estas líneas, con la esperanza de ayudaros a dejar de sentiros incapaces, culpables, sobrepasados y perdidos. Con la intención de que podáis ganar en confianza, sentido y libertad, recordando lo que es verdaderamente importante en la relación con vuestros hijos. La crianza es una gran aventura y precisa de valentía, compromiso y coraje, pero también del conocimiento de uno mismo y de nuestros hijos, así como de los condicionantes que la sociedad impone y que debemos reconocer y aprender a gestionar.

A lo largo de estas páginas vamos a nombrar, desmenuzar, analizar y comprender juntos las razones y los motivos que subyacen a las dificultades que todos tenemos cuando somos madres y padres. Unas tienen que ver con el pasado y el presente de nuestras vidas antes de la maternidad y la paternidad y la transformación que sufrimos al serlo, otras con las necesidades cambiantes de los hijos según las distintas etapas por las que atraviesan desde su nacimiento y los primeros momentos hasta su infancia, su latencia, su pubertad y su adolescencia. Y otras de esas dificultades tienen que ver con una sociedad que de manera invisible pero mortal impide los cuidados necesarios de las personas dependientes, pero que, sin embargo, exige a los progenitores que hacen lo que pueden para sobrevivir en esta loca actualidad. Esta misma dinámica social perversa, que tanto promulga los derechos de los menores, la lucha por la igualdad y el desarrollo de políticas de conciliación laboral y familiar, nos impone dinámicas y creencias que impiden casi por completo los cuidados de los más vulnerables, entre los que están nuestros hijos. Nos hace olvidar la necesidad que tenemos de una red humana que nos sostenga y de unos valores que dan sentido a nuestros días y nos vende un mensaje que compramos sin hacer ninguna crítica y que nos pierde, nos confunde y nos aleja de nosotros mismos y del legado que nuestros abuelos con tantísimo esfuerzo nos transmitieron. Un mensaje que nos llena de ambiciones vacías que nos separa a unos de otros. Nos llena de temor y suspicacia, de rivalidad y miedos, de competitividad y distancia, impidiendo que nos escuchemos y desarrollemos juntos el apoyo y la ayuda mutua que tanto echamos de menos, aunque no seamos conscientes de ello.

Nunca es tarde para replantearse las cosas, cambiar de rumbo, reparar lo que haga falta y rectificar, aceptar lo que realmente somos y podemos hacer e identificar lo que de verdad necesitan nuestros hijos. Solo tenemos que tratar de hacer las cosas con decisión y serenidad. Reconociendo las prioridades y huyendo de exigencias vacías. No se trata de sobrevivir un presente, sino de comprender que las decisiones, las actitudes y los pasos que damos hoy construyen el futuro que queremos y merecemos tener y dar. Es imprescindible que recordemos que cuidar de nuestros hijos no es una exigencia, no es para satisfacer nuestro ego, no es un acto de sumisión.

El primer paso de este nuevo camino es comprender y reconocer que la necesidad y el compromiso que tenemos de cuidar de nuestros hijos surge del AMOR.

Primera parte

Aclarando ideas

Capítulo 1

¿Qué es un niño?
¿Qué es la infancia?
¿Por qué es tan importante?

Si existe para la humanidad una esperanza de salvación y ayuda, esta no podrá venir más que del niño, porque en él se construye al hombre.

MARIA MONTESSORI

Un niño no es un proyecto de adulto, sino que un adulto es lo que queda del niño.

ANA MARÍA MATUTE

Desde hace miles de años, los seres humanos evolucionamos sin freno, en una carrera darwiniana que garantiza que nuestra especie no solo no se extinga, sino que, gracias a un proceso transgeneracional, haya podido habitar y dominar al resto del mundo animal.

Gracias a esta enorme evolución, nos hemos vuelto más hábiles y resistentes, más inteligentes y longevos y somos capaces de sortear, muchas veces con éxito, los miles de obstáculos de toda índole con los que nos encontramos cada día al despertar.

Aprendimos a cobijarnos construyendo casas, elaborando prendas de abrigo y dominando el fuego. Aprendimos a defendernos no solo de los grandes depredadores, de las lluvias torrenciales y de las angustiosas sequías, sino también de las pequeñas bacterias y los invisibles virus que arrasaban pueblos enteros sin que nadie viera la amenaza llegar.

Aprendimos a alimentarnos mejor, perfeccionando las técnicas y utensilios de caza, dominando los cultivos e innovando maneras culinarias que hoy son fuente de inspiración.

Comprendimos que vivir en grupo nos hacía más fuertes, nos permitía conseguir más cosas y nos ayudaba a sobrevivir mejor. Desarrollamos la medicina, la ciencia, la filosofía, el arte y la industria y creamos de la nada la civilización en la que vivimos hoy.

Pero, de todos los cambios que los seres humanos hemos experimentado a largo de nuestra breve historia, hay uno que es clave y decisivo para comprender lo que nos ha permitido evolucionar tanto como especie: el momento en que nuestro ancestro el *Homo*, hace cuatro millones de años, se irguió y comenzó a caminar sostenido, solamente, por sus pies.

Este milagro evolutivo nos permitió no solo liberar nuestras manos, que se convirtieron en hábiles herramientas, correr más rápido y ver el mundo desde una nueva perspectiva. Sino también, obligó a la mujer a parir a sus bebés antes de tiempo, en un estado de inmadurez neurológica que les permitía atravesar una pelvis, ahora mucho más estrecha, que es la que hace posible que la mujer pueda ponerse en pie, caminar y correr.

Si observamos la naturaleza que nos rodea, vemos que los elegantes caballos, los increíbles elefantes y los inteligentes y alegres delfines paren crías que a los pocos minutos de nacer ven, se levantan y empiezan a caminar o a nadar. Sin embargo, cuando nacemos nosotros, tardamos un mes en ver con claridad, seis meses en poder sentarnos, siete meses en poder coger con la mano un juguete, un año en poder sostenernos erguidos y comenzar a caminar y dos años en hablar y correr con soltura. Llegamos al mundo completamente vulnerables y dependientes de los cuidados de los demás, siendo inmensamente sensibles a todo lo que nos sucede en la infancia. Pero esta inmadurez cerebral con la que nacemos, que supone una evidente desventaja para la supervivencia individual, con respecto a otras especies, es el secreto de la enorme evolución del ser humano, ya que esa misma plasticidad e inmadurez también nos ha permitido desarrollar y transmitir las impresionantes capacidades que subyacen en los profundos cambios en nuestra especie.

El secreto de la evolución humana

Para que podamos comprender mejor de lo que estamos hablando, podríamos dividir las estructuras y las funciones del sistema nervioso en dos. Una, más primitiva, la compartimos con el resto de los seres vivos de este bello planeta y tiene que ver con la supervivencia. Modula el ritmo de la respiración y el latido cardíaco. El sueño, la digestión y la temperatura corporal. Nos hace gritar de miedo o tiritar de frío, reconocer el alimento, apartar la mano si nos hacemos daño o cerrar los ojos si nos deslumbra la claridad. Estas funciones están localizadas en las partes más primitivas e inferiores anatómicamente hablando del sistema nervioso y están ya presentes y funcionando en el momento en que nos pare nuestra mamá. Estas funciones son integradas y coordinadas entre ellas en zonas más superiores del cerebro, el órgano más complejo y desconocido del organismo. Al cerebro le llegan todas las señales que recogemos del entorno a través de los órganos de los sentidos y, también, la información que se genera en nuestro interior, tanto de los distintos órganos como del sistema endocrino e inmunológico. En el cerebro se integra toda la información recibida y se elaboran las respuestas necesarias, que nos mantienen conectados y adaptados a lo que nos rodea en un equilibrio dinámico al que llamamos salud.

Pero el cerebro no solo recibe e integra la información y responde, sino que también tiene sus propias funciones. Las funciones mentales que, aunque innatas, necesitamos que otras personas nos ayuden a desarrollar.

Nos referimos a capacidades tan diversas como el lenguaje, el modo y la forma de comunicarnos y reconocer lo que nos rodea, de dar sentido a las contrariedades y adaptarnos (capacidad de frustración), de hallar soluciones a las dificultades con las que nos encontramos, de sonreír y de llorar, de jugar y disfrutar y de vivir las cosas con humor y serenidad. De crear música, arte o tecnología. De aprender de lo que nos sucede, de prestar atención a los estímulos y poderlos discriminar. De hacernos preguntas, buscar respuestas, encontrar porqués y necesitar de un más allá. De desarrollar el concepto que tenemos de nosotros mismos (identidad), darnos un valor (autoestima) y comprender y aceptar el lugar que ocupamos en este mundo y en la vida de los demás. De la manera en que nos defendemos de las cosas que nos dañan (defensas). De recordar y anhelar; temer y soñar. De resistir y crecer ante situaciones complicadas (resiliencia), de los valores y la ética que mueve y sostiene nuestros pasos, de poder reconocer y comprender las necesidades de otras personas (mentalización) y de ser capaces de sentir lo que sienten los demás (empatía). De necesitar conectar y ser escuchados, mirados y comprendidos; de necesitar ser abrazados y abrazar; ser amados y amar.

En definitiva, en el cerebro se encuentran los rasgos y necesidades que nos definen..., y todo lo que somos en realidad.

Todas estas capacidades mentales y emocionales tienen como objetivo fundamental habilitarnos para sobrevivir. Y eso implica poder vivir en sociedad (familia, clan, grupo...). Somos seres sociales, es algo que nos define como especie y necesitamos por naturaleza formar parte de un grupo que nos sustente, nos dé sentido y nos aporte dignidad.

Todas las capacidades mentales están presentes cuando nacemos, pero necesitan ser activadas y desarrolladas por quienes nos cuidan y acompañan en la infancia, sin los cuales no lograríamos sobrevivir, hablando simbólica y literalmente.

Somos mucho más que nuestros genes

Cuando nacemos, lo hacemos con un sistema nervioso que está completo en su estructura, es decir, anatómicamente ya constituido por los cien mil millones de neuronas y el billón de diferentes células que lo conforman y que contienen las distintas estructuras y áreas especializadas, donde se encuentran las capacidades que son la base de lo que somos. Esas estructuras van a ser activadas, esculpidas y modeladas mediante fases de proliferación y poda de las conexiones interneuronales, mediadas por la interacción de unos genes que se expresan y de unos estímulos que, como hacía el cincel de Miguel Ángel en el mármol, esculpen y dan forma al cerebro individual de cada ser humano.

Los genes no solo son un legado de nuestros padres, sino de todas las generaciones que los precedieron. Y para comprender la interacción dinámica entre nuestros genes y los factores y circunstancias que nos rodean y que van a ser esos golpes de cincel que nos esculpen y dan forma, comencemos con una breve historia que suelo contar a mis pacientes, los grandes y los chicos, para explicarles los increíbles avances de las neurociencias.

Supongamos que cada uno de nosotros estamos hechos de un material. Unos nacen siendo de hierro y otros de un transparente cristal. Algunos somos madera de olivo y otros de un bello mármol rosado de la Italia más septentrional. Este es el material con el que cada uno de nosotros está hecho, condicionado por el legado genético de nuestros ancestros y que va a ser moldeado y esculpido, como si de una figura se tratara, dando lugar a la persona irrepetible en la que nos vamos convirtiendo al ir creciendo y madurando. Esos golpes de cincel podrán hacer que un material inicialmente frágil se convierta en una escultura bella y resistente o, por el contrario, que un exclusivo bloque de un hermoso material acabe siendo una figura que no tenga sentido o enormemente frágil que, finalmente, se rompa con la suave brisa que se despierta al llegar el verano.

Pero ¿todo lo que nos sucede talla, esculpe y da forma al cerebro? ¿Todo lo que nos rodea nos define y condiciona? Lo cierto es que sí. Nos definen y condicionan tanto las cosas positivas como las negativas; lo que nos sucede en el cuerpo, en la relación con los demás y con el mundo; las necesidades que tenemos cubiertas y las que no; lo que nos sobra y lo que nos falta; lo que nos hacen sentir y lo que no experimentamos nunca; lo que podemos asumir y lo que nos sobrepasa... Todo lo que nos sucede y rodea en la infancia y en la adolescencia va «esculpiéndonos» hasta convertirnos en quienes somos. Sin embargo, no todo lo que nos pasa deja en nosotros una huella de la misma magnitud.

Distinguir qué es lo verdaderamente importante y comprender qué situaciones, necesidades, vivencias, acciones y miradas son determinantes en la crianza de los hijos es una cuestión de enorme relevancia para las madres y los padres, quienes, sin embargo, han de aceptar sus propias limitaciones de tiempo, fuerzas y capacidad a fin de ejercer, desde la serenidad y no desde la culpa, su papel decisivo en la manera y la dirección en la que se desarrollan sus hijos.

A lo largo de este libro, reflexionaremos juntos sobre cómo merece la pena invertir nuestros recursos y energía para que nuestras hijas e hijos crezcan con la mayor salud mental posible, base inequívoca de lo que llamamos felicidad.

Esto es importante hoy más que nunca.

Muchos padres y madres acuden a la consulta angustiados y sintiéndose sobrepasados e invadidos por la culpa infinita que sienten por hacer, a veces, las cosas «mal».

Recuerdo la madre de un niño de cuatro años que vino a la consulta con una coleta medio deshecha, los calcetines desparejados y un bolso que parecía un kit de supervivencia —llevaba toallitas húmedas, caramelos, un coche de juguete y un playmobil, tiritas, agua, un plátano, envoltorios de galletas usados, un par de lápices de colores, alguna hoja llena de garabatos y unos cuantos clínex a medio usar. Esta madre me contó con la voz entrecortada y los ojos brillantes por unas incipientes lágrimas que no acababan de resbalar por sus pálidas mejillas:

Me siento fatal conmigo misma porque a veces grito a mi hijo y tengo miedo de traumatizarlo, de hacerle mucho daño... Pero es que hay veces que estoy tan cansada, tan agobiada por las cosas de la casa, del trabajo, de mis hijos y de tantas cosas que atender y solucionar...

Por la mañana estoy mejor, pero llega la tarde y entonces le pido al niño que se duche, pero él sigue jugando o me dice que no. Se lo pido muchas veces y de buenas maneras. Le explico que es importante, que se hace tarde y que tenemos que cenar..., ¡que estoy cansada!, pero no me hace caso y al final le acabo pegando un grito para que me obedezca. Y lo hace, pero entonces yo me siento muy muy mal. Me siento mala madre. Mala persona. Tengo mucho miedo de que ese grito lo traumatice y me lleno de culpa. Así que le pido perdón por los gritos y vuelta a empezar. Estoy agotada y así un día tras otro, me desespero cada vez antes por no saber cómo actuar...

Esta mujer joven acudía a la consulta para saber si su hijo tenía un problema, porque era un niño con carácter y muy vital. Y ella, perdida entre tanta información de la que hoy disponemos, no sabía cómo ejercer su maternidad. Esta situación es la cotidiana de muchas madres y muchos padres. La analizaremos desde distintas perspectivas a lo largo del libro, pero ahora nos sirve de ejemplo para comenzar a preguntarnos qué es un estímulo y cómo debe ser dicho estímulo para tener la capacidad de «traumatizar», modificar o condicionar el desarrollo del funcionamiento cerebral de los hijos. Es decir, su personalidad y su capacidad para vivir con más o menos salud mental.

Un estímulo es cualquier información que llega al cerebro. Hay estímulos internos, como los sueños, los recuerdos, las sensaciones físicas, los cambios endocrinos e inmunológicos, las emociones y los pensamientos y hay estímulos externos, como la mirada de las personas con las que nos cruzamos, la música que se escapa por un callejón, la luz dorada de una puesta de sol, el frescor de la mañana, la llamada de un ser querido, una piedra en el camino o el beso de nuestra madre al despertar. Todos estos estímulos, internos y externos, hacen que reaccionemos (es decir, nos provocan a su vez emociones, acciones, pensamientos...) para que nos podamos adaptar.

Un estímulo o una situación son traumáticos, es decir, que inciden negativamente en el desarrollo psíquico y emocional de un niño cuando desbordan su capacidad de elaboración o protección frente a él. O por su enorme intensidad y brusquedad en su aparición, que impide que podamos activar los mecanismos de defensa mentales (en el caso de los niños, sus mecanismos de defensa son menores y menos eficaces que en los adultos). O porque se prolongan en el tiempo y agotan los recursos de la persona para protegerse de él.

¿Qué es lo traumatizante?

Los estímulos que llegan al cerebro van creando respuestas cerebrales, que son las conexiones (sinapsis) entre las distintas neuronas. Si esos estímulos son constantes y se repiten una y otra vez, se convierten en esos golpes de cincel que nos tallan, dan forma y definen lo que pensamos, sentimos y hacemos y que también influyen en lo que deseamos y en cómo nos defendemos, así como en nuestra manera de estar y comunicarnos con el mundo. En definitiva, en nuestras capacidades y en nuestra manera de ser. Por ello, si una madre recurre siempre a gritos, reproches o amenazas para que su hija le obedezca, le estará dando un mensaje negativo en relación con su valor personal, lo que es el amor y lo que se permite en una relación humana. Su hija creerá que la agresividad está permitida cuando se está cansado o puede que deduzca que sus preguntas no tienen valor porque no son escuchadas y, por tanto, es mejor silenciarlas. Aprenderá que cuestionar a las personas que necesita es peligroso y que someterse es la manera de asegurarse que la quieren.

Pero si solemos hablar a nuestros hijos con una sonrisa llena de firmeza y tolerancia, escuchamos y atendemos sus preguntas, manteniendo, eso sí, una jerarquía imprescindible para que la seguridad y la coherencia reinen en casa, estaremos ayudándolos a desarrollar capacidades tan importantes como la empatía, la seguridad, la capacidad de poner límites, la tolerancia y la confianza. Y si un día perdemos la calma porque nos sentimos desbordados por cualquier circunstancia, no tendremos por qué cuestionar nuestra capacidad como padres o madres, ya que el ambiente predominante en casa es de respeto, por lo que nuestros hijos se sabrán considerados, valiosos y queridos.

Estaremos potenciando el desarrollo de capacidades que les permitirán ser ellos mismos y expresarse, pero dentro de un entorno que tiene límites y normas puestas por unos progenitores que también tienen necesidades que deben ser reconocidas y respetadas.

Por otra parte, un suceso repentino de inmensa magnitud que impida activar los mecanismos de defensa psíquicos para minimizar su impacto puede dejar una huella permanente en una persona, pero de manera más fácil y definitiva en el aparato psíquico infantil, que por definición es más vulnerable por estar en construcción. La muerte de una madre o un padre, la exposición a un entorno violento, un accidente o una enfermedad inesperada son ejemplos de situaciones que desbordan la capacidad de elaboración infantil, condicionando el desarrollo psíquico.

No somos solo las miles de neuronas que alberga nuestro el cerebro cuando nacemos. No somos un acierto o una casualidad. No somos solo unos genes expresados, un destino asegurado o el legado de la evolución de nuestros ancestros sin más.

Lo que somos es el resultado de las miles y complejas conexiones interneuronales, que se van forjando y construyendo, podando y proliferando, en respuesta a todo lo que nos acontece, nos rodea, nos pasa y nos deja de pasar.

Podemos ser de un metal muy resistente, pero si sufrimos golpes mal dados en la infancia, nos convertiremos en adultos frágiles, sin forma ni sentido y nos «romperemos» con facilidad ante cualquier dificultad de la vida. Del mismo modo, si somos de un cristal aparentemente frágil, pero durante la infancia nos han cuidado y tallado con cariño y atención, podremos acabar siendo personas adultas fuertes, flexibles y resistentes que brillarán bajo el sol.

Recuerdo la historia de una mujer que acudió a verme porque llevaba años sintiéndose triste, sin color en sus días, sin calor en sus noches y sin ganas ni motivos por los que caminar más. Su pelo, sus rasgos, su ropa y hasta su postura corporal eran reflejo de su falta de vitalidad. De la ausencia de una esperanza imprescindible. Parecía un bello almendro sin flores ni hojas, quemado por las heladas de un interminable y frío invierno que duraba ya una eternidad. Dudaba de todo lo que hacía, creía que siempre molestaba, que sobraba, que no tenía ningún valor para los demás. Había forjado su vida desde un papel de persona invisible. No recordaba cuáles eran sus sueños, sus deseos, sus anhelos. No recordaba la posibilidad de su felicidad.

En la terapia empezó a recordar cómo reía y cantaba cuando era muy niña, sus disfraces más bonitos, sus pócimas secretas, su peluche preferido… y a su madre de abrazos fáciles y blanditos, que un día se marchó de su lado, llevándose toda la luz y la felicidad. Una madre que falleció cuando ella tenía cinco años, lo que la obligó a irse a vivir con el único familiar que tenía. Una tía a la que nunca había visto antes, que era una persona poco amigable y estricta, a la que le gustaba el silencio y la soledad. De esta manera, pasó de vivir en un hogar en el que se sabía querida a crecer en una casa en la que se sabía una obligación moral. Aprendió a dar las gracias por la cama y la comida y se olvidó de las risas, los juegos y la espontaneidad. Una semana tras otra. Una estación y una más. Y aquella niña feliz y juguetona… olvidó quién era realmente confundiendo su depresión con ser la mujer triste que acudió a mi consulta pidiendo un poco de alivio para tanta soledad.

Tan importante es lo que hacemos como lo que dejamos de hacer

El cerebro infantil va a ser moldeado fundamentalmente por dos tipos de situaciones: las que suceden y las que no.

Como padres, estamos muy preocupados por las cosas que hacemos mal (errores, salidas de tono y desbordamientos emocionales, etc.) que creemos que pueden dañar a nuestros hijos y buscamos sin aliento respuestas que calmen nuestras dudas y nos den seguridad. Somos demasiado conscientes de que nuestros actos, palabras, miradas, gestos y actitudes sostenidos en el tiempo tienen la capacidad de moldear a nuestros hijos, determinando quiénes son y lo que podrán llegar a ser, como hábiles y respetuosos cinceles, si tienen un cariz positivo, o como invasivos y crueles martillos, si, por el contrario, son nocivos. Pero hay otras situaciones que inciden en el desarrollo del cerebro humano y, por tanto, en quienes llegamos a ser a las que no solemos dar la importancia decisiva que tienen. Nos referimos a todo aquello que necesitan los niños para crecer y desarrollarse y que no estamos tan pendientes de dar.

Actualmente, en las sociedades occidentales, por lo general vivimos mejor y tenemos una gran cantidad de información, a la que acudimos para poder convertirnos en los mejores padres y madres y evitar a nuestros hijos cualquier trauma derivado de nuestras actitudes o acciones y eso está muy bien, pero no debemos olvidar que tan importante como evitarles los traumas es darles estímulos positivos que les permitan desarrollar todas sus capacidades y una buena salud psíquica y para ello nada mejor que estar a su lado, compartir tiempo de juego juntos y demostrarles nuestro amor. Porque lo que falta y debería estar también daña. Lo que es ausencia, silencio o soledad también daña. Lo que no permite construir un sentido, un sostén y una relación íntima también daña.

Para demostrar la importancia de esos estímulos positivos para un desarrollo emocional y psíquicamente sano, recordemos los casos de niños que por circunstancias del destino fueron criados por animales. Estos casos que inspiraron libros que, más tarde, se convirtieron en divertidas películas como *Tarzán* o *El libro de la selva*, esconden una de las realidades más decisivas de nuestra naturaleza. Cuando estos niños fueron encontrados, no tenían lenguaje, no miraban a los ojos, caminaban a cuatro patas, no conectaban con sus iguales y mataban sin piedad.

Estos niños crecieron ayudados por lobos o primates que les dieron el calor suficiente, les enseñaron a mantenerse vivos, a buscar alimentos, a resguardarse de la lluvia y a reconocer las amenazas, lo que les permitió adaptarse al mundo animal y sobrevivir. Pero no pudieron proporcionarles los estímulos y cuidados que nos diferencian del resto de animales y nos hacen personas: el reconocimiento emocional, la creatividad decisiva, el narcisismo herido y reconstituido, la capacidad para frustrarnos sin dañar, el manejo de la agresividad siempre presente, la construcción de una sexualidad humanizada, el poder pensarnos y reconocernos, el aprender a reconocer lo que quieren, sienten y piensan los demás... En definitiva, les faltó todo aquello que en la infancia nos permite desarrollar las capacidades humanas, algo que solo podemos experimentar conviviendo y siendo cuidados por otras personas. Porque todas esas capacidades las desarrollamos en la relación humana que establecemos con la persona o personas que nos ayudan a crecer sanos física, emocional y psíquicamente. Nacemos seres humanos, somos de la especie humana. Pero lo que nos hace personas, lo que hace que podamos desarrollar todo lo que esa palabra implica, es otra persona que nos ayuda a desarrollar las cualidades que nos definen como tal.

La mayor amenaza para el ser humano es él mismo

Aunque a veces sea difícil es necesario admitir que somos una especie altamente agresiva. Hemos sobrevivido en un mundo impredecible y brutal y hemos llegado a dominar al resto de los seres vivos, por nuestra inteligencia, por nuestra capacidad para adaptarnos y aprender, pero también por nuestra capacidad para una enorme agresividad.

Desde el inicio de su historia, la humanidad siempre ha tenido que enfrentarse a algún tipo de amenaza: el peligro de ser devorados por otras especies, catástrofes climáticas, enfermedades que acababan con la vida de miles de personas, hambre, frío, oscuridad..., pero, tristemente, la mayor amenaza para el ser humano siempre ha sido el propio ser humano. Pese a haber construido civilizaciones increíbles y culturas altamente complejas, no hemos conseguido disminuir nuestra capacidad para la violencia, que ejercemos entre nosotros cada vez de una manera más eficiente, sistemática, validada y muchas veces institucionalizada (la esclavitud, el Holocausto, etc.).

Si no ayudamos a nuestros hijos a desplegar las capacidades que evitan la violencia y humanizan a nuestra especie, proporcionándoles ambientes libres de la violencia en todas sus posibles expresiones, del caos y de la incoherencia, en los que se sientan mirados, escuchados y comprendidos y puedan desarrollar tanto la empatía como aprender a manejar las emociones que les resultan desagradables o difíciles (tristeza, ira, enfado...), a fin de que puedan llegar a ser personas emocionalmente sanas que no ejerzan la violencia contra ellas mismas (absentismo escolar, consumo de drogas, autoagresiones, suicidios, anorexia) ni contra las demás (*bullying*, acoso, agresiones a la autoridad, abusos físicos, sexuales y emocionales), tanto para controlar los vínculos y expresar la rabia y la frustración, como para evitar la tristeza, la responsabilidad o simplemente como manera válida de comunicación.

Lo que nos hace personas es el amor

Damos por hecho que nacemos frágiles, vulnerables y dependientes, que los cuidados que precisamos de pequeños se refieren a la alimentación y a no pasar frío, a que nos mantengan vivos y a evitar que suframos de más, pero lo cierto es que nacemos frágiles, vulnerables y dependientes. Sobre todo, de un amor que nos construye como personas, con cada mirada, con cada palabra, con cada caricia, con cada gesto, que cuando parten del amor, nos aportan sentido, humanidad y dignidad.

Cuando estudiaba la especialidad de Psiquiatría tras acabar la carrera de Medicina, me llamaron poderosamente la atención los estudios que René Spitz, médico y psicoanalista austríaco, realizó en 1945 observando a menores que vivían en orfanatos e instituciones o que estaban ingresados en hospitales y separados de sus madres —en aquella época, no se contemplaba que los niños estuvieran acompañados por alguien conocido cuando necesitaban estar en un hospital—. Spitz se dio cuenta de que estos niños, aunque tenían sus necesidades físicas cubiertas por el personal sanitario (les proporcionaban alimentos y los cuidados médicos que precisaban), al no recibir afecto y cariño de sus padres y el personal desconocer la importancia de la faceta emocional en los menores, entraban en un estado de tristeza progresiva y dejaban de jugar, de expresarse y de interactuar, llegando a dejar de comer, lo que era preludio de una muerte para la que por aquel entonces los médicos no encontraban un porqué.

Fue Spitz quien dedujo que la privación emocional y de cuidados maternos era la que producía las fatales consecuencias y promovió la introducción de cambios imprescindibles en orfanatos y hospitales para que los menores vieran también cubiertas sus necesidades afectivas. Él encontró la causa de por qué los niños morían en los orfanatos, a pesar de ser alimentados y abrigados. Porque se les privaba de las miradas, los abrazos, las palabras y las caricias que no solo nos humanizan, sino que necesitamos para sobrevivir.

Siempre que hablo de la imposibilidad de sobrevivir sin amor, recuerdo a un niño pequeño, de aspecto frágil y enormes ojos negros, que apareció una mañana de una semana cualquiera en mi consulta acompañado por una educadora del centro de menores en el que vivía. Lo trajo para que valorase como psiquiatra su situación. Me llamó la atención que, cuando la mujer salió de la habitación, el pequeño, al quedarse a solas conmigo, no expresó ningún tipo de gesto o emoción.

Su mirada era profunda e inquietante. Su cabecita de pelo negro estaba accidentada por extrañas calvas que él mismo se infligía, cuando se encontraba con su vieja y ya no temida amiga, la soledad. Ningún gesto en su cara acompañaba el lenguaje de vocabulario reducido que escupía a trompicones y en un tono abrupto e inaudible, con su diminuta boca apretada. Dibujaba garabatos negros, de formas oscuras y amenazantes, que preocupaban a sus profesoras. Y no sabía jugar.

Me explicaron que había sido abandonado y maltratado por sus padres durante su corta vida, unos padres que estaban siempre discutiendo entre ellos y descargaban sobre su pequeño hijo su ira, su furia y su falta de humanidad. Había sido un bebé no esperado ni deseado, al que no atendieron y al que no miraron ni sonrieron y con el que nunca jugaron.

Al niño le creció el cuerpo, los brazos, las piernas y aprendió a caminar, pero su corazón parecía impasible y petrificado. Paralizado en un latido que era silencio eterno y del que las personas que lo cuidaban en la institución en la que vivía pensaban que nunca podría escapar. Tras muchas sesiones de terapia y la implicación de profesionales de diferentes especialidades que rodean a la infancia (psiquiatras, psicólogos, pediatras, trabajadores sociales, educadores y maestros) que creemos firmemente en la infancia y en la capacidad de recuperación de los menores, empezamos a curar sus heridas con nuestra mirada llena de esperanza y afecto. Su pequeño corazón congelado y defendido comenzó a latir cada día más fuerte por un sentido encontrado y un valor propio que solo reconocemos en la mirada de los demás. De la mano y despacito. Cada día, sorteando el inmenso abismo de vacío, desconfianza y sinsentido que la falta de amor y cuidados en la infancia produce sin piedad. Y una mañana de un día cualquiera, este pequeño de mirada profunda comenzó a reírse y a mirarnos. Creció su precioso pelo negro y aprendió a jugar.

La edad es un factor decisivo

La capacidad para dañar de los estímulos y circunstancias negativos o la de construir y reparar de los estímulos y circunstancias que resultan imprescindibles para que un niño madure y crezca con una buena salud mental está muy relacionada con la edad. La vulnerabilidad es máxima en los primeros meses de vida por dos circunstancias bien distintas.

La primera tiene que ver con el hecho de que el sistema nervioso central tiene un desarrollo dinámico, por lo que el impacto de los acontecimientos o experiencias que nos suceden es mayor en las zonas cerebrales que se están desarrollando que en las que ya están organizadas. El cerebro madura siguiendo un orden jerárquico, de abajo arriba, de estructuras más básicas a otras más complejas y superiores, por lo que un daño precoz incide en las estructuras que son cimiento y tiene una repercusión en el desarrollo de las estructuras superiores —las que regulan todas las funciones y capacidades exclusivamente humanas—, que, en etapas posteriores de crecimiento, puede traducirse en desajustes físicos, cognitivos, sociales o emocionales.

La segunda circunstancia es que, como los mecanismos de defensa psíquicos que nos ayudan a disminuir el impacto de cualquier trauma o daño los vamos desarrollando a medida que maduramos, cuanto más pequeño es el niño, menos capacidades tiene para defenderse. No es lo mismo dejar de abrazar a un bebé de un mes durante unas semanas que hacerlo con un niño de diez años. Experiencias que pueden ser bien toleradas por un niño más mayor implican una falta esencial de experiencias imprescindibles en períodos más críticos de la infancia, que pueden destruir literalmente a un bebé o crear una disfunción psíquica evidente en alguna de sus capacidades.

Podríamos decir que los estímulos que recibimos durante los primeros tres años de vida son esos primeros grandes golpes de cincel, los que moldean nuestra personalidad y nuestras capacidades psíquicas, los que crean las bases que condicionan la manera que tenemos de vincularnos con otras personas y el modo en que nos percibimos, entendemos y hablamos. Es en esos años cuando desarrollamos el sentimiento de seguridad que nos permite tener interés por la vida y por salir al mundo y ser conscientes del lugar que ocupamos en realidad.

La capacidad plástica del cerebro vuelve a ser de nuevo máxima en la pubertad y la adolescencia, que es cuando se reactivan los procesos de proliferación de las conexiones interneuronales y se produce una poda de las conexiones que no utilizamos. Esta etapa es el último gran período en el que nuevos golpes de ese cincel del que hemos hablado completan y finalizan el proceso de maduración, cristalizando y quedando definida nuestra estructura psíquica adulta.

Con el tiempo, las cosas que nos suceden seguirán provocando reacciones que, si son frecuentes, continuarán condicionando lo que somos, unas veces potenciando algunos aspectos y otras veces rompiendo o matizando otros o bien reparándonos. Pero según vayamos cumpliendo años, la repercusión de lo que nos pasa será menor en cuanto a la estructura de nuestra personalidad y a la manera de vincularnos con los demás y con las circunstancias que nos rodean.

¿Qué es un niño?

Llegados a este punto podemos comenzar a contestar esta pregunta tan importante. Un niño es un ser humano dependiente, moldeable y vulnerable que llega al mundo con las capacidades necesarias para alcanzar una salud psíquica y emocional que le permita ser feliz, pero que depende por completo de la mirada, el cariño, la atención y el respeto de quien le cuida para poder desarrollarlas. Es un maravilloso ser, que es moldeable, pero no flexible, es decir, que no vuelve a su punto de partida cuando algo que le sucede incide negativa o positivamente determinando su desarrollo. Es un humano diminuto, sin voz propia, ni manual de instrucciones, pero con todos sus derechos, que llega a la vida de unos padres, siempre sorprendidos y muchas veces desconcertados por lo que su hijo moviliza en cada uno ellos, en la relación de pareja y en su visión del mundo en general.

Conocer y reconocer la trascendencia que tiene en nuestros hijos la relación que establezcamos con ellos desde su infancia, el estilo de crianza que apliquemos, los sentimientos y pensamientos que nos despiertan a cada paso y las verdaderas necesidades que tienen y de las que tenemos que ocuparnos y responder, lejos de abrumarnos de responsabilidad y culpa debe impulsarnos a construir con ellos una relación desde la esperanza, que nos movilice a buscar las respuestas que no encontramos y la luz que nos ilumine cuando sentimos que hemos perdido el camino.

Recuerdo un día en el que llegó a la consulta una adolescente acompañada de sus padres adoptivos. Me contaron alarmados el terrible cambio que había dado su hija. La adoptaron cuando tenía tres años y poco sabían de su vida anterior, salvo que había vivido en varias instituciones antes de llegar al centro al que ellos fueron a buscarla. Se adaptó rápidamente a su nueva vida, a un nuevo colegio, a una nueva casa, a una nueva familia y se comportó como una niña responsable, siguiendo sin problemas las indicaciones de sus padres, hasta llegar a la adolescencia.

Esa niña buena e hiperadaptada parecía haberse ido para siempre del lado de sus padres y haber sido sustituida por una adolescente que los retaba y cues-

tionaba constantemente con bastante vehemencia, sin remilgos y con muchas ganas. Lo que para sus progenitores era una rebelión injusta que los llenaba de miedo y pena al sentir que habían perdido a su hijita, para esta adolescente peculiar, de pelo color arcoíris, era una oportunidad para reencontrase y saber quién era realmente ella. Las heridas sufridas en su primera infancia habían permanecido silenciadas hasta ese momento, pero ahora, en la adolescencia, los cambios hormonales propios de esta etapa y los procesos consecuentes de modelamiento cerebral las habían reabierto y puesto de manifiesto.

Su vulnerabilidad era de nuevo enorme, por lo que también era un momento en el que cabía la posibilidad de restaurar las heridas que había sufrido y seguir adelante con su vida si se aceptaba, con su pasado y su presente, sintiéndose segura de sí misma y sabiendo que contaba con el amor y la aceptación incondicionales de sus padres. La respuesta de los progenitores ante los cambios de su hija era crucial.

Mi trabajo consistió en ayudarlos a comprender su sentimiento de pérdida y a manejar la rabia, la impotencia y la incertidumbre que los invadía para que pudieran seguir acompañando a su hija en esta nueva etapa. Su hija adolescente necesitaba releer y resignificar su pasado y las vivencias de abandono que tuvo, experimentando que podía separarse de sus padres de una manera legítima y segura y reencontrarse con ella misma y solo podría hacerlo si ellos resistían el miedo y la necesidad de control, si evitaban los reproches y le permitían separarse con seguridad y sintiéndose comprendida. Fue así como esta joven logró reparar las heridas producidas por lo que vivió en su día siendo niña.

Los dos períodos de máxima vulnerabilidad cerebral, la infancia más precoz y la adolescencia, son también los dos momentos vitales en los que las personas tenemos más oportunidades de crecer y desarrollar nuestro aparato psíquico. Saber esto puede ayudarnos a que, como madres y padres, aceptemos de una manera más ajustada a la realidad las necesidades y características cambiantes de nuestros hijos.

Después de hablar sobre cómo se construye nuestro cerebro y cómo todos los factores que nos determinan se relacionan entre sí, vamos a analizar otro de los grandes pilares en el devenir de las cosas, de cuya trascendencia a menudo no somos conscientes. Nos referimos a que los niños y adolescentes viven en un entorno, en una familia y en una sociedad que les atribuye características, interpreta sus necesidades e invade o respeta sus tiempos, sus derechos y su integridad.

La infancia es un concepto moderno

El ser humano ha dividido los períodos de su vida en función de las circunstancias del momento, de la concepción de la sociedad dominante y de sus necesidades en particular. Lo que hoy consideramos que precisan y requieren los niños para desarrollarse sanos física y psíquicamente es muy diferente a lo que se pensaba no hace tantos años. Y esto es así porque la visión del lugar que ocupan las niñas y los niños a lo largo del tiempo ha cambiado enormemente durante la historia de la humanidad. Esto es debido a que son seres frágiles y necesitados, sin voz ni capacidad de defensa propias sobre los que es fácil imponer unas necesidades, negar otras, proyectar conflictos, expiar culpas, extorsionar o abusar.

Hagamos un breve recorrido por nuestra historia que nos permita ser más conscientes de las dificultades que la población infantil ha arrastrado hasta hoy.

Los antiguos griegos defendían el concepto del desarrollo integral del ser humano y educaban a los niños en el arte de la lectura, la escritura y el deporte. Más tarde, a partir de la pubertad, los instruían en la literatura, la aritmética, la filosofía y el arte. Aristóteles, Plutarco y Platón, entre otros, entienden la infancia como un período especial e importante de la vida, con características propias.

Los niños en Roma o eran esclavos y realizaban trabajos como si fueran adultos o recibían clases de prosa, teatro, poesía y técnicas de oratoria, ya que los romanos daban mucha importancia a los buenos oradores. Tanto en la Antigüedad clásica como en la Edad Media, el infanticidio estaba legalizado. Se mataba a los menores por ser niñas, por no poderlos cuidar, por tener malformaciones, por nacer de una relación adúltera o por ser considerados ofrendas religiosas... El infanticidio dejó de ser legal en el siglo IV, aunque se continuó practicando en la Edad Media, momento en el que varias circunstancias tuvieron consecuencias desastrosas para la población infantil.

Por un lado, como se carecía de conocimientos y métodos anticonceptivos, la natalidad era muy alta, pero, por otro lado, como los conocimientos médicos eran muy arcaicos y no se los alimentaba bien ni se les prestaba atención por no ser productivos, la mortalidad infantil por accidentes, desnutrición y enfermedades era elevadísima. Esto hacía que las madres apenas se vincularan con sus hijos, a los que con frecuencia no les ponían nombre hasta que superaban los seis o siete años. Los niños trabajaban igual que los adultos desde los cinco años y se los vendía, abandonaba y explotaba sexualmente.

Por influencia del cristianismo y del pecado original, se pensaba que eran perversos y corruptos y que cargaban con una mancha en sus almas, que se expresaba en sus conductas y necesidades más primarias, hasta que podían ser purificados por el bautismo cuando tenían ocho o nueve años. No hay imágenes de niños jugando en la Grecia y la Roma de la Antigüedad y tampoco en la Edad Media. No había infancia. La adolescencia no existía. No había una etapa de transformación entre la infancia y la edad adulta. O se era un lactante frágil que sobrevivía o un hombre pequeño de cinco o seis años al que se le ponía a trabajar. En algunas clases sociales o en algunas culturas, los jóvenes tenían que superar un rito, unas veces simbólico y otras peligroso, para ser considerados hombres por su comunidad.

Las mujeres tenían otro destino.

Muchas eran asesinadas tras nacer porque se consideraba que una mujer aportaba poco valor a la familia al no tener tanta fuerza física para poder trabajar. En el caso de que esto no fuera así, cuando llegaba el momento, su padre negociaba su matrimonio, que muchas veces le resultaba costoso, porque debía entregar a su hija con una dote, según la cual esa mujer tendría mejor o peor fortuna o valdría muy poco o nada para los demás: se vendía su virginidad junto con su futuro al mejor postor, sin tenerse en cuenta ni sus deseos ni su dignidad. Su único valor era proporcionar descendencia. En el momento en que una joven tenía la menstruación, era escondida y dejaba de poder salir a jugar. Se la consideraba la causa del pecado del hombre, como Eva en la Biblia y si era vejada, violada o torturada, debía asumir la responsabilidad de haber tentado a su agresor.

La mujer tenía la categoría de objeto, era solo una propiedad más (la del padre, primero y la del marido, después), sin derecho a elegir, instruirse o tener una profesión propia que le permitiera una independencia económica. Solo tenía dos opciones: casarse con un hombre y tener hijos o casarse con Dios. En ambos casos, su destino era vivir dentro de una casa dedicada a cuidar a los demás.

A partir del Renacimiento, comenzó a haber personajes influyentes, como Erasmo, Luis Vives y Comenius, que expresaron interés por los niños y lo que necesitaban. Con la Revolución Industrial, la clase media proliferó, disminuyó la necesidad de mano de obra infantil y apareció el núcleo familiar. Los menores comenzaron a ser mejor alimentados y cuidados físicamente y también pudieron empezar a recibir educación, ya que al llenar las calles por no tener trabajo se abrieron las primeras escuelas, un espacio muy importante para ellos, donde podían jugar y aprender.

Sin embargo, se siguieron interpretando sus necesidades y conductas desde un prisma adulto o religioso, de forma que se los asociaba con el demonio cuando tenían rabietas, robaban o delinquían o con los angelitos, siendo, además, representados como tales en tantas pinturas. En definitiva, aún no se veía a las niñas y los niños como seres con pensamientos, emociones y necesidades propias, así como con deseos o conflictos psíquicos que elaborar y gestionar.

Un hecho que tuvo una gran trascendencia para la población infantil fue la aparición de métodos anticonceptivos, porque permitieron que, por lo general, los hijos que nacían fueran con más frecuencia deseados y estuvieran mejor cuidados. Esto fue determinante para la mujer, ya que se pudo desligar la sexualidad de la reproducción, permitiéndole organizar su vida y decidir en cierta manera sobre su maternidad. A partir de entonces, y poco a poco, la mujer podía elegir si quería ser madre o no, cuándo ser madre, cuándo podía plantearse dedicarse a estudiar y/o trabajar fuera de casa, o desarrollar otras facetas como la escritura, el arte o la música. Más tarde, a mediados del siglo XIX —es decir, hace menos de ciento cincuenta años—, la ciencia comenzó a tener a los niños como objeto de estudio y se planteó la necesidad de que la educación infantil fuera obligatoria.

No es hasta el siglo XX cuando se reconoce la infancia como un período con sus características, necesidades y derechos propios y se declara al niño como persona con derecho a la identidad personal, la dignidad y la libertad (Asamblea General de la Organización de Naciones Unidas [ONU] de 1989).

Cuatro son los principales derechos de los niños, sobre los que hemos de basar la relación que tenemos con ellos, nuestra mirada y nuestra responsabilidad en su crianza y su crecimiento:

1. **Participación.** Los niños, como personas y sujetos de derecho, pueden y deben expresar su opinión en los temas que les afecten. Sus opiniones deben ser escuchadas y tomadas en cuenta para la agenda política, económica y educativa de un país.
2. **Supervivencia y desarrollo.** Las medidas que tomen los Estados para preservar la vida y la calidad de vida de los niños deben garantizar un desarrollo armónico en el aspecto físico, espiritual, psicológico, moral y social de los niños, considerando sus aptitudes y sus talentos.
3. **Interés superior del niño.** Cuando las instituciones públicas y privadas, las autoridades, los tribunales o cualquier identidad tomen decisiones respecto de los niños, han de considerar aquellas que ofrezcan el mayor bienestar para el menor.
4. **No discriminación.** Ningún niño debe ser perjudicado de modo alguno por motivos de raza, credo, color, género, idioma, casta, situación al nacer o por padecer algún tipo de impedimento físico.

Nos anteceden personas que, desde su inquietud por conocer y comprender al ser humano, el sentido de la responsabilidad y la búsqueda del bien común, la valentía de desafiar conceptos y creencias previas y la necesidad de defender a los que no tienen voz y son futuro, han estudiado y luchado por el reconocimiento de la infancia y sus derechos. Médicos, psiquiatras, psicólogos, enfermeras, maestros, trabajadores sociales, madres y padres y muchas otras personas trabajaron para que se reconozca la infancia y la adolescencia como períodos críticos y decisivos en la vida de las personas.

La infancia y la adolescencia son etapas de crecimiento y desarrollo, de construcción de la identidad, en las que se pueden potenciar las fortalezas, trabajar las fragilidades y desarrollar los cimientos que aporten a la vida un propósito y un sentido; pero también en las que el niño aprende los límites y las dinámicas de un mundo al que necesita adaptarse. Son períodos de la vida llenos de matices, necesidades y características que los progenitores deben conocer y comprender para poder respetar y acompañar a sus hijos de la mejor manera posible.

Desde hace un tiempo estamos cada vez más preocupados por los niños y los adolescentes. Lo están tanto sus madres y padres, que se encuentran con situaciones muy complejas que ellos no habían vivido en su infancia ni en su adolescencia, como los profesionales que nos ocupamos de la población infantil, en especial los que trabajamos en salud mental. Es urgente que reflexionemos y conozcamos las necesidades reales de la población infantil y adolescente, qué es verdaderamente importante que les demos y les enseñemos como madres y padres, cómo debemos acompañarlos, cuáles son las dificultades que limitan y condicionan nuestras funciones de madres y padres y la vida de nuestros hijos. A lo largo de los siguientes capítulos iremos profundizando sobre estas y otras cuestiones, para poder recuperar la calma, la alegría y la seguridad que necesitamos para acompañarlos en su infancia y su adolescencia.

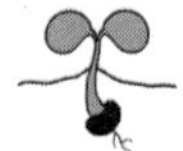

Capítulo 2

¿Qué es ser madre y padre?

No tengo miedo a las tormentas porque estoy aprendiendo a navegar.

LOUISA MAY ALCOTT

De la conducta de cada uno depende el futuro de todos.

ALEJANDRO MAGNO

Hoy en día hay muchos tipos de familias. Es decir, de unidades compuestas por personas en las que va a nacer y desarrollarse un menor.

A veces, esas uniones vienen de compromisos adquiridos o de circunstancias no elegidas. Otras son fruto del azar, de responsabilidades que asumir o de legados con los que cargar. Otras son elecciones hechas desde la libertad y el compromiso, basadas en el respeto y cuyo sentido es compartir una vida llena de baches, pero en la que podemos disfrutar de muchas cosas.

Como en todo lo que nos parece importante, lo que son y deben ser las familias ha sido causa frecuente de conflicto y debate social. Tendemos a negar las realidades que nos asustan y que escapan a lo que conocemos, atrincherándonos en posiciones defensivas, ajenas a una realidad que es mucho más compleja de lo que somos capaces muchas veces de tolerar. Sin embargo, hay tantos tipos de familias como tipos de personas.

Lo que está demostrado es que lo que un niño necesita para crecer bien no depende de la estructura o de las peculiaridades que cada familia tenga, sino de si esa estructura es una unidad lo suficientemente estable, cuyos miembros tienen relaciones sanas y capaz de cumplir las dos funciones básicas para que un niño se desarrolle mental y emocionalmente sano: la función materna y la función paterna.

No es lo mismo querer ser madre o padre que querer tener un hijo. Se puede querer tener un hijo, como se quiere tener una casa, un coche o mil cosas más.

Aceptar y ejercer la función materna y paterna es otra historia. Es la historia de una relación humana basada en el amor, el respeto y la intimidad, en el deseo de conocer, compartir y acompañar a nuestros hijos. Una relación en la que somos sustento, alimento, espejo, dique, sentido... y seguridad.

Una relación que se teje con la palabra más trascendente en la vida del ser humano: el vínculo.

La función materna y la paterna tienen en común y como misión más importante y trascendental establecer con el hijo un vínculo seguro. Pero difieren en los tiempos en que su acción es primordial y en lo que, además del vínculo, aportan a la buena construcción psíquica y emocional del menor. Ambas funciones son imprescindibles. Ambas ayudan a que nuestros menores desarrollen distintas capacidades que los ayudarán a ser personas adaptadas al mundo, con ganas y motivos por los que vivir.

El modelo tradicional y más frecuente de familia es la formada por un varón, con género de hombre, que ejerce la función paterna y al que llamamos padre y una hembra, con género de mujer, que ejerce la función materna y a la que llamamos madre.

Del sexo y el género hablaremos en un próximo capítulo dedicado a ello por tres motivos fundamentales: el primero es que son conceptos importantes que debemos conocer y que nos van a ayudar a comprender muchas cuestiones del desarrollo de nuestros hijos; el segundo, porque subyace a muchos de los conflictos sociales que son noticia de nuestra actualidad y el tercero, porque son ingrediente o causa importante del sufrimiento psíquico de muchas de las personas que acuden a las consultas de los profesionales de la salud mental.

En este capítulo abordaremos qué es ser madre y ser padre. Qué son las funciones materna y paterna y cómo pueden coincidir o no con el género de la persona. De cómo algunas veces una persona desarrolla ambas funciones y, otras, falta quien ejerza alguna de ellas. También profundizaremos en algunos de los conflictos que se interponen o interfieren en que podamos desarrollar estas funciones de la mejor manera.

El amor es el mecanismo de supervivencia más importante de nuestra especie

El gran John Bowlby (1907-1990), médico, psiquiatra, psicoanalista y padre de la teoría del apego, nos hizo comprender que, igual que nacemos con el instinto para buscar comida o calor, nacemos con el impulso de buscar apego emocional, es decir, a alguien en quien poder apoyarnos, con quien compartir y que nos consuele cuando sentimos disconfort, inseguridad, dolor o vulnerabilidad.

Este impulso o instinto está integrado en nuestros genes, en lo que somos y es una necesidad que se mantiene a lo largo de nuestras vidas. Toda la vida buscaremos personas con las que vincularnos para poder sostenernos, sentirnos seguros, compartir lo que nos pasa y «poder ser». Amar y ser amados no es un capricho ni un premio que ganar. Es una necesidad básica para mantenernos vivos y sanos, como lo es comer o respirar. Sin amor no existimos, no sobrevivimos. Restar importancia a nuestras necesidades vinculares y afectivas nos aboca a no comprender lo que realmente es importante en nuestras vidas y lo que debemos buscar y dar.

Lo más determinante que necesitan nuestros hijos de nosotros es que forjemos con ellos un vínculo. Pero no cualquier tipo de vínculo, sino un *vínculo seguro*, de modo que nuestro hijo sepa y sienta con absoluta certeza que estamos y estaremos siempre, sobre todo cuando más nos necesite. Cuando sienta frío por la noche o angustia en la oscuridad. Cuando perciba la inquietante distancia o una aplastante soledad. Cuando la tristeza venga de visita, el dolor lo atemorice o no sepa cómo continuar. Cuando necesite compartir la ilusión y los pequeños triunfos diarios. Cuando su fragilidad se haga consciente, las pérdidas evidentes o quiera sobre un hombro conocido llorar.

Este nivel de certeza solo se puede crear a través de experiencias que nos hacen comprender con la mente y sentir con el corazón nuestra permanencia al lado de nuestros hijos. Una permanencia que no es física, aunque se cree físicamente. Un «estoy siempre contigo, te tengo siempre en mi cabeza y en mi corazón y, aunque no estemos físicamente juntos, aunque no puedas verme, aunque a veces me equivoque o nos enfademos, aunque a veces no pueda, estoy para ti, existes siempre para mí, eres de lo más importante de mi vida y asumo lo importante que yo soy para ti».

El vínculo se forja día a día, en un vaivén de comunicación entre madres, padres e hijos. Estos necesitan y reclaman, madres y padres escuchan, interpretan y reaccionan. Para poder hacerlo, tienen que estar disponibles, cerca de ellos y atentos. Tenemos que poder priorizar sus necesidades, porque las nuestras están de alguna manera cubiertas.

Unas veces responderemos a su llamada calmando, otras aportando consejo y otras acompañando. Otras veces jugando, otras poniendo palabras, otras mirando y otras incluso imitando. Muchas veces reaccionaremos con una sonrisa o una cara de sorpresa y otras secando sus lágrimas, acariciando y escuchando. Pero lo verdaderamente importante es que hagamos lo que hagamos, lo hagamos conectando. Y no de manera automática y pensando en otra cosa.

Pero los padres y las madres no podemos hacerlo bien siempre. Ni somos perfectos ni es bueno que lo seamos. Pero lo que sí es importante es que la actitud de recibir y reaccionar ante las necesidades de nuestros hijos sea lo frecuente y lo que caracteriza la relación que tenemos con ellos.

Nuestros hijos nacen con un aparato psíquico inmaduro que se va organizando y desarrollando a lo largo de toda su infancia y adolescencia. En sus primeros días de vida, lo que nuestros hijos perciben es placer o disconfort. En un principio, no tienen la capacidad de discriminar, amortiguar, comprender y gestionar lo que están percibiendo, pero sí están programados para buscarnos y reclamar nuestra atención, sin la cual no pueden sobrevivir. Lo van a hacer a lo largo de toda su vida, desde los primeros días llorando; luego, nombrándonos, pataleando y de un sinfín de maneras que perduran en su adolescencia y en su vida adulta. Aunque las necesidades que tendrán de nuestro cariño y atención irán variando según el momento de la vida en el que se encuentren, siempre seremos para ellos figuras importantes y necesarias.

Lo primero para ser una madre suficientemente buena: estar bien

El primer vínculo que creamos en nuestra vida lo establecemos en las primeras semanas tras nacer con la persona que ejerce la función materna —en general, con nuestra madre—. Es nuestra primera relación humana, el primer gran amor de nuestra vida y la relación que más va a conformar y condicionar el patrón de vinculación que tendremos después.

Para crear este vínculo de manera adecuada, es imprescindible que la madre «ceda su psiquismo», es decir, que su mente y su corazón estén disponibles, atentos y presentes, para atender las señales que su hijo emite, interpretarlas y responder.

Pero para que la madre esté receptiva y pueda interpretar de la mejor manera las demandas de su hijo, necesita encontrarse física, emocional y psíquicamente bien, en un momento de su vida en el que está convaleciente tras el embarazo y el parto, en una situación hormonal inestable y cambiante y en un estado mental de regresión a la infancia normal y esperado, ya que le permite conectar mejor con las necesidades de su bebé, pero que la hace estar más frágil y sensible a todo lo que sucede, tanto internamente como a su alrededor. Por eso es tan importante cuidar a las mamis tras dar a luz, porque para que ellas puedan cuidar y conectar con su bebé necesitan sentirse escuchadas y atendidas, miradas, validadas y comprendidas, en mayor grado cuanto más pequeño y necesitado sea su hijo. Y esta es la gran misión de la función paterna, en los primeros meses, tras la llegada del bebé.

Cuidar y sostener a la madre (a la persona que realiza la función materna), para que ella puede centrarse en cuidar de su bebé. Además, la persona que ejerza la función paterna irá estableciendo su propio vínculo con su hijo, reforzando el de la madre e incluso restaurándolo si por lo que fuera la madre no lo puede crear o interfiere negativamente.

No solo se trata de vincularnos con nuestros hijos. Se trata de que ese vínculo sea lo más seguro posible, es decir, que sea estable, coherente, sincero y consciente de las proyecciones y expectativas propias que podamos poner en nuestro hijo.

Para crear un vínculo seguro con nuestros hijos, necesitamos estar más o menos libres de conflictos o recuerdos que nos atenazan y tener nuestras propias necesidades satisfechas, haber sido criados en un ambiente familiar con vínculos seguros o, si no tuvimos esa suerte, ser conscientes de las deficiencias que vivimos y haberles puesto una sana solución.

Todo ello nos permitirá acercarnos a nuestros hijos sintiéndonos cómodos, seguros, más libres del pasado y llenos de alegría.

Hace años, una mujer trajo a consulta a su hijo de ocho años porque este sacaba malas notas, sus profesores protestaban porque no paraba quieto en clase y apenas tenía amigos con los que jugar. Este niño, además de una sonrisa pecosa y unos ojos tristes, tenía sobrepeso. Por las noches se despertaba para devorar los dulces que su madre escondía y que él siempre lograba encontrar. En la consulta, cuando comenzamos la terapia, jugaba siempre al mismo juego: a imaginar a una familia que siempre se moría, aunque cada día lo hacía de una forma especial. Unas veces era por culpa del fuego; otras, por un meteorito que caía de repente sobre la casita de juguete con la que tanto le gustaba jugar. Otras, por una enfermedad contagiosa; en otras ocasiones, se mataban los unos a los otros en un estallido agresivo que nadie podía prever ni controlar. Fuimos tejiendo la historia que sustentaba estos síntomas, tan aparentemente incoherentes, pero que le dañaban e impedían que viviera su vida con normalidad. Me fue contando que su padre se fue un día de casa sin decir nada para no regresar nunca más. Su madre quedó al cuidado de él y de sus dos hermanos, sin familia ni vecinos con los que contar. Ella misma había vivido una infancia en la que sufrió el abandono, la falta de cuidados y mucha soledad.

Esta madre oscilaba entre una actitud de infinita tristeza, que la hacía pasar los días metida en la cama, con explosiones de rabia y agresividad que descargaba contra ella misma y contra sus hijos, sin saberse controlar. Los niños la superaban. Sus cuidados y necesidades, más. No sabía cuidarse ni tenía tiempo para nada y explotaba de rabia ante tanta inseguridad. Luego, la culpa la consumía, postrándola en cama sin poder parar de llorar. Sus hijos, cuando llegaban a casa del colegio, no sabían con qué madre se encontrarían, si con la rabiosa que amenazaba con la muerte o con la que lloraba agonizando y pidiendo piedad.

Este niño de sonrisa escasa y pecosa creció junto con sus hermanos en una casa en la que podía suceder cualquier cosa sin necesidad de un desencadenante, sin una causalidad, viviendo en un estado de amenaza e hiperalerta que calmaba comiendo dulces y que le impedía estarse quieto, incapaz de tolerar el silencio ni siquiera en clase, cuando todo el mundo se concentraba para trabajar. Prefería las burlas de sus amigos y los castigos de sus profesores al silencio y la quietud, que lo obligaban a pensar. A pensar dónde estaba su padre y los motivos por los que no fue «suficiente» el cariño que le tenía para que no se fuera sin más. A pensar que su madre parecía sufrir al cuidarlos y amenazaba constantemente con morirse y dejarlos solos, en la más completa oscuridad.

Para ser una madre «suficientemente buena» y crear el vínculo seguro que nuestros hijos necesitan, lo primero que tenemos que hacer es saber de manera consciente si nosotras estamos lo suficientemente bien. Si podemos sostenernos. Si tenemos en quién apoyarnos. Si logramos, a pesar de tantas cosas, manejar nuestras vidas. Si nuestro estado emocional es más o menos estable. Si la culpa no nos corroe las entrañas ni nos abandonamos en el árido desierto del desánimo ante cualquier contrariedad.

Porque si como madres no podemos sostenernos y cuidarnos, porque estamos solas, nos falla el cuerpo o nos duele el alma, como mucho seremos capaces de cuidar el cuerpo de nuestro hijo, de alimentarlo y llevarlo al colegio, pero no podremos hacer lo más importante: establecer el vínculo seguro que necesita para crecer sano y saberse querible y valioso de verdad.

Las profecías autocumplidas

Además de cómo se hayan vinculado con nosotros en la infancia y de cómo nos encontramos cuando somos mamás o papás, hay otros factores determinantes en la construcción de ese vínculo seguro tan necesario. Son factores invisibles, pero que condicionan por completo tanto la manera en que interpretamos lo que recibimos de nuestros hijos como la respuesta que les hacemos llegar. Un mensaje que, si se lanza de manera continua, nuestros hijos recibirán como una realidad única que les indica lo que son y que construye su identidad.

Estos dos factores determinantes son, por una parte, todo lo que hemos vivido y, por otra, las proyecciones que depositamos sobre ellos de manera inconsciente.

Para comprender ambos, ilustrémoslos con ejemplos.

Para profundizar en cómo lo vivido condiciona la manera en que comprendemos lo que nos piden nuestros hijos, pensemos en un bebé de un mes de vida que llora sin consuelo al atardecer. Algunas madres no tolerarán la angustia que les produce no poder calmarlo, se sentirán culpables, insuficientes o malas madres y buscarán maneras de estar menos con el pequeño, de delegar sus cuidados o evitar su cercanía. Otras intentarán distraer al bebé con estímulos, acunándolo sin descanso o dándole de manera constante de mamar. Otras se mantendrán serenas, se servirán una taza de té caliente, mientras lo mecen suavemente, cantándole una nana y esperando a que su hijo se calme con total tranquilidad. Otras llegarán a sentir rechazo por un bebé que demanda sin descanso algo que no acaban de comprender o se sentirán frustradas porque creen que ya se lo han dado todo y no se les ocurre nada más que ofrecer.

Lo mismo sucede con un niño de tres años cuando tiene una rabieta más.

Algunos padres y madres temerán la rabia de su hijo. Lo mirarán con rechazo y recordarán a otras personas que los trataron mal. Interpondrán un muro defensivo entre ellos y el niño, interpretando que la rabieta se dirige contra ellos y que es una agresión más.

Otros se sentirán cuestionados, creerán que el niño no sabe frustrase porque ellos están haciendo algo mal. Se sentirán señalados por otros padres y avergonzados en público por este hijo y empezarán a salir poco de casa con él o a darle todo lo que pida para evitar otra rabieta más.

Otros creerán que el niño es un mimado, que le están dando más de lo que precisa, que se atreve a llorar y patalear cuando tiene todo lo que quiere, no como ellos, que fueron niños dóciles y obedientes, a pesar de que les faltaron muchas cosas en la infancia que no se atrevieron a demandar jamás. Entonces sentirán mucha rabia, una rabia antigua y anulada que por ello no aprendieron a manejar. Y actuarán estableciendo una relación con su pequeño, con el que ahora compiten, en la que olvidarán que ellos son ahora las madres y los padres y que ese niño es su hijo, al que deben ayudar.

Otros comprenderán que su hijo tiene una rabieta, una reacción normal y esperable a su edad. Recordarán que manejar la frustración no es fácil, que hay que aprender y que para eso está la infancia y ellos —como madres y padres— deben a su hijo ayudar a entender que la rabia es una emoción más de la que poco a poco uno se ha de responsabilizar. Que el mundo tiene normas y límites, muchos de los cuales nos frustran, pero que debemos aceptar. Que hay que aprender a manejar la rabia para que nos sirva de motor en esta vida, para que nos impulse y nos salve, sin llegar a que se exprese con violencia y entonces herirnos a nosotros mismos y a los demás. Estos son algunos ejemplos de cómo lo que hemos vivido a lo largo de nuestras vidas y lo que hemos dejado de vivir interfiere de manera decisiva en cómo interpretamos y, por tanto, respondemos a las demandas de nuestros hijos.

Las proyecciones, cuando son masivas, imponen a nuestros hijos una identidad. Profetizan lo que tememos que serán, inoculando en ellos la identidad temida que, sin embargo, ellos acatarán.

....

Recuerdo a una madre indignada que me contaba delante de su hijo adolescente que este era un psicópata y un criminal. Que les robaba el dinero, les mentía, faltaba a clase y los insultaba siempre que podía ante la más mínima contrariedad.

El chico miraba al infinito. Parecía estar lejos, en un lugar mental donde se refugiaba cada día con más intensidad.

Cuando nos quedamos solos, le pregunté cuál era su verdad. Entre lágrimas, me dijo que su madre no lo quería, que era ella la que lo insultaba desde pequeño. Que era verdad que robaba y se escapaba, pero porque sentía que todo lo que hacía estaba mal: necesitaba huir y no tenía un hogar al que regresar.

Cuando me entrevisté con la madre a solas, me dijo que desde que se enteró de que esperaba un varón, temió que se convirtiera en el psicópata desalmado que era su hijo para ella en aquel momento. Me contaba, llena de rabia, que ya de bebé era muy demandante, que lloraba antes de la hora de la comida («ni una toma me dejaba saltarme, era de una exigencia brutal»). No toleraba sus rabietas: «Con todo lo que me sacrifico por él, es un desagradecido, el típico niño agresivo y maleducado». Sin embargo, en el colegio, el niño no tenía problemas: respetaba a sus profesores y jugaba en el patio con los demás.

A medida que fue creciendo, también lo hicieron las proyecciones y malinterpretaciones de la madre hacia su hijo, al que siempre tachó de egoísta y agresivo, sin ser consciente de la violencia con la que ella lo trataba, la suspicacia con la que presenciaba su vida y lo insuficiente que le parecía todo lo que el chico hacía, atormentándolo con miles de reproches, sin poder admitir o reconocer nunca las cosas que su hijo sí hacia bien. Este niño fue perdiendo despacito la esperanza y, poco a poco, dejó de luchar. Al llegar a la pubertad, había asumido lo que le decía su madre que era y se había olvidado de quién era en realidad.

Ese día, en consulta, se arrancaba espesas lágrimas de los carrillos, avergonzado de mostrar su dolor y su fragilidad. Se sentía muy solo y no le gustaba quien era. Creía que no podía ser querido. Que no solo era «insuficiente», sino malo y egoísta y que su único destino era ser como su madre siempre le había dicho que era, autocumpliendo la profecía que esta le había impuesto desde que le parió en el hospital.

Estos ejemplos nos sirven para comprender lo que limitan las proyecciones que hacemos sobre nuestros hijos, porque nos impiden ver su realidad. Y lo más trascendental de todo es que tanto la manera que tenemos de comprender sus cosas, como las proyecciones y expectativas que depositamos en ellos, tienen el poder de moldear su identidad. Nuestros hijos aceptarán el lugar que les demos en el mundo, sea bueno o malo; las características que les decimos que tienen, sean buenas o malas; la intención que imponemos en sus acciones, sea buena o mala y el valor que damos a lo que son, ya sea una visión especial, mágica y llena de amor, u otra cargada de toda la frustración, la rabia y la impotencia de las que no nos hacemos cargo y que destruirán su esencia y marchitarán sus posibilidades.

Es cierto que es imposible no hacer proyecciones, es decir, no interpretar lo que sucede desde nuestras necesidades pendientes, desde las idealizaciones que tanto nos limitan y desde nuestra experiencia vincular previa con las personas que han sido importantes en nuestra vida:

qué necesidades tuvimos en nuestra infancia y cómo las escucharon y atendieron; cómo nos han querido y nos han tratado; cómo han interpretado y atendido nuestras figuras de apego lo que hemos demandado... Además, también influye el momento personal que atravesamos cuando somos madres y padres, así como las cosas que ese hijo, con su temperamento innato, su apariencia física y su conducta, despierta en lo más profundo e inconsciente de lo que somos.

No siempre podemos hacer bien las cosas. No siempre seremos capaces de comprender. A veces gritamos, perdemos la paciencia y nos enfadamos de más. Nos superan las situaciones, queremos dejarlo todo y huir sin mirar atrás. Pero lo que sí podemos hacer es ser conscientes de ello. No actuar sin más. Conocernos y tolerarnos. Darnos tiempo para diferenciar quién es nuestro hijo y lo que necesita y quiénes somos nosotros, cuál es nuestra historia y lo que necesitamos desaprender para continuar.

¿Por qué un vínculo debe ser seguro?

Porque hará de nuestros hijos personas seguras de sí mismas, que se valoran y se saben cuidar. Personas alegres que se saben queridas, que entienden el mundo como un lugar atractivo, en el que encontrar cosas buenas que desearán explorar. Personas que miran de frente los problemas y las contrariedades, confiando en que son parte de una vida que merecen vivir y disfrutar. Que se saben valiosas y queridas, con capacidad de respetar a quien es distinto y que no se someterán fácilmente a la voluntad de los demás. Sabrán buscar y promover vínculos sanos, que los ayuden a crecer y los sostengan cuando se encuentren en una tempestad. Sabrán manejar con esperanza y realismo los malos momentos y curar antes las heridas que siempre surgen en el caminar. Porque sabemos que en nuestras vidas y en la vida de nuestros hijos sucederán cosas negativas, difíciles y dolorosas que deberemos unas veces luchar y otras, aceptar y elaborar.

Los otros tipos de vínculos (inseguro, ambivalente, ansioso...) harán que nuestros hijos sean frágiles o dependientes, inconstantes e irresponsables, sumisos o agresivos. Que no sepan a quién acudir cuando les suceda algo, sintiéndose solos, vacíos, indefensos o abandonados. Que vivan las cosas de manera muy dramática, amenazante o desde la desesperanza más absoluta, siendo incapaces de gestionar lo que les sucede. Que crean que el mundo es un lugar injusto o impredecible, en el que nunca deben bajar las defensas. Evitarán de mil maneras la intimidad con otros. O ejercerán la violencia para imponerse, para calmar su angustia o como muestra de una aparente pero falsa seguridad. No sabrán cuidarse o incluso se agredirán a sí mismos, creyéndose poco valiosos, despreciables, amenazados o sintiendo que viven encerrados en una falsa identidad. Quizá crean que merecen vínculos negativos, que los dañen y castiguen, o que no pueden construirse una vida feliz, ya que su suerte es ser víctimas de un destino injusto o de una realidad en la que sobran y en la que pocas cosas buenas les van a llegar.

Somos el producto de las historias vinculares que vivimos. Las más precoces son nuestros cimientos y marcan un rumbo. Las que llegan después lo reafirman o, por el contrario, pueden tener la capacidad de restaurar y curar.

En el vínculo con nuestros hijos no podemos disimular. Es una relación única y genuina. Somos su amor verdadero y no tienen ojos para nadie más. Su manera más importante de comunicarse y conocer el mundo es extraverbal: la de los gestos y miradas, la que va de corazón a corazón, de entraña a entraña y así nos entenderán. Captarán lo que sentimos, lo que escondemos, lo que creemos, lo que tememos, lo que deseamos, lo que nos gusta y lo que nunca admitiremos. Y nos mirarán con la mirada más limpia y sincera con la que nadie nos mirará jamás.

Con el paso de los meses y los años, nuestros hijos irán creciendo, su aparato psíquico se irá construyendo, sus demandas y necesidades irán cambiando y aparecerán más personas en sus vidas con las que se vincularán. Pero necesitarán nuestro vínculo para atravesar la adolescencia hasta que lleguen a ser adultos, sepan cuidarse solos, crear sus propios vínculos y atender sus propios problemas.

Como madres y padres, necesitamos haber curado en cierta medida nuestras propias heridas y ser conscientes de nuestras carencias y dificultades para establecer un vínculo seguro con nuestros hijos. Cuanto más saludables sean los vínculos con los que nos criaron, más espontánea y natural será nuestra capacidad para estar emocionalmente disponibles para nuestros hijos. Pero si crecimos en un ambiente inseguro, carencial, amenazante o incoherente, o a nuestros propios padres les sucedieron cosas que les impidieron vincularse con nosotros adecuadamente, tendremos que trabajar e invertir en conocernos para hacer conscientes nuestras carencias, inseguridades y necesidades no cubiertas, que condicionan de manera invisible la manera en que interpretamos y reaccionamos ante las cosas de nuestros hijos.

Hace años, cuando aprendía esta apasionante profesión, a veces me resultaba tedioso, otras inmensamente difícil y otras no tenía ni los conocimientos que aportan la experiencia y el estudio, ni el valor para escuchar con atención a las madres y los padres de mis pacientes y leer entre las líneas de las dificultades y los síntomas de sus hijos la realidad de sus vidas y de lo que vivieron, lo que pudo ser y no fue. Ahora sé que, entre sus actitudes enfadadas, sus lágrimas escondidas, sus aparentes incoherencias y su frecuente impotencia y frustración, se esconden historias difíciles a las que han sobrevivido, muchas veces olvidadas o normalizadas, que les impiden encarar la crianza de sus hijos y que precisan muchas veces de un tratamiento psicoterapéutico, que no solo los ayudará a ellos, sino a su pareja, a sus hijos y a todo lo que ahora son.

Necesitemos o no psicoterapia, tener presente el ambiente en el que crecimos y sus consecuencias y ser capaces de responsabilizarnos de ellas como adultos nos da la oportunidad de que la crianza y la relación con nuestros hijos sea satisfactoria y una experiencia maravillosa tanto para nosotros como para ellos.

La palabra *madre* da identidad de mujer

La palabra *madre* siempre ha sido importante. En muchos casos, es la primera que balbuceamos, la que pronunciamos cuando lloramos... y la que más marca nuestras vidas y nuestra manera de ser.

Según la Real Academia Española (RAE), *madre* significa, entre otras acepciones:

1. *Mujer que ha concebido o ha parido uno o más hijos. [...]*
3. *Mujer con cualidades atribuidas a una madre, especialmente su carácter protector y afectivo. [...]*
4. *Mujer que ejerce de madre. [...]*
6. *Título que se da a ciertas religiosas.*
7. *En los hospitales y casas de recogimiento, mujer a cuyo cargo estaba el gobierno en todo o en parte.*
8. *Matriz en que se desarrolla el feto.*
9. *Autora, creadora o fundadora de algo.*
10. *f. Causa, raíz u origen de donde proviene algo. [...]*

Pero lo cierto que es que el vocablo *madre* va mucho más allá.

Madre es una palabra sobre la que la mayoría de las mujeres construimos nuestra identidad, nuestras vidas, nuestra autoestima y nuestra satisfacción personal.

Su esencia está ya presente en los juegos infantiles que copiamos cuando, a partir de los tres o cuatro años, las diferencias sexuales se hacen conscientes y el género comienzan a moldear de manera más determinante nuestra identidad.

Su posibilidad inhibe y condiciona la sexualidad que desarrollamos por el miedo siempre presente, tal y como otras mujeres nos han contado, a quedarnos embarazadas y ser madres sin desearlo y en soledad. Mutila nuestra espontaneidad juvenil, por tener que asumir desde bien pronto la fragilidad a la que estamos expuestas en cualquier esquina de cualquier ciudad.

Para muchas mujeres, la maternidad condiciona la elección de hacia dónde encaminan sus pasos, los estudios que eligen o la carrera en la que se forman, la pareja que escogen y el proyecto al que aspiran. Perfila su destino y sus tiempos (por el famoso reloj biológico) y las expone, como en la plaza de un pueblo medieval, a que los demás, de forma socialmente aceptada, invadan, opinen y valoren algo tan íntimo como su identidad.

Madre sí. Madre no. Madre solo de uno. Madre de más de dos. Madre soltera, madre casada, madre viuda, buena madre, mala madre, madre que sabe, madre que no. Madre joven, madre demasiado mayor.

Madre lactante, madre egoísta. Madre embarazada de nuevo. Madre histérica, madre sola, madre abandonada. Madre de una niña enferma, madre de un niño insoportable y maleducado. Madre de adolescente, madre con el nido vacío... Y suma y sigue en esta invasiva caricaturización.

Algunas madres son nombradas y exaltadas. Las que se recuperan pronto de los embarazos, las que tienen niños ideales y sonrientes, las que parecen no esforzarse ni sufrir lo más mínimo, las que son ayudadas y acompañadas en sus embarazos, pospartos y crianzas y se presentan ante una sociedad que se miente a sí misma con la ropa limpia y perfumada, tras tomar tranquilamente el sol.

Otras son invisibles. Las madres que se desbordan, las que no pueden, no saben y a veces no quieren. Las que tienen poca o ninguna ayuda o mucho miedo, se sienten pequeñas y desvalidas y lloran a solas en su habitación.

Hay madres que producen inquietud y otras que causan admiración, como las madres de niños enfermos, las que adoptan a sus hijos, las que crían en acogida, las que cuidan de un pequeño familiar huérfano o las que saben que no pueden ser sustento y se separan de su hijo para que otra persona le pueda dar una oportunidad.

Las hay que dejarían de ser madres, que se arrepienten de serlo. A las que les cuesta sentir ternura por sus hijos. Las que desearían echar atrás el tiempo, volver a ser libres y dejar a un lado lo que para ellas es una carga inmensa y fuente de frustración.

Las hay que disfrutan de las pequeñas cosas que la maternidad ofrece y las que aceptan las cosas como son. Que no idealizan ni esperan aquello que ni la maternidad ni sus hijos pueden darles. Las hay que tiran hacia delante apretando los dientes y ensanchando con cada beso de buenas noches su enorme y generoso corazón. Las que renuncian a casi todo sin sentirse víctimas ni buscar culpables. Las que comprenden la importancia que su vida y su ejemplo tienen y no tiran la toalla y continúan, se levantan y rectifican, a pesar de perderse y desquiciarse un día tras otro, pero siempre bajo el mismo sol.

Hay otras madres que son silenciadas y olvidadas. Que no quieren ser reconocidas e incluso son rechazadas. Para las que no hay ni siquiera un nombre: las madres que tuvieron un hijo que finalmente, en su vientre o tras nacer, murió. Un hijo que no es nombrado ni reconocido por una sociedad evitativa que deslegitima todo lo que implique pérdida y dolor. Hay madres que llevan en sus entrañas un bebé que «pertenece» a otros, con los que se negocia dicen que legítimamente... ¿O tal vez no?

También están las que son madres con un «no» delante, porque no pueden tener un hijo por mucho que supliquen a un destino caprichoso y muchas veces injusto y cruel. O porque no quieren ser madres. No las atrae la idea, no se ven capaces, no encuentran el momento o a otros destinos prefieren dedicar su vida y su pasión. Pero ambas así serán nombradas, con un NO por delante con el que esta sociedad injusta y recelosa cuestiona su capacidad como mujer y sentencia las decisiones que cada mujer toma en este sentido de egoístas, ambiciosas, extrañas, contranatura o vete tú a saber.

Por último, hay madres —yo las conozco— que son malas y crueles. Que amenazan, torturan, insultan y desprecian a sus hijos, dañándolos e hiriéndolos en lo más profundo de su corazón. Porque tienen unos hijos que nunca quisieron. Porque tienen traumas previos. Por envidias o por celos. Porque no tienen empatía y ellas son lo primero. Porque son demasiado jóvenes, están enfermas o no tienen medios. O porque nunca antes a ellas las quisieron.

Lo que es ser madre en realidad

Hay infinitos tipos de personas, pero dos tipos de madres. Una es la que nos regala sus genes, nos gesta en su útero y nos aporta la chispa de la vida con la que comenzar.

La otra, la persona que se responsabiliza de nuestros cuidados afectivos cuando somos niños. Que nos presta su mente, su corazón y su cuerpo, cumpliendo unas funciones —que llamamos *funciones maternas*—, sin las que no sobreviviremos ni podremos continuar.

La persona que cumple la función materna es nuestra madre en realidad.

Cuando estudiaba Psiquiatría, recuerdo lo que me sorprendió el experimento que realizó Harry Harlow, discípulo del gran Bowlby, en la Universidad de Wisconsin, en 1932, con monos. Expuso a estos a diversas situaciones. Tras ser separados de sus madres al nacer, se ofrecía a las crías de mono dos «madres artificiales», una hecha de alambre que tenía comida y otra hecha de suave felpa, que carecía de leche.

Los monos acudían a la madre de alambre solo para comer y volvían rápidamente llenos de alegría a su madre de felpa, a la que demostraban querer. Cuando se los sometía a una situación amenazante, corrían hacia su madre de felpa y la abrazaban fuerte, hasta que lograban calmarse y contenerse.

Otro grupo de monos fue criado solo por la madre de alambre. Cuando eran sometidos a una situación de miedo, corrían a un rincón gritando y llorando sin encontrar consuelo.

Ambos grupos —los criados por las dos «madres» de alambre y felpa y los criados solo por la madre de alambre— se convirtieron en monos adultos autodestructivos e incapaces, que no conectaban con otros de su misma especie, no los entendían ni con los que se podían aparear.

Ser una madre «suficientemente buena»

Nuestros hijos no necesitan madres perfectas. Esto, además de imposible, sería nocivo no solo para nosotras, sino también para ellos. Porque lo perfecto es enemigo de lo bueno. Muchas renuncias y heroicidades tendríamos que hacer para ser esas madres perfectas que nos vende y exige esta mentirosa sociedad.

Nuestros hijos lo que realmente necesitan es lo que Donald D. Winnicott (1896-1971), pediatra y psicoanalista inglés, resumió de una manera tan maravillosa en tres palabras: *madres suficientemente buenas*, es decir, genuinas y verdaderas, emocionalmente presentes y accesibles. Predecibles en sus respuestas. Constantes y coherentes. Que puedan hacerse cargo de lo propio. Que se permitan conectar y admitir sus deficiencias. Que entiendan que no pueden con todo y que muchas cosas las superan. Que tengan sueños y anhelos rotos... y muchas lágrimas guardadas en la guantera. Que necesiten desaprender ciertas cosas y dejar de oír exigencias externas. Que se sepan suficientes, capaces y buenas.

Nuestros hijos también aprenden de nuestros errores. Aprenden que somos personas verdaderas, que la responsabilidad asumida mueve nuestros pasos y nos guía en nuestras carencias.

Las madres suficientemente buenas no delegan en sus hijos, ni los responsabilizan de la justicia pendiente, la felicidad ausente o las heridas abiertas. Construyen con cada beso y acto de amor una relación honesta y sincera. Son madres capaces y dispuestas no porque sean inteligentes o tengan la vida resuelta, se hayan formado tanto que parecen pediatras, maestras, nutricionistas o enfermeras..., sino porque es su hijo a quien cuidan y el amor que por él sienten, el motor, la razón, la causa y el sentido de sus decisiones, sus actitudes, sus abrazos, sus cuidados y sus maneras.

Una madre es la persona que se va a encargar de cubrir nuestras necesidades: las físicas, las psíquicas y las emocionales. La que nos da el calor más imprescindible, seca nuestras lágrimas cuando lloramos y nos resguarda entre sus brazos y en su pecho cuando necesitamos seguridad o consuelo. La que sabe ponerse de nuestro lado y nos defiende cuando es necesario. La que no se olvida nunca del día de nuestro cumpleaños, nos arropa por las noches y no se duerme hasta que nos ve tranquilos, ya soñando. La que con un beso nos despierta, aunque ella no haya descansado. La que sabe lo que nos gusta desayunar, el nombre de nuestros amigos, si nos está subiendo la fiebre o estamos preocupados por algo. La que está pendiente de las pequeñas cosas. La que sabe guardar los secretos y nos acaricia mientras nos cuenta una vieja historia que medio ha olvidado. La que nos sujeta la cabeza cuando vomitamos y duerme a nuestros pies hasta que nos ponemos buenos. La que nos dice que somos maravillosos cantantes, valientes exploradores o increíbles científicas. La que premia nuestros avances, nos sonríe cuando dudamos y ríe nuestras ocurrencias. La que se preocupa si no le decimos qué tal hemos llegado, cómo hemos comido o qué tal hemos descansado.

En suma, la que se ocupa y preocupa de que no nos falte nada importante, sobre todo, un amor incondicional y permanente que nos regala en las pequeñas cosas de cada día, sin apenas darse cuenta de que para nosotros ella es lo más importante. Porque sin ella, sin su voz, sin su aroma, sin el sonido de sus latidos, el calor de su presencia o su alegría, nuestra infancia es un descolorido y árido desierto en el que algunos sobreviven y otros mueren de pena.

Sin embargo, las necesidades de los niños son de tal magnitud que la función materna no puede satisfacerlas todas. De ahí la importancia de un «tercero» que ejerza lo que llamamos *función paterna*, que ayude a crear un hogar, que sea sostén para la madre y límite y puerta que muestra el mundo a un hijo que acaba de nacer.

Con mucha frecuencia, madre y padre se pasan el día discutiendo, luchando por llevar la razón. Defendiendo su propia función, como si solo hubiera una que fuese correcta o buena, sin comprender la importancia que tiene para sus hijos crecer ayudados y sostenidos por una función materna y otra paterna.

Otras veces, padre y madre ejercen la misma función, ya sea la materna o la paterna, privando a su hijo del desarrollo de una parte imprescindible de capacidades que lo ayudarán a vivir con la mayor salud mental posible.

En otras ocasiones, no hay función paterna o materna, porque quien tiene que ejercerla es rechazado y desvalorizado en un claro abuso de poder, sentenciando a esa persona a sobrevivir en un refugio de silencio opaco que esconde la vergüenza y el fracaso de una vida que no creyeron posible tener.

A veces, no hay quien ejerza la función paterna o materna porque se emprendió a solas el camino de crear una familia, porque la persona que cumplía ese papel murió inesperadamente, porque huyó ante el miedo a la maternidad o paternidad, porque encontró otra pareja o porque nunca pudo crecer y dejar de ser un niño que sigue escuchando y obedeciendo a su propia mamá.

En estos casos, tenemos que asumir que tendremos que ejercer ambas funciones de manera equilibrada y buscar apoyo en otras personas que nos ayuden complementando aquello a lo que no podamos llegar: abuelos, abuelas, amigos, tíos y tías... muchas veces son la respuesta suficiente para continuar.

Ser padre

Según la RAE, *padre* significa, entre otras cosas:

1. *Varón que ha engendrado uno o más hijos.*
2. *Varón en relación con sus hijos.*
3. *Varón con cualidades atribuidas a un padre, especialmente su carácter protector y afectivo.*
4. *Varón que ejerce de padre. [...]*
9. *Origen, principio.*
10. *Autor, creador o fundador de algo. [...]*

Igual que con la palabra *madre*, podemos distinguir dos conceptos bien distintos que encierra la palabra *padre*. Uno se refiere al padre biológico, es decir, el que aporta su legado genético. Otro, la persona que ejerce la función paterna.

Muchos de los problemas que reconocemos hoy en la infancia tienen que ver con la enorme crisis de la función paterna (le dedicaremos un capítulo más adelante). En este, hablaremos de cuáles son sus principales características.

Estos años de profesión me han regalado una certeza. Y es que para que un menor pueda crecer mentalmente sano, es imprescindible que alguien ejerza la función paterna. Para ello, es condición *sine qua non* que la madre permita y valide que entre ella y su hijo exista otra persona que la ejerza. La madre (función materna) debe abrir a otra persona la relación exclusiva y fusional que al principio necesita establecer con su bebé, para que esta persona pueda mostrar y aportar al hijo una realidad distinta e imprescindible. Porque lo cierto es que si la madre no puede o no quiere que nadie se sitúe entre ella y su hijo, este crecerá sometido a una relación de dependencia. Fusionado con su madre, sin poder admitir o tolerar otra realidad, renunciando sin saberlo a su propia existencia. A una identidad propia. A unos deseos individuales. A un narcisismo adaptado. A una libertad que es oxígeno. A un bien infinitamente valioso y necesario: su salud mental.

La función paterna es sostén, límite, realidad y oportunidad

En los meses que rodean la llegada de nuestro hijo, la función paterna más importante es ser sostén para la madre, ya que, como dijimos, es necesario que alguien piense y se ocupe de las necesidades físicas, psíquicas y emocionales de la madre, para que ella pueda cuidar de su bebé.

El padre debe asumir el nuevo puesto al que queda temporalmente relegado en la pareja, comprender que va a tener que hacerse cargo de muchas de las necesidades que antes depositaba en su pareja, renunciando por un tiempo a deseos que antes eran satisfechos. Tendrá que renunciar a la imagen congelada en la que parece haberse detenido su relación de pareja, esperar el tiempo necesario para dar lugar a construcciones nuevas en las que se recupera la relación previa, aunque de alguna manera distinta, diferente, modificada por una personita con la que tendrá que construir una nueva historia. La historia de su paternidad.

A partir de las primeras semanas de vida de nuestro hijo, el padre emprende el camino de su papel más importante. El de conectar a la madre y a su hijo con la realidad.

Su papel es ayudar a la madre a que poco a poco recuerde todo lo que es, además de madre: amiga, amante, hija, vecina, profesional, deportista, artista, paseante incansable o cantautora en largas duchas que ha olvidado ya. Es importante que le haga sentirse valiosa y deseada. Que le haga saber el reconocimiento y agradecimiento que merece por toda la transformación que han vivido su cuerpo, su mente y su identidad. Que la proteja de exigencias absurdas, rencillas y dinámicas familiares, legados dañinos o la voraz envidia que la llegada de un nuevo miembro a la familia puede despertar. Que le dé la seguridad que tantas veces le hará falta con su presencia, con sus cuidados y con su mirada, que aportan comprensión y cariño y que son un salvavidas al que agarrase cuando asoma la oscuridad. Que la ayude en el proceso lento pero imprescindible de la separación progresiva de su hijo, para permitir que este se vincule con otras personas y se abra a un mundo en el que crecer y disfrutar.

Cuando entendemos la importancia de la función paterna, comprendemos el sentido oculto que guardan frases como «vamos a salir a tomar algo solos», «nuestro hijo ya tiene edad para dormir en su cuarto», «tiene que aprender a comer él solito» o «mamá y yo estamos viendo una película, tú ponte a jugar».

Recuerdo a una mujer menuda que, amarrada a su bolso, acudía a la consulta derivada por los Servicios Sociales porque su hijo de doce años se había negado a ir al colegio. Cada día se mostraba más violento y lo que antes eran rabietas ahora eran agresiones de enorme gravedad.

La madre venía sola. Contaba que su hijo se había quedado durmiendo en casa y que el padre nunca tenía tiempo para otra cosa que no fuera trabajar. Admitía que acudía a la consulta obligada, porque no veía ningún problema en que su hijo, a pesar de la ley que preserva el derecho de los menores a una educación, no acudiera al colegio.

Le ofrecí aprovechar el paseo que se había dado hasta el centro de salud mental para que me hablara de ella, de su historia. De cómo le habían ido las cosas. De su vida en general. Reacia en un principio, acabó contándome recuerdos de una infancia en la que no había podido hacer amigas ni estudiar mucho. Era la hija mayor de una madre enferma a la que siempre tuvo que sustituir y cuidar.

Se casó mayor, tras enterrar a su madre, con un hombre responsable, con el que construyó un pulcro hogar. Se quedó embarazada y juntos lo celebraron. Nada los ilusionaba más. Dio a luz a un niño regordete de piel lechosa como la suya, al que amaba y dedicaba sus días, sin que hubiera nada ni nadie más. El padre intentó acercarse durante un tiempo tanto a su hijo como a su mujer, opinando de las pequeñas cosas cotidianas de la vida en casa y de los cuidados y la educación de su bebé. Algunas cosas que la madre hacía no le gustaban y otras no le parecían bien, como dormir en el salón porque su hijo tenía miedo y necesitaba del abrazo continuo de su madre, o que esta lo duchara y lo peinara incluso ahora como cuando era un bebé. El padre comenzó a darse cuenta de que su mujer era ahora madre y solo madre, y que había olvidado todo lo demás.

El niño fue creciendo. El padre y la madre también. Esta cambió los cuidados que en el pasado había dedicado a su propia madre por los de su hijo, al que adoraba y protegía y al que contaba que el mundo era un sitio peligroso y cruel. El padre, triste y solo, siguió trabajando como le había enseñado su abuelo, desde que el sol asomaba en el horizonte hasta que las estrellas cubrían el anochecer.

Y aquel bebé regordete se convirtió en un niño lleno de miedos y con una extraña e inadaptada forma de ser. No consentía que le llevaran la contraria. No conocía lo que significaba compartir, tolerar o ceder. La rabia lo invadía ante la más mínima frustración. Y no toleraba ningún disconfort, ninguna contrariedad ni posponer el más mínimo deseo. Creyó que el mundo no tenía nada que ofrecerle. Que estar con su madre y en casa era lo mejor que podía hacer. Ni amigos, ni aventuras, ni retos ni nuevos mundos. La dependencia afectiva, mental y física de una madre que le había satisfecho siempre y en todo, pero negándole un padre, le había invalidado para crecer y poder vivir su vida. Una vida propia a la que todos tenemos derecho y para la que llegamos a este mundo que tanto nos puede ofrecer.

Este ejemplo, aunque parezca extraño, es mucho más frecuente de lo que podemos o queremos reconocer. Sin la función paterna que nos separa de nuestra madre y nos ayuda a comprender que somos uno más en este mundo al que tenemos que adaptarnos, perdemos la oportunidad y el derecho a vivir una vida propia, con un sentido propio por recorrer, lejos de la locura que se forja en una relación dependiente y simbiótica con una madre que nos atrapa y nos impide crecer.

Tras años de consulta y formación, he aprendido una cosa. La función materna es imprescindible para sobrevivir, construirnos seguros y creernos dignos de amor, suficientes y con derechos. Y la función paterna nos enseña nuestras responsabilidades y nuestros límites. Es esperanza, alegría, sentido y oportunidad. Una oportunidad que se encuentra más allá de los maravillosos brazos de nuestra madre, de la que dependemos cuando nacemos, pero de la que nos debemos independizar.

Nuestros hijos deben salir a descubrir un mundo que puede ser maravilloso. Pero para hacerlo, los tenemos que capacitar, hacerlos fuertes, seguros, resistentes, resilientes, capaces y tenaces, con sus propios motivos y principios por los que vivir y luchar.

Esa oportunidad la da la función paterna, poniendo límites y acercando a la realidad, pero solo es posible si la madre abre puertas y ventanas, validando la irrupción del padre en la relación con el hijo y tolerando la recuperación progresiva de los roles que antes de su llegada tenía cada uno en su hogar.

Sin embargo, si la madre necesita que la relación exclusiva con su hijo perdure más allá de lo necesario y natural, si sus propias necesidades mueven sus días y no es capaz de comprender que su hijo precisa de otras cosas, creará con él una relación simbiótica y patológica, en la que el padre no podrá entrar jamás, en la que este será invalidado y desvalorizado, desapareciendo toda oportunidad de una relación familiar sana en la que poder desarrollar la individualidad.

La función paterna es límite, suelo y seguridad. El padre es la persona que cree en nosotros, en nuestras capacidades y nos alienta. La que con su exigencia nos motiva, dándonos una posibilidad. La que capacita, da alas y nos impulsa para salir a volar. La que ayuda a superar miedos, contener pegas y superar obstáculos, a pesar de las posibles protestas que podamos objetar. La que nos enseña a domar una voluntad que nos permitirá realizar planes y cumplir sueños. Una voluntad que se forja en las pequeñas renuncias diarias, en las satisfacciones inmediatas que se posponen, en los deseos a los que se renuncia porque queremos construir más allá.

En suma, la función paterna nos enseña el mundo de manera realista, con sus obstáculos y sus normas y nos capacita no solo para sobrevivir, sino para disfrutar. La que nos da la oportunidad de sobrepasar fronteras que creemos imposibles y, así, poder estar orgullosos de nosotros mismos cuando, terminando el día, nos disponemos a descansar. La que nos mostrará nuestras carencias, para aprender a crecer con ellas o a aceptarlas con humildad. La que nos enseñará el lugar que ocupamos en el mundo. No en el mundo que a nosotros nos gustaría, sino en el mundo real. La que se atreverá a competir con nosotros en juegos enseñándonos cómo se gana y se pierde con deportividad. La que nos enseñará valores, que son el suelo firme que aportará sentido a nuestras vidas cuando todo parezca ir mal.

Hoy en día, la función paterna está mal vista, incluso es demonizada. Se confunde el respeto que merecen nuestros niños con la falta de jerarquía y autoridad. Sin límites que nos guíen mientras crecemos, nuestros derechos, necesidades, deseos y miedos lo invadirán todo.

Nuestro narcisismo voraz no será cuidadosamente frustrado y restablecido y todo lo engullirá. Sin el aliento y el impulso para crecer y evolucionar, nos acomodaremos en actitudes incapaces, victimistas o limitantes que nos impedirán abrirnos al mundo, sentirnos capaces y orgullosos de nosotros mismos y encontrar un sentido a nuestras vidas.

Aprender a ser madre y padre

Se aprende a ser madre y padre, nadie nos puede exigir ni esperar que sepamos hacerlo desde un principio. Cada hijo tiene, además, unas cualidades y necesidades distintas y llega a nuestra vida en un momento único y peculiar. Ser madre o padre es un papel nuevo, que va ocupar nuestros días en su totalidad. Necesitamos darnos tiempo para crecer en esta nueva faceta y adquirir seguridad. Necesitamos ser conscientes y admitir nuestras deficiencias y trabajar en ellas no desde la culpa, sino desde la responsabilidad. Necesitamos ver a nuestro hijo en su verdadera y genuina esencia y tejer con él una relación exclusiva y sincera, llena de matices y oportunidades, a la que llamamos maternidad o paternidad.

A lo largo de los próximos capítulos reflexionaremos sobre las causas y consecuencias de que la función materna esté actualmente hipertrofiada y la paterna en una crisis existencial. Veremos, además, cómo se ejercen estas funciones, comprendiendo que pueden ser llevadas a cabo por personas de cualquier sexo o sin parentesco sanguíneo, pero que asumen la responsabilidad de la crianza de un menor al que hijo llamarán.

Capítulo 3

¿Qué necesitamos para ser madres y padres «suficientemente buenos»?

Es mucho más importante que te conozcas a ti mismo que darte a conocer a los demás.

SÉNECA

No debemos tener miedo a equivocarnos, hasta los planetas chocan y del caos nacen las estrellas.

CHARLES CHAPLIN

Pensamos que ser padres y madres es algo natural, que es una tarea fácil, que nos va a salir sola. No tenemos nada que plantearnos o que pensar: lo llevamos en los genes y tenemos las cualidades necesarias que florecerán en cuanto veamos el rostro de nuestro bebé.

Pero la maternidad y la paternidad no es esa etapa idealizada de los cuentos de hadas, en la que nunca nos enfadamos ni nos desbordamos, todo es armonía, magdalenas recién hechas, lacitos de seda en las trenzas y amabilidad. Tampoco es lo que nos cuentan desde una reivindicación victimista que solo señala el enorme sacrificio, la indescriptible renuncia y la injusticia total que supone sobre nuestros cuerpos, nuestros corazones y nuestras vidas la maternidad y la paternidad.

Cuando un hijo llega a nuestras vidas, todo parece descolocarse y cambiar. Ser madre o padre implica comenzar una nueva etapa en la que se acaban algunas cosas, otras se remueven y reaparecen y otras están por llegar. Es un cambio en el que nos jugamos mucho, no solo la nueva relación con nuestro hijo, sino también la que mantenemos con nosotros mismos, con nuestra pareja —si la tenemos— y con nuestra familia de origen y política en general.

Para cada mujer u hombre de este planeta, ser madre o padre significa una cosa muy especial. La maternidad y la paternidad son algo exclusivo y personal. No nos sirve de mucho que nos cuenten cómo hacer un mejor amigo, que nos digan cómo mirarlo, hablarle, qué contarle, qué planes proponerle o cómo reírnos de sus ocurrencias. Las relaciones humanas verdaderas son aquellas que parten de la desnudez del alma y que implican una conexión sincera y real; surgen de todo lo que no es formal ni está en las palabras, ni en un *debería*, ni en un *ojalá*. Las relaciones íntimas que implican una verdadera conexión con alguien son espontáneas y se basan en el respeto al otro y en el deseo de compartir (quiénes somos, qué nos gusta, cuáles son nuestros límites...), recibiendo y dando atención y cariño, desde una actitud flexible y llena de ilusión. La maternidad o la paternidad es ante todo una relación humana con un ser minúsculo que, eso sí, tiene su temperamento innato y sus derechos y que necesita de nuestro vínculo y nuestros cuidados para sobrevivir.

Es una relación en la que la responsabilidad, la sinceridad, la coherencia, el respeto y sobre todo el amor —sentido y expresado— son el camino. Un camino único, porque la maternidad y la paternidad están rodeadas de las circunstancias exclusivas de cada persona, como la manera y el motivo por el que se ha llegado a ella, ya sea desde el deseo o la sorpresa, como un destino ya escrito o tras un esfuerzo recompensado; del país y de la cultura en los que vivimos, del momento histórico que nos atraviesa; de la familia en la que crecimos; de nuestra edad; de nuestro entorno social y familiar; de nuestra economía; de la salud física y mental que nos sustenta; de si tenemos otros hijos y de un sinfín de circunstancias.

Por eso, no vamos a encontrar fuera de nosotros una guía o un manual que nada de esto tiene en cuenta y que nos regale unas impersonales claves que nos permitan desarrollar una maternidad o una paternidad tranquila y serena. Tenemos que recorrer nuestro propio camino, comprender lo que nos sucede cuando nuestro hijo llama a nuestra puerta. Que nuestras reacciones, emociones y pensamientos tienen un sentido que debemos buscar dentro de cada uno de nosotros y que están mediados por los miedos, las imposiciones, los ideales, las vivencias y las exigencias que arrastramos. Ser conscientes de todo ello nos permite ser más libres y construir una relación con nuestro hijo más sincera, cercana y verdadera.

El embarazo es una cosa de la mujer

En la mujer —que es matriz y nido—, se producen con el embarazo una serie de cambios hormonales y físicos de los que ahora, en nuestra cultura, se empieza a hablar con normalidad.

Es necesario que no olvidemos que, hasta hace bien poco, el embarazo, como tantas otras realidades de la mujer, era un tabú que no se podía nombrar y que sigue siendo invisible en algunas partes del mundo actual.

Por motivos religiosos, culturales e ideológicos, todo aquello que atañe a la mujer siempre ha estado oculto. La menstruación, la lactancia, el embarazo, la menopausia, la sexualidad, la agresividad femenina... no han sido estudiadas, validadas ni reconocidas, como si al no hacerlo dejaran de existir o no fueran importantes. Las causas de que esto sea así son complejas, profundas y atraviesan nuestra realidad machista y patriarcal. Pero este legado de invisibilidad nos ha hecho renunciar a compartir lo que somos y lo que nos pasa, saber cómo funcionamos, reconocer lo que verdaderamente necesitamos y tener que vivir tantas cosas que realmente son importantes y determinantes en nuestras vidas en una despiadada soledad.

Eso ha hecho que sepamos poco de los cambios psíquicos —que son los menos tangibles— que la mujer experimenta en el embarazo, el parto y el posparto y que apenas hemos empezado a validar en la actualidad.

El vínculo con nuestro hijo comienza a forjarse durante el embarazo. Él necesita de nuestro latido, nuestro calor y nuestros cuidados para desarrollarse y sobrevivir. Y nosotras lo pensamos, lo sentimos y lo esperamos unos días con ilusión, otros con cierto miedo y otros con verdadera expectación.

La madre, cuando nace su bebé, ya está vinculada a él. El parto transforma una relación que ya existe para ambos. Tras el nacimiento, la madre continúa cuidando, alimentando, arropando y protegiendo a su hijo, aunque ahora de una manera consciente y voluntaria. Los cuidados que antes eran automáticos y que su organismo se encargaba de garantizar, pasan a ser parte de la función materna.

La realidad es que nuestro hijo ya existe para nosotras desde que empieza a desarrollarse en nuestras entrañas. Y cuando algo malo le sucede —en el peor de los casos, cuando muere antes del parto o durante el mismo—, un dolor indescriptible e insuperable atraviesa cada átomo de nuestra existencia, deteniéndose para siempre una parte de nosotras. La que muere con él.

A las mujeres se nos nombra siempre en función de un otro. Y se nos pregunta incluso por ello para podernos encasillar o reconocer. Madres, viudas, señoritas o señoras.

Y sin embargo no tenemos un nombre con el que se reconozca lo peor que puede sucedernos. Algo que no se supera, se sobrevive. También cuando a nuestro hijo solo le conocemos y sentimos nosotras porque reside todavía dentro de nuestro ser. Para las madres que lo fueron y para aquellas que para los otros iban a serlo, no hay ni nombre ni reconocimiento. Solo silencios incómodos, miradas que se evitan y un olvídate cuanto antes. Como si eso pudiera ser.

Cuando somos madres y padres, nos volvemos niños

Cuando esperamos la llegada de nuestro hijo, nos sucede una cosa con la que debemos contar.

La mujer es la primera en experimentarlo. Según avanza el embarazo, va entrando poco a poco en un estado regresivo, es decir, de vuelta y conexión con su parte más infantil, con su «yo niña», cuyo sentido es permitirle conectar mejor con su bebé y comprender las demandas que este hará. Los cambios físicos y hormonales de su cuerpo y su cerebro y sentir los movimientos de su bebé en las entrañas la ayudan en esta transformación tan necesaria que el padre, de momento, no podrá realizar.

Esta situación lleva a que la madre fantasee mucho más que el padre con cómo será su bebé, con qué aspecto físico y personalidad tendrá y vaya atribuyendo a su hijo no nacido unas características: «Va a ser una niña alegre, porque se mueve mucho», «Será un gran científico, porque es un bebé tranquilo», «Creo que será futbolista, me da unas patadas de centrocampista increíbles...», cuentan las madres antes de dar a luz.

Durante la crianza, este estado mental al que llamamos *regresivo*, en el que entra primero la madre y después el padre, nos ayuda a conectar con las necesidades de nuestro hijo y a comprender mejor sus demandas, porque nos podemos poner en su lugar. Pero también nos sitúa en un estado de mayor vulnerabilidad psíquica y emocional, sobre todo si nos hace regresar a una infancia que fue difícil, carente de cariño y comprensión, que habíamos olvidado de manera defensiva para no sufrir de más.

Recuerdo a una mujer que acudió a la consulta tras dar a luz once meses atrás. Venía porque la superaban los cuidados de su hijo. Las demandas continuas y el llanto de su bebé la hacían sentirse angustiada, insuficiente, como si siempre estuviera haciendo algo mal. Esa angustia se había extendido al resto de su vida y la paralizaba casi por completo, sin comprender qué pasaba o por qué se sentía tan mal. Ella había deseado mucho ser madre. Y, ahora, a veces sentía rechazo por ese bebé que demandaba algo que ella no lograba interpretar.

Apenas salía a la calle, ya no contestaba las llamadas de sus amigas y se había aislado de los demás. Cuando le preguntaban qué tal se encontraba o qué tal con su hijo, no podía controlar el llanto. Cuando empecé a hablar con ella, en la consulta, me comentó de pasada que había tenido una infancia normal. No recordaba ningún suceso ni ninguna situación que le hubiera hecho daño o que se saliera de lo normal. Se describía como una mujer eficiente y con ganas de vivir. Tenía una buena relación de pareja, trabajo, sus amigas de siempre y poco más que contar. Tras varias sesiones, empezó a permitirse recordar cómo sus padres habían tenido una relación violenta que terminó cuando ella tenía siete años y su madre se marchó un día, dejándola al cuidado de un padre siempre distante y a veces agresivo, con el que no podía conectar. Su madre volvió al cabo de un tiempo con otra vida hecha y ninguna intención de algo que reparar. Así que esta mujer nunca pudo validar el ambiente lleno de miedo en el que creció, ni asumir el abandono que sintió por parte de su madre. Todo quedó en el olvido para poder hacia delante caminar.

Pero lo vivido deja huellas intangibles, que, aunque creemos superadas u olvidadas, se reactivan cuando entramos en el estado regresivo que nos ayuda a conectar con nuestros hijos. Si lo que vivimos fue positivo, eso nos facilitará atender y comprender mejor lo que nuestros hijos necesitan, sobre todo, cuando no saben hablar. Pero si la manera en que nos cuidaron en la infancia fue dolorosa o traumática, las emociones de entonces serán traídas de vuelta y se actualizarán, condicionando negativamente, más si no somos conscientes de ello, nuestra capacidad de comprender, atender y vincularnos con nuestro hijo real.

La maternidad y la paternidad son un duelo

Que la vida nos cambia cuando somos madres y padres es una evidencia. Que sentimos que ya no somos los de antes, también. Pero muchas veces lo que nos invade es una sensación vaga y difusa que nos llena de miedo, rabia o inseguridad, al no saber si el cambio será para siempre o podremos recuperar nuestras vidas previas al menos en parte.

Conocer lo que, en general, implica ser madre o padre nos puede ayudar a anticipar esos cambios, para que, en vez de sorprendernos, estemos preparados, relativicemos lo que nos sucede y lo podamos manejar. Poder nombrarlos y compartirlos calmará nuestra angustia y nos permitirá avanzar en la crianza con más serenidad.

Un duelo es el trabajo psíquico y emocional que tenemos que realizar cuando perdemos algo importante y valioso en nuestra vida. Un trabajo que nos permite seguir adelante elaborando la pérdida, que debe ser admitida e integrada en nuestro caminar. Para ello, debemos tolerar la rabia y la tristeza que conlleva perder algo. Expresar la pérdida sin negarla, compartirla y buscar nuevos sentidos es clave para poder continuar con nuestras vidas.

La llegada de un hijo supone un duelo para los padres de muchas cosas. De una juventud que termina. De una libertad que se acaba. De una flexibilidad que se amordaza. De una complicidad que se retuerce. De una irresponsabilidad que de responsabilidad se ve ahogada. De un cuerpo que se transforma. De unas necesidades básicas que ya no son escuchadas. Del duelo por pasar de ser hijo a un ser madre o padre. De unos amigos que parecen perdidos o difuminados. De una nueva identidad que no acaba de concretarse y nos resulta a veces ajena, agotadora e inabarcable...

Un cambio lleno de matices en el que sentimos que hemos perdido las pequeñas y las grandes cosas que sustentaban nuestras vidas, tejidas con una rutina controlada que nos hacía sentir lo suficientemente seguros y valiosos.

Estamos acostumbrados a elegir nuestros tiempos y horarios, el aspecto físico que tenemos, cuándo nos duchamos o cómo llevamos el pelo, cuántas horas descansamos y en qué empleamos nuestro tiempo y nuestro esfuerzo. Lo que comemos y cuándo lo comemos. Cuándo vemos a nuestros amigos y familia, cuándo salimos a dar una vuelta, a hacer deporte, leemos un libro o hacemos una excursión al campo que termina en un delicioso y eterno almuerzo.

Antes de ser madres y padres, somos más o menos flexibles con nuestras rutinas, que atienden y colman nuestras necesidades más básicas, pero también nuestras ilusiones y deseos. Pero la llegada de un hijo desbarata toda la logística apretada que hemos elaborado para sentirnos valiosos, seguros, útiles y disponer de todo lo que necesitamos.

La nueva dinámica nos agota física y emocionalmente, porque nuestro hijo nos necesita las veinticuatro horas del día, quedando —sobre todo los primeros meses— poco tiempo para todo lo que antes llenaba y sustentaba nuestra vida. Perdemos la espontaneidad y la libertad con la que antes vivíamos el día a día. Nos surgen sentimientos de angustia, desbordamiento y miedo. Nos puede invadir la rabia, fruto de la enorme incertidumbre de no saber cuándo y cómo acabará la nueva situación que estamos viviendo.

Hablaremos en los próximos capítulos del motivo por el que las madres y los padres actuales viven este proceso con tantas dudas y malestar y de cómo manejarlo mejor. Pero quiero avanzar una idea que siempre ayuda. Cuando no podemos cambiar una situación, tenemos que cambiar nosotros y adaptarnos. No es que no queramos ser madres o padres cuando ya lo hemos sido, sino que no esperábamos que esa fuera la realidad. Pienso que mucho del sufrimiento y de la inquietud que causa actualmente la crianza tiene que ver con querer recuperar lo que teníamos y éramos antes, con luchar, exigir y protestar por unos cambios que son tan esperables como necesarios, con no aceptar el duelo que estamos viviendo, la pérdida de lo previo y la transformación que es necesaria. Con pretender que un hijo encaje en nuestros colapsados días y que no necesite mucho espacio ni tiempo. Con creer que cabe en ellas con naturalidad. Sabemos que hay que cuidarlo y quererlo, pero desconocemos o no podemos tolerar el enorme cambio que supone en nuestras vidas y en nuestra identidad. Nos empeñamos y luchamos por recuperar lo de antes, en vez de expresar, compartir, comprender y aceptar lo que estamos viviendo para adaptarnos a nuestra nueva realidad. La aceptación y la flexibilidad son claves en las etapas de cambio. Piensa que recuperarás muchas cosas a las que ahora renuncias; otras ya nos las necesitarás y otras cambiarán lentamente, creando una nueva y maravillosa realidad.

Que seamos adultos no significa que no necesitemos amor

Recuerdo a un padre de origen magrebí que había cruzado escondido en los bajos de un camión la frontera entre África y España. Había llegado siendo un niño y desde entonces había trabajado de sol a sol en cualquier cosa que lo ayudara a mantenerse con vida: recogiendo fruta, cargando mercancías o en la construcción. Aprendió a leer y escribir, hizo amigos y, además de sobrevivir, se construyó una nueva vida. Un día de principios de verano se cruzó con una mujer que regentaba la panadería del pequeño pueblo en el que recogía las deliciosas uvas que son orgullo y motivo de celebración nacional. Se enamoraron: él, de su mirada sincera y de su generosidad; ella, de la fortaleza y el optimismo con el que este hombre de piel morena y brazos grandes se levantaba para luchar por un nuevo día cuando los gallos comienzan a cacarear.

Tuvieron una niña preciosa, a la que cuidaron y dieron todo su amor. La niña fue creciendo feliz, hasta llegar a la adolescencia. Y este hombre que nunca se había roto ni flaqueado, se derrumbó. El pesimismo, el miedo y el reproche se instalaron en el que hasta entonces había sido un hogar feliz. Que su hija saliera de casa, que se vistiera como una adolescente, que cerrara la puerta de su dormitorio o tuviera nuevos amigos suponía una inmensa amenaza para este padre que tanto luchó por construir una familia a la que entregaba cada día toda su fuerza y todo su amor. Su mujer no lo reconocía. Ahora se pasaban el día discutiendo y, al llegar la noche, en vez de dormir abrazados como habían hecho siempre, el padre descansaba lo que podía hecho un ovillo en el viejo sofá del salón. Acudir a la consulta permitió a este hombre y padre admirable conectar con sus antiguas vivencias y —en vez de seguir haciéndose el fuerte— admitir sus miedos delante de su mujer y compartir con ella la nueva etapa en la que se encontraban tanto ellos como su preciosa hija adolescente. Una nueva etapa en la que aprendió a pedir el cariño que necesitaba, a admitir su vulnerabilidad y a compartir con su compañera de vida todo lo que conllevaba la nueva situación familiar.

Nos venden que crecer y ser maduros implica no necesitar a los demás. Que la madurez significa ser autónomos, independientes y autosuficientes respecto al cariño y la atención de los demás. Que necesitar compartir, abrazar, besar, jugar y conectar son cosas de niños y que, para nosotros, los adultos —y más si somos madres y padres—, está de más.

Sin embargo, estamos viendo el tsunami emocional y psíquico que supone la maternidad o la paternidad. Es un momento en el que regresamos emocionalmente a la infancia, nuestra vida y nuestra seguridad se descolocan, nuestra identidad y valía se cuestionan, nos invaden nuevas emociones que no sabemos manejar y nos sentimos invadidos por una responsabilidad que nunca hemos sentido antes y, en el mundo moderno, sin los apoyos con los que antes se criaba, sostenidos por una familia que vivía cerca y una comunidad a la que conocíamos y sentíamos pertenecer.

Cuando hablamos del vínculo, hablamos de que toda la vida vamos a movernos buscando la conexión con determinadas personas que son nuestro sustento y a las que necesitamos presentes, sobre todo cuando sentimos crecer nuestra fragilidad. La maternidad o la paternidad es una de esas situaciones. Pero esta sociedad nos vende que ser independientes y autosuficientes es lo deseable, impidiéndonos reconocer que, aunque somos los padres y las madres de un hijo que llega, nuestras necesidades afectivas y de sostén aumentan con su llegada.

Pedir a las personas que nos rodean cariño, atención y apoyo, lejos del ideal social que nos cuenta que eso es signo de dependencia y debilidad, es una señal de fortaleza y madurez y nos ayuda a sostenernos y a tolerar los cambios y la responsabilidad que ser madre o padre conlleva.

Cuando esperamos un hijo, nos centramos en preparar lo externo y lo material: la cunita, el osito de peluche, los pañales, el cochecito o la ropita que se pondrá nuestro hijo al llegar. Miramos, comparamos precios, incluso discutimos o nos endeudamos, preparando esas cosas preciosas que realmente nos ayudan poco o nada en la nueva vida que vamos a comenzar.

Lo verdaderamente importante es tejer un buen sostén a través de los vínculos. Fundamentalmente con nuestra pareja, si la tenemos, pero también con nuestra familia de origen, nuestros amigos y vecinos o nuestra comunidad. La crianza en soledad es imposible. Es una utopía que conlleva la enfermedad psíquica de la madre, del padre o del hijo, porque se crean vínculos fusionales, cargados de proyecciones, ambivalencia y falta de realidad, que empobrecen hasta hacer que todos pierdan la cordura y la identidad.

Necesitamos a los demás para construirnos como personas. Pero también para *maternar* o *paternar*. Si contamos con ello y le damos la importancia máxima que tiene, prepararemos la red que necesitamos para sostenernos y no naufragar. Si tenemos pareja y la relación no va bien, buscaremos ayuda profesional antes de la llegada de nuestro hijo, porque, si no, la situación nos separará aún más. Si tenemos una buena relación con nuestra familia, buscaremos su ayuda. Lo hablaremos con amigos y conocidos y, si no contamos con mucho apoyo y lo precisamos, acudiremos a los servicios sociales para activar las ayudas y los dispositivos pertinentes que nos sostengan en nuestra maternidad y nuestra paternidad.

Crear un hogar es enseñar con el ejemplo

Si vamos a criar a nuestro hijo en pareja, es necesario comprender que el tipo de relación que mantengamos con ella es uno de los factores más determinantes para el desarrollo de nuestro hijo.

Porque, aunque nuestro hijo tiene sus características y el vínculo con nosotros es el pilar sobre el que se va a asentar su vida, el entorno y la calidad de los vínculos en el hogar en el que crezca también son determinantes.

Un hogar puede ser un refugio lleno de amor, pero también un campo de minas sembrado de riesgos que asaltan sin previo aviso, que constituyen amenazas que harán que nuestros hijos vivan su infancia y su adolescencia en un estado de alerta e hipervigilancia. Crecerán anticipando cualquier situación que pueda hacer saltar por los aires la estabilidad de la casa. Se convertirán en niños ansiosos, llenos de miedos e inseguridades, hiperresponsables y comedidos, que viven una falsa identidad madura y complaciente. Son niños que no acuden nunca a consulta, porque jamás dan problemas. Niños buenos e invisibles para los adultos, como invisibles son también su sufrimiento y su inmensa soledad.

Podemos crear un hogar calentito y confortable que sea fuente de alegría y seguridad. Eso no depende de tener una casa bonita, de que seamos perfectos o de que hagamos mil cosas y todas bien. Depende de que demos importancia a la calidad de las relaciones familiares de las que nuestro hijo no solo va a ser testigo, sino que lo construirán. Que el respeto, la sinceridad, el cariño, la tolerancia y la seguridad con los que vivimos nos permitan ser nosotros mismos, equivocarnos y saber con total seguridad que todos en ese hogar tenemos cabida, importancia y lugar. Un hogar en el que aprender a querer «bonito», tolerar y respetar la diferencia y adquirir confianza, ilusión y bondad.

Revisar y ser conscientes del tipo de relación de pareja que tenemos es de vital importancia, no solo porque —como ya dijimos— necesitamos su apoyo, amor y comprensión en la crianza, sino porque la ansiedad, la inseguridad, la sumisión, la depresión, el pánico al abandono y otros graves trastornos son las consecuencias invisibles que sufren niños y adolescentes criados en una casa que no es hogar tal como nos enseñó Kurt Goldstein (1878-1965).

Los hijos no unen a la pareja

Ni un hijo trae una hogaza de pan bajo el brazo, ni arregla los problemas de pareja, ni la une todavía más. Lo cierto es que su llegada moviliza la vida a todos los niveles y la pareja se resiente y necesita flexibilizarse y adaptarse para no romperse en el proceso, sostenerse durante un tiempo y poderse recuperar.

La falta de tiempo, el cansancio y que no haya sitio para la espontaneidad conduce en ocasiones a querer buscar un culpable o un salvador sobre el que descargar la sensación de impotencia que nos producen las intromisiones de familiares, los cambios en un cuerpo que ya no sentimos deseable, los horarios que nos distancian, las obligaciones que no se acaban y las escasas posibilidades de encontrar esos tiempos de conexión con nuestra pareja que parecen haber desaparecido y tememos que nunca volverán.

Un cambio de prioridades y roles se instaura en la pareja, que necesita más que nunca evolucionar de la mano.

En los primeros meses, la persona que ejerce la función paterna debe tolerar el nuevo puesto al que queda temporalmente relegada. La persona que ejerce la función materna precisa dedicarse al hijo por completo y, lentamente y a lo largo de los meses, volver a conectar con su pareja como antes y darle su espacio. Ahora ya no son solo dos, ya no son solamente una pareja, lo que los obliga a reorganizarse para seguir cuidándose el uno al otro, con todo lo que eso implica de disponibilidad para el otro, de nuevas responsabilidades que necesitan ser compartidas, dando espacio a la necesaria intimidad que les permitirá reconectar.

La realidad de la maternidad y la paternidad es, además, cambiante, porque nuestro hijo crece cada día, entrando en etapas distintas que precisarán a su vez cosas distintas. Así, cuando creemos que ya tenemos la situación controlada, vuelven a cambiar las cosas y precisaremos hacer nuevos ajustes y adaptaciones.

No se trata de buscar fuera de la pareja lo que no podemos encontrar en ella. No se trata de salir huyendo ni de volcar en eternos reproches la incertidumbre y el malestar que sentimos a veces. No se trata de «tener razón» e intentar ganar, porque no estamos en una guerra. Aunque lo olvidemos, estamos en el mismo equipo y, si uno de los dos pierde, perdemos todos y además de verdad. Se trata de comprender que estamos en un período de cambio, en un proceso que requiere tiempo, comprensión y flexibilidad para reparar las cosas si estas se tuercen y evitar que vayan a más.

La importancia de saber reparar

En las distancias cortas y en las relaciones estrechas —también las de pareja—, las personas sufrimos decepciones, discutimos, nos distanciamos y nos volvemos a acercar. Son cosas que pasan, que muchas veces nos dañan y nos hacen dudar de si tiene sentido continuar. Y pasan porque muchas veces idealizamos a nuestra pareja. Creamos falsas expectativas, ponemos en ella toda la esperanza y solo nos permitimos fallar a nosotros. A veces, tenemos miedo de perderla o hacemos responsable a nuestra pareja de lo malo que nos sucede, eludiendo nuestra responsabilidad. Otras veces nos encontramos cansados, perdidos o desbordados y no nos soportamos ni a nosotros mismos ni a los demás.

Lo importante en cualquier relación humana que merezca la pena no es luchar para sea perfecta, sino cuidar de todo aquello que hace que nos merezca la pena continuar. Una buena relación —entre otras cosas— es aquella en la que los mensajes positivos que damos y recibimos son mayores que los negativos y, cuando estos se producen, los sabemos reparar.

En la sociedad actual todo parece estar hecho para que dure poco: los electrodomésticos, los juguetes, la ropa... y las relaciones que nos importan de verdad. Recuerdo que en mi infancia había en las calles pequeños comercios atiborrados de interesantes objetos destinados a la reparación: la vajilla que se rompía, el zapato que perdía el tacón, la estufa que no calentaba o la maleta que cerraba mal. También recuerdo a mi abuela cosiendo, remendando calcetines y subiendo bajos, abullonando mangas o añadiendo encajes, inspirada por los bonitos patrones de una moda que, aunque cambiaba, nunca implicaba tirar la ropa, sino adaptarla para volverla a reutilizar. Lo mismo hacía con los garbanzos del cocido que sobraban, con la morcilla y el chorizo picante de la matanza, que se convertían milagrosamente en una ropa vieja deliciosa realizada con las sobras por las que sus hijos y nietos disputábamos cuando íbamos a su casa a almorzar.

Ahora todo se tira. La vajilla, el zapato, la comida... y el amor en cuanto lo araña alguna dificultad. Creemos que podemos cambiar de pareja, de familia, de vida o de casa sin que eso tenga consecuencias en nuestros corazones, en nuestra estabilidad y en la crianza. Como padres y madres, debemos enseñar a nuestros hijos con nuestro propio ejemplo que la felicidad es posible, que hay que construirla y lucharla desde la esperanza.

Aunque la pareja sufra dificultades, debemos saber que la relación como madres y padres responsables de nuestros hijos, que nos necesitan y aman, es indestructible, por mucho que a veces nos convenga negarla. Por eso, tanto si seguimos juntos como si no, es importante saber que vamos a atravesar malos momentos mientras criamos a nuestros hijos, a sufrir malentendidos que pueden aumentar la distancia entre nosotros y minar la confianza. Que nos llevan a perdernos, dificultando la conexión que nos hace falta. Recordemos que tanto la madre como el padre comienzan su andadura en un estado mental y emocional de regresión a su propia infancia. Si crecieron con vínculos seguros, sabrán acudir a su pareja pidiendo refugio, apoyo y cariño de una manera clara, sincera y adaptada. Pero si no fue así, en vez de reconocer y solicitar lo que necesitan, se comunicarán de manera ambigua y confusa y no sabrán manejar las emociones que los invaden, entre ellas, la impotencia, la vulnerabilidad y la rabia. Los reproches invadirán miradas y palabras y la culpa acampará a sus anchas. Nos mentiremos y ocultaremos nuestras verdaderas necesidades de afecto, ya que no confiaremos en que vayan a ser escuchadas o validadas. La impotencia y la soledad vividas nos harán mostrarnos enojados, exigentes y demandantes, alejando de manera progresiva a la persona que tanto necesitamos y echamos en falta, ya que nos encontramos en un momento —el de la crianza— de máxima necesidad vincular. Entramos en un bucle defensivo desde el que interpretaremos lo que hace, dice o deja de hacer el otro, que finalmente edificará también sus propias murallas.

Nos mostraremos ya siempre con nuestras armaduras defensivas puestas, envenenados, suspicaces y recelosos, escondiendo la vulnerabilidad que sentimos, la soledad y una autoestima dañada.

Si no podemos parar a pensar en lo que nos sucede, estas dinámicas nos acabarán agotando y entraremos en los estados finales, en los que el pesimismo y la falta de esperanza dan paso a una indiferencia protectora que nos indica que hemos perdido la batalla.

Nos puede ayudar comprender que muchas veces, cuando discutimos con nuestra pareja, lo que mueve esa discusión es que se está poniendo en juego la importante necesidad de apego, contención y seguridad que todos sin distinción necesitamos sentir. Algo ha sucedido que vivimos como una amenaza para ese cariño que tanto necesitamos. Si no nos paramos a pensar y nos dejamos llevar por un día a día tan exigente como es el de la paternidad y la maternidad, la distancia en la pareja irá creciendo, la complicidad y la confianza disminuirán y las ganas de comprender al otro ya no serán una prioridad. Agotados de defender y atacar, dejaremos las inmensas murallas defensivas siempre levantadas y el deseo, el cariño y el respeto se perderán.

El amor necesita atención y cuidados. Cuidar una relación es priorizarla. Es saber que, ante una discusión o el desencanto, podemos elegir entre la lista de agravios y decepciones que parece crecer cada día y nos lleva a actuar culpando, distanciándonos y descalificando, o serenarnos, conectar con lo que estamos sintiendo, atrevernos a escuchar lo que el otro dice y siente y buscar esas soluciones que unen y reparan.

Sentirnos parte de una relación segura disminuye nuestras defensas y la sensación de peligro y nos permite centrarnos en algo más que en nuestra supervivencia. Una relación segura nos permite conectar mejor con nuestras necesidades y con las de los demás, especialmente con las de nuestros hijos. No tener que estar pensando y sobreviviendo a nuestros propios conflictos nos libera para comprender mejor lo que realmente nuestros hijos necesitan de nosotros. Nos sentiremos más fuertes y optimistas, más validados y acompañados y lograremos interpretar las necesidades de nuestros hijos desde una actitud más positiva y esperanzadora que incidirá directamente en la construcción de su personalidad.

Pero si vivimos en el desamor, la defensa y el desánimo, la forma de educar y criar a nuestros hijos se verá afectada. Estaremos nerviosos y heridos. Nos sentiremos incapaces, incompetentes e invisibles. Estaremos de cuerpo presente, atendiendo las obligaciones caseras, pero emocionalmente ausentes, defendiéndonos del dolor que la relación de pareja nos está produciendo y que puede llevarnos a un peligroso enfriamiento emocional que contagie toda nuestra vida, también la relación con nuestros hijos. Mantendremos con ellos una actitud distante o incoherente —cambiando en función de cómo nos sintamos o vayan las cosas—, dañando el vínculo que creemos con ellos y que tan determinante es para su desarrollo.

Para ser una buena madre o un buen padre hay que dejar de ser hijo

Antes de ser padres, la pareja se construye día a día. Vive sus cosas a su manera, construye sus rutinas y costumbres y suele tener menos interferencias de la familia de origen o política.

Pero con la llegada de un hijo, no solo es un hijo lo que llega. Es un nieto, una nieta, un sobrino o una bisnieta. Las fuerzas intrafamiliares se reactivan y, si eran disfuncionales, se actualizan olvidados legados, jerarquías impuestas, dinámicas injustas y envenenadas preferencias.

En un momento regresivo, en el que nos sentimos más vulnerables, reaparece toda esta contienda. Cada uno sobreviviendo a la propia, pero invadido por la ajena. La suegra, el suegro, además de nuestros propios padres, entran en escena. Es como una obra de teatro que lleva años representándose, que cuenta una historia familiar que no nos es ajena y a la que ahora se suman nuestro hijo y nuestra pareja, nuestros suegros, nuestros cuñados y nuestras queridas nueras.

Tal es la fuerza que tienen las dinámicas familiares cuando son desadaptadas que, o estamos preparados y hemos trabajado juntos como pareja para que nada malo nos suceda, o entraremos sin apenas darnos cuenta en un combate cuerpo a cuerpo en el que las verdaderas razones no son nuestras ni de nuestra pareja, sino fuerzas y dinámicas familiares invasoras, venenosas y enfermas.

Como otras cuestiones relacionadas con la maternidad y la paternidad, es preciso que seamos conscientes de estas dinámicas, que las reconozcamos y comprendamos y que nos protejamos juntos de esa nefasta influencia. De no ser así, entraremos en inagotables peleas para demostrar nuestras razones y deslegitimar las ajenas. Discusiones interminables que nos agotarán y desconectarán, en las que parece ganar uno, el que más argumentos encuentra o durante más tiempo los sustenta, pero que hacen que el que aparentemente escucha y cede pierda, además de la admiración, la ilusión por su pareja. El amor y el cariño se desgastan y agonizan en esta evitable guerra. Una guerra en la que estamos perdiendo —de manera invisible— una relación, un hogar, la posibilidad de compartir la crianza y la esperanza de una vida plena.

Hay padres que comprenden que las jerarquías y la crianza se acaban cuando sus hijos ya son adultos y deben seguir su propio camino. A pesar de que continúen queriendo lo que creen mejor para esos hijos y ser una prioridad en sus vidas, que sigan su ejemplo, eviten sus errores o elijan lo que ellos creen más conveniente, son madres y padres que entienden que todo tiene un tiempo, que la vida es una sucesión de etapas que terminan y son capaces de respetar la voluntad, la identidad y la libertad de sus hijos. Estos padres y madres son abuelos que ayudan infinitamente. Son refugio y salvavidas para sus hijos y un vínculo nuevo y maravilloso para sus nietos. Aportan la serenidad que los nuevos padres no tienen y ofrecen continuidad y estabilidad a sus nietos cuando los padres no están. Ayudan a la pareja a mantener su espacio, cuentan a sus nietos sus valiosas historias, les enseñan que pertenecen a una familia que los antecede y que da sentido a mucho de lo que son y serán. Comparten el ritmo lento en el que viven, en el que las cosas sencillas cobran una relevancia maravillosa y especial. Los cuentos, los paseos, las meriendas, los pequeños caprichos, los juegos de antaño y sus sabias y justas palabras perdurarán para siempre en el recuerdo de sus nietos como uno de los mayores tesoros de su infancia, en el que poder cobijarse cuando arrecie el temporal.

Pero hay padres que no aceptan que sus hijos se individualicen y crezcan, que siguen reclamando el lugar prioritario e inflexible que siempre ocuparon en sus vidas con diferentes trucos y artimañas que aumentan o reaparecen tras la llegada de «su nieto», al que verán como una propiedad más, sobre la que tienen derechos. Son abuelos que se inmiscuyen e interfieren en las vidas de sus hijos venenosamente. Que siembran bandos e infiltran incertidumbres. Que desprestigian y malmeten, aumentando las distancias en la pareja, desvalorizando decisiones o desacreditando los criterios y las actitudes que con tanto esfuerzo y tantas dudas construyen padres y madres para criar a sus hijos y mantener su hogar. De este tipo de abuelos hay que independizarse emocional y psíquicamente. De este tipo de madres y padres hay que «dejar de ser hijo», en el sentido de dejar de asumir la autoridad que siguen imponiendo y no concederles el lugar preferente por el que siguen presionando.

Este tipo de padres y madres, cuando éramos niños, depositaron en nosotros expectativas y necesidades propias de las que ya es hora de que nos desprendamos. Tenemos que comprender que pretenden mantener sigilosamente la jerarquía rígida y abusiva que nos impusieron en su día, imponiéndosela ahora a nuestra pareja y a nuestro hijo.

La relación con nuestros padres siempre se reactiva en la maternidad y la paternidad. Si son unos buenos padres, vamos a necesitar su consejo, su ayuda y su compañía. Pero si son padres difíciles, invasivos, venenosos o abandónicos, volveremos a sentir el viejo dolor de la infancia, o bien idealizaremos la situación, creyendo que, aunque no fueron buenos padres, serán buenos abuelos.

Muchos padres y madres, heridos en su infancia por sus propias madres y sus propios padres, recuperan la esperanza de que estos al fin los quieran y respeten a través de sus propios hijos, sus nietos. Creen que sus padres, por ser abuelos, cambiarán. Sin embargo, las idealizaciones, siempre presentes en nuestras vidas y más cuando la situación real es difícil, nos impiden reaccionar ante una realidad amenazante que, al negarla idealizándola, nos coge desprevenidos, dañándonos aún más. Poner fin a las dinámicas antiguas de roles abusivos y jerarquías injustificadas es crucial para sobrevivir como pareja y para una crianza satisfactoria. Hemos de reconocer y aceptar, aunque sea doloroso, que probablemente nuestros hijos «heredarán» el mismo puesto que nosotros tuvimos en nuestra familia de origen.

. . . .

Recuerdo a una mujer que el primer día que llegó a la consulta, nada más sentarse, se echó a llorar desconsoladamente. Necesitó varios minutos para serenarse y comenzar a contar su historia. Estaba embarazada de su segundo hijo, trabajaba en una empresa en la que estaba contenta y tenía un marido con el que últimamente las cosas iban mal. Sentía que su vida era una molesta carga que —como su redondeada tripa— cada día le pesaba más. La distancia con su pareja era cada vez más profunda, creía que con su hija pequeña lo hacía casi todo mal y que decepcionaba constantemente a sus padres, cosa que temía y anticipaba con mucha ansiedad. De todos los roles que había desarrollado en su vida, el de esposa, profesional, amiga, madre e hija, este último era el que más la preocupaba cada despertar. Había crecido con la dura mirada de sus padres, siendo siempre una niña dulce e hiperresponsable, que nunca se atrevió a dar ningún disgusto. Tampoco se atrevió a alejarse mucho, ni al estudiar la carrera que deseaba, pero sí lo suficiente para tener su propia intimidad cuando se casó. Pero sus padres no habían aprobado la pareja que ella había elegido, les parecía poco y eso la atormentaba y en algunos momentos le hacía dudar de sus decisiones. Desde que habían tenido a su primera hija, los fines de semana ya no eran suyos, sus padres se habían apropiado y divido los tiempos de descanso, argumentando la imperante necesidad de estar con su nieta. Y, claro, no los podían defraudar, porque además temía el castigo que siempre llegaba en forma de miradas despectivas y reproches silenciosos que la hacían sentir insuficiente y mala y que no le dejaban respirar. Por otro lado, estaba su suegra, una mujer educada y glamurosa con la que había deseado establecer una bonita amistad. Con su propia madre la relación era compleja y escasa. Su padre era el que llevaba las riendas de todo y el que decidía cuánto cariño y atención se daba y se recibía en el hogar. Así que ahora veía en su suegra una nueva oportunidad. Pero esta elegante mujer que aparentaba preocuparse de su marido era silenciosamente invasiva y siempre reprobó a su hijo, disfrazando el control que ejercía sobre él con amables maneras y deliciosos guisos que, como la bruja de Hansel y Gretel, cocinaba a fuego lento para tentar y atrapar a su marido. La paciente no había comprendido antes por qué su marido se mantenía siempre distante respecto a su madre. Y ahora que la tenía cerca, tras el nacimiento de su hija, comprendía los motivos de su esposo.

Esta abuela entró en escena, imponiendo su presencia todos los domingos y festivos, criticando en silencio las pequeñas elecciones de una madre primeriza que dudaba de casi todo: el puré no era lo suficientemente sano, el vestido de la niña estaba mal planchado… Su pareja se fue envenenando con el mensaje intangible que su madre le forzaba a escuchar. Debía hacer una elección y este hombre regresó al rol de hijo fiel que su madre demandaba. Entonces, se sumó a sus comentarios, discutiendo con su mujer cada día, cada noche y cada madrugada. «La sopa de mi madre está más rica», «Mi madre limpia mejor la casa», «Mis padres me echan de menos y tenemos que estar con ellos», «Mi madre lleva siempre al uñas perfectas y va perfectamente conjuntada».

Esta joven mujer luchó al principio con todas las fuerzas y el resto de sus ganas. Era mucho lo que estaba en juego. Lo era todo en realidad. El amor y el respeto de su marido, la relación con su hija, su maternidad, su hogar, la valoración de sí misma, su presente, su futuro, su dignidad, su confianza… Interminables discusiones que duraban hasta el alba aumentaron de manera irreversible la distancia entre ella y el hombre al que amaba. Hasta que se ago-

taron las fuerzas y la convicción y se ahogaron las palabras. Y esta mujer, que ya estaba llena de dudas y desconfianza por unos padres ausentes y exigentes, se creyó el mensaje que su suegra, de manera ruin e intencionada, sembró en un hijo dependiente, de que ella era una madre insuficiente, una esposa poco deseable y una mujer que no valía nada.

El matrimonio no pudo salvarse. Su marido no pudo soportar ver la realidad de una madre a la que idealizaba. Pero con el paso de los meses, esta mujer que tanto lloraba al principio fue desaprendiendo roles y creciendo en límites, fortalezas y confianza. Emprendió el camino acompañada por la terapia y se construyó una nueva vida en la que floreció y encontró el sentido que buscaba, rodeaba de personas que le permitían ser y que realmente la amaban.

El amor se crea y se cuida, como decía Erich Fromm (1900-1980), para hacer que sea sano y productivo, para hacer que sea un amor que nos impulsa y que impulsa al otro hacia delante y que está caracterizado por el cuidado, el respeto, el compromiso y la responsabilidad hacia la otra persona.

Pero al amor también hay que protegerlo de las influencias externas y de las necesidades ajenas; de personas que se cuelan para solucionar sus necesidades y problemas a costa de nuestras vidas; de opiniones gratuitas que no son tales, sino mensajes que minan, desacreditan, separan y menoscaban nuestra confianza.

Si nos encontramos en una situación así y son nuestros propios padres los que ejercen estas fuerzas que ponen en peligro nuestro hogar, tendremos que renunciar a ser hijos para apostar por nuestro papel adulto de madres, padres y parejas, reconociendo cuáles son nuestras verdaderas prioridades y teniéndolas siempre presentes, organizando visitas más breves que tengan menos potencial lesivo. Visitas en las que haya más gente o un plan que entretenga. No dejando nunca sola a nuestra pareja con ellos y mostrándonos siempre al lado de esta, de manera incondicional, sin fisuras y con certezas, tomando las riendas de la situación, haciendo visibles las miradas malignas, los silencios agresivos y los consejos con intención perversa. Mostrando con actos, decisiones, actitudes y límites a nuestros padres las nuevas condiciones en las que es posible la relación con ellos, protegiendo aquello que merecemos y que tanto cuesta alcanzar: un hogar y una familia que nos quiere y a la que queremos, sin amenazas, coacciones, secretos ni oscuras contiendas.

Si es la familia de nuestra pareja la que envenena, manipula y tergiversa, hemos de comprender lo difícil de la situación para el otro, que se encuentra en una posición regresiva e infantil. Por eso sus padres han recobrado un poder que parecía olvidado. Debemos actuar con firmeza, sabiendo que lo que hacemos es bueno y necesario para nuestro hogar, nuestro hijo y nuestra pareja y, si no podemos hacerlo solos, pediremos ayuda a un profesional. Merece la pena. Desidealizar a unos padres que no han sido buenos, transformar un amor infantil y dependiente en uno adulto y maduro y aceptar la realidad de un vínculo que nos envenena son algunos de los conflictos más dolorosos, difíciles y complejos para el ser humano. Sin embargo, ser conscientes de ello y aprender a manejarlo desde una posición adulta nos regala el aire fresco con el que renovar nuestras vidas, la fuerza para derrumbar las murallas y la confianza necesaria para vivir nuestras propias vidas recuperando nuestra esencia, esa que muchas veces dudamos que tenemos, otras olvidamos por el camino, pero que siempre nos espera a que tomemos las decisiones adecuadas para traerla de vuelta.

Segunda parte

Por una crianza con sentido

Capítulo 4

Los padres más perdidos de la historia

No es solo aprender cosas importantes. Es aprender qué hacer con lo que aprendes y aprender por qué aprendes lo que aprendes.

NORTON JUSTER

Todos tenemos dentro una fuerza insospechada que emerge cuando la vida nos pone a prueba.

ISABEL ALLENDE

Las madres y los padres de hoy en día estamos más perdidos que nunca. Perdidos en una sociedad que nos exige ideales que nos seducen, pero que nubla nuestro criterio y la manera propia de hacer las cosas. Una sociedad que nos tienta con vidas, maternidades y paternidades imposibles, arrebatándonos la capacidad de ser críticos y de abandonar las actuales dinámicas enloquecedoras que tanto nos frustran y desgastan, que nos vuelve ciegos y mudos, potenciando nuestras carencias y ampliando nuestras necesidades.

Y es que los «mitos» sociales sobre la maternidad o la paternidad depositan sobre nuestras espaldas toda la responsabilidad de la preocupante situación emocional y psíquica de la infancia y la adolescencia, añadiendo más carga a la que ya sentimos como padres y madres.

Esta sociedad ha normalizado situaciones, estados y expresiones en una normopatía que debería alertarnos y ponernos a pensar sin tardanza. Madres y padres desvitalizados, superados y agotados, malhumorados y frustrados por no conseguir cuadrar sus horarios de trabajo con la escuela de sus hijos, las labores cotidianas y las actividades múltiples de sus hijos, que nunca pueden faltar.

Es cierto que las madres y los padres de nuestros hijos somos nosotros, personas adultas con capacidad suficiente para ejercer nuestra función. Es cierto que nuestro pasado y nuestro presente influyen y determinan cómo nos posicionamos ante nuestros hijos y cómo construimos con ellos una relación. También es cierto que nuestros hijos tienen sus propios problemas y demandas cambiantes que necesitamos conocer para acompañarlos mejor. Y también es cierto que el modo en que se desarrolla actualmente su infancia y la adolescencia es muy distinto a lo que nosotros, sus madres y padres, vivimos. Se han producido drásticos cambios sociales de enorme envergadura que han cambiado profundamente muchas cosas y que hacen que nuestra infancia y nuestra adolescencia fueran abismalmente diferentes a las que viven nuestros hijos en la actualidad, lo que añade dificultad a la necesaria comprensión y anticipación de sus problemas que tenemos que supervisar. Pero lo que es urgente tanto para ellos como para nosotros es analizar los condicionantes y las creencias que nos impone nuestro entorno y que determinan la realidad deshumanizada pero perfectamente maquillada en la que vivimos hoy. Porque si no nos atrevemos a mirar la nueva realidad de frente, a analizar sus consecuencias, a desarrollar actitudes y tomar decisiones que nos protejan y nos saquen del camino plural en el que andamos metidos, criar a nuestros hijos desde la salud mental y con salud mental parece una quimera. Una tarea que se torna imposible.

En las siguientes páginas vamos a analizar especialmente aquellos determinantes que limitan inmensamente nuestras actitudes y capacidades para acompañar a nuestros hijos en su crecimiento.

Las gominas envenenadas

En la sociedad actual, a la que llamamos *sociedad del bienestar*, parece que podemos tener todo lo que deseamos: juventud, éxito, amor, salud, realización y felicidad. A un golpe de clic, los deseos se hacen realidad y las posibilidades se muestran infinitas.

Nuestra sociedad premia y exalta que seamos individuos independientes, autónomos y deseantes, que se piensan como un conjunto de deseos que satisfacer, pero nos oculta que somos personas con unos valores que proteger y unos compromisos que, al trascendernos, nos dan un motivo sólido por el que vivir.

Nos sumamos sin darnos cuenta a una filosofía de vida en la que todo lo que consumimos acrecienta y alimenta ese ideal mentiroso y envenenado de vida feliz y perfecta en la que la renuncia no existe, el tiempo no pasa, todo lo malo es evitable y todo está en nuestras poderosas manos. Sin embargo, ese escaparate esconde detrás la verdadera y perversa realidad que lentamente parece deshumanizarnos.

En suma, vivimos una realidad definida por una sociedad consumista en la que la competitividad del mercado y el individualismo son los nuevos dioses a los que adoramos.

Si lo pensamos bien, vivimos para ganar dinero. Un dinero que gastamos en obtener cosas que nos dicen que nos harán felices: ropa a la moda, cremas para no envejecer, comida en un restaurante valorado, objetos de decoración que cambiar cada año... Nos cuentan que consumir nos llenará de plenitud y la oferta y la demanda para ello es ilimitada. Pero como seguimos siendo personas, el consumo de cosas no nos da esa felicidad sin la cual creemos que no tiene sentido vivir, así que consumimos más y más, intentando acallar la desazón que anida en nuestras tripas y que no nos atrevemos a compartir con nadie. Por ello necesitamos más dinero, así que trabajamos más y aceptamos situaciones laborales más precarias. Nuestra vida es el trabajo. Y todo lo demás tiene que cuadrar en el tiempo libre que nos queda. El descanso, la compra de la semana, la limpieza de la casa, la visita a los mayores, el deporte, la cultura, los amigos, el amor y, por supuesto, la relación con nuestros hijos. Su crianza.

Vamos al trabajo para cumplir con una extensa jornada, llegamos después de inmensos atascos y todo por un salario insuficiente que nos hace vivir con una sensación de incertidumbre e inestabilidad que aumenta nuestro cansancio y malestar. Una jornada laboral que está pensada para un varón independiente que llega a una casa en la que todo está limpio, la cena lista y los niños ya han estudiado, jugado y cenado y lo esperan en sus camitas con su pijama puesto, para que les lea un cuento antes de dormirse tranquilos, porque se saben cuidados.

Aunque nuestra actualidad está adornada de mensajes como «igualdad, conciliación y derechos de la infancia», la realidad es que las jornadas laborales no están pensadas para que los cuidados de los niños se prioricen y la persona que cumple la función materna pueda compatibilizar tener un hijo con trabajar. Esta situación imposible hace que cuando llegamos a casa después de horas sin ver a nuestros hijos, tengamos que acallar como podemos la sensación de culpa que cada día aplasta nuestro corazón.

La culpa siempre es mala consejera y nos susurra al oído mensajes imposibles que nos impiden pensar. Así que buscamos atajos y apaños y damos a nuestros hijos horas de pantallas, juguetes, chucherías o planes desmesurados con los que intentamos compensar una balanza que sentimos descompensada por falta de tiempo en la atención y cuidados que sabemos que nuestros hijos necesitan. O pensamos a nuestros hijos como seres independientes y que no nos necesitan. O nos contamos que la dependencia que tienen de nosotros es una manera déspota de amor a la que no debemos someternos. O intentamos recompensarlos sobreprotegiéndolos y estableciendo una crianza negligente, en la que no ejercemos ni de madre, ni de padre, ni de nada..., porque estamos completamente confundidos, perdidos y agotados. Y agotados no ponemos límites. Agotados no podemos escuchar ni su día, ni sus aventuras ni preguntarles cómo están, mientras les sonreímos y acariciamos.

O nos contamos que necesitamos hijos autómatas, con pocas necesidades de afecto y tiempo, que en eso consiste una buena crianza. Y moldeamos a nuestros hijos y sus necesidades para que encajen en nuestro insaciable e imposible horario laboral diseñado para alguien que no tiene que cuidar de nadie.

La filosofía de competitividad descarnada que guía los mercados también se ha inmiscuido en la manera en que nos relacionamos entre nosotros. Ahora no nos comunicamos como individuos, sino que nos vendemos como si estuviéramos en un mercado. Exponemos nuestras vidas llenas de filtros y mentiras para parecer el objeto más deseado. Una vida construida de cara a una galería competitiva, exigente e insaciable que nos deshumaniza y nos distancia cada día un poco más a unos de otros.

Necesitamos una tribu para poder criar

Recuerdo mi sorpresa el día que unos padres de una tribu africana me contaron las costumbres de la tierra salvaje en la que ellos fueron criados. En su tribu, además de vestirse con llamativos colores, el padre y la madre de un niño o una niña ejercen juntos la función materna. Y de la función paterna se encargan el resto de los miembros de la tribu. Se reparten y garantizan entre todos las tareas necesarias de la crianza. Ellos criaban a sus hijos en España y añoraban ese modelo de crianza, en el que la pareja apenas discutía. El tener ambos la misma función, la materna, los mantenía unidos como pareja y les permitía una relación muy estrecha con sus hijos. Se sentían sostenidos y apoyados por los miembros de su comunidad, que ejercía la función paterna. Esto, además, permitía una convivencia estable y respetuosa entre los miembros de la tribu, al tener todos los mismos valores y el mismo respeto a una ley común, que regía en el pequeño pueblo del país al que tanto amaban.

Karen Horney (1885-1952), médico y psicoanalista, ya señalaba en 1920 que una persona ha de ser vista como un todo unitario que influye en el entorno y es influido por él, insistiendo en la preeminencia de las influencias sociales y culturales sobre el desarrollo humano.

Creemos que, porque algunas cosas han cambiado, también lo han hecho nuestras necesidades. Sin embargo, hemos de saber que muchos de los cambios que estamos viviendo no solo no han venido a cubrir nuestras carencias, sino que impiden que nos acordemos de ellas y las podamos satisfacer.

Simplificamos la realidad del pasado en un intento por hacer que la justicia y la igualdad sean los ingredientes fundamentales de la sociedad actual. En las sociedades tradicionales de hace unas décadas, los hijos se esperaban dentro de un matrimonio heterosexual, en el que el varón asumía el género masculino y ejercía la función paterna y la hembra, el género femenino y la función materna. Pero olvidamos que estas dos funciones eran sostenidas y complementadas por un entorno familiar, vecinal y social que las hacía posibles y que hemos perdido.

Ahora vivimos en grandes ciudades, alejados de nuestros propios padres y hermanos, que, al ser nosotros madres y padres, pasan a ser abuelos y tíos. Lejos de nuestros amigos de siempre, de nuestros primos y de nuestros tíos y tías. Lejos unos de otros, en un ambiente individualista, impersonal y cambiante.

No conocemos a las personas del vecindario. Hacemos prácticamente todo a golpe de clic y nos desplazamos de un barrio a otro de la ciudad para ir al colegio de los niños, a las actividades extraescolares, al trabajo..., de modo que cuando llegan los fines de semana nos encerramos en casa agotados o salimos de la ciudad para hacer planes increíbles que no siempre sabemos disfrutar.

Esta sociedad nos cuenta que podemos con todo y que nos bastamos solos. Que la dependencia y la necesidad de otros es una debilidad. Que cambiamos de casa y de trabajo porque somos libres. Que la independencia es una cualidad positiva y posible. Y que vivimos según el día, el momento y la oportunidad. Pero cuando somos madres y padres, este cuento chino se desmorona. Porque sin una red de apoyo es muy difícil y arduo criar. Nos sentimos solos y desamparados. Vulnerables e incompetentes. «Está claro que algo estoy haciendo mal», nos repetimos. Pero ¿y si uno de los graves problemas no son los niños y ni siquiera sus madres y padres? ¿Y si el verdadero origen del problema es una sociedad que nos niega paliar nuestras verdaderas necesidades? La estabilidad y el sentido de la vida de antes, era posible porque las familias crecían cerca unas de otras, sostenidas por un barrio en el que se convivía con vecinos a los que se conocía y con los que nos encontrábamos al hacer la compra, en el parque, a la salida del colegio o en el rellano de la escalera. Vecinos y familia a los que dar los buenos días, con los que intercambiarse recetas de cocina o soluciones para las manchas de la ropa, a los que pedir el huevo que falta para el bizcocho y un consejo para manejar las rabietas de nuestros hijos. La comunidad sostenía necesidades que ahora o nos negamos, dejamos sin cubrir, asumimos nosotros mismos o depositamos en nuestras parejas. Desbordados, agotados y perdidos, pensamos que tenemos un problema. Y es cierto. Lo tenemos y bien gordo.

La solución no está en buscar expertos en la materia. Está en aceptar nuestra esencia social y actuar en consecuencia. Construir nuestras vidas en función de esta idea primaria. Solos no podemos. Necesitamos dejar de negar la vulnerabilidad y dependencia que nos define como seres humanos. Necesitamos que nos cuiden y nos apoyen. Necesitamos unas manos experimentadas que nos abracen y nos cuenten que la vida es larga y caminar con la mirada puesta en el horizonte. Que nos ayuden a encontrar el sentido perdido, que muchas veces encontramos en las historias de otras personas. Necesitamos construirnos y apoyarnos en una comunidad. En nuestros familiares, amigos y vecinos, que nos hacen sentir cuidados y sostenidos y con los que compartimos los cuidados de nuestros hijos. Necesitamos recibir de otros consejos y trucos. Cercanía y compañía. Comprensión y apoyo. Perspectiva y sostén.

El sentimiento de soledad en la población es cada día más creciente. No solo entre los ancianos, sino también entre madres, padres, niños y adolescentes. Una soledad no deseada que empieza a reconocerse como uno de los factores más importantes en el descenso evidente de la salud mental de la población.

Género: maternidad y paternidad

Asistimos de manera privilegiada a una revolución imprescindible que se urde desde hace siglos y que hoy alcanza su máxima expresión. Una revolución por la que han luchado muchas mujeres, aunque hoy en día siga habiendo demasiadas personas y sobre todo intereses que nieguen su causa legítima y la necesidad de seguir alzando la voz.

La sociedad construyó dos géneros: mujer y hombre, que asigna a los dos sexos: hembra y varón. Y aunque sobre este tema profundizaremos más adelante, en este capítulo se hace necesario poner sobre la mesa las consecuencias que están teniendo sobre los menores dos hechos. Uno tiene que ver con que la mujer, en la lucha por la igualdad, haya desligado la maternidad de su identidad y, el otro, que la identidad del género hombre esté demonizada y se haya llevado por delante, hasta cierto punto, la función paterna, lo que hace que muchos hombres se sientan inseguros, sin saber muy bien qué papel ejercer en la crianza de sus hijos.

Ambas cuestiones tienen la misma consecuencia preocupante, que puede estar detrás del malestar que expresan los menores. Los niños crecen ahora sin función paterna y con una escasa función materna.

La identidad de género nos marca profundamente el camino de todo lo que somos: nuestra apariencia, las elecciones que tomamos, lo que creemos que deseamos, la postura ante la vida, las emociones que nos permitimos, los actos que legitimamos, las capacidades mentales que desarrollamos y la crianza y la relación que construimos con nuestro hijo con sigilosa profundidad.

En este momento decisivo, la mujer está en lucha y con la mano en alto, exigiendo unos derechos que se le han negado y que le corresponden como parte de su dignidad. La maternidad es ahora reconocida. Ya no se da por hecho ni es invisible. La función materna es valorada. De ella hablan foros, publicaciones, estudios... De cómo cuidar, acompañar, conocer, proteger y alimentar. Pero en este reconocer, valorar, potenciar y hacer visible la función materna, parece que hemos olvidado tener en cuenta dos cosas. Una es que la sociedad en la que vivimos no ha cambiado lo suficiente para que, si no es una mujer la que se dedica a cuidar de sus hijos, descartando su carrera profesional, cosa que en muchísimas ocasiones la economía familiar lo impide, la función materna no la ejerce nadie. Y la otra es que la función paterna se ha perdido por el camino, no la quiere ejercer nadie ya. Se piensa que, como parte de una identidad de género masculina y machista, que es necesario dejar atrás. Además, tiene mala prensa. Implica confrontar a los hijos, ponerles un límite, decirles no y, en ocasiones, hacerlos sentir mal.

La sociedad confunde un ejercicio sano de la función paterna con agredir, dañar, traumatizar o limitar el crecimiento y el desarrollo del niño.

Pero la cuestión es que sabemos que la función paterna es insustituible. Sin ella, no crecemos en la realidad. Nuestro narcisismo será inabarcable; nuestra intolerancia a la frustración, abismal; seremos incapaces de aceptar unos límites que nos salven y la dependencia hacia la persona que ejerce la función materna nos incapacitará.

Hablamos de la diferencia entre tener un hijo y ser madre y padre. Y de la importancia de las funciones materna y paterna para poder crecer con normalidad. Hablamos de que estas funciones pueden ser y son ejercidas por personas de cualquier sexo, pero ambas son imprescindibles y simultáneas, y juntas y en una balanza equilibrada se deben dar. A veces, es un hombre el que ejerce la función materna, otras veces, a la mujer no le gusta esta función y ejerce la paterna. Otras, la pareja está formada por personas del mismo sexo y cada una ejerce la función que más fácilmente le surge o puede cumplir. Y otras hay una sola persona a cargo de un niño que debe ejercer ambas funciones y buscar apoyos fuera, en su familia, sus amigos, su trabajo o la vecindad.

Pero nos debe quedar claro que, igual que ahora reconocemos la función materna como algo imprescindible, se hace necesario que reconozcamos que también lo es la función paterna (límite, realidad, seguridad, contención, apertura al mundo, capacitación) para crecer con salud mental.

Otro aspecto importante en esta lucha imprescindible por la igualdad es que cuidar es una de las características típicas que define la identidad de género mujer. Al querer desmontar esta identidad como algo innato a las hembras, actualmente se niega muchas veces la dependencia de determinadas personas vulnerables (por miedo a que esa dependencia contenga o implique de nuevo el sometimiento siempre implícito que implica el género mujer). Se demonizan así los cuidados al percibirlos como un medio para someter. Esto produce lo que llamamos *crisis de los cuidados*, que conlleva no solo que no se estén atendiendo las necesidades de niños y adolescentes, sino tampoco las de las personas vulnerables de la sociedad (enfermos, ancianos...).

La vulnerabilidad y la dependencia están mal vistas en nuestra sociedad, como lo está atender la dependencia y los cuidados, que se confunden con actitudes de sometimiento y manipulación. Tanto mujeres como hombres, cuando desempeñan la función materna, lo hacen desde la perspectiva de negar la dependencia emocional absoluta que tienen nuestros hijos de nosotros, lo que nos hace interpretar sus demandas como egoístas e insaciables y condiciona que los miremos como seres que nos roban tiempo, ganas, deseos y fuerzas, a la vez que impedimos la posibilidad de escuchar lo que realmente necesitan: nuestro contacto, nuestro amor, nuestra mirada y nuestra presencia.

Si una cosa he aprendido durante estos años de profesión es cuánto sufrimos por luchar contra nosotros mismos. Conozco a muchas mujeres que han desarrollado sus talentos, pero que, al asomarse a la maternidad, se sienten enormemente divididas entre lo que desean hacer en ese momento, que es entregarse a los cuidados de su hijo y lo que socialmente es ahora admirado, la independencia y la realización a través del trabajo. Una realización que cuando tenemos un hijo es una utopía, ya que la mujer se ha incorporado a un mercado laboral diseñado por y para un varón independiente que es cuidado por otros. Lo que las políticas sociales llaman *conciliación* es la mayor patraña del reino, porque se basa en subordinar las necesidades y los cuidados de nuestros hijos al trabajo. Nos falta comprender que romper con los mandatos que el género nos ha impuesto, tanto a hembras como a varones precisa modificar una sociedad que se construyó en función de y para mantener una concepción binaria y machista del género, es decir, una división de las personas en hombres y mujeres, en la que la situación, aunque injusta y abusiva, garantizaba la función materna y de cuidados y la paterna, de límites que ahora debemos con detenimiento plantearnos cómo garantizarla y ejercerla.

Una sociedad adolescente

Recuerdo mi infancia con nitidez y claridad. Recuerdo lo importante que era entonces para todos la sabiduría, la experiencia y lo que se respetaba la edad. Las personas mayores tenían un importante legado que enseñarnos. Sus historias eran escuchadas y ocupaban en las casas un lugar prioritario y especial. La vida les había enseñado muchas cosas importantes que necesitaban ser contadas y compartidas y que las siguientes generaciones escuchábamos con humildad. Ahora, nuestros mayores ya no son ni referente ni guía. Ya no son el centro de la casa, ni el pilar de nuestra sociedad. Ahora los hemos vuelto invisibles, relegado al olvido y arrebatado una voz que no queremos escuchar. Porque ellos son el espejo que representa todo aquello de lo que huimos permanentemente. Ese reflejo que nos habla del paso del tiempo, de nuestra falsa omnipotencia, de lo que es la vida y lo que va a pasarnos y que solo podemos aceptar. Que dependeremos de otros, que nuestra libertad irá menguando, como nuestros sueños, nuestra fortaleza física y nuestra capacidad. Creemos saberlo todo, tenemos siempre mucha prisa y creemos malgastar nuestro valioso tiempo con su ritmo pausado, su voz apagada y su madura estabilidad.

Esta sociedad, que crece en omnipotencia e individualismo, ha rechazado la edad madura y erigido la adolescencia y sus características (sus conductas, apariencias y filosofía) como nuevo referente al que todos tendemos y que es ejemplo de todo por lo que hay que luchar. La adolescencia es la edad en la que creemos que todo es posible y todo está por llegar. Sus valores imperan en nuestra vida: la inmediatez, la impulsividad, el cuestionamiento permanente de todo, hasta de lo que ya sabemos y nos ayuda, nos sustenta y nos aporta estabilidad. La negación de nuestra necesidad de arraigo. La desacreditación del legado y de la tradición que los que nos precedieron nos regalaron con tanto esfuerzo. La renuncia a una identidad sólida y estable, como si ser liviano y superficial fuera algo deseable que aumenta nuestra libertad.

En la adolescencia impera lo socialmente valorado, sin que deseemos construir y defender una ética y un criterio personal que requieren valor, coherencia, compromiso y responsabilidad. La creencia de que no tenemos que renunciar a nada, que hay que vivir el momento, sin pensar ni invertir en el más allá; de que fuera de casa están las respuestas, aunque eso nos impida crear un nido que es hogar y refugio, en el que poder criar a nuestros hijos y disfrutar; de que siempre podemos elegir y nada ni nadie debe atarnos; de que somos libres y no necesitamos más que a las personas que sentimos como iguales, despreciando a los que son o piensan diferente, legitimando rechazarlos con agresividad. Es la edad de dejarnos sorprender por las falsas apariencias de los mensajes radicales, que esconden intereses ocultos y egoístas que gobiernan nuestras vidas con su inmensa mediocridad. Creemos que podemos comenzar siempre de cero, sin aceptar que todo tiene consecuencias, porque en el punto de partida siempre vivimos colmados por la omnipotencia de una eterna juventud a la que nos da pánico renunciar.

Nuestras necesidades narcisistas son insaciables y a ellas responden muchos de los problemas de la sociedad actual. Entre ellos, negar nuestros propios límites, entre los que se encuentran la realidad del paso de tiempo, las limitaciones de nuestro conocimiento y que lo nuestro no es ni lo único ni lo mejor. Nuestros mayores nos confrontan con estas realidades que la sociedad necesita negar.

Muchos progenitores esconden su necesidad de juventud y el rechazo al trabajo personal que supone ser madre y padre con actitudes de queja continua o con justificaciones como el deseo de ser amigos de sus hijos. Nuestros hijos van a tener muchos amigos en sus vidas, pero solo una madre y un padre. Y esa es nuestra responsabilidad con ellos, lo que realmente necesitan de nosotros. Sin embargo, esta jerarquía cada día se ve más difuminada. Nos vestimos igual que nuestros hijos, vemos el mismo contenido en televisión —aunque sea para adultos y poco indicado para ellos—, les comentamos nuestros problemas y los hacemos partícipes de los pormenores de nuestra relación de pareja. Les preguntamos sobre cuestiones que deberíamos resolver nosotros, justificándonos en que tienen el derecho y las capacidades para opinar e incluso decidir. Les imponemos una madurez simulada, arrebatándoles la dedicación y la responsabilidad que la infancia y la adolescencia requieren.

Es necesario que retomemos y conectemos con nuestro yo maduro para ayudar a nuestros hijos a crecer. Que no dejemos de mirar hacia nuestros mayores, para muchas cosas poder comprender. Que soltemos las prisas y la omnipotencia que creemos tener en la juventud. Que conectemos con quienes somos, con la etapa de la vida en la que estamos, desde la aceptación y la serenidad y que cedamos la juventud a nuestros hijos y los acompañemos en su crecimiento.

El inmenso narcisismo de la sociedad actual

En esta sociedad occidental, a la que llamamos *sociedad del bienestar* porque lo básico parece no faltarnos y alardeamos de que nos sobra mucho de lo demás, sufrimos, en contra de lo esperado, una epidemia de tristeza, falta de sentido y soledad.

Las creencias adolescentes, la renuncia al arraigo y la falta de tribu son algunas de sus causas. Pero hay otra bien escondida en lo más profundo de nuestros corazones a la que vamos a dedicar una reflexión especial. El *narcisismo*, un término complejo que subyace a muchos problemas individuales, sociales y a parte de las dificultades que se muestran en la crianza actual. La palabra *narcisismo* alude al concepto que tenemos del valor de nosotros mismos. Es algo profundo que nos construye y que traemos ya al nacer.

Cuando llegamos a este mundo, tras el parto, no empezamos a existir. Ya existíamos dentro del útero de nuestra madre, donde no teníamos que hacer nada para sobrevivir: ni buscar comida, ni inspirar el aire, ni movernos, ni buscar una mirada de cariño, ni estar alerta por si se acerca una amenaza, ni evitar un disconfort. Comenzamos a existir sabiéndonos el centro de un universo líquido de temperatura constante, con sonidos y luces suaves, donde se satisfacen todas nuestras necesidades, tanto físicas como emocionales, las de cuidado, compañía y calor. El primer sonido que escuchamos es el latido del corazón de nuestra madre. La primera manta que nos arropa y protege, sus entrañas. El primer olor que percibimos, el de su cuerpo. No sabemos entonces que todo eso pertenece a una persona distinta a nosotros, a un ser que nos regala su cuerpo unos meses para ser nido y matriz en el que poder comenzar a existir, sin que notemos el malestar de la falta en ningún momento y sin que nada echemos de menos o tengamos que hacer o pedir.

Y así, nacemos un día, saliendo a un nuevo mundo desconocido, que ahora es seco, frío, invadido por sonidos estridentes y falto de contacto, en el que tenemos que sobrevivir. Hablaremos a lo largo de este libro de las distintas necesidades de los niños y los adolescentes a medida que van creciendo, pero, volviendo al narcisismo, concepto desconocido pero decisivo en nuestro crecimiento como personas, en la crianza y en las fuerzas que mueven nuestra sociedad actual, hay varias cosas que se hace necesario comprender.

La primera es que, al nacer, seguimos creyendo que somos el centro de ese universo en el que comenzamos nuestra existencia. Y vamos a tener que ir aprendiendo a aceptar que, aunque lo fuimos, ya no lo seremos más. Ese narcisismo primitivo que es parte de lo que somos debe ir transformándose en un narcisismo adaptado a un mundo en el que pasamos de ser el centro a ser uno más. Ayudar a un hijo en esta transformación progresiva y gradual, pero imprescindible, que nos aleja de la enfermedad mental, es una de las funciones más importantes de la crianza con una función materna y una función paterna equilibradas. Un narcisismo adaptado se caracteriza por una autoestima fuerte, madura y estable. Decimos que tenemos una buena autoestima cuando reconocemos nuestras fortalezas y virtudes y aceptamos profundamente y con compasión nuestras limitaciones y carencias. Cuando vivimos de manera integrada todo lo que somos, sin escondernos, sin avergonzarnos, sin disfrazarnos, sin la exigencia de querer ser otros y huyendo de manera consciente de las idealizaciones, conectados con quienes realmente somos, sin necesidad de protegernos ni mentirnos, responsabilizándonos de nuestros actos, emociones y pensamientos, creciendo y limando las pequeñas actitudes desadaptadas, amándonos como personas, con tolerancia y respetando nuestra dignidad. Cuando comprendemos hasta dónde llegan nuestros derechos y comienzan los de los demás. Cuando admitimos con deportividad el límite donde nosotros terminamos y comienza la realidad externa en la que se encuentran los demás. Cuando aceptamos que los demás no conocen nuestras necesidades, ni tienen la obligación de cubrirlas, porque los reconocemos como personas y no los pensamos como objetos que utilizar.

Una autoestima baja se forja cuando un niño —que nace con su narcisismo primitivo— es dañado a lo largo de su infancia, frustrado en exceso, poco cuidado o maltratado emocionalmente. Un niño para el que no hubo la mirada necesaria, que ayuda en el difícil camino de la renuncia a creerse el centro de un universo propio y para salir a un mundo en el que será uno más. Sus padres, con problemas demasiado importantes, ocupaciones interminables, circunstancias adversas, proyecciones limitantes o falta de empatía o bondad, no lo acompañan en la elaboración realista de las heridas narcisistas que todos sufrimos en la relación con otros, dentro y fuera del hogar.

Así, poco a poco, ese narcisismo primitivo se irá transformando en la creencia por parte del niño de que ni vale ni merece nada. Se definirá por sus dificultades, perderá de vista sus capacidades, se responsabilizará de todo lo malo que suceda y renunciará sin saberlo a sus derechos y límites, incluido el derecho a ser amado y amar con seguridad.

Hay otro tipo de autoestima patológica, desadaptada y enfermiza de la que poco sabemos, salvo cuando la sufrimos en los demás. Es lo que define a alguien narcisista. Esto implica que ese narcisismo primitivo no ha evolucionado, porque nadie se ha ocupado de irlo frustrando despacito, sino que permanece intacto como lo traemos tras nacer del vientre de nuestra mamá. Este tipo de narcisismo hace que el individuo siga creyéndose el centro no solo de su mundo, sino también de la vida de los demás. Confundiendo sus necesidades con obligaciones que deben satisfacer los otros. Magnificando sus capacidades y quedando ciego ante sus limitaciones y errores. Estas personas con su narcisismo intacto piensan en los demás como objetos que están para satisfacerlas o como sujetos sobre los que tienen derechos y sentimientos de propiedad. Sin asumir ninguna responsabilidad por sus actos. Este problema narcisístico es mucha de la causa de los enormes problemas del devenir de la sociedad actual. Una sociedad con una hipertrofia del yo en la que cada individuo es el centro de su vida, víctima de sí mismo e incapaz de atender otra cosa que no sea lo propio, fragmentándose toda la realidad común por la que lucharon los que nos preceden en infinitas individualidades que se exhiben, defienden y potencian, envolviendo en tinieblas la necesidad que tenemos de una realidad externa en la que reconocemos a un otro que frena nuestra voraz angustia y que no es enemigo sino límite y posibilidad. Todo ello ha contribuido a que lo colectivo se desdibuje, los valores éticos se silencien y se pierda el valor de las relaciones interpersonales verdaderas, que establecemos en la familia, entre los amigos y con la comunidad y que precisan de un reconocimiento del otro como persona, con su propio pensamiento y su propia realidad.

Un narcisismo primitivo que no es tolerablemente frustrado nos lleva a pensar que todo son derechos propios y prácticamente nada es nuestra responsabilidad. Negamos que haya jerarquías que necesitamos respetar. Al no haber normas en este juego al que llamamos vida, legitimamos el juego sucio y la mediocridad. Vivimos para que nuestros deseos individuales sean satisfechos. Pero al mismo tiempo, consideramos que las relaciones interpersonales son peligrosas y, por eso, huimos de la intimidad y la proximidad, para no sentir una vulnerabilidad que consideramos indeseable y la inevitable frustración que conlleva una relación real con los demás. Consumimos relaciones como si fueran objetos, las tiramos a la basura o las cambiamos al mínimo malestar. Competimos entre nosotros de manera constante y agotadora en todos los aspectos de nuestras vidas, no solo en lo profesional, sino también en lo personal. Pocos se atreven ya a ser genuinos o espontáneos, lo medimos y lo controlamos todo. La crítica que llena nuestras vidas es hostil y despiadada, cargada de una envidia ácida que nos defiende de una realidad de la que huimos sin cesar. Nuestra limitación. Nuestras carencias. Nuestra necesidad. Nuestra dependencia.

Nuestra vulnerabilidad. Nuestros tiempos. Nuestra mortalidad. Vivimos en alerta, sin poder bajar la guardia, anticipando las consecuencias de lo que somos en la opinión y la valoración de los demás. Montamos un imperio defensivo de mentiras que exhibimos en internet, donde nos desdibujamos y perdemos nuestros días para protegernos de las miradas críticas de otros que invaden todo amparados por los derechos de un narcisismo descomunal.

La exigencia que nos imponemos es extrema. Para estar a la altura, para no defraudar, para mantener una mentira imposible, caminamos hiperadaptándonos a una sociedad que cada día nos exige más y más: más conexión a las redes sociales, más apariencia, más juventud, más éxito, más prisa, más conocimiento... Y en este suma y sigue, perdemos de vista lo que da sentido a nuestros días. Perdemos de vista un tiempo que, aunque no queramos verlo, está en cuenta atrás; la conexión desnuda, la intimidad sincera y real; los valores que permanecen; el compromiso que nos humaniza; la paz interior que llega desde la aceptación, la bondad y la capacidad de integrar; la mirada pausada con la que podemos ver de verdad la serenidad de quien se conoce y conforma con lo que la vida realmente le puede dar.

El narcisismo no satisfecho de la maternidad y la paternidad

Y en esta vorágine en la que todos vivimos, la maternidad y la paternidad también se ven condicionadas por este narcisismo insaciable, que poco a poco nos deshumaniza y nos hace enfermar.

La maternidad y la paternidad parecen ahora una elección voluntaria; jamás admitiremos que a veces es una mala noticia o una casualidad. Y como elección, lleva implícita nuestra valía, por lo que la compartiremos como una experiencia perfecta, maravillosa e ideal. Sin embargo, la perfección no existe: no existen personas perfectas —ni padres, ni madres ni hijos perfectos—, ni hogares y vidas perfectos. Ni amor, ni sexo perfectos. Ni siquiera existe la perfección en realidad. Pero la buscamos para alimentar nuestro narcisismo, de una manera en que estamos perdiendo mucho, casi todo en realidad.

En la cabeza de todos resuenan frases como «más vale poco tiempo pero de calidad», «las pantallas ayudan a los niños a desarrollar su inteligencia», «duerme conmigo porque tiene muchos miedos», «le sigo dando el pecho, porque él lo necesita», «le doy todo lo que pide porque, si se enfada, me pega», «no va al colegio porque allí le tratan mal», «le cuento mis cosas a mi hija porque ya es muy madura», «realmente no me necesita, puede llegar a casa cuando y como quiera. Total, no necesita que yo la supervise en nada ya».

Muchas de estas frases esconden nuestro narcisismo primitivo, que, hambriento, condiciona la relación con nuestros hijos, distanciándonos de sus verdaderas necesidades y disfrazando lo que realmente es nuestra responsabilidad.

Nuestro narcisismo necesita ser alimentado, pero hay maneras adaptadas de hacerlo, que además nos ayudan en nuestro caminar. Podemos sentirnos satisfechos con nosotros mismos cuando ayudamos a alguien, cuando nos ponemos una meta sana y la logramos, cuando aprendemos algo nuevo, cuando nos levantamos del suelo o nos rehacemos con esperanza y convicción. Cuando cuidamos de este bello mundo, cuando nos comprometemos con causas que nos trascienden, cuando conectamos, compartimos, creamos o respetamos unos valores que nos humanizan y nos hacen sentirnos orgullosos de ser.

La crianza es, ante todo, una relación humana especial en la que hay como mínimo dos personas y en la que hay que pensar como mínimo en las necesidades de ambas. Es un camino nuevo que se recorre dando pasos cada día para equilibrar una sutil balanza entre lo que nuestros hijos necesitan y lo que necesitamos nosotros, sin disfrazarlo, negarlo o dejar de escucharlo. Y esta es nuestra responsabilidad, ya que somos las madres y los padres, los adultos, quienes tenemos esa capacidad. Ni madres y padres abnegados, ni disfrazando nuestras necesidades narcisistas, infantiles, afectivas o de otra índole, en un estilo de crianza invadida por nuestra propia necesidad.

Las necesidades de nuestros hijos (de amor, compañía, mirada, juegos, límite, escucha, realidad y suelo) son invisibles. Podemos negarlas por intereses propios y narcisistas, tergiversarlas o ignorarlas, pero seguirán estando ahí y no ser capaces de atenderlas hará daño a nuestros hijos.

Si nuestras necesidades narcisistas son escuchadas, contenidas y satisfechas de otro modo, seremos más libres y genuinos para vivir nuestra propia maternidad y nuestra propia paternidad. Si tenemos el valor de pararnos y no dejarnos arrastrar por esta sociedad que tan difícil nos lo pone a madres y padres, pero sobre todo a niños y adolescentes, comprenderemos que no somos perfectos, que no podemos con todo. Priorizaremos y la palabra *suficiente* vendrá a llenarnos de calma y serenidad.

Todas estas cuestiones, lejos de abrumarnos, deben ayudarnos a pensar sobre la cantidad de factores que afectan a la crianza, es decir, a la relación de cuidados con nuestros hijos, de los que debemos ser conscientes para desaprender y eliminar lo superfluo y quedarnos con lo que de verdad es importante y fundamental.

Inspirados por la maravillosa frase de Winnicott de que nuestros hijos «no nos necesitan perfectos, sino suficientemente buenos», vamos a seguir recorriendo juntos el camino de conocimiento de las circunstancias y necesidades de nuestros hijos, que nos ayuda a pensarnos a madres y padres y a pensarlos con más nitidez y profundidad.

Capítulo 5

La crianza y sus diferentes modelos

He llegado a la conclusión de que si las cicatrices enseñan, las caricias también.

Mario Benedetti

La paciencia es la cosa más dura para el espíritu. Pero es lo más duro y lo único que merece la pena aprender. Todo lo que es naturaleza, desarrollo, paz, prosperidad y belleza en el mundo descansa en la paciencia; requiere tiempo, silencio y confianza.

Hermann Hesse

Nos antecede una historia

El cómo criamos a los hijos en esta sociedad occidental es una larga historia que comienza con el inicio de nuestra civilización. Comprender los motivos y las causas que han hecho que lleguemos a los estilos educativos imperantes hoy en día nos ayudará a tener nuestro propio criterio y reconocer y validar nuestra capacidad para ser madres y padres suficientemente buenos.

En Grecia, el estilo educativo (paideia) buscaba conseguir el ideal de perfección del ser humano, que consistía en el desarrollo equilibrado y armónico de las capacidades físicas, intelectuales y morales de los individuos. Escritos de los padres de la filosofía, como Platón y Plutarco, hablan de la necesidad de una educación liberal que se adapte a la naturaleza humana. Aristóteles, por su parte, expresó la necesidad de formar «a hombres libres»: «Hasta los dos años, conviene ir endureciendo a los niños, acostumbrándolos a dificultades como el frío [...]. Hasta la edad de los cinco años, no es tiempo de orientarlos hacia el estudio [...], se les debe permitir bastante el movimiento [...] y este ejercicio puede obtenerse por varios sistemas, entre ellos los juegos, [...] que deberían ser imitaciones de las ocupaciones serias de la edad adulta» (Política, libro VII, cap. 15).

Roma abandona la relevancia de la educación liberal y la atención al cuerpo y fija como objetivo de su educación formar buenos oradores. Acuden a la escuela los hombres libres y, a partir de los doce años, solo continúan sus estudios los varones ricos, ya que se consideraba peligroso y próximo al libertinaje que una mujer se formase.

Tanto en Grecia como en Roma, la institución encargada de la educación de los menores era el Estado.

Durante la Edad Media, la Iglesia pasa a ser la institución que controla tanto la educación religiosa como la seglar. En esta época, el objetivo de la educación no es formar librepensadores, sino preparar a los niños para servir desde el sometimiento tanto de la conducta como del pensamiento a Dios y a la Iglesia. Se elimina la importancia del desarrollo de la parte física, ya que se considera el cuerpo fuente de pecado. Se «educa» o más bien se somete a las personas con la amenaza del castigo eterno para que olviden, inhiban o controlen todo lo que tiene que ver con lo corporal. La educación se basa en la disciplina y el castigo. Se considera al niño un minihombre, que antes de ser bautizado vive en pecado y es inferior. Se entiende que las personas están compuestas por dos realidades: el cuerpo y el alma. Esa alma impura antes del bautismo es la que explica la conducta de los niños, instintiva, errática, sin ley y tan corporal. El niño debe ser educado para ser reformado. Y educar y criar implica disciplina, obediencia y temor de Dios. En los escritos que encontramos, no se alude al amor materno o paterno, ya que no se considera necesario en el desarrollo infantil. El pecado, la culpa y el miedo al castigo eterno son las razones por las que las personas dominan no solo su conducta, sino sus pensamientos y emociones, arrebatándoles así la capacidad para pensar y forjar un criterio propio y libre.

Se escinde el bien del mal. Este se personifica en el demonio o Satanás, un ángel que desobedece a Dios y es castigado por ello, echándolo fuera del reino de los cielos, relegado a un lugar invadido por la oscuridad y el fuego eterno, llamado infierno, del que no se puede escapar. Este ángel nos tienta constantemente para que hagamos el mal y solo vivir en las normas dictadas por Dios a través de su Iglesia nos salvará del pecado. El objetivo de la educación, pues, ya no es criar buenos ciudadanos, sino buenos creyentes. De esta externalización del mal fuera del propio hombre, parte la creencia antigua de que cuando alguien comete un acto atroz, estaba invadido por el demonio. Una creencia que en la actualidad permanece; por eso decimos de un asesino o persona cruel que está loca. Sea el demonio, Satanás o la locura, nos cuesta admitir que, dentro de cada uno de nosotros, hacemos una elección constante para hacer las cosas bien o mal. A partir del Renacimiento, resurgen algunas de las ideas clásicas sobre la educación infantil. Se empieza a expresar interés por la evolución de los niños, a quienes se les reconocen características propias que los hacen ser seres individuales. Se comienza a adaptar la educación al menor. Ejemplo de ello es que los estudios se imparten en la lengua del niño y no en latín y surge por primera vez la preocupación por la educación de las mujeres, ya que se empieza a reconocer a la madre como la primera educadora que el niño tiene. Se defiende la enseñanza obligatoria hasta los doce años (consideración que se había abandonado en la Edad Media, en la que los niños eran mano de obra) aunque se sigue empleando el castigo físico como método educativo necesario y pertinente.

Las ideas de Locke (empirista inglés del siglo XVII) suponen un cambio en la concepción de la naturaleza humana, al apoyar la visión de que el niño es una *tabula rasa*, ni bueno ni malo, sobre el que la experiencia va a ir dejando huellas que contribuirán a formarlo como adulto.

En 1762, Rousseau publica su obra *Emilio, o De la educación*, en la que sostiene que el niño es bueno por naturaleza y es la sociedad la que lo pervierte. Defiende que la educación debe adaptarse al niño y contener experiencias, no estar compuesta solo de palabras que repetir y memorizar. Rousseau sostiene que el niño no es un minihombre, sino un ser con su propio desarrollo físico, intelectual y moral.

El pedagogo alemán Friedrich Froebel, ya en el siglo XIX, defiende que la educación no solo se obtiene en la escuela, sino que tanto el hogar como la sociedad juegan un papel determinante en ella. Destaca la importancia del juego en el desarrollo de los niños y la necesidad de interacción y contacto entre estos y sus papás y mamás.

En el siglo XVIII y la primera mitad del siglo XIX comienza el estudio científico de la infancia. Pedagogos, científicos, filósofos, médicos y psiquiatras muestran especial interés por la observación y la descripción de los niños, de sus conductas, necesidades, emociones y características. Los estudios de Freud sobre las partes inconsciente y consciente de nuestra mente ponen de manifiesto que todo los que somos, sentimos, pensamos, soñamos, recordamos o creemos haber olvidado tiene una razón de ser. Él y sus discípulos psicoanalistas —como Winnicott, Bowlby, Margaret Mahler, G. Jung y E. Erikson— desarrollan distintas teorías del desarrollo, la formación, la esencia y los porqués del ser humano, que son la base sobre la que se desarrolla la manera en que entendemos el aparato psíquico del ser humano hoy en día.

En la segunda mitad del siglo XIX, las investigaciones sobre la infancia traspasan el ámbito científico y educativo y forman parte del debate social, alcanzando la política y los parlamentos, en los que se comienzan a debatir distintas cuestiones. Sin embargo, el mundo occidental se encuentra dividido. Por un lado, sobre todo en la Europa continental, se mantiene un estilo de educación permisivo, basado en la idea de Rousseau de que el niño es bueno por naturaleza, mientras que, especialmente en Inglaterra y Estados Unidos, el estilo educativo se basa en la necesidad de que los niños sean reformados con una educación autoritaria que implica castigos físicos y públicos.

En todo caso, se considera que el padre y la madre deben mantener distintos papeles, mediados por la ideología machista y patriarcal que siempre ha dominado el mundo. La mujer es la que ejerce la función materna y se encarga de los cuidados y crea el vínculo desde el afecto con su hijo. Se piensa que las expresiones «excesivas» de afecto hacen a los niños blandos y dependientes. El padre, por su parte, se relaciona con su hijo educándolo desde una severa exigencia y autoridad despojada de afectos.

Hasta el siglo XIX se piensa que el hijo pertenece a los padres, hasta el punto de que incluso lo pueden vender. Por estas y otras razones, se han cometido tantos abusos con la infancia. Abusos de todo tipo que se siguen cometiendo no solo en los países que llamamos del tercer mundo, sino en cada calle de cada cuidad de lo que llamamos el mundo moderno y actual. Porque los niños solo tienen voz si la queremos escuchar. Porque su necesidad de cariño y afecto prima sobre todo lo demás, haciendo que sean capaces de adaptarse a situaciones de maltrato y negligencia, a cambio de la esperanza incorruptible de un cariño que nunca llegará. Porque, aunque su fortaleza es inmensa, no es tanta su flexibilidad. Los niños se rompen, muchas veces para siempre, si no los respetamos y atendemos. Si no los priorizamos y conocemos. Si no comprendemos que merecen atención, respeto y una mirada especial.

Dos estilos educativos, el autoritario y el protector, son la base de los estilos de crianza y de relación que conocemos y practicamos hoy en día con nuestros hijos. A ellos se añade un tercero que no debemos silenciar más. El estilo negligente, que se justifica en los dos estilos previos, pero que esconde el abandono, la agresión y el abuso encubierto que se ejerce sobre los hijos cuando se les considera una propiedad.

Modelo autoritario

Hay un modelo de crianza que podríamos llamar autoritario que basa sus maneras y el estilo de relación que establecemos con un hijo en varias creencias. La familia se entiende como una jerarquía en la que los padres son el centro de la casa y asumen todas las decisiones, incluidas las que afectan a la vida de su hijo, desde una posición de superioridad moral. Deciden todo en las distintas etapas de la vida del niño sin que haya ninguna evolución en la relación con él —y si la hay, es muy escasa—, permaneciendo la jerarquía rígidamente establecida, incluso después de que su hijo se independice y sea, a su vez, mamá o papá.

Los padres asumen que su hijo es su responsabilidad y vigilan que las normas, los deseos y las expectativas puestas en sus hijos se hagan realidad. Se utiliza el ejemplo propio como manera de enseñar el camino, dando poca relevancia al diálogo. La culpa se enseña, con actitudes y sirve para mantener la jerarquía y el camino cuando los padres no están presentes. Eso se traduce en una voz interior a la que llamamos *voz de la conciencia* o *superyó* (Freud), que modula o reprime no solo muchos de nuestros actos, sino también la capacidad de ser conscientes de nuestros pensamientos o admitir y reconocer nuestras emociones. Las consecuencias negativas o «castigos» se aplican para enderezar errores o promover cambios en las conductas y no dependen tanto del estado emocional de los padres como de aquello que hace el niño. Cuando sus actos se consideran inadecuados o negativos para su desarrollo, se «castigan» de manera firme y previsible. Es decir, el niño sabe que al hacerlos va a tener que asumir una consecuencia negativa. El reconocimiento de los logros que un hijo consigue es escaso, ya que se entiende que está cumpliendo con un deber, como hacen los padres con sus vidas. La actitud victimista y la creencia de que el mundo nos debe algo no se contempla. Sí el luchar, esforzarse, levantarse con cada caída y hacerse cargo de las cosas propias. El mundo no se muestra como algo idílico, sino como una realidad hostil en la que hay que luchar para ganar aquello que uno quiere. A los hijos se les muestran sus carencias para que las acepten, trabajen en ellas y se superen. Los padres entienden que no están para minimizar o suavizar la realidad de la vida, sino para enseñar a sus hijos a sobrevivir, por lo que el hogar no es un sitio para amortiguar o disfrazar la realidad de fuera, sino un pequeño laboratorio en el que se viven, en menor medida, las situaciones que los hijos se van a encontrar en el camino. En ese hogar hay unas jerarquías definidas y la vida de los hijos está separada de la de los adultos. La pareja no comparte toda su vida con su hijo. No comparten la habitación ni la cama, no comparten su relación de pareja, ni las películas ni todas las salidas. La pareja tiene su espacio. Y el menor también. Un espacio en el que la infancia queda separada del mundo de los adultos.

La crianza se entiende como un proceso en el que ayudamos a nuestros hijos a ser eficaces, capaces, resistentes, responsables y autónomos. El deber, el respeto y la capacidad son los pilares sobre los que se asienta la idea de uno mismo, lo que hace que nos levantemos cada mañana y desde donde nos relacionamos con la sociedad.

Este es un modelo que se basa en la función paterna, que capacita al niño para salir al mundo y adaptarse a él. En este modelo, aunque alguien —en general, la madre biológica— realiza la función materna, esta se considera menos importante y solo se prioriza en las primeras etapas del niño.

Este era el modelo imperante hasta hace unos años, tal vez debido a que, en nuestra cultura machista, lo visible y lo valorado era lo que hacía el hombre (y, por tanto, la función paterna), que dominaba todos los aspectos de la sociedad.

Modelo protector

En este modelo también hay una jerarquía, pero el niño se sitúa en la posición de superioridad. El niño es el centro de la casa y de la vida de sus padres, que cambian y adaptan sus vidas para atender las necesidades y demandas de su hijo, que son escuchadas y atendidas y que rigen los horarios, los planes y la dinámica familiar no solo durante los primeros meses de vida, sino por siempre jamás.

La relación de pareja pasa a un segundo plano o se convierte en amistad. Las salidas se hacen con los hijos, se duerme con ellos, se juega con ellos, se come con ellos, se estudia con ellos... y todo lo que no esté enfocado a atender todas sus necesidades —las más importantes, pero también las más triviales— se entiende como irresponsabilidad o abandono.

En este modelo, los sentimientos y el mundo emocional son los pilares sobre los que se asienta la vida de la familia, que se mueve y decide respondiendo a las preguntas: «¿Cómo me siento?», «¿Cómo te sientes?». Evitar que un hijo sufra es la razón sobre la que se asientan las decisiones que rigen la vida familiar. Si su hijo siente miedo, lo sienten con él y lo acompañan en todo momento, porque se lo considera una criatura necesitada de cariño y protección constante. Los conceptos de *desarrollo*, *individuación* y *autonomía* se contemplan externamente —es decir, que sea capaz de vestirse solo, hacer amigos o elegir su ropa—, pero no en el plano interior, ya que los apegos y los vínculos se mantienen como el primer día, con poca capacidad de evolución.

Si los hijos tienen algún problema, estos padres creen que ellos están para solucionarlo. Si no tienen amigos, organizan ellos las fiestas; si hay problemas en el colegio, piden a la tutora que intervenga para protegerlo; si no le gusta la comida del comedor, comerá en casa lo que le gusta.... El espacio entre los padres y el hijo se difumina. Sus vidas se entremezclan. Hablan de su hijo utilizando el plural: «¿Tenemos deberes?», «¿Cuándo nos duchamos?», «¿Nos hemos lavado los dientes?»...

Los padres viven por y para su hijo desde el conocimiento y el temor a las experiencias de abandono que saben que son dañinas en el crecimiento de sus hijos. El objetivo fundamental de este estilo de crianza es que los hijos sean lo más felices posible, conozcan su mundo emocional, estén integrados y sean afectivos con los demás. La infancia es respetada, porque los padres se adecuan a ella, renunciando a su propia vida.

Este modelo se centra en la función materna, cuyo objetivo es crear vínculo, dar amor, atender, proteger y colmar las necesidades de nuestros hijos. El mundo se piensa como un sitio cruel y hostil y se cree que donde mejor están los hijos es en el calor del hogar y a nuestro lado.

Estilo negligente

En esta manera de relación hay dos creencias fundamentales. Una es que los hijos pertenecen a los padres y la otra es que no tienen derechos propios. Los padres solo escuchan sus propias necesidades y están centrados en sus problemas y situaciones, entendiendo a su hijo como un ser que les roba tiempo, ganas y juventud o sobre el que depositar su rabia, sus problemas y sus frustraciones.

En este estilo de crianza o de relación con los hijos, no es que a veces los padres se cansen de todo el trabajo que implica, no es que a veces se angustien y desesperen, no es que necesiten tenerse también en cuenta o que no sepan a veces manejar sus emociones y olviden priorizar a sus hijos, es que la manera de mirar y entender al niño es considerarlo un objeto propio sobre el que depositar miedos, pasados traumáticos, relaciones frustrantes o vidas que se mueven por el egoísmo. En muchas ocasiones, oculta un vacío afectivo antiguo que los hijos vienen a llenar.

Estas madres y estos padres no van a tener aspecto de malas personas, porque la mayor parte de las veces, este tipo de relación se esconde y justifica detrás de los modelos previos, legitimando sus maneras con argumentos aparentemente razonables y dañando de manera íntima a un niño que quiere a sus padres, sean como sean y que es infinitamente vulnerable por ser totalmente dependiente y estar «en construcción».

La negligencia implica no comprender a nuestros hijos como personas con derechos que debemos respetar y con los que tenemos una responsabilidad que asumir y ejercer. Implica verlos como seres inferiores e invadir su infancia, sus tiempos, sus necesidades y sus espacios con lo nuestro, con las cosas de la vida adulta.

La negligencia y el abuso sobre un hijo más reconocible es la que se suele esconder detrás del modelo autoritario, que transforma la jerarquía que contiene y crea posibilidades, en un totalitarismo abusivo, en el que los deseos de los hijos se anulan, sus necesidades se desoyen y se los convierte en diana de todo lo malo que les sucede a los padres. Sobre ellos se descarga la frustración, se depositan las injusticias vividas y el narcisismo insatisfecho. Las normas que rigen la relación son abusivas y no tienen el objetivo de cuidar o ayudar a desarrollar las cualidades y capacidades del hijo, sino que su objetivo es someterlo a la voluntad cambiante de sus padres. Los estados emocionales de estos y sus necesidades en todos los ámbitos son los que rigen las normas de la casa, por lo que estas suelen ser cambiantes, sumiendo al niño en la confusión y en un estado de alerta extenuante. Lo que ayer no implicaba nada, hoy antecede a un castigo, por lo que este será en muchas ocasiones aleatorio, inesperado y siempre desmesurado.

Los castigos se entienden como una manera de imponerse a los hijos. Son un medio de control a través de la violencia. Incluirán desde el vacío emocional —es decir, dejar de hablar o mirar al hijo, rechazar sus muestras de cariño— hasta la violencia verbal, en forma de insultos, humillaciones y reproches («eres medio tonto», «no vales nada», «me arrepiento de haberte tenido», «qué vergüenza de hija»...), o el castigo físico (duchas de agua fría, hacer pasar hambre o frío, pellizcos, tirones de pelo, tortas, empujones, zarandeos...). En suma, se somete a los hijos a través del miedo, de la vergüenza y de la soledad que acompañan a las situaciones de maltrato.

La distancia entre el hijo y sus padres es abismal. El niño no interioriza lo que es «bueno» o «malo», sino que obedece por miedo y desde una sumisión completa que es producto de su necesidad de afecto y de la dependencia completa que tiene hacia sus padres. No es que haya una jerarquía, es que hay dos tipos de personas: los padres —con todos sus derechos— y los hijos —con todas sus responsabilidades—. Los padres no ejercen la autoridad desde la responsabilidad, sino desde el despotismo y la creencia de que su hijo les pertenece, es una cosa suya, sobre la que tienen derechos de propiedad.

Hay otro tipo de negligencia, cada día más frecuente, que es la que se esconde y disfraza detrás del modelo protector de crianza y que es una de las causas del malestar creciente de nuestros menores en la actualidad. Y es aquella que se disfraza y oculta en el modelo protector de crianza.

En este tipo de negligencia, tampoco son respetadas las necesidades del hijo ni el espacio de la infancia. Como en el anterior modelo, también las necesidades de los padres y las madres son las que mueven cada paso y las que están detrás de las actitudes disfrazadas de interés por el hijo. Invadirán la vida del niño con cuidados y atenciones excesivas, que el menor no solo no necesita, sino que lo incapacitan y potencian su dependencia e inseguridad. Se comparten con los hijos los problemas de pareja, se ve contenido adulto en su presencia en televisión o páginas web o se los deja solos ante un dispositivo digital, alegando que los niños o son muy pequeños —y no pasa nada porque no se enteran— o son ya muy mayores —y saben gestionar la información que reciben.

Padres y madres delegan en los hijos, como parte de una irresponsabilidad disfrazada, la toma de decisiones. Dejarán que sea el menor quien decida cuándo dejar el chupete o el biberón, qué comer, cuándo ir al colegio, quién lo baña, dónde y cuándo dormir, cuántas horas pasa delante de una pantalla o a qué hora vuelve a casa. Se utiliza la excusa de que el hijo ya es responsable y capaz o, al contrario, de que es pequeño, o de que se actúa con amor y hay que atender todos sus deseos y no causarle malestar, para no ejercer la responsabilidad que tenemos como padres, para no asumir la posibilidad de equivocarnos, para no discutir con nuestros hijos, para no entrar en conflicto, para borrar la línea que separa su infancia de la vida adulta y seguir centrados en nuestros propios problemas y necesidades.

La importancia de hacer consciente el modelo en el que basamos la relación con nuestros hijos

Los estilos de crianza son actualmente una fuente de debate, como lo son los derechos de los menores y adolescentes, la desigualdad o el desmoronamiento de muchas de las creencias que sustentaban nuestra sociedad.

Para los padres es un momento complejo, en el que el exceso de información no contrastada se convierte en desinformación y la exigencia masiva, la lucha por la igualdad de género y el cambio en los modelos familiares y la soledad llenan de incertidumbre un camino, el de la crianza, que antes parecía recorrerse con mayor serenidad.

Por eso puede ser pertinente resumir los estilos de crianza en básicamente dos: el autoritario y el protector. Reconocernos en alguno nos ayudará a comprender mejor desde dónde miramos y entendemos la relación con nuestros hijos, para que si algo no va bien lo podamos cambiar. Cada uno de estos dos modelos tiene un origen, un motivo y un porqué. Cada uno de ellos va a ser determinante en la manera en que se desarrolla nuestro hijo como persona. Ninguno de los dos tiene todas las respuestas. Y en los momentos actuales es difícil que solo nos reconozcamos en uno de ellos, porque lo más frecuente es que madres y padres estemos ubicados en un continuo situado entre ambos. Pero es necesario que comprendamos que ambos son válidos y valiosos, aunque incompletos; por tanto, es bueno que estemos pendientes de las consecuencias de ambos modelos para comprender y afrontar las dificultades con las que nos vamos a encontrar.

Ejercer la crianza desde un modelo u otro no es generalmente una elección consciente, como no lo es el partido político al que votamos, ni el tipo de pareja que elegimos. Es una posición a la que llegamos después de mucho recorrido que dependerá de infinitud de vivencias acumuladas, de situaciones frustrantes de las que hemos aprendido o no, de cómo nos han educado, de lo que consideramos importante y de lo que creemos injusto o dañino. De las necesidades cubiertas y de las que no. Del cariño recibido, de la ayuda que tenemos, de la confianza y la seguridad que sentimos y de cómo nos vemos o vemos el camino.

En los dos extremos de este continuo, en el que partimos de un punto medio equilibrado en el que se ejercen la función materna y la función paterna en un equilibrio dinámico consecuente a las necesidades de nuestro hijo y las nuestras estaría, por un lado, una crianza basada en la función materna (protectora) y, en el extremo opuesto, una crianza basada en la función paterna (autoritaria), ambos estilos estarían separados por una fina línea de la negligencia, escondida detrás de la crianza protectora (crianza sobreprotectora) o justificada en la crianza autoritaria (crianza tiránica).

Equilibrio

Negligencia	Función materna	Función paterna	Negligencia
Crianza sobreprotectora	Crianza protectora	Crianza autoritaria	Crianza tiránica

La línea que separa una crianza basada en el modelo autoritario o protector y la negligente es muy delgada, muy fina y, si la distancia que separa ambas es escasa, será mas fácil que ante malos momentos, los padres se deslicen hacia la negligencia sin darse apenas cuenta. Por eso es importante reconocer en qué modelo basamos la relación con nuestros hijos, reconocer sus puntos fuertes y beneficiosos y los posibles riesgos y las consecuencias negativas que pueden aparecer, más frecuentes y posibles cuanto más cerca estemos de esa línea que separa lo que son cuidados de lo que es maltrato, abandono o negligencia.

De igual manera, si la distancia entre nuestro estilo de crianza y la negligencia es grande, estaremos en un estilo de crianza saludable, ya sea autoritaria o protectora. Ambas comparten importantes beneficios para un desarrollo armónico y saludable de nuestros hijos.

El modelo autoritario respetuoso

Guille es un hombre de mediana edad. El segundo de tres hermanos. Su padre es el frutero más conocido del barrio. Su madre, una costurera de las que ya no hay. Creció corriendo por las callejuelas retorcidas de su ciudad, jugando al balón, al pilla-pilla y al escondite con total libertad. Dormía con sus hermanos en una pequeña habitación de bonitas colchas de cuadros escoceses, tejidas por su madre en las tardes de frío otoñal. De su infancia recuerda los bocadillos de queso, el cuento que les contaba su madre antes de dormirse, siempre el mismo y los aviones que inventaba con las cajas de la fruta en la trastienda de su padre, al que él y sus hermanos temían y adoraban con la misma intensidad. Con una mirada de su padre, callaban y obedecían sin rechistar. Con todo, había sitio para las risas y las travesuras. De pequeño aprendió el valor de algunas cosas, como los ricos guisos de su madre, disfrutar de un hogar caliente, de una mochila nueva al comenzar el curso, así como el valor del trabajo al ver a sus padres agotados cuando terminaba el día. Los viernes por la tarde, sus padres salían juntos a dar un paseo, mientras él y sus hermanos se iban a la cama tras una sopa caliente que su abuela les preparaba con unos duros garbanzos que flotaban en soledad. Soñaba con vivir aventuras como las de los personajes de las películas que todos los domingos veían juntos y que luego comentaba en el patio del colegio, mientras jugaba con sus amigos. Estudió mucho, ya que sus padres lo castigaban si suspendía, pero de mayor comprendió que era una buena salida para cumplir aquellos sueños que siempre había tenido y evitar los dolores de espalda que veía detrás de la sonrisa torcida de su padre antes de irse a descansar. Estudió una carrera, trabajando por las tardes de camarero. Su jefe era un hombre taciturno y de mal carácter, pero él cumplía con su horario, recogía su sueldo y se iba corriendo a la biblioteca a estudiar. Sacó sus estudios de Arquitectura, creó su propio estudio, encontró una buena pareja y hoy es un padre orgulloso de la vida que ha tenido y que sigue soñando con todo lo bueno que está por llegar.

Las consecuencias beneficiosas de una relación de respeto con los hijos basada en la autoridad son varias. La distancia que existe entre el mundo de los mayores y de los niños protege y respeta la infancia. La reconoce como una etapa distinta en la que a los niños se les deja ser niños, en su mundo mágico y lleno de juegos, sin querer mostrarles o hacerlos partícipes del mundo adulto, para el que se piensa que no están preparados. No se los invade con la relación de pareja de los padres ni con problemas familiares, ni con noticias de la televisión ni con la problemática de toda índole que plantea la sociedad actual. No se les exige estar quietos en un restaurante, ver la película que no aburre a sus padres, no correr por la casa porque no han salido al parque o no pedir un bocadillo de chorizo en vez de palitos de zanahoria para merendar. Los niños tienen su espacio y sus necesidades atendidas y no se mezclan con las necesidades de sus padres. Se los deja libres en sus juegos, se les niegan con tranquilidad algunos de sus deseos y se toleran sus quejas, entre ellas las de aburrimiento, sin atenderlas siempre, algo tan importante para el desarrollo de la creatividad.

Esta distancia entre el mundo de los mayores y de los niños es bidireccional. Igual que al niño no le llegan las cosas del mundo de los mayores, sus cosas no llegan al mundo de los adultos. Por ejemplo, si el niño tiene una rabieta, los padres la viven como algo infantil, no como un fracaso propio o de la pareja, quitándole a la rabia de un hijo el poder de movilizar todo el sistema familiar. La distancia y la jerarquía entre el mundo de los adultos y de los niños también ayuda a que los hijos entiendan y reconozcan que, además de cuidarlos, sus padres se dedican a otras cosas importantes que aprenden a valorar. La actitud victimista o de queja no está presente, ni en los padres ni en el niño, que aprende a crecer poco a poco con autonomía y responsabilidad. Los padres saben hasta dónde pueden y deben llegar. Cuáles son sus funciones y cuáles las de sus hijos. Reconocen sin culpa los límites que la relación de cuidados exige. Comprenden que no pueden protegerlos de todo. El no tener una culpa aplastante permite a los padres tener más libertad para pensar y actuar en función de lo que creen más conveniente para sus hijos y les ayuda a criar con un estado emocional más estable.

La jerarquía deja a los niños fuera de la relación de pareja. La pareja se considera importante y prioritaria dentro de la familia, tiene su habitación, su cama y su intimidad, separada por una puerta cerrada del mundo de los niños. Se protege a estos de los posibles problemas que haya en la relación de pareja, de la sexualidad e intimidad de los padres y del lugar de preferencia que todo menor quiere tener con cada uno de sus progenitores y al que debe renunciar para construir su propia vida y disfrutar de salud mental en el futuro. Esto también posibilita que la pareja tenga un espacio que se mantiene a pesar de tener un hijo. Un espacio donde reencontrase cada día y que querremos tener o recuperar cuando nuestro hijo vaya creciendo y nos vaya necesitando menos.

El no cumplir ni satisfacer todos los deseos y las necesidades de los hijos hace que estos crezcan valorando las cosas que sí tienen y aprendiendo a manejar la frustración que produce no conseguirlo todo. Que en casa no te lo den todo, pero sí lo realmente importante, hace que los niños quieran abrirse a un mundo lleno de oportunidades, donde buscar y encontrar lo que le falta en casa. Hace que desarrollemos la capacidad para frustrarnos y aceptar con deportividad que nuestros deseos no son órdenes, que ni podemos ni nos merecemos todo. Esta realidad tan importante para la salud mental de una persona solo se puede aprender en casa y en la infancia. Si no lo logramos entonces, no conseguiremos adaptarnos nunca a la realidad.

En este sistema jerárquico, hay un capitán, que son los padres, que actúan de manera coherente y previsible y que permiten que los hijos puedan dedicarse a su infancia, a estudiar, a jugar, a hacer amigos, sin ser invadidos por los problemas y las soluciones del mundo de los adultos. Saber que hay un capitán que sabe hacia dónde va el barco y que lo maneja cuando las cosas parecen ir mal hace que los niños crezcan con un sentimiento de seguridad importante, sintiendo que son cuidados y que están a salvo.

La exigencia que implica un estilo autoritario consigue dos efectos beneficiosos en la construcción de la identidad de los hijos. El primero, «que crean que pueden». El segundo, «que quieran poder». «Que crean que pueden» tiene que ver con pedirles que hagan cosas razonables y buenas para ellos porque creemos que son capaces de hacerlas. Todos hemos tenido personas en nuestra vida que han creído en nosotros y en nuestras capacidades. Esa exigencia respetuosa da a los niños la oportunidad de creer, de evolucionar, de ponerse retos, luchar por ellos y sentirse orgullosos de sí mismos. Los ayuda a forjarse un concepto de sí mismos como seres capaces, valiosos y autónomos. Gran parte de lo que llamamos *felicidad* tiene que ver con la satisfacción propia, con luchar para conseguir cosas valiosas e importantes que dan sentido a nuestras vidas, con estar orgullosos y satisfechos con nosotros mismos.

La segunda idea es enseñarles que lo que mueve sus pasos son no solo sus deseos y sentimientos, sino también sus responsabilidades y obligaciones, traducidos en motivos y decisiones. Es darles la capacidad de soñar sueños posibles. De aspirar a grandes cosas que los trasciendan. Es regalarles un sentido, un porqué y un para qué. Las ideas de la jerarquía y el respeto trascienden el hogar y llegan a la escuela, al trabajo, al barrio, a la sociedad, a las relaciones humanas... Los hijos comprenden su lugar en el mundo y aceptan que son uno más.

Cuando la autoridad es una dictadura

Marian es una mujer de cincuenta años que acude a consulta por ansiedad. Le cuesta mirarme a los ojos, parece pedir permiso incluso para respirar. Se sienta aferrada a su bolso como si de un salvavidas se tratara. Me cuenta una vida en la que ha hecho lo que se esperaba de ella. En su casa, su madre siempre parecía ausente. La recuerda cocinando ricos guisos y manteniendo el hogar caliente y confortable. Sin embargo, ella nunca pudo sentirse tranquila en casa. Los silencios y la mirada triste de su madre la avisaban de que su padre había llegado a casa y debía guardar silencio, sin poder reír o jugar con libertad. Recuerda especialmente una tarde en que se tomó la libertad de protestar por tener que dejar sus juegos silenciosos para ir a ducharse. Y cómo por ello acabó encerrada a oscuras en la despensa, donde imaginaba con pánico las cucarachas correteando por sus pies.

En el colegio siempre fue una alumna impecable. Pasó las tardes de su infancia estudiando. Sabía que, con menos de un sobresaliente, el castigo de su padre llegaría y tendría que aceptarlo sin rechistar. Tenía buenas amigas, que al crecer se atrevieron a ser adolescentes, algo que ella nunca se permitió para no enfadar ni decepcionar a sus padres.

Estudió piano y danza, era la niña modelo del barrio. Sus padres parecían orgullosos de ella cuando salían a pasear. Sin embargo, al volver a casa, los reproches, los silencios, la mirada apagada y la fría distancia de su padre la hacían sentirse insuficiente, renunciando poco a poco a la alegría y la espontaneidad.

Se casó joven con su novio de siempre, pidiendo antes, por supuesto, permiso a sus padres. Como hacía con todo. Creía que equivocarse era un mundo. Que su criterio era malo. Perdió por el camino y sin darse cuenta sus propios deseos. Sus sueños. Su manera de ser y sentir el mundo. Sus inquietudes. Su pensamiento. Su esencia. Su verdadera oportunidad. Ahora vive en un pequeño apartamento en el centro, en el nunca falta un pequeño de ramo de bonitas flores. Aunque ella parece haberlo olvidado, siempre supo apreciar la belleza que se esconde en cualquier rincón de cualquier lugar. Acude a consulta porque desde que es madre de una niña, que ha heredado sus rasgados ojos marrones, las dudas con las que había caminado siempre ahora atenazan sus pulmones, oprimen su corazón y le arrebatan la espontaneidad. Cada vez que tiene que coger a su hija, teme que se le caiga al suelo. Cuando la baña, que se ahogue. Cuando duerme, que deje de respirar. No se siente capaz de ser madre, de protegerla de tantos peligros posibles que anticipa. Cree que si ella no está pendiente y en alerta, algo malo sucederá. A veces piensa incluso que todo el control y la exigencia que ejerce consigo misma se le vaya de las manos y pueda hacer daño a su bebita. Siempre ha creído que si no se esforzaba mucho por corregirse, la realidad es que era una persona mala y egoísta. La exigencia, los castigos y los reproches de su padre han moldeado y herido su propia valoración personal, la confianza en un mundo que siente despiadado y que siempre ha evitado sin poder enfrentarse a él, desde la creencia inconsciente de no ser suficiente ni capaz y de que por ello las cosas van a ir siempre mal. Antes creía sentirse segura al seguir de manera fiel los mandatos de su casa sin cuestionar, opinar o rechistar. Ella quiere y admira a sus padres. Sabe que no han tenido una vida fácil. Pero los teme y teme perder su cariño. Como ahora teme no merecer el de su hija si no es una perfecta hija y una perfecta mamá. Todo es miedo en su vida. Un miedo inmenso profundo y sin forma, que es un enorme y oscuro abismo plagado de angustia y soledad.

Si el modelo en que basamos la relación con nuestros hijos es un modelo autoritario no respetuoso, sino negligente, que implica un abuso de poder y violencia, los niños van a crecer con heridas y secuelas en su identidad, en la manera en que se posicionan en el mundo, se relacionan con otros y entienden quiénes son, lo que valen y lo que pueden esperar de la vida. Exigir a nuestros hijos los hace daño cuando la exigencia parte de nuestra propia necesidad, de nuestra ideología o de nuestras vivencias, sin una autocrítica previa, limitando nuestra capacidad para entenderlos como seres distintos a nosotros, con necesidades propias que atender y escuchar.

Desde esa exigencia, pedimos a nuestros hijos imposibles idealizados o cosas que no pueden hacer. Los haremos sentirse insuficientes o inútiles y utilizaremos el reproche como herramienta de dominio. El mensaje que les damos no es que creemos en ellos y en su capacidad, sino que nos defraudan constantemente y que no nos sentimos orgullosos de lo que hacen, deciden o son. Nosotros, que somos su prioridad, resaltamos sus faltas y su incapacidad, sin poner en el otro lado de la balanza sus méritos y todo lo bueno que hacen, dicen, expresan y son. La culpa y la falta de confianza invaden de manera invisible y letal el concepto de insuficiencia sobre el que van a asentar su identidad. Serán personas que no sepan poner límites, decir que no, opinar de manera diferente y defenderse de los demás. Que siempre tendrán dudas de lo que hacen, piensan, sienten y padecen. Que buscarán la aprobación de los otros y validarán más el criterio de los demás que el suyo. Vivirán siempre contenidos, sin la mínima libertad y la espontaneidad que son básicas para vivir con la suficiente salud mental.

Desde este estilo de crianza negligente, se considera a los hijos autosuficientes e hiperresponsables antes de tiempo para no tener que preocuparse por ellos ni atenderlos. Los niños crecen creyendo que molestan y que sobran. Que sus necesidades son caprichos; sus dificultades, algo de lo que avergonzarse y sus emociones, algo que reprimir y esconder. Que sus cosas no son ni interesantes ni importantes. Nadie les pregunta. Los padres solo exigen, mandan, imponen, reprochan o insultan.

La distancia en esta jerarquía implica un abismo. Los niños crecen obedeciendo desde el miedo, sometiéndose para lograr un poco del cariño y de la mirada de sus padres, sin la que no pueden existir. Para mantener esta jerarquía rígida y despiadada, que implica un abuso de poder, los padres jamás piden disculpas, no reconocen sus errores ni rectifican. Si educamos desde una actitud déspota, nuestros hijos se sobreadaptarán, cumpliendo nuestros mandatos y aspiraciones sin atreverse a contrariarnos o protestar. Irán olvidando poco a poco lo que sienten y su propio instinto, esa capacidad tan importante que nos guía en la vida, sobre todo cuando estamos perdidos o en mitad de una tempestad. Se adaptarán a nuestro criterio sin construir uno propio. Evitarán los conflictos interpersonales y se acercarán a los demás desde la creencia de saberse insuficientes, sometiéndose en las relaciones y asumiendo la culpa absoluta cuando haya algún problema o algo salga mal. Los niños crecerán inhibidos, sin poder expresar actitudes que atenten contra una jerarquía que es absolutista. Crecerán hiperdesarrollando la preocupación y la interpretación de las señales de los demás respecto a ellos y permanecerán siempre alerta, para poder actuar cuanto antes y evitar en la medida de lo posible los reproches, las miradas de desprecio y los castigos, que, al imponerse de manera aleatoria, nunca entenderán.

Al principio, aprenderán a inhibir la rabia y el enfado, pero después se apagarán la alegría y la ilusión, porque no se pueden inhibir unas emociones y otras no. El control de las emociones tiene un coste. Es un trabajo psíquico agotador, que desvitaliza a los niños e impide que otras funciones mentales puedan funcionar con normalidad, como la atención o la creatividad. La espontaneidad se pierde en todo, también en los sueños, en las aspiraciones, en las ilusiones, en los juegos o en las relaciones con los amigos, impidiendo a esa persona ser y mostrarse en plenitud y negándole toda oportunidad.

El modelo protector respetuoso

Dana es una adolescente de diecisiete años. Sus padres contactan conmigo porque sienten que su hija está más triste de lo normal. Quieren saber si deben preocuparse por algo y cómo actuar.

En la primera entrevista que tengo con ellos, me enternece la manera que tienen de hablarse y de contarme las cosas de su hija, desde un cariño sincero y una enorme manera de respetar. Se nota que se quieren mucho y de una bonita manera. Y que su hija es el centro de sus vidas. Han trabajado mucho y se han preocupado y ocupado de ella siempre. Y siempre lo harán. Han estado presentes en sus grandes y pequeñas cosas, contando con su opinión que siempre han pedido y escuchado. Han compartido con ella aficiones, viajes y sobre-

mesas. Han jugado, reído y disfrutado juntos. Y cuando ha habido discusiones o diferencias, nunca se han permitido irse a la cama sin un beso. Un beso que decía que aun estando enfadados la quieren y nunca van a dejan de estar. Han hablado de sueños, de duelos, de pérdidas y han llorado juntos, dejando ver a su hija, poco a poco, a medida que la veían preparada, su parte más humana. Su fragilidad. También le han enseñado lo duro que han luchado siempre y los obstáculos que han superado. La vida es eso y así se la han querido mostrar.

Ahora su hija es una adolescente empática, que sabe lo que quiere, siente y piensa. Que tiene sueños y aspiraciones por los que luchar. Que siente a sus padres como un ejemplo. Unas personas a las que admira y quiere recompensar. Pero el pueblo en el que viven se le ha quedado pequeño. Ha viajado, le gustan los debates políticos, el jazz, la lectura... Y ayudar a los demás. Quiere irse al extranjero a estudiar Derecho. Sus padres le hicieron creer que puede y que se lo merece. Que es capaz de eso y de muchas cosas más. Se siente segura y confortable dentro de ella misma. Pero ahora está triste porque ha llegado el momento de separarse de ellos y echar a volar.

Las consecuencias positivas de un estilo de crianza protector son muchas y de suma importancia en la construcción de nuestros hijos. Nos permite estar cerca de ellos y conocerlos de verdad. Ver sus necesidades, reconocer sus capacidades, sus deficiencias y acompañarlos en su crecimiento, desde una actitud positiva que los llenará de confianza y seguridad. Que juguemos con ellos les permite sentirnos cerca y a nosotros disfrutar de su compañía y demostrárselo. Nuestro papel no queda reducido a obligaciones y deberes, sino que damos la misma importancia a supervisar sus trabajos del colegio que a charlar con ellos mientras damos un paseo o compartimos un juego de mesa frente a un bizcocho las tardes de un domingo invernal. En este estilo de crianza se resaltan y potencian más las capacidades del niño y las cosas buenas que hace y se le da menos énfasis a las negativas. La falta de reproches que tanto minan la confianza los ayuda a rectificar cuando se equivocan, sin tener que sentir sobre sus hombros la culpa inmensa que crean los reproches y que tiene que ver con defraudar a los demás. Sabrán que equivocarse es parte de la vida, de lo que somos y de la realidad, porque nosotros mismos se lo enseñamos con nuestra actitud. Seremos capaces de pedirles perdón y rectificar cuando nos suceda, sin temer que eso atente contra la jerarquía del hogar. Esto ayudará a nuestros hijos a admitir y tolerar también sus errores y a conocernos y amarnos como somos, idealizándonos menos y creciendo con menos necesidad de idealizar a los demás. Permitirá que nos respeten sin temernos y amarnos a pesar de conocer nuestras imperfecciones. Actuaremos de manera constante y coherente, manifestando siempre las mismas respuestas y escala de valores, aprobando siempre las mismas cosas, valorando muchas otras y enseñándoles siempre el buen camino, sin basar nuestras actuaciones en el temor a que el camino se tuerza y vaya mal. Lo que hacemos, decimos y hacemos es previsible y coherente, dando seguridad a nuestros hijos, que saben de sobra cuándo lo que hacen nos hace sentirnos satisfechos y contentos o cuándo nos deja preocupados y nos parece inadecuado o perjudicial.

En la crianza protectora se hace un especial énfasis en el mundo emocional. Se reconocen los sentimientos, se nombran y se validan todos. Ante una rabieta, se acompaña al hijo hasta que se le pasa y luego se habla con él, preguntándole qué ha sentido y por qué lo ha sentido. Los padres entienden la rabieta como una reacción conductual a una emoción que hay que aprender a manejar. Eso hace que los niños no sientan que sus emociones o conductas tienen un poder devastador, de manera que ni temen ni bloquean lo que sienten; lo reconocen y crecen construyendo una identidad más integrada, en la que se permiten sentir todo lo que son.

En las familias que ejercen una crianza protectora, respetuosa, los niños crecen sabiéndose parte de un todo. De un sistema en el que tienen voz y en el que pueden expresarse con naturalidad. Expresar sus emociones, las buenas y las que les hacen sentir mal. Expresar sus dudas, sus temores o desacuerdos. Expresar su día a día. Expresar su desacuerdo o su contrariedad.

Sabiéndose escuchados y comprendidos, aprenderán a conocerse y a aceptarse a ellos mismos en su totalidad. Los padres, además de escuchar, enseñan con el ejemplo cómo decir lo que uno piensa respetando a los demás y sin dañar. En este estilo de crianza, la jerarquía se establece desde el respeto y la sinceridad. Es una jerarquía flexible, que se modula en función de lo que sucede y de la edad del niño. No es la misma cuando tienen dos años, que cuando están en la adolescencia o se independizan. Sus necesidades son distintas y el sentido y la necesidad de una jerarquía también.

En este estilo de crianza lo que prima es ante todo crear con nuestros hijos una relación íntima y estrecha. Lo importante es la cercanía, la escucha. La mirada y la solidez de un vínculo que se construye día a día, atendiendo a quien es nuestro hijo, lo que necesita y le viene bien. Es el estilo de crianza más difícil, porque implica una estabilidad y una fortaleza individual de los padres difícil de conseguir. Una fortaleza que proviene de que ellos mismos han sido criados en ambientes serenos, llenos de cariño, respeto y coherencia o de que han hecho un trabajo personal de crecimiento y autoconocimiento. Esto les permite partir de un modelo interiorizado, que no está libre de miedos o dificultades, pero en el que sí son conscientes de estos, evitando proyectar sus propios temores y problemas en la crianza y en la relación con sus hijos.

Cuando la protección es una negligencia

Recuerdo a unos padres que acudieron una mañana a la consulta, angustiados porque su hijo de dieciséis años «se estaba echando a perder». Contaban que no solo no los obedecía, sino que los insultaba, llegando a amenazarlos y empujarlos cuando no hacían lo que les exigía de una manera cada vez más cruel. Les robaba dinero, no acudía al colegio, se escapaba de casa para muchas noches no volver…, la situación era cada vez más complicada.

Los padres me contaron que habían deseado tener una gran familia, pero que solo habían podido tener a este hijo, al que seguían llamado «bebé». Tras varios abortos, consideraban su llegada un milagro y nada les hizo tan felices como cuidarlo, colmarlo de atenciones y estar con él. Lo querían tanto, decían, que nunca le habían podido negar nada. Se anticipaban a sus necesidades, que no distinguían de sus caprichos y cedían a sus llantos y rabietas por no verlo sufrir.

Durmió con ellos hasta los doce años, les encantaba mirarlo dormido y tranquilo a su lado. Y aunque en el colegio empezó pronto a tener problemas, porque sus rabietas alejaban a sus compañeros, no respetaba su turno y se mostraba agresivo cuando perdía en los juegos, los padres pensaron que el mundo no comprendía y trataba injustamente a su hijo. Tras varias entrevistas con la tutora exigiendo que el colegio tratara a su pequeño con especial cuidado, lo cambiaron de colegio, pero se repitieron las mismas situaciones. En cuarto curso comenzó a faltar al respeto a los profesores y a las normas del centro y fue expulsado varias veces. En los días que pasaba en casa por la expulsión, su madre le preparaba su comida preferida y le dejaba haciendo lo que más le gustaba: jugar encerrado en su habitación con la videoconsola. Ahora, sus amigos eran menores que por circunstancias diversas no iban a clase, se pasaban la vida en la calle, aprendiendo los viejos oficios que lo llevan a uno hacia una vida cada vez más desadaptada y fuera de la ley.

Si damos todo a nuestros hijos, excusándonos en un amor incondicional y en una preocupación constante, las consecuencias en la construcción de su personalidad serán igual o más graves e irreversibles que las que produce una crianza negligente o basada en el despotismo. Como personas, nos construye todo: lo que nos dan, lo que vivimos, pero también la falta, la ausencia, lo que no tenemos. Una educación negligente tiránica daña el corazón y atenta contra la esperanza. Pero no nos arrebata la posibilidad de curarnos, de sanar mediante experiencias vinculares correctivas con otras personas, incluso con un terapeuta. Sabremos que algo nos ha dañado por el dolor que sufrimos. Sabremos de la falta y de la herida y buscaremos sanarla.

Pero una crianza sobreprotectora nos impide comprender lo que nos falta, nos impide valorar lo que sí tenemos y sobrevivir más allá de nuestro propio mundo, plagado de necesidades insatisfechas. Nos impide reconocer y valorar a los demás. Nos impide responsabilizarnos de las cosas. Comprender la diferencia. Aceptar una realidad que no nos pertenece. Nos vuelve insaciables, tiránicos e incapaces de evolucionar.

Las consecuencias de que las emociones guíen nuestros pasos

Actualmente, vivimos en una sociedad en la que lo emocional ha pasado a ser lo más importante. Y la pregunta «¿cómo me siento?» condiciona los pasos que seguimos, los caminos que emprendemos y las puertas que cerramos. Confundimos sentirnos bien con ser felices, un derecho que creemos tener y una posibilidad que consideramos siempre posible. Las ideas y las fuerzas que en otros tiempos nos hacían levantarnos y que permitieron construir la sociedad del bienestar en la que hoy vivimos parecen ahora motivos trasnochados, cuando no desterrados al olvido. Son valores y motivos que nos mantienen de pie sin esperar resultados inmediatos, que nos empujan a crecer y a evolucionar, a construir lo que nos trasciende, a encontrar un sentido más allá de nuestros sentimientos, pensamientos e intereses.

Reconocer las emociones y su valor, aprender a diferenciarlas y a escucharlas es parte del camino del autoconocimiento y del respeto hacia la individualidad de los demás. Pero como casi todo en la vida, funcionamos en una sutil balanza que es necesario equilibrar. En un lado, la razón, los pensamientos y los ideales que nos guían hacia realidades comunes que dan sentido, nos sostienen y aportan motivos por los que luchar: la libertad, la responsabilidad, la honestidad, la justicia, la valentía, la lealtad, la veracidad, el altruismo, la integridad y el compromiso son algunos de ellos. En el otro lado de la balanza están las emociones, que nos conectan con el mundo y nos muestran realidades propias y ajenas escondidas y una manera diferente de caminar.

Si sobreprotegemos a nuestros hijos, esa balanza imprescindible se va a descompensar. Si les enseñamos que la pregunta más importante que hay que hacerse cada mañana es cómo se sienten, no aprenderán que muchas veces en la vida no es esa la pregunta que los debe guiar. Si no les explicamos que, a pesar de las emociones que los incomodan o hacen sentir mal, hay cosas que hacer o dejar de hacer muy valiosas, por las que merece la pena luchar; si no toleramos que se aburran, se frustren y lloren; si cuando expresan malestar siempre acudimos a aliviarlos, a hacernos cargo, a satisfacer, entretener o acallar, nuestros hijos serán esclavos de una búsqueda insaciable de emociones positivas y pasarán sus días huyendo de las que les hacen sentir mal.

Y en esa huida cobarde, responsabilizarán a otros de su propio malestar. Porque al hacernos cargo de que siempre sientan bienestar, estaremos construyendo una idea imposible de matizar más tarde. Y es la creencia de que los demás son objetos que nos rodean para satisfacer y aliviar nuestro disconfort. La vida de nuestros hijos no tendrá otro sentido, más allá de la búsqueda de un alivio inmediato y rápido de cualquier tipo de malestar.

Todos los padres tenemos miedo a errar. Es difícil asumir nuestra responsabilidad y más si nuestras circunstancias no son buenas o nos sentimos en soledad. Pero preguntar a los hijos para que decidan qué y cómo se hace en nuestro hogar los daña, al obligarlos a asumir una responsabilidad para la que no están preparados y que no les corresponde. No creamos que preguntarles es siempre algo positivo. Para ellos puede ser agotador, puede robarles la seguridad que necesitan de saberse grumetes en un barco que pilota un capitán o pueden crecer creyendo que siempre van a opinar en un mundo donde es necesario que aprendan cuál es su sitio. Ni menos, ni más.

Antes se enseñaba con el ejemplo, sin apenas palabras. Ahora se dialoga y se explica mucho, pero somos enormemente contradictorios e incongruentes entre lo que verbalmente decimos y lo que expresamos con nuestros actos. Muchos padres reprochan a sus hijos no saber medir el tiempo y el contenido de lo que consumen en las pantallas, sin ser conscientes de que cuando sus hijos les contestan, ellos mismos no los escuchan porque están mirando la pantalla de su móvil.

Las palabras son importantes, pero dañan si no se acompañan de actos que les aportan su verdadero sentido. La coherencia infunde seguridad y el respeto necesario. Educar con palabras vacías de contenido cumple con unas formas socialmente visibles y valoradas, pero nos hace desatender lo que nuestros hijos necesitan realmente de nosotros.

Otra inmensa consecuencia de una crianza sobreprotectora es que los niños no desarrollarán la mentalización y la empatía, esa capacidad humana que nos permite ponernos en el lugar de los demás. Al anteponer siempre sus necesidades y deseos a los nuestros, no aprenderán a manejar la frustración que conlleva no ser una prioridad para el resto de las personas. Si en casa no les enseñamos que sus deseos tienen un límite, a distinguir deseos de necesidades, a comprender que algunos serán atendidos y otros solo escuchados, a que muchas veces tendrán que posponerlos y otras tantos renunciar a ellos, serán incapaces de aceptar las normas con las que se rige este mundo y que hacen posible la convivencia con los demás. No podrán ver a los demás como personas y aprender a respetarlas. Las concebirán como objetos que satisfacen sus necesidades. No aceptarán las jerarquías y el respeto que debe haber en la casa y fuera de ella, ya sea en el colegio, en el trabajo o en cualquier ámbito de la vida social.

Si nuestros hijos se piensan los reyes de la familia, exigiendo desde la tiranía y satisfaciendo cualquier deseo o necesidad, jamás querrán salir de casa. Evitarán a los amigos, poniendo excusas de que no son tratados ni valorados como ellos merecen. Dejarán de estudiar y de asistir a clase. Creerán que el mundo no tiene nada que ofrecerles, solo frustración y la inasumible idea de que son uno más.

La sobreprotección no tiene su origen en las necesidades de los niños. Como cualquier tipo de negligencia —y la sobreprotección lo es—, parte de las necesidades encubiertas de padres y madres, que entienden al hijo como un objeto con el que saciar o curar sus necesidades y heridas. Por eso no ponen límites que los contengan y ordenen su mundo. Los padres meten a su hijo no solo en medio de su cama, sino en la relación de pareja, haciéndole espectador de una intimidad que daña a los menores inmensamente. Los padres no respetan los roles que cada uno debe desempeñar en la casa y abusan de la confianza de su hijo, al que hacen partícipe de los pormenores de su vida como confidente, testigo y, sobre todo, aliado. Le fuerzan a tomar partido, a situarse del lado de unos de ellos sin respetar que un hijo necesita y ama a ambos progenitores. Con la excusa de compartir el tiempo, pero sin renunciar a nada, padres y madres les permiten ver películas de contenido adulto, sembradas de agresividad y sexualidad explícitas que dañan a los menores y que estos acaban normalizando.

La sobreprotección arrebata a nuestros hijos el derecho de salir al mundo y tener su propia vida. Los condena a vivir para siempre atrapados en su relación con nosotros, por no haberlos ayudado a desarrollar las capacidades imprescindibles para adaptarse a la vida que los espera fuera. Por eso es una negligencia. Porque atenta contra las libertades y los derechos de nuestros hijos, aunque lo disfracemos de amor incondicional.

Este es el estilo de negligencia que impera hoy en día y que detectamos cuando ya es tarde. Cuando atendemos ya a un adolescente que no encuentra motivos para vivir o que vive ejerciendo la violencia y el despotismo con los demás. Es el estilo de crianza que está detrás de muchos menores que abusan de otros, de los acosadores, de los adolescentes con rabietas, adicción a las pantallas o absentismo escolar.

Y lo más desolador de estos casos es que ni los padres entienden cuál es el problema, ni el menor puede recibir fácilmente un tratamiento que comienza con el reconocimiento de la propia responsabilidad y el respeto a los demás. Algo que nadie les ha enseñado, que no entra en sus esquemas y que es el motivo de sus problemas. Problemas y dinámicas que, lamentablemente como decíamos, en estos casos son difíciles de cambiar.

Tercera parte

Aprender a educar sin invadir

Capítulo 6

La infancia precoz. La importancia de los comienzos

Antes de ser espuma, seremos olas indomables.
CESARE PAVESE

Una de las cosas más afortunadas que te pueden suceder en la vida es tener una infancia feliz.
AGATHA CHRISTIE

Hoy en día sabemos que la infancia más precoz, la que comprende desde el nacimiento hasta los cinco años de edad, es el período más crítico e importante en la construcción de quiénes somos. Es cuando se establecen los cimientos del tipo de persona que vamos a ser, los moldes que condicionarán el tipo de relaciones que establezcamos, el lugar que creemos ocupar en este mundo, la idea que tendremos de nosotros mismos y de los demás, la seguridad o inseguridad que dominará nuestros días y el desarrollo de aquello que llamamos capacidades humanas, es decir, de todas esas cualidades que nos definen como personas y que nos permiten convivir, aprender, respetar, inventar y vivir sobreviviendo nuestros días. Hay infinidad de libros y artículos sobre este período de la vida que las madres y los padres devoran buscando información y pautas para criar de la mejor manera a sus hijos. Consejos sobre cómo manejar su sueño y su alimentación, sus rabietas, sus pises y cacas, el chupete, el pecho o el biberón... Libros que muchas veces dan consejos contradictorios y que aumentan la inseguridad de unos padres que en la actualidad viven la crianza más exigidos que nunca, más desbordados que nunca y más solos que nunca. Y que por tanto necesitan respuestas, contención y seguridad más que nunca.

Sin embargo, se hace imprescindible que esos consejos que buscamos no se queden en lo superficial. En las acciones. En lo externo. Que no nos digan lo que tenemos que hacer con nuestros hijos, sin comprender ni a nuestro hijos en el inicio de su vida ni a nosotros. Sin entender la trascendencia que tiene lo que estamos haciendo. Es cierto que lo importante que damos a nuestros hijos se hace a través de los cuidados físicos, a través de las caricias, de las miradas, de cómo alimentamos, acunamos, miramos, consolamos, sostenemos. Pero la trascendencia y el significado de estos cuidados van mucho más allá, llegando a ser determinantes en la construcción de su aparato psíquico, de las personas que van a ser, de todas las capacidades mentales y emocionales que van desarrollar y de aquellas que se quedarán atrofiadas por el camino en una relación humana de cuidados que llamamos crianza.

Mi intención a lo largo de los próximos capítulos es aportar conocimientos cercanos y comprensibles para que las madres y los padres sepan y comprendan lo que necesita psicológica y emocionalmente su hijo en cada etapa, qué significan las cosas que hace o expresa y la trascendencia de las decisiones que como padres y madres tomamos. Conocimientos que aporten la seguridad y la libertad que necesitamos para criar a nuestros hijos, no siguiendo un manual ajeno que nos garantiza un supuesto éxito de no sabemos exactamente qué, sino de acuerdo a quiénes somos nosotros y quiénes son ellos.

En las siguientes páginas recorreremos las distintas etapas por las que van a pasar nuestros hijos, en las que van a necesitar aprender de nosotros algo importante. Si no lo aprenden a la edad que les corresponde, afrontarán la siguiente etapa de su crecimiento con aprendizajes importantes pendientes de incorporar que muchas veces ya no podrán integrar nunca.

Recordemos en este punto que el cerebro tiene tres cualidades específicas en cuanto a su modo de desarrollo. La primera es que se desarrolla de manera jerárquica, de abajo hacia arriba, es decir, de estructuras más primitivas e inferiores anatómica y funcionalmente hablando hasta la corteza cerebral, la zona más compleja de nuestro aparato psíquico, el puesto de mando, donde se encuentran nuestras capacidades humanas. La segunda es que esta organización jerárquica altamente funcional es secuencial, es decir, el desarrollo de las zonas inferiores da lugar al inicio del desarrollo de las zonas intermedias y estas, una vez desarrolladas, posibilitan el desarrollo de las zonas más superiores, de manera que no podemos saltarnos un paso. Si no desarrollamos una capacidad mental, no podemos desarrollar la siguiente. Según nuestro cerebro se va desarrollando, las áreas más superiores y complejas límbicas, subcorticales y corticales, modularán y controlarán las áreas más primitivas y reactivas del cerebro. La tercera y última cualidad de esta inmutable cadena de desarrollo es que tiene unos períodos críticos en los que se requieren de unas experiencias específicas para que cada área cerebral se pueda desarrollar. De estar ausentes o ser activados de una manera inadecuada, la disfunción cerebral de esa área y de las superiores de las que depende por la jerarquía cerebral, será inevitable.

Por ello, en la infancia más precoz es tan determinante lo que hacemos y dejamos de hacer en la relación con nuestros hijos. Nuestros actos, cuidados y actitudes son determinantes en su desarrollo, sin que podamos posponer, aplazar o minimizar el impacto que tiene cada momento en el desarrollo de su aparato psíquico.

Muchos padres y madres piensan que las dificultades que expresan los hijos se pasan solas, por el simple hecho de crecer, por tener más edad. Esto, además de no ser cierto, pone a nuestros hijos en una situación de desventaja, porque esperamos de ellos un cambio o un aprendizaje que solos, sin nuestra ayuda, no van a poder incorporar. He conocido adolescentes sin problemas físicos que se seguían haciéndose pipí por las noches y se sentían enormemente avergonzados por ello, sin atreverse a participar en planes con sus amigos, o niños de nueve años que seguían tomando biberón a medianoche para poder dormir o calmarse. O adolescentes de diecisiete años violentos, sin ningún manejo de la rabia o capacidad para afrontar la frustración.

No podemos alargar en el tiempo las necesidades infantiles de nuestros hijos ni potenciarlas. No podemos esperar que crezcan solos. No podemos dejar de comprender la importancia y trascendencia de cómo respondemos a sus demandas ni que hay un reloj que marca ventanas angostas y períodos críticos en los que pueden con nuestra ayuda desarrollarse o, por el contrario, dejar de hacerlo, muchas veces, de manera definitiva. Nuestros hijos precisan que les demos lo que necesitan, pero también que vayamos retirando todo aquello que los impide avanzar.

Los dos primeros años de vida

Desde que nuestros hijos nacen hasta que cumplen los dos años de vida, van a hacer una increíble evolución, posible gracias a su inmaduro sistema nervioso central y nuestra ayuda. No solo aprenderán a mirar, coger cosas con las manos, regular su sueño, sentarse y caminar. Aprenderán a vincularse, a comprender que son un ser diferente de la persona que los cuida, a reconocer a los extraños, a jugar, a calmarse y a separarse de nosotros. A sonreír y a besar.

La dificultad para acompañar a nuestros hijos en la primera infancia, no solo proviene del cansancio, el poco tiempo que tenemos y el importante cambio que se produce en nuestras vidas, sino porque al principio no conocemos a nuestros hijos, todavía no tenemos una relación con ellos, la tenemos que ir creando y los comienzos son más difíciles e inquietantes porque su capacidad para respondernos o interactuar con nosotros es menor. Las madres creemos que por haber cobijado en nuestro vientre a nuestros hijos, estos vienen «de serie» con una reacción emocional hacia nosotras impresa en una mirada que devuelve amor. Sin embargo, la primera mirada que encontramos en nuestros hijos es inquietante, vacía e incluso deshumanizada, lo que nos confunde a veces y otras nos llena de un profundo y silencioso temor. Descubrir lo que se esconde detrás de sus pequeños gestos y comprender el sentido de las cosas que hacemos en respuesta nos ayuda a mantenernos en esos momentos iniciales de tanta incertidumbre. Y cuando encontramos un sentido, aunque las cosas sean difíciles, se aguantan, se sostienen y se disfrutan mucho mejor. Reconocer y comprender cuáles son las necesidades más importantes de nuestros hijos en sus primeros meses de vida nos ayudará a comprender lo que realmente necesitan de nosotros, para que no nos perdamos en exigencias eternas ni detalles banales que nos agotan, nos hacen sentirnos inseguros, nos distancian de nuestro principal y verdadero objetivo y pueden incluso distanciarnos emocionalmente de ellos.

La función de amortiguar y sostener (*holding*)

Comencemos por el principio, poniéndonos por un momento en el lugar de nuestros bebés. Imaginemos que un día —que a partir de entonces celebraremos cada año con una deliciosa tarta y velas de colores— pasamos de un ambiente húmedo y de temperatura constante, donde la luz y el sonido que llegan son suaves y nos sentimos siempre cobijados y contenidos por las entrañas de nuestra madre, a un mundo frío y seco en el que la luz nos ciega, los sonidos nos aturden y sentimos por primera vez el vacío y la gravedad. Comenzamos a sentir entonces unas primeras necesidades que nuestras madres y nuestros padres precisan poder comprender para cubrir.

La primera es la de es hacer de amortiguadores. Esta es una función crucial en la que, a través de los cuidados físicos, comprendemos y ayudamos a mantener el estado de equilibrio dinámico del bebé (Peter Fonagy). Nuestros hijos van a necesitar siempre que los pensemos, para que el paso del vientre de su madre al mundo exterior lo puedan hacer de manera progresiva a fin de poderlo tolerar. Los bebés perciben la misma infinitud de estímulos que nosotros, con la importante diferencia de que nosotros podemos gestionarlos y ellos no. Si perciben sonidos fuertes, no pueden taparse los oídos; si les duele un bracito, no pueden cambiarse de postura; si tienen hambre, no pueden buscar solos alimento; si tienen frío, no se pueden abrigar. Tampoco saben decirnos «déjame en la cuna y no me muevas tanto», «no necesito la televisión para ser más listo», «no siempre que lloro tengo hambre», «no siempre que me callo necesito tranquilidad», es decir, entre el mundo y nuestros hijos debemos colocarnos nosotros, ser ese muro que filtra y atenúa la información y los estímulos que les llegan para que sean los necesarios para promover su desarrollo pero que les lleguen de un modo que les resulte tolerable. No hay una cantidad de estímulos «fija» para saber si son muchos y excesivos o escasos: eso va a depender de cada bebé. Pero un dato que puede guiarnos es observar que nuestro bebé está en general tranquilo, que come y duerme más menos bien y va estando cada vez más despierto y conectado con nosotros y con el entorno.

En cada etapa del desarrollo, una parte del cuerpo cobra una importancia especial. En los bebés de hasta año y medio, aproximadamente, la boca es el lugar del cuerpo por donde se comunican principalmente, conectan con el mundo, expresan lo que sienten y por donde se suelen calmar.

Por la boca lloran, gritan y ríen. Por la boca comen y regurgitan. Por la boca se consuelan succionando su puñito, el pezón de su madre o un chupete.

Recuerda que cuando un bebé llora, lo hace porque es su único medio de comunicarse. Y cuando un bebé se calma succionando, no siempre significa que tenga hambre.

A veces, los bebés lloran y lloran mucho. Comprobamos que no es por hambre, ni por sueño, ni necesitan un cambio de pañal, ni tienen frío ni están malitos. Y es porque los bebés muy pequeños solo saben llorar. Lo hacen para todo, para pedir alimento, eliminar el exceso de excitación que acumulan durante el día, porque tienen frío o, lo más importante, porque demandan amor. Michael Balint (1896-1970) sostuvo que la necesidad de amor del ser humano es tal vez la más primaria y determinante. Lo que buscan los bebés es, fundamentalmente, ser amados total e incondicionalmente. Cuando una madre no da a su hijo ni los cuidados básicos ni el amor suficiente, el niño queda abocado a buscar —cuando no a mendigar— ese amor el resto de su vida, soportando la herida imborrable que implica no haber sido querido lo suficiente por su mamá o su papá.

Nuestros hijos necesitan que estemos a su lado, pero no de cualquier manera. Nos necesitan tranquilos, conteniendo, comprendiendo, presentes y sosteniendo (Holding Winnicott). Es difícil permanecer calmados ante el llanto insistente de un bebé. Pero si entendemos que una de nuestras funciones es regular los estímulos, durante el día estaremos atentos a si nuestro hijo está demasiado estimulado y, por tanto, incómodo y nervioso, o demasiado desconectado y le tenemos que atender más. Y cuando llore o esté incómodo, valoraremos todas las opciones posibles, incluido un exceso de estimulación y su necesidad de liberar esa energía. Los primeros meses nos necesitan todo el tiempo, pero a medida que crezcan irán interiorizado nuestros cuidados y aprenderán a calmarse solos. Desarrollarán la capacidad para moverse y expresarse y podrán comenzar a protegerse ellos mismos de los estímulos que no les gustan, pedir lo que necesitan y empezar, aunque de una manera rudimentaria, a gestionarlos.

Por eso, invertir en los primeros meses, aunque es duro, merece la pena. Estaremos construyendo una relación y unos cuidados que serán claves para su desarrollo posterior y ello nos ayudará a que el resto de las etapas sean más sencillas y menos exigentes.

La observación

Una actitud que necesitamos desarrollar es la de observar a nuestros hijos. La prisa, los miedos y la vida tan ocupada y exigente que llevamos nos impiden pararnos a escuchar el viento, mirar una puesta de sol, sentir el agua acariciar nuestro cuerpo o apreciar la sonrisa que nos devuelve una persona ajena que nos mira con compasión. Ese tiempo que nos falta, esas prisas que nos agitan y esa exigencia que nos limita nos impiden parar y estar presentes. Nos impiden observar a nuestros hijos con atención. Ver, oír y sentir las señales que emiten. Los gestos que hacen. Sus muecas. Los cambios en su llanto o en su actitud general. Observarlos nos permite ir conociéndolos y responder de manera más adecuada a sus distintas necesidades en función de quiénes son ellos y no de los patrones interiorizados e impuestos que todos tenemos y que nos impiden ver su realidad. Que nuestros hijos sepan que quienes los cuidamos los miramos con respeto, disponibilidad y deseo de conocerlos es el germen de un vínculo seguro. De una bonita y sincera relación. De una autoestima sólida. De una vida espontánea y llena de la seguridad que nos permite tantas cosas. Entre ellas vivir espontáneamente y con alegría. Si en vez de actuar con el piloto automático y seguir patrones ajenos sin cuestionarlos, nos atrevemos a darnos un tiempo para observar lo que nuestros bebés hacen, expresan o sienten, reconociendo que son personas distintas a nosotros que necesitamos conocer, es decir, si nos preguntamos quiénes son nuestros bebes, podremos desarrollar unos cuidados y un acompañamiento acordes y alineados con quienes son ellos, con quienes somos nosotros y con las necesidades reales que hemos de atender. Lograremos ir creando el vínculo que les hace falta desde una actitud respetuosa, que implica una balanza que equilibrar, sin invadirlos al suponerlos y sin llenarlos de atenciones que no necesitan y que perjudican su desarrollo.

Recuerdo a una madre muy joven que acudía con su hijo a consulta por recomendación del endocrino, porque el niño tenía sobrepeso. Lo cierto es que era un niño pequeño de cuatro años, que tenía el aspecto de un bebé regordete y simpático, pero que apenas podía caminar. Hablando con la madre, esta me decía que su hijo seguía tomando un biberón de leche con cereales antes de acostarse y a mitad de la noche. Darle de comer a través de un biberón era la única manera que la madre había encontrado para calmar el llanto de su niño y la única explicación que encontraba cuando su bebé se ponía a llorar. No había podido parase a observar si su hijo lloraba por otros motivos, generando un problema que el médico endocrino le había tenido que señalar.

Nuestra sociedad no nos inculca la creencia de que los bebés expresan infinidad de necesidades y estados emocionales. Que, aunque tiene un aparato psíquico inmaduro, son capaces de sentir y pensar. Este es un legado evidente de la historia que nos precede en la que los menores nunca han contado, nunca han sido escuchados, comprendidos o respetados como lo que son. Siendo estudiante de Medicina, en mi rotación por la unidad de Pediatría, entró en la consulta un niño de año y medio, rubio y de piel clara, que balbuceaba alguna palabra y no soltaba la mano de su mamá. Le acababan de diagnosticar diabetes y había que determinar la dosis de insulina que administrar. Le sentaron en la camilla y le pincharon en el bracito. Recuerdo hoy con claridad su reacción porque determinó el rumbo de mi profesión como médico. El niño me miró entonces a los ojos. No lloró. No habló. Solo me miró a los ojos. Y con su mirada me contó muchas cosas. En sus ojos encontré un mundo lleno de pensamientos y emociones que no sabía que fuera posible, que nadie me había contado que existiera. Ni en las clases de la facultad, ni en los libros de medicina.

Nunca había visto tanta sinceridad ni verdad en una mirada. Nunca antes me había parado a mirar a los ojos a un niño pequeño. Porque nunca pensé que algo pudiera encontrar. Me conmovió muchísimo aquel instante, que siempre guardaré entre mis recuerdos y que marcó mi trayectoria profesional. Decidí en aquel momento que dedicaría mi vocación como médico a comprender, proteger y ayudar al ser humano durante su infancia y su adolescencia. Y puedo decir que ha merecido inmensamente la pena.

La verdad está en los niños, solo tenemos que aprender a mirarlos de verdad.

Reciprocidad

Necesitamos sentir que existimos para las personas con las que nos vinculamos. Cuando estamos con alguien que nos importa y producimos un efecto en él (una sonrisa, una lágrima, un abrazo, una palabra, un «lo siento» o un «tengo ganas»), sabemos que esa persona está conectada con nosotros, implicada. Que nos ve y reconoce. Que le importa lo que somos y lo que nos pasa. Que se involucra en nuestro bienestar.

Por la tradición que nos antecede, nos cuesta comprender que nuestros hijos —al igual que nosotros— precisan de esa reciprocidad que nos confirma que alguien a quien queremos y necesitamos nos atiende. La diferencia entre ellos y nosotros es que nuestros hijos no pueden crearla. Necesitan que la generemos nosotros, observando ese diálogo de sonidos, miradas y gestos que es exclusivo y se crea desde la nada. Un beso en la naricita respingona y esperar una reacción. Una leve sonrisa torcida que asoma en el moflete de nuestro bebé y una exclamación por nuestra parte de alegría, que es señal de que recibimos su reacción. Otro beso en su suave frentecita y volver a esperar. El juego del cucú-tras y otras tantas pequeñas interacciones son ejemplos de la comunicación recíproca que vamos creando con nuestros hijos. Solemos pensar que estas pequeñas cosas son solo un juego, pero para ellos es algo vital. Porque si sentimos que no existimos para el otro, creemos que no existimos en realidad. Y, si creemos que existimos, pero muy poco, nos construiremos creyendo que tenemos muy poco valor en realidad.

Construimos nuestra valoración y nuestra sensación de seguridad personal en función del valor que nos hacen sentir las personas de las que dependemos. No somos tan independientes ni autónomos como nos venden. De hecho, no lo seremos jamás. Tenemos necesidades afectivas y de apego que persistirán toda nuestra vida. Y, para nuestros hijos, existir para nosotros es una prioridad. Por eso, si no obtienen una reacción de nosotros, unos cuidados y una atención suficiente, comenzarán a demandarlos.

Primero, levemente y si no hay una respuesta por nuestra parte, sus conductas de llamada de atención aumentarán. Expresarán sus necesidades físicas y de apego con más fuerza. Se juegan su existencia. Es tal la necesidad que tenemos de reconocimiento y amor que preferimos ser malos o molestos para la persona de la que dependemos que no ser nada. Esto explica lo que muchas veces hay detrás de algunos comportamientos de niños y adolescentes. Una necesidad de ser vistos y atendidos. Una demanda de cariño, disponibilidad y amor. Por eso, la antigua creencia de que si se atiende «en exceso» a un niño se lo está mimando demasiado proviene del miedo adulto y no de la realidad infantil. Es cierto que nos movemos siempre en una balanza que debe de estar en equilibrio. Hemos de anticiparnos a las necesidades de nuestros hijos para crear en ellos solidez y seguridad, pero sin invadir su espacio con atenciones que no necesitan y que nacen de nuestra poca capacidad para observarlos y respetar.

Si a pesar de buscar nuestros cuidados, amor y reconocimiento, no los encuentran, llegará un momento en que renuncien, abandonen y se rindan. Que un bebé deje de llorar cuando necesita nuestra presencia y no la consigue no significa que se haya adaptado y que ya no nos necesite más. Lo que realmente le sucede es que se ha agotado de llorar. Que ha perdido la esperanza de que respondamos. Que está empezando a creer que nos hemos ido para siempre. Que sus necesidades no las escucha nadie, que no tienen valor. Si esta situación se mantiene en el tiempo, nuestros hijos se construirán creyendo que sobran, que molestan, que sus cosas no son importantes o que están de más. El silencio y la falta de esperanza se instaurarán en sus vidas. Sus necesidades seguirán existiendo, pero ya no las escucharán ni las validarán, porque se considerarán insuficientes y no merecedores de atención y cuidados y acabarán olvidando lo que necesitan de verdad.

Mucho más que alimentar el cuerpo

Qué importante es para nosotras que nuestros bebés coman bien. Cuánto nos preocupamos si comen poco, regurgitan mucho o rechazan el pecho, el biberón o los purés. Sabemos que su salud está en juego. Pero también sentimos que nos jugamos nuestra valoración como madres. La propia y la de los demás. Parece que una buena madre es la que sabe alimentar a su hijo. Así lo entendemos nosotras y así pensamos que nos va a juzgar una sociedad siempre hambrienta de críticas, escasa en tolerancia y poco respetuosa hacia la vida y las circunstancias de los demás.

Las madres somos mucho más que una fábrica de leche. La necesidad que tienen nuestros hijos de nuestro alimento realmente va mucho más allá. Sabemos de la infinidad de beneficios de la leche materna. Nadie los discute hoy, ni aquí los vamos a cuestionar. Pero reflexionemos sobre el acto de alimentar a nuestros hijos. De alimentar su cuerpo y, lo que es más importante, su aparato psíquico, su corazón y su identidad. La relación con nuestros hijos se construye sobre unos pilares que son los cuidados físicos. Necesitamos saber que, según cómo atendamos sus necesidades físicas, estaremos o no atendiendo muchas cosas más.

Alimentar a nuestros hijos tiene no solo una importancia física, sino también mental y emocional. Conozco a muchas madres que sufren inmensamente y en soledad la culpa y la vergüenza de no poder o no querer dar de mamar a sus hijos.

La madre lactando feliz y plena es un ideal que construye la identidad de una mujer realizada, entregada y que ama a sus hijos «de verdad». Por eso, sentir rechazo a dar el pecho, que nos resulte desagradable, incómodo, doloroso o que no podamos por cualquier circunstancia, nos puede hacer sentir malas madres, insuficientes, egoístas o que queremos poco a nuestros hijos. Así de crueles son los mandatos machistas que esta sociedad nos impone, sin que apenas nos demos cuenta y los podamos cuestionar.

Hace décadas, en las sociedades occidentales —y aún en la actualidad en algunos lugares de nuestro planeta—, la lactancia materna constituía la única manera de que un bebé sobreviviera. Pero en el llamado primer mundo, si una madre no puede o no quiere dar el pecho y su bebé no padece ninguna enfermedad, gracias a la leche de fórmula y al calendario vacunal, el cuidado físico del pequeño queda cubierto con la suficiente seguridad.

Dar de mamar no solo es dar de comer. Es un momento para la conexión y la intimidad. Para abrazar y mirar a nuestro hijo, para escucharle respirar. Para llenarle de caricias y colmar la motivación básica de búsqueda de amor de los seres humanos, tal como advirtió Eric Berne (1910-1970). Para que el bebé vuelva a sentir nuestro corazón cerca y nuestro olor familiar, nuestra atención plena y nuestra mirada lo suficientemente cerca para podernos observar. La postura que adopta la madre al dar el pecho, la proximidad con su hijo y el hecho de que solo la madre lo pueda amamantar garantizan esos momentos necesarios que son el alimento psíquico y emocional imprescindible para el bebé. Si no podemos o no queremos hacerlo con nuestro pecho, podemos garantizar esos cuidados con un biberón templadito, que podemos dar en la misma postura y de la misma manera. Simplemente dar el pecho no garantiza estos momentos. Hay madres que lo hacen siempre mirando el móvil o ausentes en sus pensamientos, sin buscar la mirada de su hijo, sin sentirlo cerca, reconocerlo y disfrutarlo. Hay madres que viven la lactancia como una obligación o una exigencia, que se acompaña —además— de dolor físico o agotamiento emocional. Hay madres que física y emocionalmente se encuentran en un momento vulnerable y necesitan compartir los cuidados. Ellas no dan para más. Hay madres que sienten el pecho como lo que la sociedad les ha enseñado, una parte de su cuerpo infinitamente erotizada y no pueden separarlo de esa idea y sentirlo como una fuente de alimento, sufriendo de una inquietante ambivalencia por la excitación que su pezón despierta al amamantar. Hay personas que cumplen la función materna y no tienen pechos o los tienen pero sin leche. Hay mujeres que necesitan tomar un tratamiento farmacológico que no pueden abandonar. Hay mujeres que necesitan salir a ganarse el pan cada día en vidas difíciles y complicadas y tienen que dejar a sus bebés al cuidado de otros y por las noches poder un mínimo descansar.

Hay mujeres que tienen más hijos y están muy solas y se saben necesarias para cada uno de sus hijos. Hay mujeres con complejos, que no quieren mostrar su pecho a una familia política que le es ajena cuando dan de mamar. Hay mujeres que sienten la lactancia como algo engorroso, que las ata a su hijo y que atenta contra su incipiente libertad.

La pregunta importante, entonces, es quién eres tú como mujer, madre y persona. Cuáles son tus circunstancias y qué necesita tu hijo de ti en realidad. Qué es insustituible y determinante. Cuáles son las verdaderas prioridades que atender y cuidar. Es muchísimo más importante para nuestros bebés que estemos sanas mental y emocionalmente, que podamos ser nosotras, auténticas, conectadas, que darles de mamar. Que disfrutemos con frecuencia cuando estamos con ellos, que el dolor o las emociones que sus cuidados nos producen sean tolerables y los podamos gestionar. Que no atravesemos esa delgada línea, de difícil retorno, entre estar pendientes y asumir nuestra responsabilidad y no escucharnos, validarnos ni respetar quiénes somos en cada una de las circunstancias en las que tenemos que criar. Que no cuidemos a nuestros hijos desde el sometimiento a ideales y exigencias ajenas, porque así nos alejaremos de nosotras mismas y de nuestros hijos. Y entonces, llegaremos a enfermar.

Dar sentido y construir su realidad

Sabemos que las palabras tienen un poder enorme. Alivian, calman, comunican, dan sentido y forma. Son legado, veneno, curación y poder. Pero olvidamos que las palabras construyen no solo realidades, sino también personas. Eso es lo que hacemos cuando hablamos a nuestros hijos, cuando les contamos lo que hacemos, lo que sucede o lo que va a suceder. Cuando nombramos sus necesidades, sus capacidades, sus logros y sus faltas.

Cuando interpretamos sus intenciones, nuestros hijos no solo nos escuchan. Para ellos, nuestras palabras son una verdad que no va ser cuestionada y que va a construir su realidad. Precisan que mantengamos con ellos un diálogo sereno, respetuoso, constante y coherente, que contiene y llena de sentido su vida y su identidad. Los diálogos que se inician con las pequeñas cosas cotidianas («mi niño precioso, mami te va a coger en brazos y te va a dar un rico baño de agua calentita…»; «está llorando mi niña, vamos a ver por qué… Tienes el pañal limpio, has comido hace poco y estás calentita, tal vez hayamos tenido un día muy ajetreado y estés liberando la energía que has acumulado, mami se queda a tu lado acompañándote…») se van interiorizando y son el material con el que construyen la idea de quiénes son y los porqués de sus vidas. Construyen su identidad, aportan un lugar en el mundo, reconocen sus necesidades y sus diferencias, validan sus emociones y explican sus intenciones. El diálogo es la base de la confianza, el hilo que teje y aporta sentido, la presencia que llena y el abono que alimenta a un incipiente ser.

Hay madres y padres que no pueden comunicarse. Su pensamiento está lleno de preocupaciones o de sueños lejanos o se sienten agotados y no dan para más. A veces no saben comunicarse o los puede el miedo que les da estar a solas con sus hijos. El silencio reina entonces en la relación, manteniendo el vacío interno con el que nuestros hijos nacen y con el que se desarrollarán. Otros padres y otras madres hablan a destiempo, emiten un mensaje incoherente, abruman con el tono o invaden con el contenido, creando un monólogo —nunca un diálogo— que confunde a sus hijos y que es difícil de tolerar. Otras madres y otros padres emiten mensajes negativos, desde el reproche, o interpretando la realidad de su hijo desde su propia experiencia negativa o desde sus necesidades no satisfechas: «Eres un bebé malo, no paras de llorar…», «No me merezco a un hijo que escupe el puré que le preparo…», «Qué pesado eres, siempre quieres estar en brazos y no me dejas descansar»… Volvemos de nuevo al difícil equilibrio entre una atención excesiva, incoherente o venenosa y el silencio que es soledad. Necesitamos reconocer que todos los mensajes que emitimos van construyendo la idea que tienen nuestros hijos de sí mismos y del mundo en el que viven. Aunque fallemos muchas veces, lo importante es intentar mantener esta balanza en equilibrio.

A nosotros nos suceden también muchas cosas, no somos libres ni perfectos. No es además posible ni real. Pero lo importante es lo que solemos hacer siempre, la mayor parte del tiempo. Podemos ser conscientes y reconocer lo que nos sucede y lo que estamos haciendo. Corregir la balanza cuando se descompense y saber que lo importante es lo que hacemos en general.

Colmar el narcisismo y ayudar en la diferenciación

Durante los primeros meses de vida, otra función muy importante es atender a las necesidades narcisistas de nuestros hijos. Comentábamos antes que un bebé, cuando nace, proviene de un entorno, el útero materno, en el que todas sus necesidades son satisfechas sin ni siquiera llegar a sentirlas. Hablamos de la importancia de ayudarlo a hacer esa transición a una existencia donde nota por primera vez unas necesidades que deben ser en un principio completamente cubiertas, para poder ir adaptándose a un nuevo mundo de una manera progresiva que resulte tolerable. Pues bien, en este punto se juega otro concepto del que ya hemos hablado y que es un pilar de lo que somos: el narcisismo. Durante el primer mes de vida, nuestros bebés necesitan saberse lo más importante para nosotros. Que son maravillosos, suficientes, valiosos, deseados... Que no sobran en nuestras vidas. Que no son solo una obligación, sino una ilusión enorme para nosotros.

Tras muchos años de consulta, puedo decir que hay tantos embarazos deseados y buscados como niños que vienen al mundo «por accidente» o incluso por obligación. Embarazos que llegan en malos momentos de la vida, en una crisis de pareja, en situaciones económicas inestables, en relaciones puntuales, en la juventud o en la soledad. Pero mis pacientes y sus familias también me han enseñado que la relación con un hijo es una relación humana que se crea día a día y que, aunque tenga un mal comienzo, como casi todo en cuanto al vínculo y las relaciones se refiere, las cosas se pueden enderezar y tener un maravilloso final.

Como decíamos, en el primer mes de vida nuestro hijo necesita sentir en la mayor medida posible la idea de que es el centro de un universo en el que solo existe él. Como cuando estaba intraútero. No reconoce a ningún otro ser. En este primer mes, la madre y el hijo viven fusionados: la madre presta todo su tiempo y su psique a pensar y anticipar las necesidades del bebé. La separación entre ellos es mínima a nivel emocional, psíquico y físico.

Esta disponibilidad plena la facilita la cuarentena por la que pasa la madre, las heridas y molestias físicas que tiene que atravesar y el que el bebé demande y precise comida cada pocas horas.

Pero a partir del primer mes, las cosas comienzan a cambiar sutilmente. La madre se siente mejor físicamente, sus heridas ya están cicatrizando y comienza a necesitar algunas de las rutinas que antes de ser madre llenaban su vida. Desea poder ducharse, hablar con alguna amiga, estar un rato con su pareja —si la tiene— o salir un rato a caminar y comienza despacio a separarse psíquica, emocional y físicamente de su bebé, al menos un rato, unos minutos, para después regresar. Comenzar a tener más cosas en la cabeza hace que, a veces, la madre (la persona que ejerce la función materna) se retrase unos minutos en satisfacer las necesidades de su hijo y el bebé sentirá la falta, sentirá que tiene necesidades por primera vez. La madre tarda unos segundos en alimentar a su bebé y este sentirá un hambre que luego es saciada. El bebé se notará sucio e incómodo en su pañal y luego se sentirá limpio y a gusto. Esta es una de las lecciones más importantes que aprenderá. Percibirá por primera vez la ausencia. Y sentirá cómo sus necesidades vuelven a ser atendidas, comenzando a comprender que hay un ser distinto a él mismo que lo atiende. Así empezará a construir la idea de que no es único en el mundo. Que hay un otro del que depende y que le cuida.

Nuestro hijo se seguirá creyendo el centro de su universo, porque la persona que realiza la función materna seguirá atendiendo todas las necesidades de su bebé. Pero empezará a comprender que en ese universo hay otra persona. Que él no lo es todo ni un todo. Estas pequeñas e importantes frustraciones que el bebé sufre deben ser tolerables y progresivas, siempre antecedidas por ese período, que suele corresponder al primer mes de vida de fusión con la madre. Porque lo que está en juego es que nuestro hijo aprenda a diferenciarse de nosotros y construya una idea de sí mismo adaptada a la realidad. Un amor propio sólido, pero que reconozca y respete a los otros. Que reconozca y acepte el límite y el lugar que ocupa en el mundo.

Todos nacemos con una idea inicial de ser el centro de un universo en el que solo existimos nosotros. Pero si después de nacer no nos atienden el tiempo necesario, para poder tolerar el cambio de realidad que nacer implica, nuestro narcisismo se verá dañado de muerte, abocándonos a ser seres que no se piensan, que no conectan, que viven en un espacio distinto a una realidad de la que siempre andarán huyendo y de la que permanentemente se protegerán.

Si en un primer momento colmamos el narcisismo de nuestro hijo, pero luego lo frustramos con demasiada intensidad, porque nos separamos y tardamos mucho en regresar, porque le dejamos llorar demasiado de hambre, de frío o de soledad, porque dejamos de mirarlo al alimentarlo, no lo acariciamos, le dejamos mucho tiempo en la cuna o estamos desconectados, evitando sentir los problemas que nos desbordan o ansiando una vida de libertad, nuestro hijo crecerá con un daño en su narcisismo. Un daño que podemos llamar narcisismo negativo, es decir, nos sabemos importantes porque en los primeros meses de vida nos atendieron, pero luego dejaron de hacerlo, por lo que nos creemos responsables de las cosas negativas que suceden, viviendo con mucho sufrimiento nuestros días que se suceden llenos de culpa y responsabilidad, en una explicación que se podría resumir «fui importante, pero al no valer lo suficiente, me dejaron de atender».

Marian es una adolescente que acude a mi consulta por ansiedad. La ansiedad llegó un día sin esperarla, cuando viajaba en metro por la ruidosa ciudad. No podía respirar. Pensaba que se estaba muriendo. Pidió ayuda, y cuando pudo regresar a casa, no contó a nadie lo que le había pasado. No quería molestar y preocupar a sus padres. Creció creyendo que sus cosas no eran importantes y que cuanto menos los molestase, más oportunidades tendría de que la quisieran. Su madre siempre parecía harta y hastiada de todo y, cuando de pequeña se caía y lloraba, siempre la castigaban por molestar. Comenzó a evitar los lugares en los que la ansiedad aparecía, creyendo que podría evitarla y que desaparecería un día sin más. Pero la ansiedad fue creciendo y creciendo hasta que su vida quedó invadida por completo. Solo se sentía segura y a salvo en su cuarto y en su cama, solo allí podía respirar. Tras varias consultas en las que construimos un vínculo terapéutico de confianza, me contó que siempre se sentía responsable de todo lo negativo que acontecía. De lo malo que le sucedía a ella, pero también a los demás. Cuando sale a la calle, cree que la gente la mira. Su cuerpo, su ropa, su manera de hablar o de caminar cree que no son indiferentes a los demás y que todos la observan para criticarla y juzgarla. Si ve a alguna amiga seria, ella cree que es por su culpa y repasa mentalmente lo que podría haber hecho mal. Y a pesar de no encontrar motivos, siempre pide perdón y disculpas. Porque ella sin darse cuenta se piensa importante, pero solo en lo negativo. Se piensa responsable de todo lo que va mal. Y, así, ha terminado ahogada por una culpa inmensa que le impide vivir con la suficiente seguridad y naturalidad. Anticipa qué querrán los otros, qué puede hacer para gustarles, para que cuenten con ella, para que la miren con benevolencia o simplemente quieran con ella estar. Malgasta sus días en soportar una responsabilidad imposible, renunciando a sus propias necesidades, cuidados y pensamientos. Se agota en el esfuerzo infértil de ser lo que cree que los demás esperan de ella, olvidándose de quién es en realidad.

La madre tiene que iniciar despacio el camino de vuelta a sí misma. No solo por su salud mental, sino por la salud mental de su bebé. El estado fusional, en el que la diferenciación entre ella y su hijo no existe, es imprescindible, pero debe durar lo necesario. Ni menos, ni más. En esa etapa de regreso a nosotras mismas, nuestros bebés irán comprendiendo despacito que son muy valiosos para nosotras, pero no lo único, que sus madres tienen más personas a las que aman y un mundo propio que atender. Un mundo en el que nuestros hijos son importantísimos, pero no lo único que existe.

La capacidad del ser humano de ser consciente y diferenciar que existe una realidad externa (el mundo) y otra interna (lo que tenemos en nuestro interior) y la relación que se establece entre ambas, es innata, pero, como tantas otras capacidades humanas, necesitamos a los otros para desarrollarla, es decir, es un logro evolutivo.

En el siguiente capítulo, veremos cómo ayudar a nuestros hijos en la construcción de un narcisismo adaptado, pero avancemos que, hasta los dos años, nuestra función es colmarlo en un inicio, para después frustrar de manera tolerable las necesidades narcisistas de nuestro bebé. Que este pueda comprender que hay una realidad además de él mismo y que las personas que lo aman y cuidan no son objetos, sino personas distintas a él. Si no lo hacemos, si como madres seguimos colmando todas sus necesidades, nuestro hijo será incapaz de pensarnos como personas y se relacionará con nosotros y, por tanto, con el mundo como si las personas fuéramos un objeto de su propiedad.

Por sí mismo nunca logrará comprender y aceptar que su madre es un ser distinto a él mismo y fusionado con nosotras existirá. Su narcisismo primitivo nunca se verá frustrado, la diferenciación no será posible y vivirá por siempre una existencia limitada a la única relación no frustrante que tiene: la que mantiene con nosotras. Muchas películas hablan de esto. La famosa película *Psicosis* de Alfred Hitchcock retrata esta situación con total claridad. Son situaciones muy enfermizas que los profesionales de la salud mental vemos con cierta frecuencia en nuestras consultas. Responden a una crianza sobreprotectora negligente y son la base de graves trastornos psiquiátricos que se pueden evitar.

Separación

Un trabajo imprescindible que nuestros hijos deben hacer para construirse como personas mentalmente sanas es aprender a separarse de quienes los cuidan y los piensan con seguridad. Este proceso de individuación y separación, descrito por Margaret Mahler (1897-1985), no se aprende en un día. De hecho, es un aprendizaje que durará toda nuestra existencia. La vida es una separación y un reencuentro constante. A mis pacientes adolescentes siempre les cuento que esto de vivir se parece a un viaje en tren. Nosotros somos el tren. Siempre estaremos de viaje. Desde el principio hasta el final. Transitaremos por bonitos paisajes de frescos bosques y tranquilos ríos que en algunos momentos se transformarán en oscuros riscos arrasados por un gélido viento cargado de nieve que nos dificultará avanzar. Durante este viaje, que nadie sabe cuánto dura, se subirán personas de todo tipo en nuestros vagones.

Unas se quedarán un ratito corto y luego se marcharán para no volver más. Otras nos acompañaran un largo trecho y con ellas compartiremos muchos y bonitos momentos. Otras llegarán en mitad de la tormenta para ayudarnos a creer que podemos seguir adelante y, cuando lo consigamos, se marcharán. Otras llegarán para que paremos el tren o para intentar cambiar nuestro rumbo. Otras apenas nos daremos cuenta de que llevan subidas desde hace tiempo. Y otras se subirán aportándonos importantes experiencias, se bajarán y, tras un tiempo, regresarán. Separarnos de las personas que nos quieren y son importantes es difícil, pero lograr hacerlo sin sentir que se abre el mundo bajo nuestros pies y que dejamos de existir sin ellas constituye uno de los aprendizajes más importantes de nuestra vida. Tenemos que aprender a separarnos y saber que podemos sostenernos y seguir siendo un tren que, a veces a trompicones y otras alegremente, continúa con su viaje en el que muchas cosas buenas van a suceder como solo las cosas importantes y valiosas se aprenden, experimentándolas de manera segura y positiva...una y otra vez.

Separarnos de las personas a las que amamos de manera segura es uno de los secretos de una vida estable, posible y libre de muchos de los miedos que nos limitan y determinan decisiones equivocadas que nos pueden hacer daño y enfermar. La experiencia más importante y determinante para aprender a separarnos y que va a condicionar la manera en que logramos hacerlo se produce en la infancia, cuando nuestra madre (o la persona que realiza la función materna) se aleja de nosotros. En un primer momento, antes de comprendernos diferentes a nuestra madre, lo que sentimos es que ha desaparecido una parte de nosotros, una parte de nuestro ser. Cuando comenzamos a comprender que nuestra madre no es una parte de nosotros ni es nuestra, comprendemos que lo que nos sucede cuando se aleja es que el amor y la confianza que sentimos cuando ella está presente desaparecen. Sentimos una soledad inmensa que se ve aumentada por la inmadurez mental, que nos impide entre otras conocer el factor tiempo, es decir, que los estados y las situaciones son temporales. Creemos que su ausencia es definitiva. No somos capaces de comprender que volverá.

Los bebés lloran reclamando nuestra presencia. La soledad les duele. Les duele de verdad. Su llanto es una llamada que es importante atender, no la podemos ignorar. Estaríamos negando nuestra importancia o su inmadurez, su dependencia y su necesidad de nuestro cariño o dando el mensaje de que lo que les sucede no es válido o real. De esta primitiva angustia ante la separación a poder separarnos con seguridad hay un aprendizaje psíquico y emocional al que llamamos *permanencia del objeto*, que viene a significar que podemos separarnos de nuestra madre porque la hemos interiorizado, es decir, la llevamos en el corazón. La capacidad de estar solos sin sentirnos solos tiene todo que ver con ello.

Hay muchos niños, adolescentes y personas adultas que por este motivo no toleran la soledad. Lo vemos porque huyen del silencio, se angustian cuando el resto de sus compañeros desaparecen en sus mentes cuando se ponen a estudiar, tienen que hacer siempre muchos planes o estar con gente, se inquietan por la noche cuando el resto se duerme o viven con miedo de separarse temporalmente de alguien, con la impresión de que algo malo sucederá. Entre sentirnos acompañados por la presencia real de nuestro cuidador principal y el vacío más inquietante hay un espacio: el espacio transicional, en el que estamos físicamente solos, pero no sentimos la soledad.

Sabemos de este estado cuando estamos leyendo tranquilamente una tarde de domingo lluvioso, damos un paseo tranquilo por un parque, nos compramos una rica cena, nos damos un baño de espuma, pintamos, escribimos, creamos, decoramos con flores o nos ponemos a cocinar. Estamos solos, pero no sentimos la aplastante soledad. Para interiorizar a las personas de las que dependemos necesitamos primero sentirlas cerca, presentes y, disponibles y predecibles porque su comportamiento constante y coherente nos permite anticipar sus movimientos y sus respuestas y poder confiar. Necesitamos separarnos de ellas muy despacito, progresivamente, de una manera tolerable, que podamos entender y anticipar.

Hablábamos antes del poder de las palabras, de contar a nuestros bebés lo que está sucediendo y lo que va a pasar («mamá se va un momentito al baño. Ves, mi amor, mamá ha regresado ya»), de estar pendientes de sus gestos y lo que nos comunican. De «pensar lo que piensan» para cubrir sus necesidades. De darles herramientas en las que apoyarse, como su peluche preferido, nuestra voz, los juegos, nuestra confianza y nuestra firmeza al separarnos y nuestra alegría al regresar.

El miedo o el rechazo que nuestros hijos muestran ante los extraños tiene que ver con esto. Cuando los tenemos cogidos en brazos y se acerca alguien a su cara, los bebés suelen quedarse serios, analizando el rostro de la persona que tienen delante y, de repente, muchas veces, hacen una mueca y se ponen a llorar. Esto es porque están buscando en la cara de la nueva persona la cara de su mamá o su papá. Para ellos no existen más personas y, al no encontrarlos, se asustan no porque reconozcan a un extraño, sino porque quien tienen delante no es su mamá o su papá. Decirles que no pasa nada e incluso molestarnos porque no sonríen a la visita de turno no sirve de mucho; comprender lo que les sucede sí los ayudará.

El juego es uno de los grandes espacios tradicionales. En los primeros meses, los bebés no juegan. Luego comienzan con juegos aparentemente básicos, que guardan una enorme importancia y trascendencia. El juego del cucú-tras o, un poco más tarde, el que consiste en tirar algo y esperar a ver qué hacemos, sintiendo gozo cuando lo recogemos y se lo volvemos a dar, es decir, cuando hacemos lo que ellos esperan, son ejemplos de juegos iniciales que, además de entretenerlos, los ayudan a forjar una relación positiva con nosotros. Son felices de que las cosas sean como necesitan, los llena de seguridad poder anticipar lo que ocurre y sabernos disponibles y conectados. Los conmueve crear en ese instante algo nuevo con nosotros. Algo conjunto. Algo que se comparte y tiene que ver con la risa, la sorpresa, el deseo y el goce.

En los dos primeros años de la vida de nuestro hijo se juegan cosas muy importantes. Conceptos, funciones, necesidades, actitudes y miradas que están ligados unos con otros. Que, aunque tienen matices distintos y diferentes funciones en la construcción de sus capacidades, de su identidad y su personalidad, están sostenidos por el vínculo que vamos creando con cada pequeño gesto y cada actitud cotidiana.

A medida que nuestros hijos crecen, aparecerán nuevos retos, que analizaremos a lo largo de los próximos capítulos. Pero la crianza siempre va a ser un continuo en el que estos ingredientes (la mirada activa, la escucha presente, la percepción de lo que necesitan, la respuesta a sus demandas, las palabras que acompañan, la coherencia que contiene, el juego que tanto une, la separación que tiene que ser elaborada y la certeza de que somos personas distintas a ellos, que los amamos pero que ni les pertenecemos ni nos pertenecen) precisan estar presentes, tengan la edad que tengan, para acompañarlos y ayudarlos a crecer con un amor sincero y respetuoso, que ni invade ni invalida, que es verdad, deseo, estructura y sostén.

Capítulo 7

La infancia

El amor no es consuelo. Es luz.

Simone Weil

Adivinar que las artes maravillosas se esconden detrás de cosas triviales e infantiles es una concepción de talentos sobrehumanos.

Galileo Galilei

En este capítulo vamos a abordar algunas de las cuestiones más importantes que les suceden a nuestros hijos física, mental y emocionalmente desde que comienzan a caminar hasta los cinco o seis años. Es imprescindible reconocer que cada menor tiene un ritmo de desarrollo al que debemos estar atentos para respetarlo e incentivarlo a la vez. Hay pequeños que van muy rápido en los asuntos que se refieren al cuerpo, como caminar, correr o saltar y otros que avanzan deprisa en el lenguaje o en la lectura. Otros, en los juegos; otros, en la capacidad para hacer amigos... Pero antes o después, precisan alcanzar a lo largo de su infancia ciertos ítems de desarrollo —si no hay una enfermedad física o mental que los condicione—. A unos hijos tendremos que ayudarlos más en algunas cosas y a otros en otras. Cuanta más energía y cuanto más tiempo invirtamos en los primeros años de la vida de nuestros hijos, mejor los ayudaremos a construir sus propios cimientos y la relación con nosotros y con el mundo. Y eso perdurará por siempre.

El sueño

Tal vez el sueño, junto con la manera de comer, sean las dos situaciones que como madres y padres nos gratifican y angustian más. Si nuestros hijos comen y duermen bien, sentimos que somos buenos progenitores. Pero si alguna de las dos cosas falla, la incertidumbre con la que vivimos la crianza campa a sus anchas en nuestros días y en sus eternas noches. La sociedad es muy crítica en ambos temas y, además, cuando alguien nos formula las típicas preguntas —«¿y qué tal come?», «¿cómo duerme?»— nos parecen que quiere evaluar nuestra capacidad como madres y padres.

Sobre la alimentación, excepto en lo que se refiere a la lactancia materna, de la que ya hemos hablado, no hay tanto debate, por lo que las madres y los padres podemos actuar con más libertad. Cuando un bebé no come y no gana el peso adecuado, la mayor parte de las veces la causa es importante, ya sea una situación médica o emocional sobre la que debemos pedir ayuda profesional (pediatra, psiquiatra infantojuvenil...).

Sobre el sueño, hay dos puntos de vista o creencias opuestos, que parecen ser incompatibles y cada una de ellas cree poseer la única verdad. Una defiende que lo mejor es dejar llorar a los niños en sus cunas, como el famoso método Estivill y la otra defiende el colecho hasta que nuestro hijo se quiera ir solo a su cama a descansar.

El sueño en la infancia es un tema complejo, porque el agotamiento que nos desborda por los cuidados tan exigentes que requiere nuestro bebé nos limita y condiciona nuestra manera de comprender qué supone para nuestro hijo dormir y cómo acompañarlo. Por el día, manejamos mucho mejor la situación. No estamos tan cansados y, curiosamente, muchos bebés que por la noche no cogen bien el sueño duermen plácidamente durante el día.

Sin embargo, al llegar la noche, nuestra supervivencia se pone en juego. Necesitamos descansar. No solo abandonar nuestro cuerpo a un sueño reparador e imprescindible, sino también desconectar unos minutos de los cuidados tan exigentes que nuestros hijos pequeños precisan y poder recuperarnos.

Pero ¿qué necesita nuestro bebé para dormir tranquilo? ¿Puede tu hijo dormir contigo o es mejor que duerma solo? ¿A partir de qué edad debe hacerlo? Cuando llora al dejarlo en su cuna, ¿hay que cogerlo en brazos o dejarlo llorar? Al dejarlo llorar, ¿le estamos causando un trauma? Y, si lo cogemos, ¿lo haremos más demandante? ¿Y si nos llama por la noche, pidiendo agua o un biberón? ¿Cómo debemos actuar?

Para contestar estas preguntas, tenemos infinidad de libros. Manuales que, si los analizamos con detalle, parten de dos concepciones muy distintas. En unos, los consejos se basan en las necesidades del niño. En otros, en las de las mamás y los papás.

Ya hemos hablado de que la crianza es una relación humana entre dos partes, en la que ambas cuentan y construyen una nueva realidad. Por eso, propongo enfocar este tema de una manera distinta. Una que nos permita encontrar las respuestas que más nos ayudan a cada uno en nosotros mismos, en quienes somos, lo que nos construye y lo que podemos tolerar. En un interior propio y exclusivo, construido con todas las experiencias que hemos vivido desde que nacimos hasta que nos convertimos en mamás o papás. Un interior que escuchamos poco, porque vivimos en una sociedad exigente y crítica que nos impone las respuestas, que nos impide ver la realidad que expresan nuestros hijos y que podremos llegar a comprender si la podemos y sabemos escuchar, si podemos conectar con nosotros mismos y nos damos un tiempo para sostener la incertidumbre y resistir salir corriendo a por pautas externas que nos den seguridad.

Uno de los cimientos que sustentan la crianza es que no podemos basar nuestra relación con nuestros hijos en ningún manual. Tanto ellos como nosotros tenemos unas características, un carácter y unas circunstancias que van a determinar la relación humana que podamos crear. Una relación que, como todas las que tenemos en la vida, es exclusiva. Y el sueño es parte de esa relación de cuidados, en la que necesitamos ser escuchados y escuchar tanto nuestras necesidades y límites como las demandas de nuestro bebé. Y con ambas necesidades construir un nuevo camino que recorrer juntos. De nuevo una balanza que es importante equilibrar. En la que se tiene en cuenta nuestras necesidades como madres y padres y las de nuestro hijo. Necesitamos dormir para estar mentalmente sanos y criar desde el deseo y no solo desde la obligación. Y también es preciso que comprendamos que el sueño significa muchas cosas para nuestro bebé, además de descansar.

Por el día, cuando estamos más presentes, la luz del sol calienta y el ajetreo del día nos acompaña, es difícil sentir la soledad. Pero la noche es oscura y larga, silenciosa e inquietante. Solo necesitamos acordarnos de lo que hemos sentido muchas veces cuando ingresamos en un hospital o cuando los problemas nos desvelan y no podemos descansar. Nadie parece estar presente. El mundo parece frío y detenido. Aparece entonces la temida y aplastante soledad. Cuando nosotros estamos dormidos o físicamente lejos, nuestros hijos demandan dejar de sentirse solos. Para ellos quedarse dormidos sin nosotros cerca es una separación completamente real. Recordemos que no comprenden todavía el factor tiempo. No saben de momento que un «¡hasta mañana!» es un «¡hasta dentro de un ratito!». Para ellos «¡buenas noches!» es un adiós, un «¡hasta siempre!» completamente real. Cómo logran separarse de nosotros depende de su carácter (hay bebés más tranquilos y otros más demandantes), del momento en que se encuentran (si están malitos, si les duele algo o si han tenido un día muy excitante), de cómo nos sienten a nosotros (si estamos tristes, ausentes o preocupados, si los acostamos para alejarlos de nosotros porque nos sentimos desbordados o si estamos tranquilos y los acostamos con seguridad). Del vínculo que tienen con nosotros y de su desarrollo psíquico y emocional. Y de cómo los estamos acompañando a manejar la separación de nosotros. La soledad es una emoción que nos avisa de las necesidades afectivas con las que nacemos y que necesitamos cubrir. Y ya hemos hablado de la importancia de observar e interpretar las señales de nuestros hijos y de no olvidar nunca que cada niño tiene su propio ritmo de desarrollo que se hace preciso respetar. Por eso, en este tema del sueño, aunque también nos jugamos necesidades propias, es preciso comprender que para nuestros hijos la noche es una separación que necesitan aprender a gestionar. No podemos pedirles que sean autónomos demasiado pronto ni favorecer un exceso de dependencia. Y manejar las emociones, estar solos sin sentirnos solos, alejarse de forma segura y diferenciar el mundo interno de la realidad externa son procesos de desarrollo globales de nuestro aparato psíquico. Nos cuesta comprender que somos un todo y que, igual que al crecer el cuerpo no nos crece solo una mano o un dedo, sino que crecemos de manera global, para el buen desarrollo de nuestras capacidades emocionales y psíquicas también necesitamos crecer de manera homogénea y uniforme. Y que nuestra velocidad y capacidad de crecimiento se respeten.

Es preciso que, aunque estemos agotados y creamos que la primera etapa de la crianza tiene un fin lejano, encontremos sentido a lo que estamos haciendo. Como madres y padres nos va a ayudar comprender que es un proceso en el que, si invertimos tiempo e interés, las cosas luego irán mejor. Nuestros hijos lograrán separarse antes de manera segura de nosotros y dormir tranquilamente.

Si trabajamos en relacionarnos con ellos desde el vínculo seguro del que hablaba nuestro querido Bowlby, nuestros hijos podrán separarse progresivamente de nosotros durante el día y en algunos momentos de la noche. El chupete, su mantita o su osito preferido, un cuento o una nana, ofrecidos de manera constante, los ayudarán a atravesar esos momentos, como nos contaba Winnicott. Comprender que para ellos es una separación que puede angustiarlos nos ayudará a preservar las fuerzas para el final del día y organizarnos para acompañarlos con más calma. A algunos niños les cuesta quedarse dormidos. Se angustian más en esos momentos y luego duermen el resto de la noche sin demandar nada más. Otros aprenden a quedarse dormidos solos, pero en mitad de la noche llaman pidiendo algo. Si están sanos y comen lo suficiente, no es hambre o sed lo que los despierta: quieren comprobar que seguimos ahí. Lo mejor es atender su demanda, observar si escuchamos una emoción valiosa y necesaria como es la soledad o se trata de una costumbre que hemos creado al olvidarnos de que nosotros también necesitamos descansar.

Nuestros hijos podrán dormir solos si lo asocian con el placer de descansar seguros. Y este es un proceso que se aprende experimentándolo. Que irá más o menos lento, dependiendo del carácter de nuestro hijo, de sus circunstancias y de nuestra capacidad para ayudarlo en esta separación necesaria de manera respetuosa y progresiva, con pequeños actos con los que los ayudaremos a caminar hacia la independencia, siendo capaces de comprender que a veces damos pasos demasiado grandes que sobrepasan su sentimiento de seguridad, que debemos rectificar dando un pequeño paso hacia atrás, lo suficiente para que vuelvan a sentirse seguros durante un tiempo, al cabo del cual tendremos que emprender, a un ritmo más lento, el camino hacia la independencia y la autonomía que tanto nos agradecerán en el futuro.

La importancia de lo corporal

Solemos dar al cuerpo un valor que no le corresponde: damos mucha importancia a su aspecto, lo maltratamos y deformamos o no lo creemos importante en absoluto, menospreciando su valor en aras de nuestra parte espiritual. Sin embargo, nuestro cuerpo no solo es nuestro hogar. También es una fuente y un medio. Es conexión, instinto y capacidad. Y en la infancia tiene un papel de enorme importancia. Es el origen en el que se desarrolla nuestro psiquismo, nuestra razón y la parte emocional. A través de lo corporal nos comunicamos, recibimos, respondemos y construimos una idea integrada de quiénes somos.

La idea de nuestro cuerpo, igual que otros conceptos vitales que damos por sentado, la construimos en esta etapa. Los juegos y las caricias, los columpios y las canciones en las que vamos nombrando las distintas partes que nos conforman ayudan a los niños a construir la idea de sí mismos y saber dónde están sus límites corporales. Algunos niños viven con angustia que les cortemos las uñas, el pelo o que les retiremos el pañal, porque para ellos es algo importante de su cuerpo que están perdiendo. Cuando sienten sus heces caer por el retrete, para ellos tiene el mismo significado que si a nosotros se nos cae un brazo. No comprenden que algo suyo pueda ser un desecho. Para ellos, todo tiene el mismo valor y todo los conforma, por eso algunos niños al principio prefieren hacer sus necesidades en el pañal.

Al final de la etapa preescolar, los niños han desarrollado el concepto de la integridad de su cuerpo y muchas de sus preocupaciones y muchos de sus miedos tienen que ver con las posibles heridas o daños que pueden sufrir. Es la fase de las tiritas, en la que sus preocupaciones necesitan ser atendidas sosteniendo su miedo, calmándolos y dándoles la seguridad y el sentido que ellos todavía están conformando de su integridad. De un cuerpo que tiene límites y contiene lo interno, con un funcionamiento que comprender y aprender a manejar y delimitado por una piel que es la barrera que nos protege de lo externo y de la posible adversidad.

Alrededor de los cuatro años los menores ya son conscientes de las diferencias sexuales, como veremos más adelante.

Conocer la propia voluntad

Cuando nuestros hijos aprenden a coger algo que quieren con las manos, a besar, a dar palmas y a sentarse, van creando un sentimiento de autonomía y control que despierta la curiosidad de descubrir un mundo que parece posible y que se encuentra más allá de la mirada de mamá y papá. Cuando nuestros hijos aprenden a gatear, a caminar y a correr, además de sentir por primera vez la libertad que todos comprendemos que experimentan, adquieren también la capacidad de separarse de su cuidador principal. En este punto es determinante la actitud que tengamos como madres y padres ante la distancia que interpone por primera vez nuestro hijo y no nosotros. Una actitud que les va a transmitir lo peligroso o lo apasionante que puede ser su nueva capacidad.

En este sentido, es interesante conocer el experimento que Gibson y Walk (1960) realizaron con bebés ya de cierta edad. Pusieron un cristal que simulaba un precipicio entre ellos y sus madres. Los niños gateaban hacia ellas y se paraban ante el precipicio de cristal. Entonces miraban a su madre. Si su madre los alentaba y les sonreía, cruzaban sonriendo y tranquilos el precipicio de cristal. Si su madre no los miraba, se quedaban quietos, sin saber cómo actuar. Si la madre sonreía al principio, pero a mitad de camino expresaba miedo, los niños quedaban paralizados en mitad del precipicio y se ponían a llorar desconsoladamente. Para todos, la reacción de su madre ante sus dudas era la única verdad.

Hay madres y padres que cuando un niño comienza a caminar creen que se va a hacer daño. Corren asustados a cogerle de la mano en cuanto su bebé se distancia un poco. Cuando los niños tropiezan, lo primero que suelen hacer es mirarnos. Y dependiendo de lo que vean, se ponen a llorar o no. Si ven que no los estamos mirando, llorarán para que les prestemos atención. Ellos no saben realmente lo que les está sucediendo, por eso necesitan de nuestra interpretación. Si acudimos y les pedimos que se levanten y les contamos que es normal caerse con una sonrisa, un beso y confianza, se levantarán sonrientes y de nuevo se lanzarán a caminar. Si acudimos corriendo angustiados, les decimos «pobrecito» y los tomamos en brazos, creerán que eso de caerse además de peligroso es una manera de que corramos a cogerlos en brazos, como cuando eran más pequeños. Les estaremos además dificultando el sentimiento de autonomía y libertad que implica moverte y decidir adónde vas con tus pasos.

Cuando nuestros hijos caminan y se alejan un poco de nuestro lado, experimentan nuestra ausencia. Una ausencia que irán aprendiendo a manejar, desandando una y otra vez el camino. Cuando expresamos la alegría que sentimos porque vuelven a nuestro lado, sonriendo y acogiéndolos entre nuestros brazos, les estamos enseñando que nos gusta estar con ellos y que disfrutamos de verlos caminar.

Sin embargo, hay otras madres y padres que, invadidos de tristeza o agotamiento, dejan muchas horas a su hijo en la cuna, donde lo ven seguro y entretenido, limitando que sus hijos experimenten lo que significa en su construcción gatear y correr. Hay otras madres y padres que viven que su hijo se aleje como un abandono, como una pequeña traición. Y así, cuando este regresa, se muestran ausentes, lo rechazan o no lo esperan con ilusión. Esto hace que los niños no se sientan lo suficientemente seguros al irse y no se atrevan a alejarse porque temen que, al regresar, no encuentren a sus mamás y papás.

Con estos ejemplos quiero reflejar la importancia que tiene en la infancia mirar a nuestros hijos. Estar conectados, no hace falta que sea siempre, pero sí el tiempo suficiente. Poner palabras a lo que hacen, comprender que los juegos edifican y saber que nuestra reacción construye sus significados.

Su realidad se erige y existe en los pequeños detalles, en los diminutos logros y avances que suceden en lo cotidiano.

Para que nuestros hijos puedan crecer en independencia y separarse sin angustia, necesitamos comprender que son dependientes por completo de nuestro cariño, nuestra atención y nuestras reacciones. Que necesitan y precisan momentos de cercanía y seguridad. Necesitan saber, como explicaba Mary Ainsworth, que pueden regresar a nosotros, porque hay una base segura que se crea en lo vincular.

Cuanto más conscientes seamos de que nuestras respuestas, las que mantenemos en el tiempo, conforman la realidad de nuestros hijos, mayor interés en observarnos y comprendernos tendremos para poderlas adecuar a sus necesidades. La actitud que tomemos ante la llegada de nuevas capacidades o momentos de sus vidas —como aprender a caminar, empezar la escuela, tener sus propios gustos e intereses, la necesidad de intimidad al comenzar la pubertad o preferir estar con sus amigos en la adolescencia— va a ser determinante para ellos. Va a conformar su autoestima, su sentimiento de seguridad, la capacidad de aceptación y comprensión y el deseo de seguir creciendo.

Es fundamental acompañar y potenciar la expresión y el desarrollo corporal de nuestros hijos cuando son menores de seis años: que se sientan libres de correr, bailar y trepar, que noten que los cuidamos no desde nuestros miedos y carencias, ni desde lo que impone una sociedad que olvidó hace tiempo lo que es un niño alegre, sano y lleno de vitalidad. A estas edades necesitan moverse, tirarse al suelo, amasar barro, bañarse con espuma, chapotear en los charcos, estrujar la comida con las manos y ser abrazados, acariciados, besados y sostenidos. Y si recordamos esto, emitiremos menos reproches y evitaremos diagnósticos precipitados que, igual que todo lo positivo, conforman la identidad.

Las emociones

No podemos ni debemos evitar las emociones. Ni nosotros ni, por supuesto, nuestros hijos. Son de vital importancia para conocernos y conocer la realidad. Nos demuestran qué nos afecta o conmueve y lo que necesitamos de verdad. Nos enseñan qué cosas nos dañan, de qué tenemos que huir o intentar evitar. Nos indican dónde está el peligro, lo que nos «sobra» y lo que nos «falta». Nos indican dónde están los motivos por los que de verdad merece la pena continuar. Iluminan el camino para que reconozcamos lo que nos llena el corazón y aporta sentido a nuestros días. Lo que está aparentemente escondido. Nos hablan de las cicatrices que todos tenemos. De las faltas escondidas, de los deseos ahogados y de la valentía que yace dormida. De lo que de verdad nos importa y de lo que nunca debemos olvidar. Las emociones no es algo propio de nuestra especie. Sabemos que los animales también las tienen. Lo que es propio del ser humano es la capacidad de reconocerlas, transformarlas en palabras y no actuarlas, es decir, que no nos lleven a conductas inesperadas o impulsivas, sino que seamos capaces de aprender a gestionarlas. Pero como el resto de las capacidades que nos humanizan, el reconocimiento y la gestión emocional los tenemos que desarrollar.

Cuando nuestros hijos nacen, sus estados emocionales son muy cambiantes e inestables y están sobre todo relacionados con sus estados internos y somáticos: el hambre, el frío o el cansancio. A medida que nuestros hijos crecen, se produce un desarrollo de su mundo emocional que es paralelo al desarrollo de sus capacidades mentales y que está completamente condicionado por la estimulación y el tipo de relación que mantienen con nosotros, sus madres y sus padres. Que un bebé pueda sentirse estable emocionalmente permite que pueda mostrar interés por el mundo, al no estar sobreviviendo a su propio malestar. La estabilidad emocional nos permite ser más libres de las emociones y nos da espacio para pensar, investigar, conectar y tener interés por lo que pasa más allá de nuestra propia realidad interior.

Hay muchos tipos de emociones. Algunas son más instintivas y primitivas, como la rabia, la tristeza, la soledad o el miedo. Otras más complicadas, como la vergüenza o la culpa. Pero todas ellas van a ser manejadas por la parte más compleja y superior de nuestro cerebro, la corteza cerebral. Si recordamos cómo se construye nuestro aparato psíquico. Cómo se desarrolla y evoluciona, podremos comprender que un bebé y un niño pequeño no tienen la capacidad para gestionar lo emocional, porque todavía no tienen desarrolladas las zonas superiores de su aparato psíquico. Pero a su vez, para desarrollar esas zonas, necesitan nuestra ayuda. Como decíamos antes, no por cumplir años desarrollamos nuestro mundo emocional, aprendemos a reconocerlo y a gestionarlo para poder vivir con la suficiente salud mental.

En cuanto a la gestión emocional de nuestros hijos, madres y padres tenemos una función crucial que comienza tras su nacimiento y que se prolonga durante el resto de su infancia y su adolescencia. En un primer momento, necesitan que hagamos de «yo accesorio» y que reconozcamos sus emociones y las nombremos. «Veo que estas triste,

¿puede ser?» «¡Que alegría veo que sientes!» «Veo en tu cara que estas enfadado, ¿sabes por qué puede ser?»

Pero para poder hacer esto, que parece sencillo, pero que no lo es, lo primero es preguntarnos si conocemos nuestro propio mundo emocional y cómo lo gestionamos. Porque si somos personas a las que asustan las emociones y tendemos a negarlas, restaremos importancia al mundo emocional de nuestros hijos, con frases como «no llores, hay que ser fuerte», «no es para tanto, ya verás cómo se pasa pronto». O intentaremos distraerlos evitando sostener la emoción: «no llores, vamos a jugar con tus juguetes», «ven que te enseño una sorpresa en el móvil». Si, por el contrario, vivimos las emociones con una alta intensidad y mucho dramatismo, nos costará tomar la distancia suficiente para mantenernos tranquilos y serenos, sosteniendo y conteniendo una emoción que no nos es propia, sino de nuestro hijo: «¡Ay! No llores, que lloro yo también», «¿Tu amiguito no te deja su juguete? Espera, que voy a hablar con su madre ahora mismo…». Si somos personas que hemos aprendido a reconocer lo que sentimos, a ponerle nombre y manejarlo, nuestra respuesta será así: «¡Ay, mi niño! Veo que estás llorando. ¿Quieres que mami te dé un abrazo?», «¡Oh! Te han quitado tu juguete. ¿Qué sientes? Creo que yo me sentiría triste. O tal vez rabiosa o enfadada. ¿Y tú?».

Nuestras emociones ayudan o entorpecen su crecimiento personal

Para nuestros hijos, somos lo más importante. Por eso se preocupan y se asustan mucho cuando nosotros nos desestabilizamos, cuando no estamos bien. Y aunque no se lo digamos o lo neguemos, lo van a saber de alguna manera. Nos conocen profundamente, nos guste o no reconocerlo. Se pasan el día mirándonos. Y prefieren, por encima de todo, incluso de sus propias necesidades, que nos mantengamos estables. Somos lo que más quieren y necesitan.

Si reaccionamos intensamente, con gritos o reproches, a sus tropiezos y a sus risas, a sus juegos desbocados y a su rabia a veces desmedida, acabarán inhibiendo la expresión de sus emociones hasta que un día esa actitud apague y extinga su mundo emocional, que quedará en un silencio sombrío, teñido de una desvitalizada monotonía. No se pueden bloquear solo algunas emociones. Nuestro corazón no puede latir solo un cuarto o la mitad. Cuando no se nos permite expresar algunas emociones cuando es peligroso sentirlas por el efecto que producen en nuestros padres y porque además no las sabemos manejar todavía, bloqueamos esas y todas las demás. El esfuerzo por bloquearlas nos dejará exhaustos, porque es un trabajo psíquico inmenso que se llevará por delante nuestro instinto, nuestra libertad para pensar, nuestra espontaneidad, nuestra creatividad, nuestra capacidad de conexión y nuestra vitalidad. Niños buenos, callados, que no disfrutan, distraídos, que no se atreven, que piden permiso para todo con la mirada, son los que suelen cargar en silencio sobre sus pequeños hombros con la excesiva responsabilidad de que sus madres y sus padres no sepan manejar su mundo emocional.

También podemos ser madres y padres con un tono emocional muy bajo, aparentemente indiferentes, incluso muchas veces distantes y fríos, que en el fondo esconden un antiguo y profundo dolor. Evitaremos sentir emociones por miedo a sentir las que nos devuelven a un pasado sepultado que un día pudimos dejar atrás.

O podemos ser personas a las que han enseñado a permitirse conectar con unas emociones y esconder otras. Le daremos entonces a nuestro hijo el mensaje de que unas emociones son buenas y otras o son malas o no existen.

La realidad es que podemos leer libros y escuchar conferencias que nos hagan aprender racionalmente qué es lo que nuestro hijo necesita en lo que respecta a las emociones. Pero lo que más va a determinar que podamos ayudar a nuestros hijos a reconocer, validar y gestionar su mundo emocional es nuestra propia capacidad para reconocer y gestionar el nuestro. Hacer consciente nuestro propio manejo, como en tantos otros asuntos, es el primer paso para que ellos puedan desarrollar un buen reconocimiento y manejo emocional, uno de los principales ingredientes de una vida con la suficiente salud mental.

Inspiración sobre el mundo emocional

Contener y consolar. Tomarnos en serio su mundo emocional. Aceptar que es parte importante de lo que son y, por tanto, una oportunidad para conocerlos mejor. Hablarles desde el respeto y la validación. No confundir nombrar y reconocer con evitar, corregir, consentir o anular. Creemos siempre que nuestros hijos se sienten mal, que tenemos que cambiar algo, intervenir que si reconocemos que sienten emociones desagradables, como la tristeza, la rabia, los celos o el miedo, debemos buscar una solución. Confundimos decir: «Veo que te sientes enfadada, porque tienes que comer algo que no te gusta» con que, al reconocer el enfado, evitemos que se sienta mal, ofreciéndole otra comida y negándole la oportunidad de aprender a tolerar nuevos sabores y a comer con la libertad que nos ofrece la capacidad de adaptarnos a la realidad. «Entiendo lo que sientes, a mí me pasa muchas veces. Sin embargo, es importante que aprendas a comer de todo, no siempre va a costarte tanto, pero ahora te cuesta más porque es nuevo para ti», podría ser un mensaje en el que reconocemos y nombramos lo que sienten, pero los incentivamos para que acepten y se adapten a la realidad.

No debemos tener miedo a viejos mitos que nos hablan de niños blandos y consentidos porque fueron abrazados y consolados de más. Eso movía los pasos en antiguas etapas sociales en las que se asemejaba lo racional con lo superior y lo emocional, lo instintivo y lo corporal con lo inferior. Pero tampoco debemos caer en el extremo contrario, que ahora parece ser tendencia y que consiste en sobrevalorar lo emocional, los deseos y las necesidades frente a lo racional y la voluntad. Una cosa es negar las emociones y otra someternos a ellas.

Poco a poco, nuestros hijos, gracias a nuestra actitud constante, irán interiorizando nuestras maneras y construyendo sus cimientos. Aprenderán que merecen consuelo cuando lo necesitan y que en otras ocasiones toca aceptar las cosas y adaptarse a la realidad. Al final de esta etapa, al llegar a los seis años, nuestros hijos ya son capaces de mantener cierto equilibrio emocional.

Entrarán en una nueva etapa (la fase de latencia), en la que serán capaces de experimentar nuevas emociones más complejas, como la culpa, la vergüenza y la humillación. Nuevas emociones que aprender a reconocer, a nombrar, a validar, a comprender y a manejar, gracias a la capacidad mental cada vez más desarrollada para hacerlo que se localiza en la zona más evolucionada del cerebro, nuestra corteza cerebral.

Esta capacidad, para manejar las emociones aunque estable, no es permanente. Todos, incluso siendo adultos, a veces perdemos la capacidad de gestión emocional. Todos hemos experimentado un estado emocional intenso, ya sea de tristeza, de rabia o de alegría desbordante y sabemos que en ese estado no podemos pensar. Lo importante es desarrollar en la infancia la zona cerebral que nos permita, de manera más o menos estable, reconocer, validar y gestionar, nuestro mundo emocional.

El lenguaje

Hacia los doce meses, comienza la etapa lingüística. Aprender a hablar es una capacidad que nos permite dar forma a lo que pensamos y sentimos, queremos y tememos. Comprenderlo y elaborarlo nos posibilita compartirlo y elaborarlo. Las palabras tienen una magia especial. Un poder de ida y vuelta. Parece que lo que no se nombra no existe, por eso, cuando nombramos nuestra realidad, la subjetiva y la objetiva, la hacemos más presente, ya no nos da tanto miedo, el peso que sentimos sobre los hombros se aligera y podemos continuar. Las palabras tienen un poder enorme. Logran calmarnos, son compañía, espejo en el que mirarnos, historia que nos impulsa y motiva. Dan forma y aportan contenido, nos ayudan a encontrar sentido y nos iluminan cuando la noche es oscura y fría. Son consuelo y legado. Himno y secreto. Sonido y signo. Identidad y tradición. Y en ese tránsito de ida y vuelta, desde donde son nombradas hasta donde son recibidas, crean realidades, abren compuertas, tienden puentes y humanizan y nos diferencian, aportando un sentido que siempre enriquece y otras llena de temor.

Por eso es tan importante hablarles a nuestros hijos, contarles historias, las nuestras, las suyas, las que nos contaron a nosotros y las que nos inspiran. Esas historias llenan de magia su infancia y los ayudan a suavizar una realidad a veces dura, injusta y hasta cruel. Historias que son inspiración cuando perdemos el sentido y que ayudan a atravesar momentos llenos de incertidumbre o que nos producen miedo, como cuando se les caen los dientes y les contamos la historia de un pequeño ratoncito que viene por la noche a llevarse sus dientes y deja a cambio un pequeño presente que los ayuda a transformar una pérdida que podría ser inquietante en una aventura llena de misterio e ilusión. Es importante que seamos conscientes de la importancia de lo que decimos y de cómo lo decimos. Tampoco debemos paralizarnos por la culpa porque a veces no les hablemos bien en momentos determinados. Lo importante es qué les decimos y cómo en el continuo de nuestros días. Porque lo que les contamos construye su realidad y cómo les hablamos les otorga un sentido y un lugar.

La palabra no

De todas las palabras que nuestros hijos van a aprender a comprender, aceptar y pronunciar, la palabra *no* tal vez sea una de las más importantes y la que más desquicia a los padres.

No es una palabra imprescindible para madres y padres, con la que no solo ponemos límites imprescindibles a nuestros hijos que los ayudan a crecer, sino que también los ayudamos a entender la diferencia entre ellos y nosotros, a aceptar las jerarquías necesarias y unos límites que les aportan seguridad. Es una de las palabras más importantes que organizan su psiquismo. Un psiquismo que cuando nacen es inmaduro, caótico y desorganizado y que se va a organizar con nuestras palabras y actitudes, que han de ser constantes y coherentes.

A muchos padres los contraría que su hijo diga *no*. Les parece que es cuestionarlos, faltarles al respeto o desvalorizar los cuidados y atenciones que le prestan.

No es de las primeras palabras que aprenden a decir los niños. Y no es casualidad. Implica poner un límite, reconocer nuestro pensamiento, validar nuestros deseos y autoafirmarnos delante de los demás. Es expresar una valoración personal. Es decidir lo que quiero, lo que temo y lo que me gusta y contárselo a los demás. Es reconocerme como otro y no tener miedo a la distancia ni a lo que esta puede suponer para mi seguridad.

Pero una cosa es escuchar y validar la opinión de nuestros hijos, sabiendo que los estamos ayudando a construir su identidad y la otra es que por ello dejemos de ejercer la responsabilidad que como madres y padres tenemos y, en contra de nuestro criterio, nos sometamos a su voluntad.

Las madres y los padres de ahora tienen mucho miedo a traumatizar a sus hijos. Confunden esta palabra con una obligación que ahora es creencia de que tienen que evitar siempre que sus hijos sientan el más mínimo malestar. En este punto se hace imprescindible saber que, como en el resto de las cosas de la crianza, es decir, de la relación de cuidados de nuestros hijos, no nos la jugamos por un instante ni por un día que fallamos, cuando ya no podemos más. Fallamos cuando no mostramos una actitud más o menos constante con la que enseñamos a nuestro hijo que no solo existen sus límites, sino también los de los demás. Que su *no* es importante para defenderse, para conocerse, para construirse, para respetarse. Pero que muchas veces el secreto no está en el control de las cosas, sino en adaptarse a ellas. Que a veces conseguimos lo que deseamos y otras veces no. Que tenemos que aprender a esperar y que los demás no están a nuestra disposición. Que hay jerarquías necesarias y límites que nos contienen y ayudan a comprender que ser un granito más en la inmensidad de la arena del desierto parece desconcertante y frustrante, pero que en el fondo nos ayuda a relativizar y relativizarnos. A sentirnos más libres de nuestro ego insaciable y de nuestras necesidades, deseos y miedos y, por tanto, a vivir mucho mejor.

La rabia y las rabietas

A partir de los dos años, nuestros hijos entran en un momento crucial de su desarrollo psíquico y emocional.

Como hablábamos, en el período previo han entendido que hay una realidad además de ellos mismos, en la que están las personas que los cuidan y otras que son extrañas. Pero siguen creyendo que pueden dominar esa realidad. Siguen pensando, si han recibido los cuidados necesarios, que ellos son el Sol a cuyo alrededor giran los planetas de su universo particular.

Es la etapa en la que quieren controlar lo que pasa fuera, fundamentalmente a las personas con las que están vinculadas y a las que necesitan. Y es la etapa en la que comienzan a estar mínimamente capacitados para empezar a controlarse a sí mismos. Entre otras cosas, a controlar sus esfínteres y su conducta. Es la etapa de comprender y tolerar sus propios límites y los de los demás.

En esta etapa, nuestros hijos tendrán las famosas rabietas, que tantas emociones movilizan en madres y padres, en gran parte debido a la alta exigencia con la que vivimos y al sentimiento de estar siendo siempre valorados por los demás en este viaje al que llamamos maternidad y paternidad. Cómo manejarlas es un tema estrella de los manuales y foros y una de las preguntas más formuladas en las consultas pediátricas.

Pero como en otros temas, mi intención es que podamos primero entenderlas y entendernos a nosotros cuando estamos ante una rabieta, para que luego cada madre y cada padre busquen su propia manera de hacer.

La conducta humana está motivada siempre por algo. Todos actuamos por o para algo. A veces es un deseo; a veces, un pensamiento; a veces, una emoción; a veces, una necesidad.

Confundimos las rabietas, que es una conducta, con la rabia, que es un estado emocional. Pero hay matices importantes que las diferencian y que nos pueden ayudar a manejar ambas mejor.

La rabia es una emoción que, como todas las demás, no es ni buena ni mala. Es imprescindible. Tiene que ver con el instinto de supervivencia, no solo de nuestro cuerpo, sino de nuestra individualidad y nuestra integridad.

La sentimos ante muchas situaciones. Desde lo que creemos que atenta contra nuestro ego (frustración), como cuando no nos salen bien las cosas, hasta cuando somos testigos de una injusticia, no somos respetados o incluso recibimos una agresión. A veces su sentido es avisarnos de que está en peligro lo que somos y mantener y salvaguardar nuestra identidad para evitar que nos sometamos a alguien o a las imposiciones de los demás. Es una emoción poderosa que nos moviliza y nos impulsa a la acción.

En esta etapa en la que entran nuestros hijos, como decíamos, su narcisismo se sigue frustrando. Sienten que su poder es cuestionado, que no se hace lo que ellos quieren, que no mandan sobre nosotros.

Y eso les hace sentir rabia. Empiezan a jugar con otros niños que les quitan los juguetes y eso les hace sentir rabia. Intentan hacer algo que no les sale y eso les hace sentir rabia.

La rabia puede expresarse de muchas formas, pero la que más reconocemos en nuestros hijos —porque es la que peor toleramos— son las rabietas. Una rabieta es una conducta agresiva que se puede dar por diversos motivos. Ni todas las rabietas se producen por un estado emocional de rabia, ni toda la rabia se expresa en forma de rabietas.

Así que lo primero que necesitamos hacer es plantearnos el motivo de la rabieta de nuestro hijo. Para ello, tenemos que contemplar que esta se puede producir por diversas situaciones que generan en nuestro hijo malestar e impotencia. Así, si la rabieta se debe a un malestar corporal, como el sueño o el hambre, nuestra función es ponerlo a dormir o darle de comer. Pero si se debe a la rabia, es necesario que sepamos que nuestros hijos necesitan un tiempo y una actitud coherente por nuestra parte para aprender a gestionarla, ya que no se puede tener una buena vida tanto si la anulamos por completo como si no aprendemos a manejarla.

Detrás de una rabieta hay un niño que tiene un vínculo con nosotros lo suficientemente seguro como para arriesgarse a romperlo con su agresividad. Los niños callados y buenos siempre me han preocupado mucho, porque en la infancia no es bondad lo que expresan, sino inhibición, miedo, sometimiento y falta de seguridad. Una rabieta, hasta los cuatro o cinco años, no es una desautorización hacia nosotros. No es que lo estemos haciendo mal. No tiene que ver con nuestra valía o capacidad, ni con que nuestro hijo nos quiera o sea capaz de reconocer lo que hacemos por él, sino con el momento evolutivo en el que nuestro hijo está.

Para ayudar a nuestros hijos a manejar la rabia, lo primero y más importante que necesitamos hacer es preguntarnos cómo la manejamos nosotros; qué experiencias hemos vivido que nos han llevado al manejo que tenemos; qué dificultades nos produce la rabia y qué situaciones nos la provoca; si solemos anularla o negarla, viviendo sometidos de alguna manera, si no la dominamos y es ella la que nos domina, desbordándonos y promoviendo conductas desadaptadas, como la agresividad, o, si por el contrario, la sabemos manejar.

Cuando alcanzamos ese punto en el que escuchamos la rabia y la validamos, podemos pensar qué la motiva y aprovecharla de una manera saludable como una llamada a la acción, estamos desarrollando una de las capacidades más importantes para poder convivir sin renunciar a lo propio. Desarrollamos la *asertividad*, una de las capacidades humanas más difíciles y valiosas de conseguir en esta vida, que consiste en decir lo que uno piensa y poner límites sin dañarnos ni dañar. Una capacidad que nos permite vivir con conexión y respeto hacia nosotros y hacia el mundo que nos rodea y que empieza a poder desarrollarse cuando entramos en los dos años y expresamos con rabietas, entre otras cosas, nuestra incapacidad para frustrarnos con deportividad.

Creatividad y juego

Para los niños, jugar es una necesidad. El juego no es un capricho. Tiene una función mental y emocional crucial, de la que empezó a hablar Freud y que desarrolló Winnicott en su libro *Juego y realidad*. Con el juego no solo desarrollamos y perfeccionamos nuestra capacidad motora compleja, sino nuestra interacción social. Es un instrumento poderosísimo para el aprendizaje y una importante fuente de satisfacción y felicidad. Jugar desarrolla nuestra creatividad y es una de las herramientas más poderosas del ser humano, que nos permite relacionar elementos que andan dispersos en nuestra mente (M. Klein) y crear algo nuevo que nos hace disfrutar y nos ayuda en momentos difíciles de transitar. Jugar es la puerta para la simbolización, esa capacidad humana con la que podemos utilizar lo que el mundo nos ofrece (cosas, personas, palabras…), para sentirlas como una representación de algo propio. Jugar es el acceso al valioso mundo de la creatividad y la cultura (escritura, pintura, música, baile, diseño, cocina…) en el que podemos expresar mucho de lo que somos y compartirlo.

Jugar es una manera de conectar con nosotros y con los demás. De compartir. De comprender. De unir ideas. De elaborar lo que nos pasa, lo que pensamos y sentimos. De sostenernos, de resistir en los malos momentos. De buscar un sentido. De explorar y descubrir el mundo. De acercarnos a realidades que nos asustan. De comunicar. De conectar con nuestra parte más subjetiva y propia. Es la mejor manera de desarrollar las capacidades que nos permiten trabajar, como la atención, la búsqueda de soluciones o el trabajo en equipo. Jugar es una capacidad de los mamíferos que en el ser humano se desarrolla de manera gradual.

El juego es algo interno (mental) y externo (acción). Jugando «por fuera» somos capaces de cambiar nuestra realidad interna (estado emocional) y nuestra realidad interna, condiciona y se expresa en cómo jugamos.

Los primeros juegos son interacciones con nuestra madre. El juego parte de la madre (de la persona que ejerce la función materna); es ella la que debe estimular a su hijo y comenzar a jugar. Al inicio son pequeñas interacciones que expresan sorpresa y forjan complicidad. El cucu-trás es un ejemplo de ello. Cuando nuestro hijo avanza en su desarrollo y se puede sentar o gatear, necesita un lugar abierto y seguro en el que poder moverse. A esta edad, es mejor para ellos ofrecerles pocos juguetes que no impliquen un juego ya estructurado. Deben servir de base para que la creatividad y el deseo florezcan y tiñan el objeto al que llamamos *juguete*. Un niño es capaz de jugar con un calcetín, porque el juego es un proceso mental. Si les damos demasiados juguetes, nuestros hijos pueden paralizarse, como les sucede actualmente a los adolescentes —o a nosotros mismos— cuando tienen que elegir entre opciones infinitas que en el fondo están de más. Los juguetes son un incentivo, no el juego en sí. Recuerdo que cuando era pequeña me regalaron por Navidad una cocinita preciosa que venía en una enorme caja de cartón. Disfrutaba jugando a que era la mami de mis muñecas y les preparaba ricos guisos o que regentaba un delicioso restaurante de pequeñas mesas hechas con cajas de zapatos y cubiertas con mantelitos que eran los paños de cocina que luego mi madre echaba en falta, pero que al verlos los dejaba en el nuevo sitio que les había buscado. Mi madre siempre entendió que jugar era fundamental. Pero a veces me cansaba de jugar a cocinar. Sin embargo, la enorme caja de cartón en la que llegó la cocinita nos servía a mis hermanos y a mí como nave espacial que sorteaba asteroides y nos llevaba a extraños mundos; de barco pirata que navegaba por profundos mares y con el que descubríamos valiosos tesoros en cuevas misteriosas; como vagón de tren que recorría el mundo y que era atacado por ágiles jinetes; de alfombra voladora que nos acercaba a una luna de plata, o como carruaje del salvaje Oeste, donde nos protegíamos de las flechas que nos lanzaban los indios americanos.

Jugar es vital e imprescindible. No tiene que ver con tener muchos juguetes o pasar horas frente a una pantalla. Para jugar, los niños necesitan espacio y tiempo. Un exceso de actividades, primar la perfección y el orden de la casa, que no los saquemos al parque, ya sea por cansancio, porque no queremos que se ensucien o porque les creamos una distracción en cuanto dicen que se aburren, son impedimentos para que puedan desarrollar el juego libre y creativo que tanto va aportar en su construcción como personas.

Hay muchos tipos de juegos. Unos más físicos, como el escondite o las carreras; otros más reglados, como los juegos de mesa; deportivos, en los que unos ganan y otros pierden; de imitación o roles, como disfrazarse o interpretar un trabajo o a un personaje. Otros son más artísticos, como la plastilina o las ceras. O los juegos de construcción y los puzles. Todos son importantes y cumplen una función. Y según la edad que tenga nuestro hijo y sus capacidades, le gustarán más unos juegos u otros.

Los niños pequeños aprenden a jugar con los demás. Cuando los padres vamos al parque o buscamos un plan con otros niños, tendemos a buscar niños de la misma edad que los nuestros. Sin embargo, los niños pequeños no juegan mucho con niños de su edad porque no les aportan cosas nuevas. Por eso es bueno que juntemos a niños de distintas edades. Eso enriquece a todos. A los pequeños, porque llenan su mundo de fantasía con lo que aportan los mayores y a los mayores, porque se sienten orgullosos de cuidar y enseñar a los pequeños. Y entre todos hacen una pandilla que todos en nuestra infancia hemos tenido o hemos soñado tener.

A algunos mayores se nos ha olvidado jugar y a otros nos da miedo. Conozco muchas mujeres que se aburren jugando con sus hijos y evitan ese momento, porque las llena de angustia. Los hombres suelen jugar más. Los motivos tienen su origen en la identidad de género que esta sociedad nos asigna. Si observamos a niños y niñas menores de tres años, observamos que tienen los mismos juegos. Pero a partir de los tres años, las «niñas» aceptan los juguetes que se les ofrecen, juegos de rol en los que asumen las labores de cuidados del hogar (cocinar, limpiar) y de otros (son la mamá, la enfermera, la profesora) y juegos tranquilos en los que no pueden ni gritar ni mancharse o en los que se arreglan para «estar preciosas» (maquillaje, disfraces de princesa...). Cuando las «niñas» se hacen «mujeres», en sus vidas reales y cotidianas se les sigue pidiendo estar «bonitas» y cuidar de la casa y de los suyos y, en sus ratos libres, no saben bien a que dedicarse. A las «mujeres» se les olvida jugar. Sin embargo, a los «niños» se los deja e incentiva a correr, gritar, mancharse, tocarse, pelearse, incluso con el paso de los años. Para ellos, el juego es algo creativo, físico y libre que comparten y con lo que disfrutan. Cuando llegan a ser «hombres» siguen jugando, los fines de semana se van con sus amigos a hacer deporte, se tiran al suelo con sus hijos y tienen diversas aficiones a las que no renuncian jamás.

En cualquier caso, aunque los mandatos de género juegan un papel determinante en el juego, es importante que como padres y madres pensemos qué nos sucede si evitamos jugar con nuestros hijos.

Tal vez lo que nos ocurre es que no hemos jugado mucho en nuestra infancia. No pudimos, no nos dejaron o no teníamos tiempo. Tal vez jugar nos hace conectar con nuestra parte infantil, a la que le sucedieron cosas dolorosas y que preferimos seguir teniendo en el olvido. Tal vez somos personas que necesitamos controlar lo que hacemos y pensamos y la creatividad y dejarnos llevar nos incomoda porque no es nuestro medio. Tal vez estamos cansados o tenemos muchas cosas que hacer o nos cuesta quedarnos quietos o creemos que estamos perdiendo el tiempo cuando jugamos con nuestros hijos.

Si tuviera que decirle a una madre o a un padre que tiene poco tiempo lo que me parece más importante en la relación con su hijo, sería jugar con él. Jugando descubrimos al otro en un universo de alegría y sorpresa en el que somos más libres, más auténticos. En el que nuestros miedos y nuestras defensas quedan a un lado y no nos limitan tanto. En el que nos miramos como realmente somos y podemos conectar con los demás con verdadera autenticidad. Jugar es crear algo nuevo juntos. Una práctica que, cuando la llevamos a cabo con alguien, nos une más.

Cuando jugamos con nuestros hijos, es importante que queramos disfrutar. No dirigir el juego, creyendo que es una obligación más, un rato eficiente o un deber cumplido. Eso no es jugar. Tenemos que atrevernos a dejarnos llevar. Es un momento de igualdad que forja y posibilita una relación muy especial.

Necesitaremos estar presentes e invertir un poco de tiempo al principio, permitir a nuestro hijo decirnos qué hacer y quiénes somos en el juego. «Tú eres la bruja malvada y yo un astronauta que acaba de llegar del espacio» Poco a poco, iremos pasando a un papel secundario en el que él solito y en su mundo, pero al principio a nuestro lado, se quedará jugando.

Si nos cuesta jugar, busquemos un juego que nos guste, porque lo importante no es parecer presente. Lo importante es la conexión, el disfrute mutuo y la interacción con nuestro hijo en un espacio distinto en el que ambos, espontáneamente, creamos algo nuevo y nuestro.

Empatía y mentalización

Sabemos lo importante que es para todo en esta vida ponernos en el lugar de los demás. Sabemos que hay personas que carecen de empatía porque nos dañan sin sentir culpa y son frías, interesadas y crueles. También las hay que se equivocan en sus interpretaciones, sin ser capaces de reconocer que los demás son seres distintos a ellos de los que nunca podrán saber toda la verdad. Y también sabemos, aunque un poco menos, de personas que tienen un exceso de empatía y sufren por estar siempre pendientes de los demás.

Lo cierto es que la empatía es una capacidad humana con la que nacemos, pero que necesitamos desarrollar, es decir, no somos empáticos cuando nacemos. Tenemos la capacidad para serlo, pero lo que nos suceda en la infancia y, sobre todo, en el vínculo con nuestras madres y padres, va a determinar cuán empáticos seamos.

La empatía es la parte afectiva de la mentalización, que es la capacidad para ponernos en el lugar de los demás, de ser conscientes de que las demás personas tienen sus propios pensamientos y emociones e intentar ponernos en su lugar y comprenderlos. Es una capacidad característicamente humana que nos permite dos cosas fundamentales.

Una es poder vernos y pensarnos a nosotros desde fuera, comprendiendo que somos un ser humano más rodeado de otros seres humanos distintos, en un momento social e histórico singular. Esto nos permite reconocer nuestros pensamientos y emociones como propios, nuestros, individuales y no creer que son realidades externas y comunes, es decir, admitir que los demás no piensan ni sienten como nosotros, ni tienen por qué hacerlo.

Nos permite, además, ver y pensar a los otros desde dentro, es decir, comprender que tienen sus propios deseos, intenciones, pensamientos y emociones distintos a los nuestros y que son los que motivan lo que dicen y hacen. Y que, al estar esos motivos ocultos en su interior, no podemos conocerlos ni presuponerlos, sino que, si queremos conocerlos, tenemos que preguntar.

El grado de la capacidad de mentalización que tengamos denota el grado de comprensión que tenemos tanto de nuestra conducta y nuestras reacciones como de las de los demás, entendiendo esta en términos mentales, es decir, que expresa lo que sucede en nuestra mente única y singular. La mentalización es una capacidad que desarrollaremos a lo largo de toda nuestra vida —aunque si no comenzamos a desarrollarla en la infancia, no conseguiremos tenerla— y que podemos perder cuando nos invade una emoción muy intensa.

Hay una mentalización de la que somos conscientes y otra que no y que llamamos *intuición*. La intuición es una manera primitiva, más instintiva, de aprehender la realidad que nos rodea y a los demás que se basa en la percepción de todo lo que es extraverbal. Nacemos con muchísima intuición y los adultos que logran conservarla poseen una capacidad muy valiosa para recibir información de los demás. Una información que, al no estar mediada por las palabras y los gestos que durante nuestras vidas hemos aprendido a manejar, resulta mucho más veraz y tiene menos capacidad para ser manipulada. Sin embargo, los estilos de vida, de educación y de crianza que se nos imponen se focalizan en desarrollar nuestra parte intelectual en pro de unas maneras que nos permiten convivir y controlar las emociones y los instintos, pero que nos inculcan el que dejemos de escuchar y validar lo que nuestra intuición nos dice del mundo y de los demás.

Recuerdo a una paciente que tenía un trastorno del espectro autista. La trataba desde pequeña y conocía bien a sus padres, personas buenas y sencillas que habían construido un hogar cálido adaptado a las necesidades de su hija. Acudían siempre puntuales a las citas de revisión. Pero un día, por primera vez en muchos años, no vinieron a la consulta ni llamaron por teléfono. Al cabo de un mes, volvieron. La madre, que tenía unos cuarenta años, acudió acompañando como siempre a su hija, pero en silla de ruedas y sin poder hablar. El padre me contó sin poder contener la emoción que un día, estando en casa, la madre dijo que estaba mareada, que no se encontraba bien. Él la instó a tumbarse en la cama un rato, por si era cansancio y así lo hizo. Cuando el padre estaba viendo la televisión, sonó el timbre de la puerta. Y cuál fue su sorpresa al abrir y encontrarse con el personal de los servicios de Urgencias. La niña, mi paciente, los había llamado. Y con su escaso lenguaje había pedido ayuda. Sabía que algo grave estaba pasando. Cuando entraron en la habitación de la madre, a esta le estaba dando en ese momento un ICTUS de inmensa gravedad. Su hija le había salvado la vida. Su intuición la había advertido de que su madre no estaba cansada, sino que algo muy peligroso le empezaba a ocurrir y había que actuar.

Podemos decir que nacemos con intuición, pero que, en el proceso de adaptación a la sociedad, se nos enseña a no validar ni a escucharla.

La parte consciente de la mentalización también nace con nosotros, pero su desarrollo y su contenido van a depender de las relaciones vinculares que tengamos. De lo estables, respetuosas y coherentes que sean. Y de la capacidad que tengan nuestras figuras de apego para reconocernos como seres diferentes a ellos, con pensamientos, emociones e intenciones propios. Si no es así, nuestros padres nos invadirán con sus propios pensamientos y emociones sin darnos la oportunidad de desarrollar nuestra capacidad de mentalización y nuestra empatía de manera adecuada y equilibrada.

Esto no debemos confundirlo con que a nuestros hijos los criamos en un ambiente familiar con tradiciones que se heredan. Ni con el extremo contrario en el que al niño se le pregunta absolutamente todo. Tiene que ver con la capacidad para observarle, de la que hablábamos en anteriores capítulos, interpretar sus señales respetando lo que vemos, sentimos y escuchamos y de adecuar nuestra respuesta a ello, en una actitud constante.

En la infancia vamos construyendo muchas capacidades mentales a la vez. Capacidades que tienen que ver unas con otras, como el narcisismo y la mentalización. Cuando hablábamos del narcisismo, comentábamos que en los primeros meses de vida nuestro hijo no es capaz de reconocernos como un ser distinto a él, ni de que hay una realidad externa distinta a su propio pensamiento. Alrededor del sexto mes de vida, comienza a comprender, si le hemos ayudado a hacerlo con frustraciones tolerables, palabras y gestos con las que le demostramos que además de sus deseos y necesidades están las nuestras, que hay una realidad externa y que para conseguir algo, ya sea alimento o calor, puede hacer algo como llorar, mirar o moverse. A esta edad sigue creyendo que los objetos inanimados y las personas que le cuidan son lo mismo, un objeto sin intenciones propias que le sirve para satisfacer una necesidad o calmar un malestar. Y solo podrá creer lo que ve. Para él no existe ninguna otra realidad posible. Lo que no se ve no existe todavía para él, es decir, no puede ponerse en el lugar de los demás y presuponer una intención que no ve. Para comprender y respetar a los demás como seres distintos a nosotros, tenemos toda la infancia, pero si no ayudamos a nuestros hijos a desarrollar dichas capacidades en la infancia, a partir de la adolescencia, su cerebro se habrá edificado sin estas capacidades y ya no podrán desarrollar ni la empatía ni la mentalización suficientes para poder convivir y respetar a los demás.

A todos nos llama la atención la palabra *psicópata*, todos hemos escuchado noticias de personas que, de manera cruel, atentan contra la integridad de los demás, ejercen una violencia deshumanizada que parece irreal y para la que no muestran ni culpa ni remordimientos. Estas personas, además de vivir en ambientes en los que la violencia estaba normalizada, no recibieron los cuidados necesarios para desarrollar la capacidad de ponerse en el lugar de los demás y no verlos como objetos. Son personas emocionalmente incapaces.

Por su parte, la hipermentalización suele ser consecuencia de una crianza basada en vínculos inseguros o caóticos, es decir, en unos padres que están a sus cosas, que son impredecibles en sus conductas y que expresan poco interés y dan poco cariño y que hacen que sus hijos desarrollen en exceso la capacidad para pensarlos y poder anticipar así conflictos y evitar más dolor y abandono. También es posible desarrollar una mentalización distorsionada, en la que atribuimos intenciones y pensamientos a los demás sin dejar lugar a la duda razonable y sin admitir que, si los otros no nos lo muestran, su interior no nos pertenece y nunca lo conoceremos de verdad.

En cualquier caso, la mentalización y la empatía son dos de las capacidades humanas más importantes que no solo nos permiten convivir con los demás, sino establecer las relaciones humanas de afecto y sostén que son uno de los grandes pilares de la vida. Dando cariño y estableciendo límites a nuestros hijos, reconociéndolos como seres distintos a nosotros, con sus propios pensamientos y emociones y mostrando los propios con respeto, los ayudaremos a desarrollar esta capacidad tan importante para la vida, pero que, como otras capacidades humanas, sin nuestra ayuda, no lograrán tener.

El primer gran amor

Cuando nacemos, nuestro primer y gran amor es nuestra madre o figura materna. A ella se lo debemos todo. Nuestra vida, el amor y los cuidados con los que sobrevivimos y nos construimos. A las semanas de llegar a este mundo, poco a poco, aparece una nueva figura que también llenará nuestro corazón. Nuestro padre o figura paterna, que será nuestro salvavidas, un suelo firme que nos acerca a la realidad. Amamos y necesitamos a ambos como no haremos con nadie más en nuestras vidas. La necesidad de su cariño y aceptación es prácticamente indestructible; aunque tengamos unos padres dañinos y negligentes, nuestra necesidad de su amor perdurará siempre, escondida en el fondo de nuestro corazón. Muchos de los problemas y del sufrimiento con el que caminan las personas en sus vidas tiene que ver con este amor pendiente. Tal es la necesidad del amor materno y paterno que tiene un niño que hará cualquier cosa para obtener alguna gotita de ese cariño imprescindible y mantener una esperanza que, aunque agoniza, sobrevivirá a la dura e injusta realidad. Protestar, demandar, idealizar, negar, someterse, responsabilizarse y anularse serán sus opciones para salvaguardar la figura de mamá y papá.

A pesar de que seamos madres y padres «suficientemente buenos», nuestros hijos no se van a contentar con un amor «suficiente»: demandarán un amor exclusivo. Crecerán y poco a poco irán siendo conscientes de que no solo no les pertenecemos, sino que, además de a ellos, amamos a otras personas. A nuestra pareja, si la tenemos; a sus hermanos, si los hay. Aparecen los celos, una emoción esperable que —como el resto de las emociones— necesita ser reconocida, escuchada y sostenida y que no debemos intentar cambiar. No se trata de cambiar la realidad, dejando de mostrar cariño y atención por nuestra pareja o sus hermanos por miedo a que nuestro hijo se sienta mal. En el tema de los celos, tenemos que ayudar a que nuestros hijos comprendan, experimentando que, aunque no tienen ese lugar exclusivo que cualquier niño ansia, tienen un importante lugar. Ayudarlos a que una cosa es lo que sentimos y la otra es qué hacemos con lo que sentimos. Podemos sentir celos. Podemos decir que tenemos celos, pero tenemos que aprender a no ser violentos y manejar esta emoción, como el resto de nuestro mundo emocional. Haciéndonos cargo del mismo, validándolo y comprendiendo y actuando sin dañarlo y sin dañar.

Recuerdo a un niño de cinco años que acudía a consulta porque por las noches se hacía pipí en la cama. Cuando entró en el despacho, sus padres le dejaron elegir asiento y él se colocó en la silla que quedaba en medio de ambos. Era un niño que se sabía querido y atendido en casa. Pero cuando la madre sonrió en un determinado momento y el padre le acarició a ella la cara, el pequeño, presto, apartó la mano a su padre y se sentó en los brazos de su madre, besándola y abrazándola. Los padres siguieron hablando como si no pasara nada. Al señalárselo, me contaron que el niño siempre decidía quién le leía un cuento y quién lo bañaba. Cuando la pareja estaba junta en el sofá de la casa y se daban un beso, el niño iba corriendo y se sentaba en medio, demandando todos los besos que ambos se daban. Por las noches, dormía en la cama entre ambos. A los padres les daba pena su niño y renunciaban a su vida íntima para atender las demandas infinitas de un hijo al que adoraban, pero que los esclavizaba.

En la infancia somos conscientes de un conflicto psíquico que nos acompañará y que elaboraremos a lo largo de toda nuestra vida. Freud lo puso sobre la mesa. Es el famoso y poco entendido *complejo de Edipo*.

El complejo de Edipo se basa en la necesidad universal de un amor exclusivo, solo para nosotros, que es vestigio de lo que sentimos y recibimos en el vientre de nuestra madre. A medida que crecemos y nuestros padres nos van enseñando la realidad del momento, acude a nuestra mente una certeza que rechazamos. Y es que nuestra madre ama también a otras personas, entre ellas a nuestro padre. Lograremos aceptar esta idea, aunque no renunciemos a la esperanza de que en algún momento recuperaremos ese amor exclusivo que perdimos. Buscaremos entonces el amor exclusivo de nuestro padre (de la figura paterna) y, si tampoco lo encontramos, seguiremos con nuestras vidas, intentando llenar esa necesidad de un amor perfecto y centrado en nosotros con los amores reales y parciales que los amigos, las parejas y nuestros propios hijos nos van a poder dar. Es una necesidad a la que no renunciamos, pero que posponemos y aplazamos. El famoso mito de la media naranja tiene aquí su origen y explicación.

Las personas que al crecer maduran lo hacen también en este aspecto tan fundamental, lo que les permite crear relaciones sanas con los demás. Se trata de renunciar a un amor exclusivo y ser capaces de amar a más de una persona, tolerando que aquellos a quienes amamos y necesitamos amen también a alguien más, sin entrar en guerras de lealtades, celos envenenados o denigraciones que destruyen. Es un proceso difícil en el que, como madres y padres, jugamos un papel crucial.

Padres y madres podemos meter a un hijo en la relación de pareja de muchas formas, lo que hará que crea que su deseo de amor exclusivo es posible y real. El corazón y el interés de nuestros hijos se quedará atrapado en casa con nosotros e impediremos que puedan salir a un mundo donde hay otras personas, a las que necesitan para crecer con salud mental. Conozco a madres y padres que están muy solos, que han tenido una vida difícil y que por fin sienten que alguien los quiere de verdad. Que con su entrega incondicional e inflexible crean necesidades en sus hijos. Que expulsan al padre de la cama y dejan que el niño ocupe un lugar peligroso que no le corresponde y del no podrá escapar jamás sin ayuda. Conozco a madres solteras y a padres viudos que dejan a sus hijos ocupar el lugar de su pareja, porque el dolor de la soledad no deseada los atenaza y no tienen a nadie más. Conozco a parejas con una relación pasional e inestable que hacen partícipes a sus hijos de las peleas para validar sus razones o sostener la soledad que llega tras los enfados, colocando al pequeño en la posición imposible de tener que elegir quién es el bueno y quién es el malo. Hay padres que incluso hacen de sus hijos emisarios e intermediarios en la pareja. Todo ello alimenta el deseo oculto de cualquier niño de ser elegido por una madre y un padre como amor único y principal. La salud mental, la conexión con el mundo, la capacidad para establecer relaciones saludables, el manejo de la seducción, de lo que creemos que es traición y de la manipulación de las personas que necesitamos tienen que ver mucho con esto. La renuncia al amor exclusivo solo la hacemos si nuestros padres nos acompañan de la mano. Si se respetan el uno al otro. Si no nos dejan ocupar un puesto diferente al de hijo. Si no nos hacen partícipes ni exhiben la intimidad de su relación de pareja. Si se reservan un tiempo y un espacio en el que, como hijos, no entramos. Si nos enseñan que, por muy buenos, obedientes o guapos o sometidos hijos que seamos, jamás ocuparemos un sitio reservado a su pareja si la hay o unos hermanos si los hay o a otras personas. Eso nos frustrará un tiempo. Pero es un gran regalo. Porque conseguiremos quererlos con la libertad y la seguridad que otorga ocupar el sitio en el que sí somos «bien amados» y nos permite sabiéndonos queridos salir al mundo a buscar aquello que necesitamos y, en los brazos de nuestra madre y nuestro padre, ya del todo no lo encontramos.

Capítulo 8

La latencia

¿Quién dijo que la melancolía es elegante? Quitaos esa máscara de tristeza, siempre hay motivo para cantar, para alabar al santísimo misterio, no seamos cobardes, corramos a decírselo a quien sea, siempre hay alguien a quien amamos y nos ama.

GLORIA FUERTES

El objetivo de la educación es formar seres capaces de gobernarse a sí mismos, y no ser gobernados por los demás.

HERBERT SPENCER

La latencia es la etapa que comprende desde los seis hasta los once o doce años, cuando comienza la pubertad. Es una etapa que pasa desapercibida y a la que no damos la importancia que tiene esencialmente por tres razones.

La primera, porque en esta etapa de sus vidas nuestros hijos pasan de ser los terremotos que son en la infancia, con una vitalidad desbordante, una inestabilidad emocional importante y una expresión y comunicación corporal libre y desatada, a ser menores que parecen tranquilos, que dominan el lenguaje, estabilizan sus emociones, manejan mejor su impulsividad y son capaces de sentarse a dibujar, leer cómics, ver una película, hacer manualidades, tener su cuarto más o menos ordenado y ponerse a estudiar. Pareciera que la vitalidad, la fuerza y la inestabilidad que dominaban antes sus días hubieran desaparecido por arte de magia. Sin embargo, esa fuerza permanece latente (de ahí el nombre de esta etapa), posibilitando que nuestros hijos desarrollen otras capacidades antes de llegar a la adolescencia, cuando toda esa fuerza volverá como un tsunami a despertar. La segunda, porque cuando los niños no logran desarrollar los ítems que deben aprender en la infancia, llegan a esta etapa cronológica, pero no madurativamente hablando. Como decía el psicólogo infantil Jean Piaget (1896-1980), «cada etapa de la infancia constituye una condición para la siguiente», es decir, nuestros hijos pueden tener siete, ocho, nueve o diez años, pero mental o emocionalmente encontrarse en una etapa anterior. Esto sucede, por ejemplo, cuando una niña o un niño de diez años se hacen pipí en la cama, no pueden estarse quietos en clase, pegan a sus compañeros para resolver los conflictos o duermen siempre con sus padres. Ya hemos hablado de la importancia de acompañar e incentivar a nuestros hijos para que crezcan y maduren, porque sin nuestra ayuda no pueden hacerlo. Si no los ayudamos a que vayan incorporando aprendizajes y desarrollando de manera jerárquica su aparato psíquico, no solo estarán perdiendo la oportunidad de desarrollar capacidades, algunas de las cuales quedarán para siempre inhibidas, sino que van a encontrarse con retos y situaciones en la escuela o con sus iguales que no podrán resolver. No contarán con las herramientas psíquicas y emocionales necesarias y se frustrarán en una etapa de su vida en la que están forjando el concepto que tienen de sí mismos, que se desarrollará considerándose insuficientes y poco valiosos.

Recuerdo a un niño de nueve años que acudía a consulta porque se hacía caca encima. Los especialistas de otras áreas médicas le habían realizado las pruebas pertinentes sin encontrar ningún problema. Era un niño de mirada rápida y huidiza que era muy controlador y competitivo, alguien para el que ganar y demostrar lo mucho que creía valer era lo más importante. Sus padres tenían muy mala relación y la madre, que vivía lejos de su familia y amigos, se sentía triste y sola y se volcaba en este niño, queriendo darle todo y sin atreverse a frustrarlo nunca, ya que su niño era su único amor. El padre evitaba aparecer por casa y, cuando lo hacía, la casa ya estaba en silencio. La madre y el niño dormían juntos y él se acostaba con su soledad en el viejo sillón del salón. El niño, con nueve años, seguía teniendo enormes rabietas cuando alguien, que nunca era su madre, le decía que no o le ponía un límite. Sus amigos se fueron alejando de él, porque no aceptaba perder, quería dirigir los juegos, se enfadaba violentamente por cualquier cosa y, además, le decían, riéndose de él, que olía mal. En este caso, se hizo necesaria no solo una intervención con el niño, usando el juego como arma terapéutica (como propuso la psicoanalista Melanie Klein [1882-1960]), sino también con ambos padres, que acudieron a terapia de pareja. Todo ello posibilitó que la madre mejorara su estado de ánimo y el padre se atreviera a estar más presente y ocupara el lugar que le correspondía. En la cama, en la relación con su mujer y en la relación con su hijo, que aprendió el lugar real que ocupaba en casa y en el mundo, a respetar a los demás, a no invadir y tolerar la frustración, pudiendo recuperar así la amistad de otros niños, que tanto valoraba y echaba de menos.

La tercera razón por la que damos poca importancia a la latencia es que, en la sociedad actual, la adolescencia es la edad deseada y potenciada por excelencia. Todo el mundo quiere ser un adolescente. Desde los adultos de cuarenta años hasta los niños de diez. La adolescencia se ha potenciado e idealizado tanto que ha perdido sus límites cronológicos y su sentido. Ahora, pareciera que los niños llegan antes a la adolescencia porque tienen comportamientos y actitudes adolescentes a edades más tempranas. Pero esto, además de no ser posible ni real, los perjudica enormemente.

A la adolescencia se llega tras un enorme cambio corporal que está mediado por factores hormonales. Estos desencadenan unos cambios neuronales que veremos con detalle en el siguiente capítulo, dedicado a esta importante etapa de la vida.

Por tanto, aunque nuestros hijos muestren actitudes adolescentes (en su vestimentas, su gusto por bailes hipersexualizados, su interés por contenidos adolescentes, la necesidad de cuestionar los límites y las normas o la irritabilidad o inestabilidad propia de la adolescencia), es imposible que realmente estén en ella porque no están bajo los cambios hormonales ni cerebrales que marcan y definen esta edad. Como nos dice J. Piaget, la adolescencia es una etapa mental a la que no se puede llegar si no se han elaborado las etapas previas.

Lo más peligroso de la latencia es no poder vivirla

Recuerdo a una madre que acudía angustiada a la consulta con su hija de diez años, que, sentada a su lado con mechas rosas en el pelo, las uñas pintadas de negro y mascando ruidosamente un chicle, miraba distraída su móvil. La madre acudía pidiendo auxilio. Decía que no reconocía a la niña que estaba sentada a su lado. La pequeña, al oír esto, la miró, se rio de ella y siguió con su móvil. La madre me contó que la situación se les había ido de las manos. Tanto ella como su pareja trabajaban mucho, durante largas jornadas que les hacían llegar a casa agotados. La niña nunca había dado problemas de pequeña. Desde los siete años, la recogía una amiga de la madre del colegio y la dejaba en casa, estudiando. Le compraron un móvil con internet y nunca lo supervisaron. Además de no entender mucho de tecnologías y de sentir que el móvil atenuaba la culpa que sentían por dejar a su hija sola por las tardes, lo veían adecuado, ya que «todos sus amigos ya tenían móvil con Tiktok, Instagram, YouTube...». La dejaban ver series para adolescentes que contaban aparentes historias de amores romantizados, que contienen un aleccionamiento que perjudica de manera evidente a nuestros hijos. Poco a poco, lentamente, su niña fue cambiando. Quería vestirse con faldas muy cortas, pintarse las uñas y se pasaba el día frente al móvil, bailando. Ellos no veían el peligro: «Todas sus amigas hacían lo mismo, es la juventud de ahora», decían sus padres. Empezó a sacar malas notas, a retarlos, a escaparse de casa para quedar con chicos adolescentes, a llegar cada noche más tarde, a no querer estar con ellos e incluso a despreciarlos.

Un caso como este se ve en las consultas de psiquiatría a diario. Menores invadidos por otra etapa de la vida. Que han perdido el derecho de seguir en su infancia el tiempo necesario.

Hay menores que no tienen la oportunidad de atravesar la latencia. Algunos se encuentran en situaciones familiares de extrema gravedad y pasan de la infancia a tener un exceso de responsabilidades adultas. Otros niños quedan atrapados en la infancia más precoz, sin poder elaborar o desarrollar las capacidades cognitivas y emocionales previas que dan la posibilidad de entrar en la latencia. Otros son invadidos por la adolescencia porque acceden al contenido adulto que hay en las redes o porque sus referentes son adolescentes, ya que sus padres y madres están centrados en otras cosas, muchas veces superados y sobreviviendo a una vida cada vez más compleja, lo que provoca que necesiten pensar en sus hijos como seres autónomos e independientes. A ellos no les queda ni tiempo ni fuerzas para asumir que sus hijos aún son niños.

El mayor peligro que tienen los niños en esta etapa es no poder vivirla. Es una etapa imprescindible, no solo porque se continúan cimentando las capacidades que posibilitarán que puedan adaptarse a la vida adulta y construyan los diques que contendrán el tsunami que implica la adolescencia, sino porque en ella se produce la integración, el desarrollo y la consolidación de todo lo aprendido en la infancia y que posibilita los sentimientos de destreza, capacidad, autonomía e iniciativa que, integrados con otras capacidades —como la mentalización o la empatía—, son la base de una autoestima real y adaptada que posibilita una vida madura, plena y satisfactoria.

De la magia a la búsqueda de la verdad

En la infancia, nuestros niños viven a caballo entre el mundo real y el que ellos imaginan. En parte porque tienen mucha creatividad. En parte porque no distinguen su mundo interno de la realidad. En parte porque para ellos todo es un juego o porque todo lo que descubren es verdaderamente asombroso. Y en parte porque los adultos les contamos historias para que atraviesen una realidad que es inquietante sin dejar de jugar. Por eso el Ratoncito Pérez se lleva los dientes, las marionetas tienen vida, es asombroso que un globo vuele y, cuando se disfrazan de superhéroe o pirata, verdaderamente lo son en su realidad.

Este tipo de pensamiento mágico de la infancia, en el que la lógica que relaciona dos sucesos no existe y los objetos se entienden según su función (la pelota sirve para jugar, un vaso para beber...), es progresivamente sustituido en la latencia por un pensamiento lógico y organizado, que deja de ser tan egocéntrico, en el que la separación entre lo que yo tengo en la cabeza (mi mundo interno) y lo que pasa en realidad (mundo externo) se produce, pudiendo comprender que son realidades distintas. Además, entre ambos mundos hay un muro que se empieza a construir y que permite creer que los demás no pueden saber lo que pienso o siento —y viceversa— y que además nos hace sentirnos protegidos de lo que sucede fuera.

En esta etapa, los niños van entendiendo que los sueños son sueños y, además, que son suyos, que los crean ellos. Pero les pueden seguir asustando las pesadillas, por lo que algunos desarrollan ciertos rituales, como colocar los peluches, pedir que los besemos antes de acostarse o que les leamos un cuento antes de dormirse, que los ayudan a transitar hacia el mundo de los sueños, en el que parece haber una realidad distinta no sujeta a las mismas leyes que ya conocen y a poder anticipar lo que los sucede.

Aunque la etapa de la vida en la que se despierta con más fuerza la curiosidad es alrededor de los cuatro años, en esta etapa nuestros hijos comenzarán a hacernos preguntas, porque querrán encontrar la lógica de las cosas, su causalidad y comprenderlas. Algunas de esas preguntas nos resultarán fáciles de responder, otras nos removerán, otras puede que nos enfaden o nos hagan sentirnos cuestionados y otras quizá nos asusten o no las sepamos responder. Y, una vez más, tendremos que equilibrar la balanza entre contestar con la cruel y despiadada realidad en la que parece que caminamos inmunes los adultos, o negar las respuestas, en un intento de mantener y alargar el mundo de fantasía de la infancia, donde los sabemos a salvo de la cruda y muchas veces hostil realidad.

Es importante que sepamos que las respuestas que demos a sus preguntas tienen que ser verdaderas. Si les mentimos, antes o después se darán cuenta y no sabrán entonces cuándo les mentimos y cuándo les decimos la verdad y pueden fiarse de nosotros. Comenzarán a dudar y les costará recuperar la confianza que antes depositaban ciegamente en nosotros. Pensarán que hay un motivo importante por el que les mentimos y dudarán en preguntar más. Buscarán las respuestas en otro sitio y en otras personas y perderemos la oportunidad de que acudan y confíen en nosotros cuando tengan una duda o un problema, en una etapa en que querer saber y comprender es fundamental.

Pero la verdad no tiene que ser toda la verdad. Como en otras funciones asociadas a la crianza, tenemos que mirarlos a los ojos, comprender y respetar lo que pueden tolerar. Necesitan que cuidemos lo que les decimos y cómo se lo decimos, para que nos les resulte invasivo y los dañe. A la verdad se llega en pequeñas y asumibles dosis, poco a poco. Armando las defensas que los ayudan a tolerar y aceptar las inquietantes respuestas que están por llegar. La muerte. La sexualidad. La identidad. Las relaciones humanas. La vida. Los «porque sí» y los «porque no». Las leyes que rigen nuestras vidas. La injusticia. La miseria humana. La enfermedad y el dolor. Los dioses del mundo. La diferencia entre nosotros. De dónde vienen. Por qué están aquí. Cuál es la historia familiar que los antecede. Qué futuro está por venir.

Y cuando no tengamos respuestas, hablemos con ellos de los propios límites que debemos aceptar. Contémosles que nosotros seguimos buscando respuestas en la noche y que sabemos que algunas de ellas nunca las llegaremos a encontrar

El desarrollo intelectual

En la latencia, nuestros hijos van a comprender los conceptos de tiempo, reversibilidad y conservación. Estos dos últimos implican entender que las cosas, aunque se deformen y adquieran formas y estados distintos, siguen siendo ellas mismas y, a veces, pueden volver a la forma original.

Estos tres conceptos ayudan a vivir los cambios y las separaciones. Comprenderán que un «hasta mañana» no es un adiós definitivo. Sabrán que cuando sienten malestar o disconfort —por ejemplo, al esforzarse en una actividad psíquica o física—, ese malestar es pasajero y tiene un final próximo. Que cuando se les cortan las uñas vuelven a crecer. O que cuando prestamos un lápiz, nos lo van a devolver.

La comprensión del tiempo también les permite comprender profundamente lo que significa la palabra siempre, un divorcio, una enfermedad, una pérdida... La muerte, en realidad. Cuestiones que muchos adultos necesitamos una vida entera para comprender, tolerar y aceptar.

La capacidad para concentrarse es algo que desarrollamos de manera progresiva y que depende mucho de nuestro mundo emocional, de la estabilidad y la seguridad del ambiente en el que crecemos y de la libertad para pensar, cuestionar y preguntar. Un niño de nueve o diez años ya puede atender y concentrarse, lo que le permite mantener una misma actividad mucho más tiempo y desarrollar capacidades y habilidades nuevas.

Entre estas nuevas habilidades hay dos muy importantes: la voluntad y la laboriosidad, sin las cuales no podrá estudiar ni, llegada la edad adulta, trabajar.

La voluntad se adquiere en la renuncia temporal de las gratificaciones inmediatas de las pequeñas cosas diarias, detalles que parecen nimios y que sin embargo esconden la capacidad que diferencia a las personas que se sienten capaces y dueñas de sus vidas, de las que se dejan en días monótonos arrastrar.

«Te puedes tomar la chocolatina después del bocadillo, cuando termines matemáticas», «te puedes levantar, vas a conseguirlo, pero no a la primera», «ya sé que no te apetece, pero ayúdame a poner la mesa y después ya puedes llamar a tus amigos».

Nuestros hijos deben descubrir en esta etapa la satisfacción de proponerse algo y lograrlo, la satisfacción que supone producir o crear. Son capacidades que, al experimentarlas, van reforzando una identidad capaz y valiosa, que desarrollan como el resto de sus capacidades poco a poco, con nuestro ejemplo, con nuestra ayuda y teniendo claro como madres y padres que nos necesitan en cada momento de su crecimiento.

En esta etapa, nuestros hijos aprenden a recibir instrucciones y realizarlas. Interiorizan el concepto de que algo merezca la pena, sea útil y sirva. Por eso sus juegos, al principio de esta etapa, tienen que ver con imitar los roles de los adultos que hacen cosas que sirven para algo. Juegan a ser profesores, veterinarios, médicos, padres o madres...

Mas tarde, sobre los nueve años, los niños prefieren los juegos de mesa, con normas y estrategias, los experimentos científicos, cocinar, las manualidades o los juegos de construcción. Y siguen necesitando (esto para toda la vida) correr y saltar libres por los campos, con su equipo deportivo o en los parques de la ciudad, es decir, actividades que conllevan el placer de pensar y crear algo útil, competir y compartir con los demás, aprender cosas nuevas y conectar con el cuerpo y la naturaleza.

Igual que desarrollan los conceptos de voluntad, laboriosidad y capacidad que refuerzan su autoestima, empiezan a entender los conceptos de inferioridad e incapacidad, cuando no pueden hacer cosas que, sin embargo, ven hacer a los demás. En este punto es crucial no solo nuestra actitud, sino la de sus maestros. Ellos son los que más de cerca ven a un niño o niña que se queda retrasado o que no está desplegando las habilidades que necesita, los que pueden intentar comprender el motivo que lo causa y ofrecer una solución para que cada menor pueda desarrollar las virtudes y capacidades que llamamos competencias.

La latencia es la etapa en la que se inaugura la subjetividad, se amplían las fronteras del mundo más allá del hogar, se conecta con la realidad externa de manera mayoritaria y son posibles la autonomía, los cuidados propios y el sentimiento de responsabilidad.

En esta etapa, lo social empieza a ser decisivo. Y una de las competencias que el niño debe desarrollar es la capacidad de trabajar en equipo y comprender la ética que eso conlleva, especialmente el respeto por la diferencia que representan los demás.

Actividades extraescolares y ocio

Padres y madres andamos agobiados, creyendo que lo mejor para nuestros hijos es que desarrollen al máximo todas sus capacidades. Los apuntamos a infinitas actividades extraescolares que los tienen entretenidos y nos ayudan a nosotros a compatibilizar la vida familiar con la vida laboral. Pero al hacerlo, también les robamos un tiempo libre imprescindible para jugar, descansar de la larga jornada escolar —en la que ya tienen que concentrarse y aprender conceptos cada vez más complejos— e ir más tranquilos por la vida. Por eso es clave pararnos a pensar para qué les sirve realmente tanta exigente actividad.

No es lo mismo llevar a nuestros hijos a practicar un deporte solitario, de difícil técnica, una actividad que a nosotros nos gusta, pero que a ellos se les da mal, los frustra y les hace sentirse inferiores, que implantar en su rutina una actividad física en equipo, que se les dé bien de manera innata y que los ayude a estabilizar su mundo emocional, a liberar la carga acumulada de todas la horas de quietud y concentración en el colegio, trabajar en equipo y hacer nuevos amigos. Aceptar sus límites y las jerarquías que el deporte en equipo conlleva, rebajar la ansiedad, aumentar la capacidad de concentración, dormir mejor, aumentar su resistencia y energía vital y poder conectar con un cuerpo que sienten libre y capaz son algunos de los beneficios de esta actividad.

Debemos evitar que se sumen a nuestra vida acelerada, donde todo son exigencias y aportarles capacidades e intereses que les hagan sentirse valiosos y ayuden a su estabilidad.

Si somos conscientes de que la latencia es una enorme oportunidad para nutrir la cabecita de nuestros hijos, tomaremos mejores decisiones a la hora de plantearnos lo que ven en televisión, las actividades a las que los apuntamos, de qué hablamos en las cenas, qué hacemos con ellos los fines de semana y el ejemplo que con nuestra conducta les estamos dando.

La idea de dar ejemplo parece atravesar una crisis existencial profunda. Atiendo a muchas madres y padres que se quejan de las adicciones de sus hijos a las pantallas y ellos no sueltan de su mano el teléfono o la tablet. A estas edades, la mejor manera de ayudar a nuestros hijos a construir los diferentes pilares que los sostendrán a lo largo de sus vidas es dar ejemplo compartiendo con ellos nuestros intereses, viendo con ellos contenidos adecuados a su edad, dedicando momentos a la lectura después de cenar, ojeando juntos el periódico, jugando a las cartas, paseando, visitando museos, cocinando con ellos… En suma, ayudándolos a crear aficiones e intereses con un horizonte grande y plural. Es el mejor momento. En esta edad somos sus referentes y quieren estar con nosotros. Luego llegarán otras etapas en las que tendrán que separarse e individualizarse de nosotros. Y si tienen las herramientas necesarias, tendrán más pilares que los sostengan y atravesarán esas etapas con mayor facilidad.

Podríamos pensar que el aparato psíquico se parece a una fábrica con una maquinaria de última generación que nunca deja de funcionar y producir pensamientos, emociones y acciones. El producto final depende directamente de la materia prima que entra en ella y con la que se fabrica el producto. Las personas estamos produciendo pensamientos, emociones y actos constantemente, incluso cuando dormimos. Pero el contenido y el resultado dependen mucho de la información que nos llega, de las ideas que nos nutren, de las cuestiones que nos rodean. Todo lo que vean, comenten, lean, escuchen, debatan y experimenten será esa materia prima que, al llegar a la adolescencia, producirá pensamientos, emociones y actos más ajustados y adaptativos para atravesar esta etapa tan compleja de la mejor manera. No es lo mismo entretener a nuestros hijos con películas o libros que contienen violencia gratuita o que hablan de un amor romántico que envenena y los aleja de lo que realmente es y podemos esperar del amor, que enseñarles documentales de naturaleza, ciencia o historia, o películas de aventuras que esconden mensajes y moralejas importantes, que nos muestran a personas normales que luchan por sus valores, niños que aprenden y superan situaciones difíciles, pequeñas heroínas que se pierden y encuentran el camino de vuelta a casa, culturas distintas y momentos históricos que nos ayudan a comprender lo que realmente somos. Estas historias que encontramos en películas, libros, documentales, en museos, teatros y en las historias familiares y personales que les contamos, perfilan referentes que luego serán un farol encendido que los guíe cuando la vida se vuelva oscura e inquietante y necesiten un poco de luz, para saber por dónde continuar.

El miedo

El miedo es una emoción intensa que se desencadena cuando creemos que nuestra seguridad y nuestra integridad están en peligro. Nos impulsa a adoptar las medidas necesarias para evitar y reducir las consecuencias del posible daño y proteger nuestra supervivencia.

Para ello, se activa el sistema nervioso autónomo (simpático y parasimpático). Se produce un aumento de la noradrenalina, de la adrenalina, del GABA, de la serotonina, de la CRH y de la síntesis y la liberación de cortisol, que son la causa de las respuestas físicas, psíquicas y emocionales que aparecen cuando nos encontramos ante un peligro: taquicardia, sensación de falta de aire, diarrea o incontinencia urinaria, temblor, sudoración, palidez cutánea, dolor de estómago, tensión muscular, sequedad de boca, fallos en la voz, hipervigilancia, centralización de la atención, dificultad para retener y memorizar, pérdida de control, vulnerabilidad, confusión mental y distorsión en la percepción del tiempo y del espacio.

Hay dos tipos de realidades en la vida de cada uno de nosotros. La interna y la externa. Lo que está dentro y fuera de nuestras cabezas. Recordemos que cuando nuestros hijos son bebés, la única realidad que contemplan es la interna y que, a medida que van creciendo y los ayudamos a crecer, van siendo conscientes de la realidad externa. Aprender a separar ambas es importante en muchos aspectos de nuestra vida. Entre ellos, para manejar los miedos.

Porque nuestro cuerpo va a reaccionar igual esté la amenaza fuera, en la realidad externa (un perro que viene ladrando, una cita en un hospital), que si está en nuestra realidad interna, dentro de nuestra cabeza (me imagino que en la oscuridad hay un monstruo o si no escucho a mi madre en la cocina creo que se ha ido para siempre jamás).

Es cierto que lo que consideramos una amenaza es algo muy personal que depende de varios factores, entre ellos, la naturaleza de lo que pasa y los recursos para afrontar la situación; la seguridad en uno mismo y el nivel de confianza en que las cosas van a ir bien; las experiencias previas, tanto negativas como positivas y el nivel de tensión o incertidumbre con el que vivimos a diario.

Tal vez lo más difícil del miedo sea aprender a diferenciar dónde está la amenaza. Si en mi mundo interno o en la externa realidad. Y en eso las madres y los padres tenemos un papel fundamental. Un papel que comienza por escuchar el miedo de nuestros hijos: esto, que parece sencillo, no siempre nos resulta fácil. A veces nos enfadamos, porque entendemos sus miedos como un signo de debilidad; otras veces nos frustramos, porque sus temores parecen indicar una dependencia de la que podemos estar cansados ya; otras, vemos reflejados nuestros propios miedos y otras, nos sentiremos culpables y pensaremos que estamos haciendo algo mal.

Es importante que comprendamos que los miedos en la infancia son organizadores, es decir, permiten a los niños elaborar las grandes angustias humanas desplazando a situaciones controlables (miedo a la oscuridad, enciendo la luz) las certezas que el ser humano tiene que atravesar (desvalimiento, soledad, fragmentación, desamparo, ausencia, separación, exclusión, muerte).

De lo que sí tenemos que estar pendientes es de la intensidad y de la repercusión de esos miedos.

Si nuestro hijo tiene muchos miedos, tantos que no puede separarse de nosotros, se paraliza, evita determinadas situaciones o no actúa con libertad, hemos de plantearnos varias cuestiones:

1. Si le estamos ofreciendo un hogar donde se siente seguro, en el que domina la estabilidad y en el que se pueden anticipar nuestras reacciones.
2. Si, por el contrario, nos desbordamos con frecuencia y actuamos de manera inestable o imprevisible.
3. Si lanzamos reproches y nos separamos emocionalmente de nuestro hijo cuando nos hace sentir mal (por rabia, frustración, cansancio, decepción...).
4. Si no sabemos manejar nuestra propia angustia ni nuestra expresión emocional.
5. Si estamos ayudándole a distinguir su mundo interno de la realidad o si le estamos protegiendo demasiado, impidiéndole desarrollar la autonomía que le da la oportunidad de sentirse valiente y capaz.

Pero si nuestro hijo tiene miedos de vez en cuando, como cualquier ser humano, comencemos por comprender que —como sucede con el resto de las emociones— tenemos que ayudarlo a reconocerlo y nombrarlo. Y luego ayudarle a pensar de dónde proviene la amenaza, si de su interior o del exterior. No necesitan que compartamos sus miedos, ni que los sintamos con ellos, pareciendo incluso que ocupamos su lugar, sino que mantengamos la distancia suficiente para ser esa figura firme y segura que los acompaña y contiene.

Recuerdo a una madre que acudía con su hijo de nueve años porque entre otros problemas este lloraba expresando miedo en el colegio cuando el profesor le hacía salir a la pizarra. Contaba que a ella nunca la habían escuchado, que cuando era pequeña y tenía miedo, sus padres le decían que se dejara de tonterías, que eran temores estúpidos y que debía ser valiente. Luego la dejaban sola. Esta madre me contaba que ella no quería repetir el mismo error con su hijo y creía que la mejor manera era empatizar con sus miedos y esa era la razón por la que lo abrazaba fuertemente por las noches. Se me ocurrió un ejemplo sencillo para hacerle comprender las consecuencias de su actitud. Le pedí que imaginara que estaba volando en avión. Y que este empezaba a moverse por unas simples turbulencias. Entonces, ella, asustada, imaginando que algo pasaba en el motor, llamaba a la azafata y le contaba sus temores. Si la azafata, para demostrarle empatía, saltara a sus brazos gritando horrorizada, ¿qué pensaría ella de su miedo? ¿Comprendería que es un pensamiento o creería que se encuentra realmente en una situación difícil? Pero si la azafata le dice con una sonrisa que no se preocupe, que son cosas normales y sigue tranquila ofreciendo café al resto de los pasajeros, se sentiría escuchada, atendida y contenida. Y eso la ayudaría a comprender que su miedo es suyo y a distinguirlo de una amenaza que proviene de la realidad externa.

Cuando nuestros hijos tienen miedo y no hay una causa externa que lo justifique, necesitan que mantengamos la calma y los ayudemos a comprender que su temor es interno. No los ayuda que reaccionemos de manera exagerada, ni que neguemos su miedo, le restemos valor y los dejamos solos. Lo mejor es acompañarlos y ofrecerles un abrazo, estar disponibles, pero conteniendo. Seguir situados en la realidad externa (y no meternos en su realidad interna) y ayudarlos a salir de su propio mundo. Y una vez que disminuya la intensidad de ese sentimiento, hacerles comprender que el origen de la amenaza está en su cabeza e intentar comprender con qué la relacionan, porque los miedos internos, no porque no estén en la realidad no son importantes o no tienen sentido. Eso sí, están disfrazados. Son simbólicos, es decir, encierran en una escena o un suceso que hemos vivido, amenazas a nuestra integridad y realidades difíciles de elaborar como nuestra vulnerabilidad. Una manera que tengo de trabajar con niños pequeños que también les sirve a los adolescentes es pedirles que durante unos segundos cierren los ojos e imaginen que se encuentran en un caluroso y soleado día de verano. Les pido que imaginen todos los detalles de un delicioso helado de su sabor preferido: el color, la textura, el sabor... Después, que imaginen que están a punto de probarlo. Y entonces les digo que abran los ojos. Todos quedan sorprendidos y desilusionados al no haber un helado en la realidad. Su capacidad para imaginar todavía es muy fuerte y, para ellos, en ese momento, el helado era real. Con este pequeño ejercicio comprenden la fuerza de nuestros pensamientos, comprenden que son una parte de nuestra realidad: una realidad que, al ser nuestra, podemos manejar, lo mismo que sucede con los miedos.

En esta etapa, la manera más frecuente en que los niños expresan sus miedos cuando estos los desbordan porque son muchos o porque sobrepasan su capacidad de gestión, es con dolores imprecisos de tripa y de cabeza; dificultades en el aprendizaje, para adaptarse al colegio o en su relación con los demás; falta de sueño o evitación de aquellas situaciones en las que se sienten más vulnerables (dormir en casa de un amigo, estudiar solo en la habitación o bajar solo a la calle), o mostrándose más regresivos e infantiles —por ejemplo, queriendo volver a dormir con nosotros—.

El regalo de una ética y una moral

A partir de los siete años, según explica J. Piaget, el niño es capaz de ir poco a poco sustituyendo su pensamiento egocéntrico por un pensamiento operacional —es decir, centrado en la información externa—, que le va a permitir reconocer al otro y ver las cosas desde un lugar distinto al suyo: el de los demás. Esta capacidad es posible por el desarrollo progresivo de la zona más superior de nuestro cerebro, la corteza cerebral, que va aumentando en conexiones más complejas si se ha completado de manera suficiente el desarrollo de las zonas más inferiores y se han recibido los estímulos necesarios, ni menos, ni más.

El lenguaje ya es rico y expresa ideas más complejas que sirven para tender puentes y ampliar horizontes. También para manejar mejor las emociones y la impulsividad.

Hasta esta etapa, las reglas y la jerarquía se viven como si fueran absolutas. Nuestros hijos, cuando son pequeños, no comprenden que hay otros puntos de vista, otras realidades, otra verdad distinta a la que viven y escuchan en nuestro hogar. En la latencia empezarán a plantearse esas reglas al conocer las distintas vidas de sus amigos, aunque todavía no las cuestionarán. En esta etapa, los niños desarrollan un esquema de valores y una ética. Hacen propias las normas y saben si su comportamiento es adecuado o no y son capaces de responsabilizarse de él. Muestran interés por el orden y las normas, como podemos ver en la preferencia que tienen por los juegos de mesa.

Una de las características de la latencia es que en ella domina uno de los mecanismos de defensa más importantes que nos construyen como personas. La represión. Esta no implica cortar el deseo o anular lo instintivo, sino la capacidad de reprimir la necesidad de una descarga emocional o de una gratificación inmediata. La represión es necesaria y estructura el aparato psíquico de las personas, ya que nos posibilita seguir creciendo en el manejo de lo emocional y lo instintivo y en la tolerancia a la frustración. El mundo emocional se sigue complejizando, van apareciendo nuevas emociones, como el pudor, el asco y la culpa, que tiene que ver con esa represión que nombrábamos y se potencian otras como la vergüenza. Estos sentimientos aparecen en los niños de manera universal si están creciendo adecuadamente. Sirven para crear diques que nos permiten convivir con los demás y que contienen lo que sentimos y deseamos, nuestra parte más instintiva e impulsiva. Estos diques son muy importantes para que cuando llegue el tsunami de la adolescencia, nuestros hijos no se desborden tanto y consigan atravesarla de manera saludable, cuidándose y respetando a los demás. De hecho, si nuestro hijo no las muestra durante la etapa de latencia, eso nos indica que puede haber algún problema (por ejemplo, si nuestros hijos no sienten culpa o vergüenza y actúan de una manera completamente desinhibida).

Estos sentimientos son universales y, cuando nuestros hijos los muestran, los debemos respetar. Recordemos que ellos tienen sus necesidades, que precisan ser escuchadas y tenidas en cuenta. No debemos negarlas, ni suponerlas ni adaptarlas a nuestra filosofía de vida, porque no son caprichos que expresan, sino situaciones psíquicas acordes con su desarrollo.

Recuerdo a unos padres que traían a su hijo a consulta porque tenía dificultades en el aprendizaje. Eran un matrimonio muy liberal, que andaba desnudo por la casa y practicaba el nudismo en la playa. Me preguntaron qué le podía estar pasando a su hijo: ya no quería bañarse con ellos, evitaba verlos desnudos y pedía un traje de baño cuando iban al mar. Al explicarles la etapa en la que se encontraba el niño, pudieron comprender que su estilo de vida, en ese momento de la vida de su hijo, le resultaba invasivo y que era importante respetar su pudor.

Como siempre, hemos de equilibrar la balanza. En esta etapa hay que estar pendientes tanto de los niños sin sentimiento de vergüenza o de culpa, desinhibidos, como de niños hiperresponsables que viven controlando o dejándose controlar, que asumen las normas hasta el extremo por miedo a defraudar a sus padres, a perder su cariño o a un castigo o porque que sienten que así ocuparán un rol destacado o valioso o pretenden de esa manera ganarse el respeto de los demás. Para controlar sus miedos, inseguridades y exigencias, estos niños pueden desarrollar un pensamiento obsesivo y rígido, un pensamiento que se centrará en el control no solo de lo externo y lo formal —desarrollando rituales y manías—, sino también de lo que piensan y sienten, lo que, además de agotarlos, les robará la espontaneidad y la posibilidad de vivir conectados con la realidad.

Los valores éticos que nuestros hijos aprenden en esta etapa y que desarrollarán a lo largo del resto de sus vidas son de vital importancia. Son los principios que rigen nuestras vidas, que nos permiten convivir unos con otros, valorar lo que nos rodea y vivir con un sentido que nos trasciende.

La ética y la moral hoy no están de moda. Se las han llevado por delante el consumismo insaciable y la hipervaloración de un individualismo que exalta lo propio y destruye el valor de lo común, de lo que está mas allá de cada individualidad. Sin embargo, su ausencia tiene que mucho que ver con la crisis de deshumanización que atravesamos y la falta de sentido que muestran nuestros adolescentes y nuestros menores.

Valores que andan en boca de muchos, pero que ni rigen ni guían nuestros motivos ni conductas, cuya falta es una de las importantes y profundas causas del malestar general de las personas, del sentimiento de decepción generalizado y de la grave crisis entre adolescentes e infantes a la que nos tenemos que enfrentar.

Valores como la templanza, la justicia, el coraje, el compromiso, la honestidad, la gratitud, la humildad, la prudencia, el respeto, la responsabilidad, la veracidad, la lealtad, el heroísmo, el altruismo, la caridad, la colaboración, la equidad, la tolerancia, la sabiduría y la prudencia, que han guiado a los que nos han precedido, ayudándolos a vivir sus vidas de una manera sólida, hoy se diluyen en la nada del consumismo individual, del narcisismo voraz, de la satisfacción de los deseos como motivo principal y de un aquí y un ahora que no construye nada más allá de cada independiente y solitaria individualidad. Ofrecerles estos cimientos, desde el ejemplo, son uno de los mayores actos de amor y responsabilidad que podemos hacer por nuestros hijos, ya que serán agua en el desierto, luz en la noche y fuego que protege y calienta en la fría oscuridad.

La escuela y los amigos

La relación con nuestros hijos en la latencia está muy influida por las demandas del aprendizaje y los logros académicos, que se convierten en los mayores determinantes de la relación con nosotros, sus madres y padres. En esta etapa, los niños se reconocen como distintos a los demás, saben que se influyen mutuamente, comprenden que sus necesidades no son la única realidad y que los demás tienen las suyas propias. Alrededor de los nueve o diez años, los niños ya tienen la capacidad para amar, compartir y compadecerse de los demás.

El sistema nervioso central sigue siendo enormemente plástico. Su desarrollo implica, entre otras muchas cosas, una mayor interconexión entre las neuronas espejo, que son las células nerviosas de nuestro cerebro encargadas en un principio de imitar los gestos faciales que llaman nuestra atención de los demás, para después llegar a deducir qué sienten o cuáles son las intenciones de los otros y ponernos en su lugar.

Estas neuronas son las que hacen posible la empatía y la mentalización, de la que antes hablábamos, que son la base para tener unas relaciones sociales satisfactorias. En esta etapa continúan desarrollando estas capacidades y son relativamente estables, excepto en las ocasiones en las que los invade una emoción muy intensa, como los celos, la rabia o la frustración. En esos momentos nuestros hijos no pueden pensar, por lo que dejan de poder ponerse en el lugar de los demás, pudiendo ver solo sus propios motivos y su única verdad. Por ello, de nuevo la contención y el acompañamiento. Enseñar a esperar a que la emoción disminuya de intensidad. Y después poder pensar para elaborar y actuar.

En estos años, nuestros hijos van a demostrar cada vez más implicación e interés por los amigos. Intentarán tener un grupo de compañeros estable y necesitan, más que en ninguna otra etapa de la vida, como decía Harry Stack Sullivan (1892-1949), un mejor amigo.

El sentido de pertenencia a un grupo es uno de los indicativos y de los pilares sobre los que se asienta la salud mental. Para ellos, todavía es difícil decir «no», poner límites y protegerse. Todavía no tienen una identidad firme, su autoestima es frágil y el grupo de iguales reafirma o debilita el concepto que tienen de ellos mismos. Irán desarrollando las capacidades para lograr tener un grupo en el que se puedan sentir reconocidos, aceptados y al que sepan que pertenecen sin tener que suplicarlo, someterse o cambiar.

En la latencia, el éxito, el fracaso y los problemas que derivan de las relaciones sociales van a ser para nuestros hijos de un interés crucial. Ya no solo se construyen con nuestro amor y la valía que les reconocemos, con la imagen que les devolvemos de lo que son y pueden ser, sino que en la latencia desplazarán parte de lo que buscaban y encontraban solo en nosotros a nuevos referentes y modelos, como profesores o entrenadores, con los que también se identificarán y seguirán construyendo el concepto que tienen de sí mismos (Erik Erikson).

La latencia es una etapa para abrirse a un mundo en el que seguirán construyéndose y en el que tendrán la oportunidad de vivir una de las experiencias más importantes —desde mi punto de vista— de la construcción humana. Lo que Bowlby denominó experiencias vinculares correctivas, gracias a las cuales nuestros hijos tendrán la oportunidad de restaurar mediante la creación de nuevos vínculos positivos y sanadores con otras personas, muchas de las consecuencias negativas o carencias que se derivan de los límites, incapacidades y errores que como madres y padres cometemos en su crianza.

Por su magnitud, la escuela y lo que nuestros hijos viven en ella, tanto lo positivo como los posibles problemas que allí puedan encontrar —el fracaso escolar, el acoso, el rechazo a acudir al colegio—, merecen un capítulo aparte.

«¿Cuántos hijos tengo?»

Una pregunta importante que con frecuencia se hacen las madres y los padres durante la crianza es si quieren tener más hijos. Actualmente, es una pregunta difícil de contestar. Primero, porque a partir del primer hijo uno conoce el trabajo, la renuncia y la implicación que conlleva la crianza. Vivimos en una sociedad individualista que nos adoctrina para creer que el esfuerzo y el malestar son siempre algo que hay que evitar. Y que cuidar a alguien que depende de nosotros es someternos y renunciar a nuestra supervalorada y a veces mal entendida libertad. Además, esta sociedad nos confunde con mensajes contradictorios, expectativas idealizadas y está construida para que cuidar y atender a los hijos como necesitan y merecen sea una utopía o un cuento imposible e irreal. Segundo, porque ahora la mujer tiene su primer hijo con más edad, debido a que los años previos los ha dedicado a formarse y desarrollar su faceta personal y profesional, con lo que tiene menos tiempo de fertilidad segura para plantearse una nueva maternidad. Tercero, porque la situación económica es más compleja e inestable y esa es una de las seguridades sin las que las personas no se embarcan en la aventura de tener otro hijo, por mucho que lo deseen. La cuarta es que ahora contamos con muchísimo menos apoyo tanto familiar como social para la crianza de nuestros hijos. La familia de origen suele estar lejos o trabajando, vivimos en zonas nuevas en las que no hay filosofía de barrio, cambiamos de casa y de trabajo, tenemos que trabajar, criar, disfrutar..., intentando cumplir un ideal impuesto y mentiroso que nos arrebata el sueño, la alegría y la paz. Y, además, la sociedad juzga lo que hacemos sin piedad, por lo que la crianza se vuelve más ardua, cuando no un examen que aprobar. La quinta es que las parejas se rompen con mayor facilidad, desestabilizando el entorno que necesitamos para criar a un nuevo hijo. Por todo ello, ahora sopesamos mucho más la decisión de un nuevo hijo, porque cuando ya tenemos uno, sabemos que la sociedad en la que vivimos está construida para que no tengamos más.

Hijos únicos

Hay muchos mitos con respecto a tener solamente un hijo o tener más.

El primero es que cuando una pareja atraviesa una crisis o las cosas van mal desde hace tiempo, un nuevo hijo contribuye a estabilizarla y unirla de nuevo. Y nada más lejos de la realidad. Los hijos crean una crisis que empeorará o acabará con una pareja que tiene problemas. Como hemos visto en anteriores capítulos, la llegada de un hijo desencadena una crisis personal en la que se nos vienen encima muchos conflictos del pasado pendientes de elaborar. Además, la crianza requiere tiempo y conlleva un cansancio físico, psíquico y emocional que aumenta los problemas, los malentendidos, los reproches y las rencillas en la pareja. La pareja tiene que resituarse para acoger y dar cabida a un miembro nuevo y, si no es estable, ese movimiento la romperá más. Por tanto, en un acto de responsabilidad y valentía, lo primero que necesitamos preguntarnos sobre la cuestión de tener otro hijo es si nuestra relación de pareja es fuerte, respetuosa y satisfactoria.

Otro mito es dar o negar un hermano al hijo que tenemos ya. Hay padres que no tienen otro hijo por miedo a hacer sufrir al que ya tienen por celos o por envidia. Temen no ser capaces de dar al hijo que ya tienen y tanto aman todo lo que se merece y no poder atenderlo con toda la dedicación que emplean ahora. Temen que en sus vidas ocupadas y exigentes otro hijo suponga una desestabilización insuperable. Temen que eso traumatice —una palabra que, desde mi punto de vista, empleamos a la ligera y de más— al hijo que ya tienen.

Otros padres y madres realmente no quieren más hijos, pero piensan en tenerlos porque creen que deben satisfacer una necesidad del hijo ya presente, sin tener mucho en cuenta las consecuencias que este paso va a implicar.

Que nuestro primer hijo pueda crecer con un hermano con el que compartir su vida es un regalo maravilloso, pero que no debemos idealizar. Que los hermanos se lleven bien es una tarea que requiere compromiso y mediación por nuestra parte. No es algo que se produzca de manera natural. La rivalidad, los celos y la necesidad de exclusividad son propios de nuestra naturaleza. Ceder, compartir, respetar y tolerar, algo que debemos enseñar. Pero además tenemos que saber que, más importante que tener un hermano, es tener una madre y un padre que te puedan cuidar. Nosotros somos realmente el pilar de su vida. Irá conociendo a lo largo de su infancia a otros niños con los que jugar y compartir, sobre todo si se lo facilitamos nosotros. Pero si tenemos problemas económicos, de pareja, de salud física o mental, si estamos muy solos, no tenemos apoyo o no queremos, sin más, hemos de valorarlo, porque lo que seguro que sí necesita nuestro hijo es que podamos atenderlo y cuidarlo. Y si puede tener un hermano o una hermana, será maravilloso, pero que ello no suponga la ruptura de una imprescindible estabilidad.

Los hermanos

Si tenemos más de un hijo, es importante que sepamos que una de nuestras funciones más importantes como padres y madres es la de mediar entre ellos, dar a cada uno lo que necesita, ayudarlos a convivir, hacerles crecer en tolerancia, respeto, cariño y amistad. Si la relación que mantenemos con ellos es sana y adaptada, tener una hermana o un hermano es un regalo. Si no, será como un castigo y una fuente importante de sufrimiento, como sucede en las relaciones familiares desadaptadas, injustas, carenciales o sembradas de dinámicas envenenas por diferencias, preferencias, exclusiones y alianzas que tanto daño infligen en la infancia y que perduran a pesar de convertirnos en adultos y con nuestros propios pasos caminar.

Hay cinco puntos claves que hemos de considerar al hablar de la relación entre hermanos

1. El orden de nacimiento y el sexo

Aceptar y ser conscientes de que el orden de nacimiento y el sexo de nuestros hijos pueden condicionar el lugar que van a ocupar en nuestra vida es difícil, pero necesario.

Los primogénitos suelen ser con más frecuencia los más esperados y los que reciben más cuidados, pero también sobre los que se depositan las mayores expectativas, los que soportan las mayores proyecciones de los conflictos inconscientes de sus padres, su inexperiencia en la crianza y sus miedos. Son los hijos que tienen un mayor sentimiento de deber hacia sus padres, los más responsables, porque se les enseña a ceder y cuidar de sus hermanos y suelen lograr mayores éxitos profesionales. Los hijos intermedios, aunque suelen protestar por ocupar ese aparente invisible lugar en la familia, tienen como ventaja que los padres ya tienen experiencia, que tienen a sus hermanos mayores para aprender y jugar y rara vez se sienten solos y que tener un hermano pequeño hace que los padres desplacen sus necesidades psíquicas hacia el pequeño, dejándolos más libres para ser ellos mismos. El hijo pequeño suele ser el más divertido, espontáneo y sociable, pero el más consentido, le cuesta más aceptar las normas, es más esclavo de sus necesidades físicas y emocionales y el más impulsivo, porque es al que menos límites se le ponen. Esto se debe a que los padres ya están cansados del esfuerzo que la crianza de los hijos previos ha supuesto y, además, tienen que hacer el duelo de una fertilidad que acaba y pone fin a una enorme etapa de su vida llamada juventud. Con el último hijo, las madres y los padres tienen que despedirse y renunciar al deseo de volver a sentir a un bebé entre sus brazos, por lo que corren el riesgo de infantilizarle para evitar enfrentarse a la realidad de que están superando una etapa en la vida y están cada vez más cerca de la vejez.

Esto es una generalidad y, por ello, está llena de excepciones. Hay hijos mayores que nacen en plena adolescencia de sus padres y que crecen con muchas carencias. Hay hijos medianos que nacen cuando la madre acaba de superar una enfermedad o alguna situación complicada que hace que se vuelque completamente en este hijo, llenándole de un amor que atrapa por estar cargado de necesidades propias. Hay hijos pequeños que no son esperados y que no tienen hueco en una familia previamente desbordada.

Y luego hay hijas e hijos. El sexo —y no solo el orden de nacimiento— va a determinar la relación con nuestros hijos, tanto más si los padres tienen unos roles e identidades de género más rígidos y menos conscientes o menos elaboradas o satisfechas sus propias necesidades identitarias. Por eso, podemos tener primero una hija y luego un hijo, y que este, por ser varón, sea considerado el primogénito.

Es decir, el sexo determina y condiciona el lugar y el trato que damos a nuestros hijos. Esta es la razón por la que las madres y los padres, de manera más o menos consciente, crían de manera diferente a sus hijos varones que a las hembras y por la que se producen los enormes problemas con las «suegras». Pero este es un tema complejo —y apasionante— que abordaremos en otro libro.

2. Aceptar la afinidad y el espejo

Otro tema importante que nos condiciona y limita en la relación con nuestros hijos es la afinidad que tenemos con alguno de ellos o la dificultad de conectar con otro. Cuando los padres acuden a la consulta, suelen negar esta realidad, porque les resulta injusta y dolorosa. Siempre defienden que quieren por igual a sus hijos, que los tratan a todos por igual y que los han criado de la misma manera. Pero esto, además de imposible, nos impide comprender nuestra propia realidad, la que nos ocultamos cada día. Recordemos que, ante todo, la relación con nuestros hijos es una relación humana y, como tal, exclusiva y única. Sobre ella inciden muchos factores, tanto por nuestra parte (lo que representa y despierta en nosotros, el momento que atravesamos...), como por la de nuestros hijos.

Hay hijos que nos recuerdan una parte que valoramos y aceptamos de nosotros mismos y verla reflejada en ellos nos unirá. Otros reflejan nuestras carencias o nos recuerdan nuestros fallos y por eso evitamos o rechazamos su proximidad. Otros tendrán un sexo o crecerán con un género que nos inquieta o atemoriza, impidiéndonos intimar con ellos. Y otros tendrán unas capacidades que sentiremos que son refugio y esperanza de una historia pasada y dolorosa que pensamos que terminará con ese hijo. Todo esto es imposible de evitar. El secreto es aceptar lo que nos configura como personas, reconocerlo y hacerlo consciente, contar que interfiere en la relación que establecemos con ellos para poder manejarlo y unirnos a ellos con más libertad.

3. El tiempo entre embarazos

Muchas veces no podemos elegir el tiempo que pasa entre un embarazo y otro porque tenemos prisa. Tenemos una edad y el tiempo de fertilidad se nos empieza a acabar. Otras veces, el embarazo llega sin buscarlo y no hay mucho que pensar. Pero si tenemos la oportunidad de dar un tiempo para reponernos física y emocionalmente entre un embarazo y otro y así poder dedicar una crianza especial a cada hijo en sus primeros años, mejor y más fácil será. Está demostrado que cuanto menor sea el tiempo entre un hijo y otro, mayor es el riesgo para la salud tanto física como mental de la madre y del bebé. Por eso, si podemos elegir, esperar por lo menos los dos primeros años de nuestro hijo, para poder estar tranquilas, recuperándonos físicamente y construyendos la nueva relación con nuestro hijo, que es la base de su confianza e identidad, será la mejor manera de enfrentarnos a una nueva crianza, porque nuestro hijo mayor ya es un poquito más independiente, lo conocemos mejor y nos encontramos más seguras en la relación con él y nosotras estamos recuperadas y somos más capaces de enfrentar una nueva maternidad.

4. Los celos, una emoción más

Recuerdo que cuando estaba embarazada de mi segundo hijo le conté a mi abuela que creía que no era posible querer a nadie tanto como a mi primera niña. Que me daba miedo, porque sentía que a mi nuevo hijo no le podría dar el mismo amor. Mi abuela me sonrió y me cogió la mano. Me dijo que ella había sentido lo mismo y que al contárselo lo había recordado... Y pronunció, como muchas veces hizo, unas palabras que nunca podré olvidar: «Cada hijo que tienes te agranda el corazón. El espacio que ocupa tu primera hija va a ser el mismo. Con la llegada de un nuevo hijo, el corazón se ensancha, se hace más grande para dar al nuevo hijo su propio espacio». Y así son verdaderamente las cosas. Cuando nace nuestro segundo hijo y lo abrazamos, lo miramos, nuestro corazón comienza a hacerse cada día más grande, dando cabida a esa nueva relación humana tan bonita y especial.

El nacimiento de un hermano pone a prueba la capacidad que tenemos de compartir. Compartir es difícil y hacerlo con algo de lo que dependemos completamente para vivir, como es el cariño y la atención de nuestros padres, más todavía. Y a un hermano podemos sentirlo como un rival que nos arrebata ese cariño y esa atención que tanto necesitamos.

Me llama la atención cómo, en la edad adulta, los celos se toleran por el condicionamiento que nos impone el amor romántico. Una idealización alejada de la realidad que nos cuenta que los celos son una demostración de un amor pasional, necesitado o irrefrenable. Pero, en la edad adulta, los celos no expresan amor, sino la necesidad de posesión del otro, al que se cosifica, para que, controlándolo, atenúe nuestra inseguridad vincular o narcisista.

Sin embargo, la expresión de los celos en la infancia, que es algo esperable y normal, avergüenza a muchas madres y padres, aunque intenten negarlo.

Nadie nos pregunta realmente si queremos tener un hermano, así que lo que nos toca es aceptarlo. Hay niños que quieren, pero que cuando experimentan la disminución de la atención de sus padres, les piden que devuelvan al hermano o que lo hagan desaparecer. Otros niegan durante el embarazo de su madre la realidad que asoma en su tripa redondeada. Otros parecen indiferentes. Otros miran desde la puerta en silencio cómo la madre da de mamar al nuevo bebé. Otros quieren ocupar el puesto de la madre en los cuidados y asfixian a besos al recién llegado. Otros roban a su hermano el chupete, se niegan a ir al colegio, se vuelven a hacer pipí en la cama o se muestran más irritables y demandantes.

Nuestros hijos van a sentir celos unos de otros. Pero solo algunos niños los expresan y, entonces, nos enteramos. Pero todos los sienten en distintas etapas de sus vidas. Es mejor que lo demos por hecho. Es una realidad que hemos de admitir y comprender para enseñarlos a compartir. Esto conlleva un tiempo, como todos los cambios y capacidades que tenemos que aprender en la vida, para que puedan comprobar que la atención y el amor imprescindibles se los seguiremos dando.

Mientras tanto, podemos ayudarlos a reconocerlos, nombrarlos, comprenderlos y aprender a gestionarlos, es decir, a manejar la conducta que de los celos se deriva. De ello depende la presente y la futura relación entre hermanos, el ambiente de respeto y colaboración en casa y que nuestro hogar no sea una batalla campal o un lugar lleno de rivalidades ocultas, sino un lugar calentito, seguro y confortable en el que refugiarse, reír y querer estar. De la gestión que hagamos de sus celos y sus necesidades y de cómo les enseñemos a amar va a dependeren gran medida la manera en que manejarán las relaciones con sus amigos y sus parejas, De que necesiten la exclusividad y el control en esas relaciones o de que manejen sus necesidades afectivas desde la confianza, el respeto y la libertad. Podemos empezar por que sepan que son libres de decir lo que sienten. Por ejemplo: «Mamá, cuando coges a mi hermana en brazos, me siento solo y mal». Resulta esencial que entonces reconozcamos y validemos su emoción: «Antes solo te cogía a ti y ahora te resulta difícil esta situación. Lo que sientes se llama celos y es normal. No debes temer que deje de quererte. Mi corazón se ha hecho más grande que antes. ¿Qué te parece si cuando termine de comer tu hermana te cojo a ti y te leo un cuento?».

Es clave ayudarlos a distinguir entre la emoción y la acción. Por ejemplo, podemos decirle: «Mi vida, una cosa es que sientas celos y otra que le quites el chupete a tu hermana para que llore. Cuando sientas celos, me lo dices, lo hablamos y, si necesitas que juguemos o que te dé no uno sino mil abrazos, me lo pides y te los daré. Pero hacer que tu hermana se sienta mal no te ayuda y, además, hay que aprender a respetar a los demás».

A nuestros hijos los ayuda experimentar que siguen ocupando un lugar especial en nuestras vidas. Para ello, debemos organizarnos, para demostrarles que siguen ocupando ese lugar único y exclusivo que les pertenece. Que el mayor se sienta orgulloso de serlo, que su estatus no implique solo la responsabilidad de cuidar de sus hermanos o de ceder, sino también hacer «cosas de mayores» con sus padres. Los mismo haremos con los hermanos mediano y pequeño. Que cada uno tenga un beneficio, un reconocimiento y una responsabilidad distinta por ocupar el sitio familiar que le corresponde. Y como padres, recomendaría hacer una reflexión diaria para asegurarnos de que no hemos desatendido a ninguno en especial y, si lo hemos hecho, al día siguiente reparar y rectificar. No desde la culpa, que nos asfixia y limita tanto, sino desde la alegría de saber que lo que nos une a nuestros hijos es algo irrompible que nos acompañará toda la vida.

Por último, no debemos olvidar dos cosas. Una es que, aunque muchas veces nos cueste y no nos guste, debemos mediar en sus peleas sin favorecer siempre al mismo, intentando ser justos y sabiendo que normalmente vemos solo una parte de la realidad. Generalmente, llegamos a los conflictos tarde. Hay uno que empieza y se esconde y otro que responde y que vemos y al que solemos cargar con la responsabilidad. Por eso, si no sabemos bien qué sucede, lo mejor es no elegir quién lo hace bien o mal, sino ponerlos a todos a pensar. Enseñarles que los conflictos se arreglan con palabras respetuosas desde el ejemplo. Y comprender que, para ellos, este es un aprendizaje progresivo que harán lentamente.

Y una última idea. Hemos de estar pendientes de construir dos tipos de momentos con nuestros hijos: de exclusividad con cada uno —aunque sean diez minutos al día—, no para preguntarles por los deberes o cómo se han portado, sino para estar presentes y mostrarles nuestro cariño y atención; y otros momentos conjuntos de juegos, risas, canciones, galletas horneadas y cabañas escondidas, historias, experiencias y charlas a la hora de la cena en las que escuchamos, consolamos, nos reímos y contamos el día. Momentos que hoy en día parecen haber pasado a ser algo prescindible y a los que renunciamos sin darnos cuenta cada día. Que sirva de ejemplo la pregunta que formuló en clase la profesora de mi hijo pequeño. Pidió que levantaran la mano los niños que cenaban en familia. Solo dos subieron el brazo. El resto cena cada uno en su dormitorio mirando la *tablet*. Estos momentos compartidos nos unen y nos ayudan a conocernos, tolerarnos, respetarnos y valorarnos. Nos permiten ir creando, poco a poco y día tras día, una familia. Una de las cosas más importantes y valoradas por las personas. Una familia que es familia porque disfruta, se conoce, se respeta y comparte su vida.

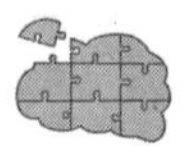

Capítulo 9

La pubertad y la adolescencia

Deja que todo te suceda, la belleza y el terror. Solo sigue hacia delante. Ningún sentimiento es definitivo.

RAINER MARIA RILKE

Y como estoy libre de ese ser,
que creía tener, viviré simplemente,
soltaré esa imagen que tenía de mí misma,
puesto que a nada corresponde y todas,
cualquier obligación,
de las que vienen de ser yo, o del querer serlo.

MARÍA ZAMBRANO

Lo que hace que alrededor de los once o doce años termine el período de latencia es la secreción de determinadas hormonas que dan lugar a unos enormes cambios físicos y que marcan el comienzo de la pubertad.

Algunos de estos cambios son apreciables —como el desarrollo óseo y muscular, el crecimiento de las mamas, la aparición de la menstruación, el aumento del tamaño de los testículos y el pene o la aparición de la capacidad para la eyaculación—. La pubertad es biológica. Implica el desarrollo y la maduración física y sexual, junto con la adquisición de la capacidad reproductora. Los cambios menos visibles, pero si cabe más importantes, se producen en el sistema nervioso central. En el cerebro, donde tanto la sustancia blanca como la gris van a sufrir modificaciones importantes que se traducirán en esas transformaciones psíquicas, emocionales y conductuales a las que llamamos adolescencia.

El concepto de una etapa de la vida de tránsito entre la infancia y la adultez apareció tras la segunda guerra mundial. Recordemos que antes, al acabar la infancia, las mujeres se casaban y tenían hijos y los hombres iban a luchar a la guerra o se ponían a trabajar. Actualmente, en algunas culturas, sigue sin reconocerse esta etapa y se piensa que las niñas lo son hasta que tienen la menstruación. A partir de entonces, se les pone un velo para salir de casa, se les impide jugar y se las aboca a las labores del hogar. En otros lugares del mundo, los niños tienen que atravesar un rito para ser considerados hombres por el resto de la comunidad.

Aunque por los tiempos que corren nos cueste creerlo, el término *adolescencia* remite la idea de *adolecer*, de *carecer*. Desde la sabiduría popular que tan bien elige las palabras con las que construimos una realidad común, debemos comprender que esta etapa de la vida conlleva no solo tener una enorme vitalidad y una increíble capacidad física, sino la elaboración de una serie de duelos que no todos los jóvenes pueden atravesar con facilidad y éxito.

A nivel mental, podríamos decir que la pubertad es la irrupción violenta y siempre inesperada de nuevos contenidos mentales impulsados por el desarrollo sexual y que la adolescencia es la etapa para elaborar todos los cambios corporales, mentales y emocionales que se han desatado, integrándolos dentro de una historia infantil propia previa, de una historia familiar que nos atraviesa y de una sociedad a la que pertenecemos y que necesitamos confrontar y cuestionar sin tener el poder de destruir.

Por esto y por muchas más razones, la adolescencia es una etapa decisiva. En ella, el cerebro es enormemente plástico y esto nos da la oportunidad de elaborar y desarrollar aquello que quedó pendiente de las anteriores etapas de la infancia. Una etapa en la que al terminar cristalizarán nuestras defensas, nuestra autoestima, nuestra manera de vincularnos, de vernos y sentirnos, de comprender el mundo y de situarnos en él y ante él. Una etapa en la que encontrar nuevos logros intelectuales, intereses y un grupo al que pertenecer. Una etapa en la que quedará establecida nuestra personalidad y en la nos veremos obligados a tomar nuestras primeras decisiones, unas pequeñas y otras grandes, que condicionarán el rumbo por el que ya solos, como adultos, seguiremos caminando por nuestras vidas. Una etapa para consolidarnos como personas autónomas. Para desarrollar un sentimiento maduro y consciente de identidad personal, que conlleva la aceptación y la integración de las funciones adultas que nos permiten integrarnos y adaptarnos de manera saludable en la sociedad.

Vivimos tiempos en los que confundimos integrarnos y adaptarnos con someternos. Tanto la sumisión propia y transmitida por la historia que nos antecede como el pánico actual a no ser uno mismo, genuino y diferente de los demás y a no encontrarnos en el bando mayoritario que defiende la idea imperante y políticamente correcta limitan la construcción de criterios propios y nos mantienen atrincherados en posiciones extremistas y defensivas, que nos hacen olvidar la importancia de construir un futuro común y nos llenan de soledad y de falta de sentido. Un sentido que precisamos para aceptar la aventura de vivir. Necesitamos sentirnos seres que están vivos, no solo sobrevivir a cada uno de nuestros días.

Si bien podemos reconocer el principio de la pubertad y la adolescencia porque hay cambios físicos evidentes, el final de la adolescencia es más difícil de definir, aunque estaría caracterizado por la progresiva disolución de los conflictos internos que hay que elaborar en esta etapa de la vida y la cristalización de los rasgos de carácter, de una identidad suficientemente estable, de una afectividad reconocida y aceptada y de una consolidación de las capacidades sociales y profesionales que nos permiten navegar por la edad adulta.

¿Qué es una adolescencia normal?

Una adolescencia esperable es aquella que nos permite atravesar los enormes cambios que implica dejar atrás la infancia y construirnos como adultos con un sufrimiento tolerable. La capacidad de adaptación de nuestros hijos a esta etapa depende en gran medida del funcionamiento psicológico previo. Aunque más de un 60 % de los jóvenes padecen malestar o algún síntoma psiquiátrico en algún momento de su adolescencia, este no es tan intenso como para desmoronar su vida completamente y consiguen atravesar los momentos de sufrimiento e incertidumbre manteniendo sus intereses, sus estudios, sus amistades y la relación con su familia. La angustia que acompaña a los adolescentes es una emoción que moviliza, que impulsa a nuestros hijos a encontrar caminos, a plantearse nuevas preguntas, a buscar diferentes respuestas y a desarrollar herramientas que los ayuden a adaptarse a la nueva realidad emergente.

Esa adolescencia que hace unos años era la norma ahora tenemos la impresión de que es la excepción. Así nos lo cuentan las series que consumen nuestros hijos, las noticias que asaltan los medios, los vídeos que vemos en las redes sociales y que alimentan los miedos que nos atemorizan como madres y padres. Muchos jóvenes no están viviendo la adolescencia deseable y esperada, sino una etapa de excesivas dificultades que no pueden ser contenidas ni por ellos ni por su entorno. Y aunque en esta etapa los psiquiatras infantojuveniles tenemos que ser muy cautos y flexibles a la hora de hacer diagnósticos, ya que es un período que por definición está lleno de cambios y posibilidades, el sufrimiento tolerado y admisible tiene un punto de fractura evidente.

Hoy en día es cada vez más difícil ser menor y adolescente. Los motivos son varios y vamos a poder analizarlos, pero lo que separa una adolescencia normal de una enfermiza no es una delgada línea roja, sino un amplio margen en el que se sitúa el adolescente y que hay que comprender, tolerar, sostener y respetar.

Ni un adolescente «normal» es un menor responsable que no da ningún problema, ni un adolescente «enfermo» es el que tiene conductas desajustadas, expresa tristeza o dice sentirse perdido. La adolescencia implica un viaje, una transformación y una búsqueda y, por tanto, la inestabilidad, la transgresión, la impulsividad y la temporalidad son palabras clave en los procesos, los cambios, las dificultades y el sufrimiento que son propios de esta edad.

Los padres tememos las adolescencias llenas de conductas explosivas y problemáticas. Pero no olvidemos que la enfermedad psíquica y el sufrimiento inmenso muchas veces se esconden en los silencios vacíos y en las miradas evitadas, en las puertas de las habitaciones siempre cerradas, en la ausencia de risas y en la continua falta de ganas. No olvidemos el intenso dolor que soportan algunos adolescentes escondido en sus caras serias y ensimismadas, en las actitudes hiperresponsables y en una vida sumisa e hiperadaptada, en las noches en vela o en un sueño constante que protege de una inquietante y abismal realidad que quiere ser evitada.

No se llega de repente a una adolescencia conflictiva, o sembrada de un intenso sufrimiento, conductas excesivamente peligrosas o un desajuste social importante. A estas adolescencias problemáticas se llega a través de una infancia en la que ya ha habido problemas, cicatrices, dificultades, carencias o han quedado cosas pendientes de desarrollar o elaborar. Si la latencia ha ido bien y se llega a la adolescencia con una estructura mental más o menos organizada, flexible, con una suficiente autoestima y conectando con una realidad externa que se acepta, nuestros hijos atravesarán esta etapa con éxito. Pero si no es así, al llegar la pubertad, irrumpirán los conflictos pendientes o no serán capaces de sobrellevar las complejidades propias de esta edad. Todo se prepara en la infancia y se juega en la adolescencia.

Como padres, existen ciertas claves que nos pueden ayudar a sostener y comprender mejor a nuestros hijos adolescentes.

La primera —como decíamos— es que los problemas graves que surgen en la adolescencia no se generan en esta etapa de la vida, sino que se ponen de manifiesto en ella. De ahí la importancia de acompañar en la infancia a nuestros hijos en la construcción de unos cimientos sólidos que los sostengan en este período de la mejor manera posible. Cuando estamos criando a nuestros hijos pequeños es necesario tener esta visión de futuro.

La segunda es que, si los problemas que surgen no impiden a nuestros hijos ir al colegio, tener amigos, estudiar y disfrutar a pesar de sentirse a veces tristes, angustiados, perdidos o tener dudas de su valía, de su capacidad, de su sexualidad y de su identidad, como padres nos toca comprender, tolerar, acompañar y sostener sin huir buscando soluciones a un miedo que nos desborda o a un cansancio que es solo nuestro. Porque las soluciones que busquemos fuera, en diagnósticos posibles, también construirán la identidad de nuestros hijos adolescentes. Este es un factor muy importante que los profesionales de la salud mental tenemos en cuenta. Es peligroso que los jóvenes construyan su identidad alrededor de un diagnóstico buscado de enfermedad mental, que sirve de pretexto y excusa y que matiza una identidad que, en vez ayudar a volar, es jaula, barrera, cadena y límite en su despertar.

La tercera es que, cuando surgen problemas, emociones o conductas más graves que ponen en riesgo la salud y la integridad de nuestros hijos, debemos buscar ayuda profesional para que, como padres, nos aconsejen qué es lo que verdaderamente nos estamos jugando tanto nuestro hijo como nosotros. Porque una idea que hemos de aceptar lo antes posible es que, si nuestros hijos llegan a la adolescencia, nosotros llegamos con ellos y esto va a suponer un cambio en la dinámica de nuestro hogar.

La cuarta es que merece la pena que enfrentemos la adolescencia de nuestros hijos llenos de amor, comprensión y esperanza y seamos conscientes de nuestros miedos y nuestras dificultades para que nos limiten lo menos posible. La adolescencia es una enorme oportunidad, tanto para ellos como para nosotros, de que lo pendiente sea elaborado; lo roto, remendado; las cicatrices, curadas; el sentido, reencontrado; el equilibrio, reestablecido y un nuevo camino, posibilitado.

El cerebro de un adolescente es un cerebro especial

Por tradición, por religión, por necesidad o por cobardía, muchos pensamos que, por un lado, somos materia, cuerpo imperfecto y «poco valioso», del que surgen instintos y necesidades que domar y acciones que controlar, y, por otro, somos alma o espíritu, superior e inmortal, del que surgen los pensamientos y las emociones. Esta concepción perpetúa las creencias que nos impiden comprender el proceso que atraviesan nuestros hijos al llegar a la adolescencia. Igual que el pulso que notamos en las muñecas se debe a los latidos del corazón y que el aliento que sale y entra por nuestra boca se debe a los músculos torácicos que nos aseguran la respiración, nuestras neuronas siempre andan trabajando, creando los pensamientos, las emociones y las acciones que nos caracterizan, además de coordinar el resto de todas las funciones del organismo que nos mantienen con vida.

Entramos en la adolescencia con nuestro máximo número de neuronas y con un aumento exponencial de la conectividad entre ellas y salimos de ella con un cerebro moldeado y esculpido por la proliferación de las conexiones entre neuronas que sí utilizamos y por la poda sináptica, es decir, por la destrucción de las conexiones interneuronales que no usamos. Esta poda está mediada no por la genética, sino por todas las experiencias que hemos vivido en la infancia y vamos a vivir durante la adolescencia.

Nuestro cerebro es un órgano altamente complejo que comenzamos a conocer y comprender. En él existen distintas áreas con funciones diferentes, conectadas unas con otras. Una de estas áreas, localizada en la parte más profunda y escondida del cerebro, se conoce como *sistema límbico*. Lo configuran, a su vez, diferentes zonas anatómicas con funciones distintas. Una de sus partes es la amígdala, que es donde se generan las emociones. En la adolescencia, la amígdala tiene un funcionamiento hiperactivo, es decir, funciona con una elevada intensidad. Las emociones que se generan en la amígdala no son conscientes. Para ello tienen que ser procesadas en otra área cerebral: la corteza prefrontal. Esta es la parte más evolucionada de nuestro cerebro y la causa de los avances de nuestra especie. Es la zona donde se encuentra nuestra capacidad para reflexionar, para ser conscientes de nosotros mismos, para pensar y planificar. Es la zona a la que llega la información de la amígdala para ser elaborada. Donde hacemos conscientes las emociones y las aprendemos a manejar. Pero en la adolescencia, la corteza prefrontal sufre un proceso de remodelación inmenso, en el que se están eliminando conexiones que no se utilizan y creando otras nuevas en función de las experiencias que en ese momento estamos teniendo. Es la zona del cerebro que más se reconfigura en la adolescencia.

Por eso, durante la adolescencia, la corteza prefrontal no tiene un funcionamiento óptimo. Esto se traduce en la dificultad para comprender y manejar las emociones y en la impulsividad de los adolescentes.

En cuanto al aparato psíquico se refiere, nuestros hijos tienen por delante dos trabajos primordiales. Uno se explica desde la teoría evolutiva e implica desarrollar capacidades nuevas, que se describen por etapas y son iguales para todos los individuos.

Si se han ido desarrollando emocional y psíquicamente de manera adecuada y tienen una capacidad mental media, habrán hecho una evolución progresiva desde el pensamiento concreto de la infancia hasta poder pensar de manera abstracta (J. Piaget), razonar deductivamente y emplear la lógica, definir conceptos y pensar en términos de probabilidades. A esta edad, ya procuran tener en cuenta todas las opciones y las posibles relaciones entre ellas para explicar lo que sucede a su alrededor. Les interesan cuestiones importantes, como la filosofía, la religión, la política y la ética. Son capaces de formular hipótesis generales a partir de su propia experiencia o al revés, llegar a lo particular desde ideas generales e intentar comprobar sus conclusiones.

El otro desarrollo psíquico fundamental, según la tradición psicoanalítica, tiene que ver con resignificar las cosas que les han sucedido durante su infancia, es decir, echar la vista atrás y, con una mirada nueva, ver, comprender, aceptar y dar un nuevo significado a todo lo que nos ha ido construyendo, sea bueno o malo, pero sobre todo a aquello que hasta la adolescencia no hemos podido o no nos hemos atrevido a enfrentar (es decir, aquello que no pudo ser elaborado en el momento en el que se vivió). Por eso decimos que la adolescencia es una enorme oportunidad para cambiar un rumbo desadaptado, para curar las heridas que habían sido olvidadas, para desaprender y reencontrar la esencia de quiénes somos, una esencia que realmente nunca fue borrada.

Recuerdo una tarde que llegó a mi consulta una mujer inmensamente triste. Sus ojos parecían perdidos en un profundo mar en calma, invadido por una fría oscuridad. Tenía dos hijos púberes y acudía pidiendo ayuda. Me contaba con enorme esfuerzo que cuando sus hijos eran más pequeños, para poder soportar el día, cerraba por la tarde las persianas de la casa y les decía a sus hijos que ya era la hora de acostarse, para poder abandonarse a un sueño en el que se atenuaba la profunda tristeza de una vida que ya no se sentía capaz de tolerar.

Ahora que sus hijos eran púberes, se pasaban el día conectados a las pantallas. Ni estudiaban, ni salían con amigos, ni ayudaban en casa. Ni siquiera querían cenar.

Y a esta mujer que por tantas cosas difíciles había pasado en su infancia no le quedaban fuerzas para discutir con unos hijos que, como verdaderos adictos, mostraban síndrome de abstinencia cuando tenían que apagar los dispositivos para descansar unas horas.

Tras un año y medio de tratamiento farmacológico y psicoterapéutico semanal, esta mujer de corazón inmenso superó la depresión crónica que padecía —una depresión a la que se creía condenada por el destino o por su propia personalidad—. Reconstruyó su relación con sus hijos. Y ellos, que estaban en la adolescencia, aceptaron la nueva jerarquía y dinámica del hogar. Hoy estudian y ayudan en casa, y las pantallas ya no son una constante en sus vidas.

Esta mujer, que al principio me decía entre lágrimas, cuando sus hijos se ponían agresivos porque tenían que apagar sus dispositivos, «nuestros niños, con las pantallas, se transforman en otros que no son nuestros niños», además de recuperase a sí misma ha conseguido ofrecer a sus hijos una nueva y esperanzadora oportunidad.

El cuerpo en la adolescencia

En la latencia, nuestros hijos habían conseguido llegar a un equilibrio corporal, emocional y mental. No solo no desean los cambios que se vienen encima con la pubertad, sino que no los pueden evitar. Eso los inquieta y asusta por varios motivos. Uno es porque son cambios que no pueden detener, ralentizar ni controlar. El cuerpo se desarrolla según la genética de cada uno, que nada tiene que ver con los deseos y las expectativas que podamos tener. Crece y se transforma sin aparente control, algo que necesitamos sentir siempre que estamos ante un cambio.

Recuerdo a un paciente que me preguntó asustado si el vello oscuro que aparecía en su cuerpo crecería y crecería sin parar, como el de la cabeza. Y a otra paciente que temía perder algún órgano durante la menstruación. Debemos ser conscientes, además, de que el crecimiento que se da en la pubertad es disarmónico, es decir, no es homogéneo. Primero crecen unas partes y luego otras, dando al púber un aspecto extraño, que nada tiene que ver con el cuerpo adolescente idealizado que esta sociedad nos inculca de manera cruel y mentirosa. Esta disarmonía, que también se produce en el desarrollo psíquico, tiene una intensidad y una calidad individual, es decir, depende de cada persona, que necesita comprender lo que le sucede y aprender a tolerar las emociones que despierta la transformación corporal.

Otro aspecto que aumenta la incertidumbre de nuestros hijos púberes y adolescentes es que los cambios físicos son visibles para los demás; no pueden, por mucha ropa gigante que se pongan, taparlos. Eso hace que los adolescentes se sientan muchas veces transparentes o excesivamente expuestos temiendo que los demás conozcan lo que sienten y piensan. Su sensación de vulnerabilidad por todo ello es inmensa. Además, no podemos olvidar que esos cambios corporales transforman su cuerpo infantil en uno sexuado, adulto, que les resulta ajeno y desconocido.

Para los adolescentes, el cuerpo es muy importante, no solo porque materializa los cambios que promueven la formación de la identidad adulta, sino porque es intermediario en la relación con los otros y escenario en el que se van a depositar muchos de los conflictos que tienen que atravesar. Las dietas, el deporte, los cambios de *look*, los tatuajes, los *piercings* y las autoagresiones leves son una manera de buscar respuestas y elaborar cuestiones, que, planteadas sobre el cuerpo, parecen más posibles de manejar.

El adolescente ha de tomar posesión de su nuevo cuerpo y reconocerlo como propio. Y para ello necesita experimentarlo. La masturbación, las largas horas frente al espejo y la necesidad de exhibicionismo son acciones que permiten al púber y adolescente adueñarse de su nuevo cuerpo sexuado. Conocerlo, reconocerlo y sentirlo como una parte de sí mismo. Otro factor que complica esta elaboración es que los cambios sexuales son no solo visibles, sino valorados, evaluados y deseados por otros: nuestros hijos encontrarán por ello miradas y comentarios nuevos que no esperan, que invaden su intimidad y que los pueden inquietar y asustar. Aceptar, integrar, reconocer y valorar un cuerpo en transformación es una de las tareas más importantes de la adolescencia. Un cambio que aunque implica un duelo por el cuerpo infantil que se va para siempre, que se transforma en algo desconocido en su apariencia y en su funcionamiento, también nos da la posibilidad de nuevas y positivas capacidades, como una mayor fuerza, determinación y autonomía, la capacidad orgásmica y reproductora, una enorme resistencia y la posibilidad de traspasar metas y límites, dormir como lirones, reír hasta el dolor y correr y bailar hasta dejarse deslumbrar con la salida del siempre esperado sol.

Para ayudar a nuestros hijos en esta etapa, comencemos por ponernos en su lugar. No hace tanto tiempo que vivimos nuestra propia adolescencia. Recordemos lo que sentíamos entonces y, en vez de suponer, preguntemos con prudencia y respeto cómo llevan la nueva y emergente situación. Pensemos en lo importante que es que respetemos su intimidad no solo llamando siempre a su puerta, sino comprendiendo sus preocupaciones y estando disponibles para escucharlas, sostenerlas y devolverlos a la realidad, hablándoles de la falsedad de los ideales que aparecen en las redes, de la importancia de valorar y cuidar el cuerpo en el que habitan y de respetar y conservar la dignidad que merecen.

Debemos comprender el espacio y la distancia que muchas veces necesitan ante tantos cambios y emociones, que justifican que a veces se acurruquen a nuestro lado y otras eviten besarnos o rechacen nuestras caricias o incluso nuestra presencia.

Si aprendemos a manejar la nueva distancia que necesitan y somos flexibles, adaptándonos a cómo se encuentran, se sentirán seguros y respetados a nuestro lado. Cuando eran más pequeños, éramos nosotros lo que sabíamos que esa distancia tenía que ser corta. Nos necesitaban siempre cerca. Ahora nos necesitan disponibles y presentes, pero no siempre cerca. Aunque parece complicado, la realidad es que para saber la distancia que necesitan en cada momento solo tenemos que mirarlos y escuchar lo que nos dicen con sus gestos. Y cuando nos necesiten lejos, aceptarlo sin tomárnoslo como algo personal. No es que no valoren quienes somos, no es que dejen de queremos, no es que se contradigan. Es que son adolescentes y la inestabilidad acampa a sus anchas en sus vidas y, por primera vez, la sexualidad llega para inundar y teñir todo, hasta la relación con nosotros.

Nuestros hijos verán una faceta nuestra para la que antes no tenían mirada. Nos verán por primera vez como seres sexuados, como hombres y mujeres. Si a nosotros nos cuesta aceptar los cambios que nos impone el tiempo y tenemos una actitud de queja, rechazo o insatisfacción hacia nuestro cuerpo; si les hablamos o mostramos nuestra propia sexualidad —comentándoles cuestiones que incumben a la pareja, discutiendo delante de ellos—; si comentamos u opinamos sin la delicadeza que el tema se merece, el desarrollo de sus cuerpos. Si no toleramos que quieran esconder su cuerpo tras tallas XXL o dejamos que lo exhiban en exceso sin enseñarlos a cuidarse y respetarse, la jerarquía que es necesaria e imprescindible para contener a un hijo adolescente se difumina, dificultando enormemente que cada uno cumpla el papel que le corresponde para que vayan bien las cosas: nosotros, el de madres y padres adultos; ellos, el de púberes y adolescentes.

La sexualidad es un aspecto humano fundamental que debe ser integrado y desarrollado en la adolescencia y que tanto si se desarrolla de una manera caótica, descontextualizada o disociada del resto de la vida, como si se inhibe y anula por miedos, prejuicios, creencias, vivencias traumáticas o roles, tendrá una clara repercusión en la salud psíquica y emocional de nuestros hijos, por lo que merece un capítulo aparte para que podamos profundizar en este tema tan decisivo.

Entre un duelo y un viaje transformador

Posiblemente nunca hemos pensado la adolescencia como un duelo. Pero la realidad es que es una etapa en la que nuestros hijos van a tener que renunciar a muchas situaciones, posiciones, ideas, expectativas e ideales de una manera irreversible. Este duelo explica la tristeza, los sentimientos de vacío y la incertidumbre que muchas veces nuestros hijos expresan y para los que no suelen encontrar una causa externa, ya que las causas de estos duelos se encuentran en su interior.

Uno de los duelos que tienen que elaborar es el de las certezas. Cuando somos pequeños, nuestro pensamiento es dicotómico: blanco o negro. Sí o no. Bueno o malo. Necesitamos ver la realidad de forma polarizada porque eso nos ayuda a simplificar las cosas y reducirlas a certezas. Las certezas, grandes y pequeñas, nos ayudan a sobrevivir a una realidad inabarcable y llena de incertidumbres. Pero al llegar a la adolescencia comenzamos a comprender que en los matices y las excepciones se encuentran la realidad y el resto de las personas que nos rodean. Que lo malo a veces no es tan malo o solo malo y que lo bueno muchas veces no es tan bueno o solamente bueno. Y dentro de estas certezas que se derrumban, hay una realmente compleja de elaborar: la ambivalencia que implica tener sentimientos encontrados hacia los otros («te quiero, pero a la vez me molestas», «te rechazo, pero sé que no eres malo») y que muchas personas en la edad adulta no han conseguido resolver, manteniéndose en posiciones extremas en la relación con los demás y con el mundo.

Esta nueva realidad sin certezas y mucho más compleja provoca en nuestros hijos un aumento de la inseguridad y de la incertidumbre, que es causa frecuente de la inestabilidad, la angustia y la rabia que nuestros hijos expresan.

Otro duelo importante es el del principio del placer. Lo que nos mueve en la infancia es la búsqueda de satisfacción y placer. Sin embargo, en la vida adulta sabemos que muchas de las cosas importantes que hacemos no tienen que ver con nuestra propia satisfacción, sino con ayudar a los demás, con construir un bien común, con perseguir unos ideales realistas y vivir según una ética y unos valores. Y aprendemos que para alcanzar muchas de las cosas que deseamos tenemos que atravesar momentos de malestar y disconfort. Aprendemos que nuestros deseos no son el único motor que mueve nuestros pasos, renunciando a nuestro narcisismo e individualismo, desarrollando la voluntad para poder vivir de acuerdo con unos valores éticos.

Otro duelo que necesitamos atravesar es que, para nuestros hijos adolescentes, nuestras reglas y nuestros límites ya no son la única verdad. Debido a su desarrollo intelectual comenzarán a cuestionarlas y admitir no solo las que consideren buenas para ellos, sino también aquellas positivas para la sociedad en general.

Lawrence Kohlberg (1927-1987) expuso tres niveles en el desarrollo moral:

1. En el primero, el de la infancia, lo que modula las acciones de nuestros hijos es el grado de obediencia hacia nosotros y las consecuencias que puedan derivar de sus actos.
2. En el segundo, presente en la latencia, lo que mueve a nuestros hijos a actuar de manera adaptada, es la necesidad de ganarse la aprobación y el cariño de los demás.
3. Y en el tercer nivel, que se desarrolla en la adolescencia, son los principios morales aceptados por el propio individuo los que lo guían. Nuestros hijos cumplen voluntariamente reglas

basadas en principios éticos, aceptando que hay excepciones en determinadas circunstancias.

Tal vez uno de los duelos más difíciles de la adolescencia —de hecho, la mayor parte de las personas se pasa la vida elaborándolo— es el duelo por el ideal de unos padres perfectos y omnipotentes. Este duelo es posible porque, en la latencia, cuando abrimos nuestro interés y nuestro corazón a nuevos amigos y a sus familias, tenemos la posibilidad de conocer otras maneras de vincularse, otras jerarquías familiares, dinámicas distintas y modelos diferentes que nos hacen vislumbrar una realidad que antes creíamos única. Para cualquier persona, ser consciente y aceptar que sus padres cometen errores, que son personas con carencias y dificultades, que no siempre han hecho y hacen las cosas bien, supone una renuncia dolorosa.

Recuerdo a una mujer que acudió un día de primavera a la consulta por ansiedad. Era madre de tres hijos y hasta entonces había estado muy ocupada en su crianza, por lo que no recordaba cuándo había empezado a encontrase mal. Lo cierto es que sus hijos ya estaban en la adolescencia y hacían cada día más su vida y a ella se le caía la casa encima cuando terminaba las tareas del hogar. Su marido pasaba la jornada fuera trabajando y, cuando volvía, leía su periódico, cenaba y, como un autómata, se iba a descansar. Esta mujer tímida, a la que le costaba mirarme a los ojos, me contó que había estudiado una carrera y trabajado unos años, pero que al quedarse embarazada de su primer hijo renunció a su faceta laboral. No recordaba bien por qué lo hizo, porque ahora sí que le gustaría trabajar, sentirse útil, tener su propio dinero y estar con otras personas. Se consideraba una persona apocada, tímida y con escaso valor. Recordaba la etapa del colegio con tristeza, porque siempre se metían con ella y, cuando se lo contaba a su madre, esta lo justificaba «porque qué podía ofrecer ella». De su madre me contaba que era una mujer valiente y con carácter que siempre le había dado seguridad. Pero a medida que avanzamos en el tratamiento, pudo fijarse en el mensaje que escondían sus palabras: «Si no hacía lo que decía mi madre, me dejaba de hablar. Ella era la única que tenía razón... Siempre me ha dicho que no me cuido, que soy gorda y fea, que ella tiene mejor aspecto que yo...». Desidealizar a su madre fue un trabajo arduo y doloroso, pero le dio a esta bella mujer la opción de recordar lo que le gustaba correr, aprender, reír con amigos y sentir que estaba viva, porque ya no había en su mente una madre idealizada que le negara la opción de buscar su felicidad.

Durante todos estos años he atendido y escuchado las historias de muchísimas personas y una de las mayores causas del sufrimiento humano es aceptar esta realidad, sobre todo cuando no has tenido la suerte de tener unos padres «suficientemente buenos». El ser humano, aunque con dificultades, logra aceptar más o menos las propias carencias y contrariedades, pero necesita mantener un ideal por encima de todos los demás. El de sus padres. Nos resulta más asumible aceptar nuestra incompletitud, pero necesitamos seguir creyendo que tenemos un refugio indestructible al que acudir. Unos padres que conservan esa perfección, ese ideal que atenúa la incertidumbre de nuestra frágil existencia. Es más fácil creer que no merecíamos su cariño o sus atenciones, que la culpa de sus ausencias o malos modos era nuestra o que necesitábamos demasiado, que admitir que nuestros padres pueden tener dificultades, los mueve su propio interés o que, incluso, no les importamos demasiado.

Otro gran duelo es el de la fantasía omnipotente. Si hemos crecido en un ambiente que nos ha respetado y querido lo suficiente, tendremos que hacer el duelo de la creencia idealizada de nosotros mismos, de lo que podemos llegar a ser y de lo que merecemos; de nuestras capacidades idealizadas; de que somos los más bellos, los más listos, los más simpáticos, los más cariñosos... Tendremos que aceptar que ni el cuerpo crece como creíamos, ni somos tan estupendos, ni tan capaces, ni tan exitosos como creíamos y esperábamos, ni va a querernos todo el mundo. Que muchas de las cosas buenas de la vida hay que lucharlas, hay que trabajarlas, que a veces dependen de la suerte y que algunas nunca van a llegar. Tolerar la falta, la imperfección y la realidad como es. Y hacer un viaje desde el yo ideal hasta el ideal del yo —en términos de S. Freud—, es decir, desde la creencia idealizada de nuestra propia perfección hasta asumir quiénes somos realmente, con nuestras dificultades, contrariedades y carencias y querer construir nuevas posibilidades movidos por la esperanza de seguir creciendo, adquiriendo nuevos conocimientos y actitudes siendo capaces de vivir impulsados por el deseo ya realista de quienes podemos llegar a ser.

Los mecanismos con los que se defienden nuestros hijos

Ante tanta incertidumbre, nuestros hijos utilizan mecanismos mentales de defensa, en un intento de recuperar parte de la seguridad que sienten que están perdiendo. Lo que nos ayuda a elaborar los conflictos y a mantener la salud mental es poder utilizar mecanismos de defensa diferentes; lo que nos lleva a callejones sin salida es utilizar siempre el mismo para minimizar el impacto del conflicto al que nos debemos enfrentar.

1. **El ascetismo.** Creerán que controlando todo lo que les puede resultar placentero y renunciando a aquello que necesitan, dominarán el descontrol. Estos adolescentes se imponen restricciones corporales o tareas físicas difíciles, como comer alimentos que no les gustan, pero les parecen saludables, hacer excesivo ejercicio o no salir con sus amigos. Como el resto de los mecanismos de defensa, cuando utilizamos mayoritariamente uno, acabaremos por enfermar. Así, si nuestro hijo utiliza el ascetismo como mecanismo de defensa prioritario, la renuncia será excesiva y el riesgo de alejarse de una vida saludable tanto psíquica como físicamente es muy alto. Pueden aparecer entonces cuadros de anorexia, vigorexia, obsesiones y compulsiones.
2. **La intelectualización.** Consiguen un mayor control de los instintos y los cambios que están experimentando a través del pensamiento. Desplazan los conflictos internos a ideologías, de tal manera que, intentando controlar las ideas, tratan de recuperar la sensación de seguridad. Son adolescentes que leen y a los que les gusta ver las noticias, preguntar por temas psicológicos, que se interesan por la cultura y se pasan horas discutiendo apasionadamente de política, de la crisis climática, de la pobreza en el mundo, de las injusticias sociales o de los valores éticos.
3. **La disociación.** Consiste en paralizar y bloquear las emociones muy intensas, sobre todo las que se viven como contrarias o am-

bivalentes. Por ejemplo, una persona a la que aman les hace sentir odio y ambas emociones son muy intensas. La realidad se divide o se escinde defensivamente en dos mundos paralelos que no se comunican entre sí. Ve uno de ellos o el otro, según lo que le vaya pasando. Mientras tanto, busca motivos que indiquen cuál es la realidad, siendo incapaz de tolerar la ambivalencia, es decir, la posibilidad de que ambas visiones son posibles y reales.

4. **El último gran mecanismo de defensa utilizado por los adolescentes y, sin duda, el que más los define es la actuación.** A esta edad, nuestros hijos no tienen todavía desarrollada del todo la capacidad para representar mentalmente lo que les sucede, comprender el origen de lo que sienten y manejar su impulsividad y la intensidad de las emociones y los instintos que en esta etapa son muy poderosos. Por eso toleran tan mal posponer un deseo o una necesidad y viven en el aquí y en el ahora, teniendo dificultades para proyectar en el futuro o posponer. Además, continúan con un pensamiento egocéntrico y omnipotente, que sostiene la creencia de que son inmunes frente al peligro. Todo ello, junto con su necesidad de autonomía y de demostrar su valía a ellos mismos y a sus iguales, los lleva a las conductas de transgresión que tanto nos preocupan y nos hacen discutir con ellos. Frente a la realidad de su dependencia afectiva, se encuentran su necesidad de separarse y las emociones que los ayudan a hacerlo. Actitudes que conllevan un «yo soy, yo puedo, yo quiero», sirven para manejar «hazme esto, quítame esto, solucióname aquello..., te necesito». Las conductas que conllevan un riesgo razonable, como las que se dan en situaciones deportivas y sociales, son propias y esperables en la adolescencia. Pero utilizar la actuación o paso al acto (*acting*) como principal mecanismo de defensa impide que nuestros hijos desarrollen la capacidad de elaboración mental y los pone en situaciones de elevado peligro, como las prácticas sexuales de riesgo, el consumo adictivo de alcohol o drogas, la conducción temeraria o las autolesiones. El riesgo de que nuestros hijos utilicen la actuación como huida de los conflictos va a depender de su grado de impulsivi-

dad, de la necesidad de afianzar una autoestima excesivamente frágil, del valor que se den a sí mismos, del apoyo familiar con el que cuenten, de la capacidad que hayan desarrollado para poner en palabras los pensamientos y las emociones durante la latencia, de la actividad física que hagan y del tipo de grupo al que sientan que pertenecen, entre otros factores.

Empezamos a comprender el inmenso trabajo psíquico que implica la adolescencia de nuestros hijos. Un trabajo promovido por los nuevos adultos que llegan a sus vidas (madres y padres de amigos, monitores y profesores), por el mayor grado de intimidad con sus amigos e iguales, por la mayor información a la que pueden acceder, el pensamiento lógico y abstracto que ya pueden emplear; por la capacidad de formular hipótesis y comprobarlas, de cuestionar creencias y opiniones; por la necesidad de ir tolerando la ambivalencia que les producen los vínculos importantes («te necesito, necesito ser independiente»); por acceder a la sexualidad; por ser capaces de encontrar nuevos sentidos y significados, y necesitar saber y comprender quienes son y quienes son respecto a los demás (filiación); por renunciar a los ideales de la infancia, tienen la oportunidad de establecer las bases de una vida adulta satisfactoria, en la que la autoestima realista, los vínculos saludables y la libertad del camino es la respuesta.

¿Por qué «nos cuesta» la adolescencia?

Comprendemos que la adolescencia de nuestros hijos es un viaje transformador que implica ciertos duelos. Pero es imprescindible que seamos conscientes de que, para nosotros, sus padres, también va a implicar un cambio personal que suele coincidir con un momento de nuestras vidas que suele ser complejo. La llegada de la juventud de nuestros hijos, con toda su fuerza y vitalidad, nos hace conscientes del paso del tiempo, incluso de que podemos encontrarnos en el inicio de cierto declive físico. La piel empieza a ceder a la gravedad, por las mañanas nos duelen los huesos y por las noches estamos llenos de contracturas. Algunas comidas nos empiezan a sentar mal, el cabello se vuelve más fino, si salimos a bailar tardamos días en recuperarnos y, en el caso de las mujeres, nos queda poco o estamos entrando en la menopausia. Nuestros propios padres se encuentran en la vejez y muchos comienzan a estar enfermos y a necesitar cuidados, hecho que nos confronta con la temporalidad de nuestra propia vida. Podemos empezar a tener amigos que enferman o pierden el trabajo y caemos en la cuenta de que hay sueños y expectativas que ya no van a ser posibles y a los que tenemos que renunciar.

Nuestros hijos comienzan a estar mucho tiempo fuera de casa y a tener sus propios planes, su propia vida, sin la necesidad constante de nuestros cuidados. Nos sobra un tiempo por el que antes suspirábamos y ahora no sabemos muy bien qué hacer con él. La pareja suele atravesar una crisis, ya que tiene que reestructurar la dinámica previa, recuperar la intimidad posiblemente olvidada y confrontar posibles problemas que se llevan posponiendo toda la crianza.

A todo esto se añade que nosotros mismos tenemos que hacer el duelo por nuestro hijo pequeño y caminar de la mano con nuestro hijo púber hacia su adolescencia, construyendo una nueva manera de relacionarnos con él, en la que la verticalidad de la infancia pase de manera progresiva a una relación horizontal en la que podamos tolerar el cuestionamiento que van a hacer de muchos aspectos de nuestra vida, nuestras creencias, nuestro sistema de valores y nuestras relaciones, sin entrar en rivalidades ni dejarnos llevar por el sentimiento de ingratitud e injusticia que nos coloca en una posición victimista que entorpece nuestra relación con ellos.

La distancia que imponen y la preferencia por los consejos o la compañía de otras personas —como profesores, abuelos, tíos y amigos— pueden hacernos sentir celosos y desvalorizados. Debemos evitar poner pegas a esas relaciones o responsabilizar de los cambios adolescentes de nuestros hijos a otras personas (como sus amigos), intentando separarlos de ellas y comprender que todos estos movimientos implican la búsqueda de nuevas identificaciones que salvaguardan la relación que tenemos con nuestros hijos. Ellos siguen necesitando identificarse con nosotros y que sigamos siendo sus madres y sus padres, por eso tenemos que ganar en flexibilidad y ayudarlos a diferenciarse de manera serena. Su adolescencia va a despertar recuerdos de la nuestra de los que debemos ser conscientes para que no impidan, condicionen o limiten nuestra relación con ellos. No debemos olvidar nunca que los que atraviesan la adolescencia solo son ellos y que nuestra función es seguir siendo sus madres y padres.

Resistir su «intento de asesinato»

Ya hemos hablado de que nuestros hijos, al llegar a la adolescencia, van a tener que hacer el duelo de ciertos ideales, entre los que se encuentra la idea que tienen de nosotros. Winnicott, el pediatra y psicoanalista inglés al que tanto debemos, contaba que los padres tienen que resistir el «intento de asesinato» de sus hijos. Estos van a mostrarnos la distancia que necesitan para construir su propia identidad incluso con un rechazo que será más o menos violento dependiendo de la fragilidad, del grado de dependencia y de rigidez, y de la intensidad del vínculo que tenemos con ellos. Los padres debemos «dejarnos matar» por nuestros hijos, simbólicamente hablando, en el sentido de que cuando ellos comiencen su duelo por el ideal de padres en el que creían, cuando sean capaces de darse cuenta de nuestras imperfecciones y contrariedades, no debemos luchar por seguir manteniéndonos como unos padres y madres perfectos, sino mostrar las personas reales que somos y que, a pesar de nuestras deficiencias y contrariedades, somos unas madres y unos padres «suficientemente buenos». Que comprendamos que el rechazo y la fuerza con la que a veces imponen distancia, con conductas de oposición y cuestionamiento, les sirven para regular esa distancia imprescindible en la que pueden pensarse y sentirse diferentes a nosotros, y sobrevivir y vivir más alla de nuestro amor.

Entre tanto, demostremos que no son capaces de destruir el amor que sentimos por ellos. Necesitan que nos mantengamos vivos, con el deseo de seguir a su lado, con la ilusión de acompañarlos y la alegría de construir una nueva relación juntos que parta de nuestra realidad no omnipotente.

La agresividad que a veces expresan les sirve para construir una frontera imprescindible entre ellos y las personas de las que se saben dependientes. Un adolescente pelea, porque siente que está en juego su vida, su identidad y su capacidad. Lucha entre su narcisismo omnipotente y su necesidad y vulnerabilidad (dependencia). Cuando un hijo nos agrede de alguna manera —nos falta el respeto, nos mira con desprecio, nos hace el vacío, no cuenta con nosotros—, además de ser consecuencia de la hiperreactividad de sus emociones y su dificultad para el manejo de la impulsividad, lo que está intentando hacer es destruir la necesidad y la dependencia que tiene de nosotros. Si sobrevivimos a ese ataque es porque somos capaces de no cuestionamos su amor. Si no nos culpabilizamos, si no entramos en reproches infinitos, sino que marcamos límites firmes y claros que implican respeto y no sumisión, si nos mantenemos firmes en el lugar que ocupamos en su vida y le ofrecemos los cuidados y la atención que necesita, respetando esa nueva distancia, le estaremos demostrando algo muy importante. Y es que su capacidad destructora tiene un límite, no es infinita. Sentirá que puede expresar lo que siente porque es seguro expresarlo. Al poder compartirlo, tendrá la oportunidad de cambiar la acción por la palabra y de aprender de manera progresiva a reconocer, nombrar, comprender y manejar sus emociones.

En la adolescencia son muy importantes el cuerpo y la acción. Por eso nuestro ejemplo en esta etapa de sus vidas es decisivo. Y para el tema del reconocimiento y del manejo emocional también lo es. Que podamos contarles no nuestros problemas, sino cómo nos sentimos en diversas situaciones, lo que nos produce esa situación y cómo la manejamos es decisivo para ellos.

Las jerarquías y los límites

Cuando hablamos de comprender, tolerar y flexibilizar no debemos confundirlo con dejar de ejercer la función materna y la función paterna que nuestros hijos tanto necesitan. Aunque se cuestionen los límites y haya un debilitamiento de las prohibiciones, es imprescindible que siga existiendo una jerarquía.

Cuando nos encontramos en una situación de tormenta es cuando más necesitamos que haya un capitán al frente. Los adolescentes necesitan sentir que hay un adulto que permanece estable al que pueden regresar cuando lo necesitan. Un adulto que da sentido y pone palabras a lo que les sucede. Un adulto que sostiene la tormenta existencial en la que se encuentran. Un adulto que pone unos límites a los principios de placer, acción y huida.

Los límites implican compromiso y cuidado. Ayudan a nuestros hijos a comprender que sus necesidades e instintos no son la única realidad que impera. Ayudan a crecer en autonomía y respeto y a aceptar la realidad externa. Los límites permiten que nuestros hijos comprendan que no hacemos posibles sus fantasías porque estas empiezan y acaban en ellos. Los anclan a la realidad y les permiten vivir con mayor seguridad todo el descontrol que sienten.

Nuestros hijos necesitan poner a prueba y cuestionar la jerarquía, transgrediendo esos límites. Es parte de su proceso de crecimiento. Si no hay jerarquía que transgredir o límites que cuestionar, no será posible realizar el trabajo de encontrar su propia identidad, aceptando la realidad de este mundo al que precisan adaptarse. Sin límites ni jerarquías, la adolescencia no terminará nunca.

Hoy en día, las jerarquías y los límites no están de moda, razón por la que nos encontramos con los adolescentes más poderosos, pero más vulnerables de la historia. Vivimos en una sociedad en la que el buenismo y lo políticamente correcto esconden una manera de evitar las responsabilidades y alimentar nuestro propio ego. Nuestra capacidad para poner límites va a depender de nuestra vulnerabilidad como personas y de que podamos resistir convertirnos, en ocasiones, en los malos de la película, es decir, de que no escuchemos a nuestro ego, sino a nuestra responsabilidad.

Amarlos no es dejar que nuestros hijos nos insulten, nos empujen o nos falten al respeto. Necesitan que los salvemos de la culpa insoportable que tendrán si se dejan llevar por su miedo, su incertidumbre y su rabia contra nosotros, las personas que más quieren y necesitan. Poner límites es protegerlos no solo de un mundo muchas veces peligroso, sino de ellos mismos, es cumplir con la responsabilidad que tenemos como madres y como padres.

La capacidad de nuestro hijo para aceptar esos límites va a depender de que le hayamos enseñado a hacerlo durante la infancia y de que le hayamos sabido transmitir que, aunque cometemos errores, nuestra intención es cuidarlo y acompañarlo. Su tendencia a transgredirlos obedece a su necesidad de probarnos y de individualizarse. De nuevo, hemos de equilibrar la balanza entre unos límites rígidos e inamovibles, restrictivos y punitivos y la ausencia enloquecedora de estos.

En la adolescencia, la nueva relación que estamos creando, más horizontal, precisa que los límites se pacten y se hablen con ellos. Unos se flexibilizan, otros ya no hacen falta, y otros se modifican y se mantienen como parte de los cuidados que todavía necesitan. Los adolescentes no son adultos. Los límites se mantienen en las cosas importantes para cuidarlos, así que cuando los transgreden, debemos evitar controlar la situación con los demoledores reproches que les devuelven una imagen de una identidad insuficiente y que harán que aumente su desconfianza hacia nosotros, sino que aprovecharemos para enseñarles a responsabilizarse de sus acciones y para que aprendan a reflexionar sobre lo que hacen, las consecuencias que tiene para ellos y para los demás. Si no aprenden los límites en casa, si los sobreprotegemos, los olvidamos o los relegamos, nuestros hijos acabarán antes o después encontrándose con ellos, pero esta vez de mala manera en la fría soledad de la noche, en la comisaría del barrio o en la sala de urgencias de un hospital.

La confianza

Para que la alegría caliente los días de nuestros hijos, sobre todo en aquellos momentos en los que se sientan perdidos, es imprescindible la confianza. Y esa confianza tan necesaria la tenemos que crear y sostener nosotros, como madres y padres.

Debemos creer que el amor que nos une es irrompible y creer en ellos, en todo lo que son y lo bueno que tienen. Si creemos en ellos desde la convicción, así se lo transmitiremos y ellos recibirán ese reflejo de sí mismos y esa imagen capaz los construirá. La adolescencia es una de las etapas la vida en que más van a necesitar nuestro apoyo, nuestra mirada, nuestro ejemplo y nuestro estímulo. Nuestra permanencia y nuestros límites.

Necesitamos que nuestros hijos confíen en nosotros. Sabemos que en esta etapa les van a pasar muchas cosas, algunas de las cuales son difíciles y pueden hacerles daño. Pero a la vez necesitan que no invadamos la distancia que progresivamente precisan para construirse como seres independientes. La confianza es algo que se construye día a día con cercanía, escucha, tiempo, interés y disponibilidad, con las pequeñas cosas cotidianas, interesándonos por cómo han dormido, quiénes son sus amigos, qué les gusta, evitando en los desencuentros los reproches y no utilizando nunca la información que tenemos sobre su vulnerabilidad para ganar una disputa o mantener la jerarquía. Haciéndonos responsables de nuestros propios estados emocionales para no usarlos como chivos expiatorios. Haciendo lo que decimos y expresando lo que sentimos con respeto, coherencia y sin olvidar nunca su fragilidad. Si como padres tenemos una actitud de respeto y comprensión; si aceptamos que les gusta que les contemos cosas, pero que no soportan que les expliquemos nada, porque lo viven como una imposición; si cuando nos equivocamos sabemos reconocerlo sin someternos ni perder nuestra posición de padres; si en las decisiones que tomamos los tenemos en cuenta; si los entendemos como seres que no nos pertenecen y que pueden tener sus propias opiniones, gustos, contradicciones, deseos o anhelos; si cuando se equivocan o transgreden algún límite no los llenamos de reproches, sino que los ayudamos a reflexionar, a hacerse responsables, porque creemos que son capaces de hacerlo. Si les ofrecemos una salida diferente, constructiva, en la que es posible una nueva oportunidad; si comprendemos que solo con la repetición de ensayos y errores van a poder aprender de ellos, de sus reacciones, de las consecuencias de sus actos, de cómo continuar con sus vidas de la mejor manera... Si somos coherentes entre lo que hacemos, lo que decimos, lo que nos pedimos y les pedimos, confiarán en nosotros lo suficiente cuando llegue el momento.

Eso no significa que nos lo cuenten todo. Nuestros hijos no necesitan que seamos sus amigos. Ya tienen muchos y es deseable que tengan más. Pero solo tienen una madre (función materna) y un padre (funciona paterna) y sigue siendo imprescindible para ellos que nos mantengamos en nuestro lugar. Para ellos somos un referente, un ejemplo, un suelo y un hogar al que poder regresar. Admitir que seguimos siendo tan importantes no debe perdernos en exigencias ilimitadas, en autorreproches continuos y en una culpa que nos paralice. Nuestros hijos no necesitan unas madres y unos padres perfectos. Recordemos que lo que necesitan es construir y mantener con nosotros una relación humana real, íntima, genuina y personal. Necesitan conocernos con nuestros errores y nuestras dificultades sin que ello implique que no podamos ser sus madres y sus padres.

Tampoco es conveniente que los invadamos, compartiendo con ellos nuestra intimidad. Recordemos la importancia de mantener una jerarquía para proporcionarles seguridad. Ahora vemos muchas madres y padres que quieren seguir siendo adolescentes y se posicionan frente a sus hijos en una relación de semejanza y de pérdida generacional, en la que además la familia extensa (abuelas y abuelos, tíos) está menos presente y, por tanto, las normas familiares se desdibujan y se crea una confusión de roles, que es una de las principales causas del malestar de la infancia y de la adolescencia actuales. Elijamos momentos adecuados para hablar con ellos, en los que nosotros estemos tranquilos y descansados y a ellos los veamos receptivos. No siempre van a querer hablar con nosotros, pero eso no implica que no quieran hablar, sino que ese no es un buen momento Conozcámoslos bien, ya que hay adolescentes que van a hablar mejor de sus cosas mientras hacen algo, como pasear y otros que prefieren que nos sentemos a su lado un ratito. Demostrémosles el respeto que sentimos mirándolos a los ojos, dándoles un tiempo que no se vea interrumpido por el móvil o por cualquier otra distracción. Que noten que, en ese momento, esa conversación es nuestra prioridad. Verbalicemos lo importante que es la intimidad y que vamos a guardar sus confidencias y demostremos que nunca utilizaremos esa información.

Nuestros hijos no necesitan tanto nuestros consejos como nuestra disponibilidad para que, al ser escuchados, ellos mismos se oigan y profundicen en quiénes son, reconozcan lo que sienten e integren las distintas facetas de su personalidad; para no sentirse solos cuando se enfrentan a sí mismos, sino que sepan que van de la mano de un adulto que los conoce y respeta, que quiere lo mejor para ellos y los puede sostener.

Cuando nos cuenten algo que nos sobrepase, pidamos un rato para poder elaborarlo. A veces, nuestros hijos nos cuentan cosas que nos movilizan demasiado y necesitamos un tiempo para disminuir la intensidad de lo que sentimos y poder pensar. Démonos ese tiempo para elaborar y digerir todo lo que su adolescencia moviliza en nuestra vida y en nuestro hogar. Tiempo para recapacitar en la manera que tenemos de acompañarlos. Tiempo para ellos y su transformación, comprendiendo que no se puede pasar de la mañana a la noche de ser un niño juguetón a un adulto responsable y autónomo.

Apoyarlos en la construcción del principio de realidad

Pensemos en alguien conocido que ha perdido, por ejemplo, una pierna. No se nos ocurriría decirle que la pérdida no es real o que no es para tanto y que lo supere deprisa. Sabemos que lo que esa persona necesita es nuestra compañía, escucha y disponibilidad, ayudándola a mantener el principio de realidad, es decir, a saber que la vida sigue, que nosotros sentimos su inmenso dolor, que estamos realmente a su lado, que el mundo no se ha detenido, como sí lo está su corazón.

Con los duelos que nuestros hijos tienen que atravesar en la adolescencia, nuestra actitud ha de ser la misma. Pero además necesitan que los ayudemos a encontrar el sentido de sus incertidumbres. Que comprendan que se encuentran en un viaje transformador en el que, aunque dejan atrás algunas cosas, otras no se pierden, sino que se transforman y que estos cambios dan la oportunidad para que cosas muy valiosas e importantes puedan llegar a sus vidas. Nuestro aplomo y nuestra seguridad los ayudan a construir un sentimiento de continuidad que es un salvavidas en esos momentos. Una continuidad que les cuenta que no dejan de ser quienes son, sino que son ellos mismos en transformación. Por eso es tan importante no dejarnos invadir por su angustia.

Recordemos que la angustia es una emoción que nos ayuda a elaborar las cosas. Si nos mimetizamos con ellos, perderemos la objetividad y la capacidad para sacarles de su mundo interno y conectar con la realidad externa. Nuestra misión no es siempre salvarlos de todo, aliviarlos, evitarles los malos momentos o protegerlos de cualquier cosa.

Recuerdo a unos padres cuya hija tenía problemas en la aceptación y la integración de algunas vivencias y que había centrado en su cuerpo —en concreto, en su nariz— toda su conflictividad identitaria y emocional. Esta adolescente insistía en someterse a una cirugía que no tendría vuelta atrás. Los padres, en vez de sucumbir a la tentación de aliviar la angustia de su hija llevándola a un cirujano plástico, pudieron dar tiempo y, mientras, sostenerla.

La ayudaron a aprender a posponer la resolución rápida del malestar que sentía y a reconocer dónde se encontraban realmente los conflictos (en su realidad interna), haciéndole sentirse valiosa en todo momento.

Hemos hablado en anteriores capítulos del papel tan importante que tenemos en la construcción de la autoestima de nuestros hijos. Comentábamos cómo nos necesitan para transitar desde esa visión inicial egocentrista con la que nacen hasta construir un buen concepto de sí mismos realista. Querernos y aceptarnos como somos es uno de los ingredientes básicos para tener una vida plena con salud mental.

Y aunque en la adolescencia nuestros hijos tengan hacia nosotros una actitud de cierto rechazo, de demostrarnos que a veces ya no tenemos tanto valor para ellos, o muestren una autoestima por las nubes, lo cierto es que siguen necesitando muchísimo nuestra mirada para seguir construyéndose. La adolescencia supone un momento crítico en la construcción de la identidad. Nuestros hijos, a esta edad, siguen necesitando nuestra aprobación, nuestra admiración y nuestro apoyo, que sigamos creyendo en ellos y en sus fortalezas.

Pero también precisan que los ayudemos a quererse y aceptarse con sus limitaciones, que los calmemos y contengamos cuando sientan que han fallado o no han estado a la altura, que los acompañemos en la angustia que supone aceptar la propia falta. Que no les mintamos para acallarla, sino que les hagamos comprender que son valiosos y dignos de amor por ser quienes son, con sus fortalezas y fragilidades, muchas de las cuales podrán trabajar a lo largo de sus vidas.

Este apoyo a su identidad les devuelve la imagen de que son suficientes de una manera constante y cotidiana, y se ancla en los pequeños detalles, en el ejemplo que les damos, en cómo respondemos a lo que les sucede. Y aunque nuestros hijos sigan mostrándose rebeldes y parezcan inmunes a lo que les decimos, su cerebro se va llenando de esta información. No nos desanimemos si no muestran cambios o parecen no escucharnos. Lo que hacemos no tiene un objetivo inmediato sino a medio y largo plazo.

Es cierto que a esta edad su propia valoración depende mucho de la mirada que le devuelvan sus iguales y de los logros que consigan por sí mismos. Por eso es tan importante educar a nuestros hijos con capacidad para frustrarse y posponer el placer. La voluntad es una capacidad humana situada en la corteza prefrontal que se construye en los pequeños detalles y que nos ayuda a conseguir cosas importantes y enormemente valiosas en la vida. Aprender a posponer determinadas gratificaciones y no estar siempre limitados o condicionados por lo que sentimos nos permite creer que podemos conseguir determinados objetivos. Y sentirnos capaces es uno de los pilares de una autoestima madura. Ya no depende tanto de cómo nos miren los demás, sino de cómo nos percibimos nosotros. Tener voluntad nos permite sentir que tenemos un papel activo y protagonista en nuestras vidas. Nos ayuda a sentirnos capaces, suficientes, satisfechos y orgullosos de nosotros mismos.

Debemos ayudar a nuestros hijos en su construcción del ideal del yo, es decir, a tener unos objetivos respecto a ellos mismos que sean realistas, posibles y alcanzables. A veces, los padres depositamos de manera excesiva nuestro ego en nuestros propios hijos, tolerando muy mal sus fallos y exigiendo que sean «exitosos» y reconocidos. Otras, no los hemos ayudado a tolerar la frustración que suponen los límites propios y ajenos, y otras hemos sido padres que han exigido y castigado desproporcionadamente, haciendo que nuestros hijos persigan la perfección como una garantía de nuestro amor. En todos estos casos, las consecuencias en la vida adulta serán enormes y abocarán a nuestros hijos adolescentes a creer que nunca serán lo que nosotros o los demás esperamos de ellos.

Una clave es facilitar que nuestros hijos tengan buenas amistades, que sean para ellos benévolos espejos. Nuestros hijos tienen muchas cosas que aprender: matemáticas, lengua, idiomas… Por eso, creo que la elección de las actividades extraescolares debería tener como objetivo el desarrollo de las actitudes que de manera natural expresan, para apoyar sus fortalezas y que estas sirvan de apoyo compensatorio en todas las dificultades y frustraciones que van a tener que tolerar en el mundo real.

No debemos idealizar la infancia, querer que las cosas no cambien, impidiendo o retrasando de manera inconsciente su desarrollo. Hemos de mostrar una actitud positiva que los ayude a emprender este viaje, viviendo los cambios como verdaderas oportunidades.

En la adolescencia, nuestros hijos experimentan una crisis de identidad profunda, así como la aparición de nuevas creencias y nuevos estilos. Se plantean importantes cuestiones y realizan las primeras grandes reflexiones de sus vidas. Establecen vínculos nuevos y sienten la sexualidad y el amor no familiar por primera vez. También la soledad que supone enfrentar su propia vida y la responsabilidad de recorrer su propio camino. Acompañarlos en esta etapa es todo un reto, ya que no solo supone un cambio para ellos, sino —como hemos visto— también para nosotros y para toda la dinámica familiar. Es imprescindible que sientan que muchas cosas cambian, pero que siguen perteneciendo a una familia que los quiere y en la que ocupan un lugar reconocido, que el amor materno y el amor paterno son indestructibles y que siempre pueden regresar a sentirlos.

Sostenerlos para que puedan navegar libremente por sus emociones, limitarlos para que se sientan seguros, apoyarlos para que desarrollen una autoestima suficiente y un concepto de identidad cohesionado. Transmitirles que podemos vivir sin autoengaños, amar y ser amados sin idealizaciones, odiar sin ser destructivos y construir una vida que nos pertenezca y represente.

Cuarta parte

Los tiempos difíciles del siglo XXI

Capítulo 10

La infancia y la adolescencia más difíciles

Un corazón se rompe más silenciosamente que un vaso de vidrio, que derrama su contenido. No causa el estruendo con el que se despide de la vida un objeto precioso. Se va en silencio y deja silencio al desaparecer. Deja estupefacción, no solo ya no es lo que era, sino que ya no es lo que iba a ser.

Rosa Chacel

La soledad no llega por no tener personas a tu alrededor, sino por no poder comunicar las cosas que te parecen importantes a ti, o por mantener ciertos puntos de vista que otros consideran inadmisibles.

Carl Jung

Nos encontramos ante una crisis social evidente. Evolucionamos no como individuos, sino como sociedades. Sabemos que nos anteceden imperios extinguidos y culturas abandonadas. Y aunque creemos que los avances han sido positivos, siempre han requerido de una gran crisis previa que llevó de cabeza a una generación que observaba con recelo los cambios que llegaban. No hay ganancia sin pérdida. No lo olvidemos ni lo neguemos. Siempre que ganamos algo, perdemos algo.

Pero en la crisis actual, los que más están perdiendo son nuestros menores y adolescentes, nuestro futuro, sobre los que se hace urgente y necesario poner un cuidado especial. Porque a pesar de haber situado la infancia y la adolescencia en un lugar aparentemente privilegiado, observamos alarmados cómo nuestros niños y nuestros adolescentes presentan preocupantes índices de sufrimiento psíquico. Cada día más menores acuden a las consultas de psiquiatras y psicólogos. Cada día hay más jóvenes y niños medicados con psicofármacos. Cada día nos encontramos con mayores tasas de fracaso escolar y situaciones de *bullying* más graves. Con un alarmante aumento de la violencia. Con unos menores con mayores dificultades para asumir los límites. Con problemas cada vez más graves y cotidianos para respetar las jerarquías. Menores que huyen de cualquier esfuerzo que no tenga una recompensa inmediata. Que establecen relaciones a las que llaman líquidas y fluidas, en las que el compromiso con uno mismo y con los demás se considera una atadura que hay que evitar o que es imposible sostener.

Actualmente el suicidio es la primera causa externa en nuestro país de mortalidad entre los quince y los veintinueve años, por encima de los accidentes de tráfico (INE, 2021), y en las urgencias psiquiátricas de los hospitales de la red pública atendemos a menores cada vez más jóvenes, que se autoagreden o que intentan quitarse la vida.

Alrededor de un 18 % de los menores se ha autolesionado en alguna ocasión, siendo la edad de inicio más frecuente los once años. Las autolesiones consisten, la mayor parte de las veces, en cortes de poca profundidad pero dolorosos en brazos, piernas y abdomen, que se autoinfligen para aliviar la angustia, expresar el dolor emocional, la ira o como forma de autocastigo propio o dirigido hacia alguna persona con la que el menor está vinculado (madres, padres, amigos); se acompañan de un dolor profundo y de una incapacidad para la gestión emocional. Uno de los problemas de las autolesiones es que habitúan a los menores a utilizar la acción como manera de afrontar situaciones dolorosas, disminuyen el miedo a dañarse a uno mismo, permiten adquirir habilidades para el suicidio y dejan cicatrices visibles que forjan roles e identidades.

Alrededor de uno de cada cuatro menores presenta síntomas de depresión y/o ansiedad, problemas de comportamiento y de sueño, disminución del control de los impulsos, aumento de conductas adictivas, irritabilidad, desmotivación y pérdida de hábitos saludables.

Achacar la responsabilidad de esta realidad emergente y alarmante exclusivamente a las madres y a los padres sin comprender que tanto ellos como sus hijos se encuentran en un contexto social en crisis es incurrir en maneras perversas de cargarlos con una culpa que los paraliza o que los moviliza a exigirse a sí mismos de una manera excesiva y sin sentido.

En este capítulo vamos a detenernos a analizar la repercusión que los factores y las dinámicas sociales que rodean en la actualidad a nuestros hijos están determinando cómo crecen y, en muchos casos, los están haciendo «enfermar». El sufrimiento y las dificultades que manifiestan nuestros niños, que se acompañan de ansiedad, tristeza y sentimientos de vacío y un creciente sentimiento de soledad, que convive con la disolución de sus ilusiones y expectativas, pone en evidencia que, además de un mayor sufrimiento, expresan una mayor vulnerabilidad y una mayor fragilidad. Nuestra sociedad está produciendo muchos más adolescentes inestables, «enfermos» y violentos con ellos mismos y con los demás de los que podemos tratar. Aunque lleguemos tarde, trabajar en prevención es urgente y más imprescindible que nunca.

Pero el ser humano es complejo y lo es también su realidad. Ni hay una única razón, ni hay una única estrategia para intervenir sobre este problema tan heterogéneo, que además es expresión de un conflicto social transgeneracional.

Comencemos por reflexionar.

Nuestro narcisismo voraz

Paradójicamente, siendo el momento histórico en el que más se reconocen los derechos de la infancia y en el que los niños parecen ocupar un lugar privilegiado, tanto dentro como fuera de nuestros hogares, la infancia ha sido invadida de manera sigilosa, pero letal, por el mundo adulto.

El mundo adulto se construye actualmente desde la perspectiva hedonista, individualista, consumista y narcisista de querer y creer merecer todo, negándonos a aceptar —ya sea de manera explícita o disimulada— cualquier situación que implique una renuncia. La sociedad exalta y alimenta un «yo» hipertrofiado hasta el ridículo, contándonos que ser independiente, único, exitoso, popular y sin fisuras ni carencias es posible. La ciencia, la publicidad y la tecnología no dejan de alimentar que todo es posible, desde encontrar el gen que explica el malestar, obtener de manera inmediata cualquier cosa a golpe de clic o agredir anónimamente por internet.

Y ese «yo» que todo lo puede y merece roba, con su voracidad insaciable y desleal, a la infancia sus derechos, sus características, oportunidades y beneficios, sin querer reconocer, aceptar y responsabilizarnos de las carencias y necesidades que implica crecer. A la infancia le robamos el derecho a que toda la responsabilidad esté en los demás, a moverse por necesidades apremiantes que no pueden ser pensadas y a creerse el centro del mundo. De la latencia, robamos vivir en idealizaciones. De la adolescencia, nos apoderamos del pensamiento omnipotente, de la acción sin palabra, de la inmediatez insaciable, de la huida de responsabilidades y de la necesidad de exhibirse para afianzar la autoestima. De vivir en un presente que le pertenece y que nunca va a ser un futuro que necesita ser pensado y construido. De querer vivir en un aquí y un ahora egocéntrico, que rechaza el avance del tiempo y da prioridad a lo externo. Robamos a la adolescencia el escaso manejo emocional que tiene. La rabia que domina, las emociones cambiantes que determinan el camino y la necesidad de una acción constante que evita la reflexión.

Parece que queremos continuar con la misma vida que teníamos antes de ser madres y padres, sin hacer la renuncia parcial y temporal que la crianza implica. Así nos lo vende esta sociedad que tanto alimenta nuestro ego. Cualquier relación con alguien que implique compromiso y disponibilidad actualmente se confunde con someterse y renunciar a una libertad mal entendida y a los propios derechos, con lo cual, en vez de adaptar en la medida de lo posible nuestra vida a las necesidades de nuestros hijos, esperamos que ellos se adapten a las nuestras, en una vida repleta de exigencias, retos y ambiciones, en la que, si somos realistas, no cabe nada más.

Así, los arrastramos a planes adultos, reprochándoles su comportamiento infantil, frustrándonos por tener que atenderlos o enchufándolos a pantallas que los silencian. Los posicionamos como los verdugos que nos arrebatan nuestro escaso tiempo y nuestras fuerzas. Nos infantilizamos y victimizamos, eludiendo la responsabilidad y la jerarquía que la crianza necesita. Ahora, los niños sienten que estorban, que molestan, que muchas veces están de más. Modulamos su crianza en función de nuestras propias necesidades infantiles y narcisistas, escondidas tras inmensas obligaciones, exigencias, traumas posibles, infantilización de actitudes, disolución de jerarquías y responsabilidades y extensos argumentos. Les robamos tiempo para jugar en casa o correr libres por los parques, llenando sus tardes, después de más de ocho horas de normas y estudios, con actividades diversas para sentirnos satisfechos con nosotros mismos o porque queremos esconder que no tenemos tiempo para estar con ellos. Nos asusta la cercanía desnuda que supone una relación tan sincera e íntima, en la que no podremos esconder nuestras carencias, algo que nos pasamos el día negando o disimulando y que requiere vivir en una alerta silenciosa para poder reaccionar ante cualquier amenaza que atente contra el ideal que intentamos demostrar en un personaje con el que salimos a la calle y que poco tiene que ver con nuestra intima realidad.

Sobrevivimos en un estilo de vida en huida permanente en el que impera la inmediatez de colmar necesidades y negar límites y pérdidas. Una vida en la que el día a día está marcado por deseos que son derechos y emociones que se vuelven razones; por una sexualidad desligada del vínculo y la comunicación en la que el otro pasa a ser objeto; por una violencia que se considera un derecho y por el valor todopoderoso que se le da a una apariencia retocada, un éxito envidiado y una juventud eterna.

La sociedad es, quizá, cada vez más inconsciente e irresponsable. Precisa consumir todo aquello que silencia un malestar que es cada vez peor tolerado, ya sea por la escasez de recursos personales que desarrollamos (nos dedicamos a otras cosas), por las proyecciones de responsabilidad que emitimos (los demás o el universo tienen toda la culpa de nuestros problemas) o por la idealización mentirosa de lo que es la vida y de lo que somos nosotros mismos.

Negamos la muerte, la enfermedad, la limitación... Negamos la diferencia, lo aparentemente absurdo, injusto y desagradable. Negamos lo que nos inquieta, lo que no comprendemos, lo que necesitamos y no tenemos. Negamos que a veces no podemos, que a veces no servimos, que a veces no sabemos. Negamos que nos faltan cosas, que tenemos miedo. Negamos el paso del tiempo, las pérdidas... Negamos los límites y no queremos renunciar a nada. Negamos que no todo está en nuestras manos y que, además, estas son pequeñas y frágiles. Negamos y negamos. Y con esta inmensa y peligrosa mentira sobre la que basamos cada vez más nuestros días, hemos invadido la relación y la crianza de nuestros menores, amenazando su futuro y dañando un presente del que nuestros hijos —con sus síntomas y su malestar—, ya nos están alertando.

¿Dónde está mi madre? ¿Dónde está mi padre?

Trabajando. Trabajando. Trabajando. Y descansando de trabajar.

No uno, ni dos, ni tres. En los últimos años, muchos de los niños y adolescentes a los que les pregunto qué han hecho el fin de semana, quién los ha sacado al parque, quién juega con ellos, con quién cenan y a quién le cuentan su día a día, quién supervisa lo que ven en internet o el tiempo que pasan delante de las pantallas, quién los mira a los ojos cuando hablan, quién se asegura de que duermen lo suficiente y desayunan lo necesario, me responden con un triste silencio o una mirada de sorpresa. Sabemos que entre un 20 y un 70 % de los adolescentes se sienten solos y que entre un 3 y un 22 % de los adolescentes experimentan la soledad de forma habitual.

La soledad es una emoción que sentimos no cuando no tenemos algo, sino cuando perdemos algo que tenemos. La atención, el cariño, la compañía, la disponibilidad. La soledad no deseada se define como una vivencia subjetiva de falta de conexión con los demás porque no tenemos relaciones sociales o porque las que tenemos no son de calidad, es decir, no son sinceras, seguras y comprometidas. No necesitamos estar rodeados de gente, sino sentirnos conectados con los demás. La soledad es un sentimiento que aparece a lo largo de la vida de manera normal, pero que, si se mantiene de manera sostenida y sobre todo en determinados momentos como es la infancia y la adolescencia, tiene un impacto negativo sobre la construcción de la persona, su identidad y su autoestima. La soledad no deseada implica no tener un hogar emocional. Es una vivencia subjetiva desagradable que produce una valoración negativa de nosotros mismos: «Estoy solo porque me lo merezco. No le intereso a nadie. No soy lo suficiente para que me prioricen alguna vez o para que me amen». Además de aumentar la mortalidad, es un factor de riesgo para enfermedades tanto físicas como psíquicas (depresión, ansiedad) y aumenta el riesgo de suicidio.

Esto nos recuerda la importancia de cuidar no solo del cuerpo de nuestros hijos, sino también de sus necesidades afectivas y emocionales. Nuestros hijos necesitan nuestra compañía y nuestro tiempo. No solo que este sea de calidad, sino tiempo de calidad y tiempo sin más. Porque la vida sucede en las pequeñas cosas, en los gestos diarios, en las sonrisas espontáneas, en las vidas que se comparten capítulo a capítulo y que construyen la familiaridad. Sin embargo, las madres y los padres de hoy en día sobreviven en una sociedad que limita enormemente el tiempo y la disponibilidad que dedican a sus hijos fundamentalmente de dos maneras. Una es abocándolos a vidas exigentes, consumistas y aceleradas y la otra, potenciando nuestro narcisismo y contándonos que somos independientes y autosuficientes y que no necesitamos a los demás, a la vez que penaliza y estigmatiza a las personas que están solas o no tienen éxito social. Todos vamos a sentir soledad a lo largo de nuestras vidas en determinados momentos. Si es transitoria, es una emoción que —como todas las demás— nos ayuda a elaborar cosas importantes. Pero la soledad que se impone lentamente en nuestros hogares no es ni buscada ni temporal, sino consecuencia de la nueva realidad social. Las parejas estables son una institución altamente exigente casi imposible de gestionar. Se suceden además las transformaciones sociales que nos dejan cada vez más solos, como el aumento de los años de vida, la disminución de la natalidad, el aumento de los hogares monoparentales, la disminución del tamaño de los núcleos familiares, las dinámicas relacionales cada día más ritualizadas y a las que parece faltarles el contenido fundamental, la inestabilidad de los trabajos, los frecuentes cambios de vivienda —incluso de ciudad—, la escasez de espacios comunes donde encontrarse, la irrupción de la comunicación no presencial que nos hace creer que tenemos alrededor muchas personas, pero nos hace olvidar que no todo el mundo es igual de importante y que lo que necesitamos realmente son relaciones de intimidad.

Nuestros hijos adolescentes creen que tiene más habilidades sociales si tienen muchos seguidores o «me gusta» en las redes sociales, olvidando que lo importante es la calidad de las relaciones, que sean sinceras, respetuosas y estables. En contra de lo que creemos, no son nuestros mayores los que más solos se sienten: ellos pudieron organizar sus vidas en familias más grandes y en un vecindario al que siempre han pertenecido y que los ha acompañado durante toda su vida. Los que más solos se sienten son nuestros menores y adolescentes. El vínculo seguro con personas importantes y saber que pertenecen a una familia o un grupo social es fundamental para el buen desarrollo cognitivo y afectivo de nuestros hijos. La falta de relaciones significativas provoca tristeza, malestar, falta de ilusión y desesperanza. Reduce las emociones positivas. Produce sentimientos de vacío y vivencias de aislamiento. Los niños solos se sienten excluidos, creen que valen poco y que no merecen soñar.

El género y la crianza

La familia es la institución más antigua y resistente, que debe cumplir las funciones de crianza, educación y cuidados. Es el refugio al que volver en la noche, que brinda el afecto y el soporte imprescindibles.

Pero hoy en día, algo tan importante y el determinante está en crisis. Los nuevos modelos emergentes de familia (monoparentales, multiparentales, adoptantes, reconstituidas, inmigrantes, homosexuales [roles] o aglutinadas), la igualdad de género que ha hecho que la madre (función materna) salga al mercado laboral y el cambio de valores (consumismo, materialismo, hedonismo, narcisismo, inmediatez frente a la solidaridad, la generosidad, la humildad y la tolerancia) dificultan el ejercicio saludable de la conyugalidad y la parentalidad, que no depende de aspectos legales, sino del tipo de bases sobre las que se construye el vínculo afectivo entre los miembros de la familia.

Partimos de una sociedad previa en la que los núcleos familiares estaban constituidos de manera inflexible por familias formadas por parejas heterosexuales, en las que los roles de género asignaban a la mujer el papel de madre y cuidadora de los hijos, de la familia y del hogar.

La principal cualidad que se pensaba y que muchos siguen defendiendo exclusiva del género femenino es la capacidad de establecer y mantener vínculos afectivos. Según los mandatos de género, los cuidados y la maternidad se suponen capacidades innatas de la mujer desde la infancia, cuando las niñas juegan con sus muñecas y cocinitas, pasando luego a cuidar y mantener la relación con sus amigas. Un matrimonio que se creía para siempre las hacía pasar a cuidar de sus maridos. Después, llegaban los hijos, a los que dedicaban su vida entera, y, cuando estos crecían, pasaban a cuidar de sus propios padres ya mayores, para después cuidar de sus nietos. Se establecía así una firme estructura social en la que los cuidados de los niños, los enfermos y los ancianos estaban garantizados por una red familiar y vecinal de mujeres que dedicaban a ello sus vidas.

La mujer tenía que ser madre o, en su defecto, dedicarse al cuidado de su familia, de los enfermos, de los pobres o de Dios. Como esta capacidad se suponía innata en la mujer, nadie la cuestionaba y las mujeres no necesitan leer libros, ni escuchar pódcast. De mujer a mujer, se transmitían las costumbres y se compartían los cuidados, porque no existían las brechas intergeneracionales que existen ahora y que abocan a las mujeres actuales a maternar protegiéndose de sus propias madres, antes referentes, por el temor a quedar atrapadas en el modelo machista en el que sus madres vivieron.

En otro orden, pero con un parecido resultado, algo similar le sucede al hombre, que según los mandatos de género tenía un papel como padre que garantizaba el sustento del hogar y era límite, ley y realidad para sus hijos.

En los tiempos actuales, ante la lucha necesaria por la igualdad que conlleva la demolición de la ideología de género —hablaremos con más detalle de todo esto en un próximo capítulo— y la libertad de ser ante todo personas y que el género no limite nuestro sentir, pensar y actuar, nos encontramos actitudes defensivas que están perjudicando a nuestros menores. De ahí la pregunta «¿quién me va a cuidar?». En estos momentos, la función materna y los cuidados se malentienden como parte de un sometimiento y una dependencia hacia otro contra los que hay que luchar. La función paterna se ha denigrado confundiéndola con el género masculino y reduciéndola a una actitud impositiva que conlleva maltrato, trauma y abuso de poder y que hay que eliminar.

Ambas funciones están actualmente devaluadas y nadie las quiere ejercer. Los cuidados no se valoran en su justa medida. Asumir la responsabilidad se malinterpreta como sometimiento. La libertad se confunde con cumplir permanentemente los deseos. La jerarquía, con injusticia y los límites, con hacer daño o traumatizar.

Sin camino, referentes ni apoyos que nos iluminen en la oscuridad de las noches de crianza, parece que hoy en día nos enfrentamos a la crianza de nuestros hijos sin tiempo, con pocas fuerzas y mucha exigencia. Con una lista interminable de obligaciones y de necesidades que cubrir, a la que debemos añadir la incertidumbre de habernos quedado sin referentes claros para hacerlo. En este momento, tanto varones como hembras, tanto madres como padres, tanto personas que ejercen la función materna como la función paterna se sostienen en frágiles hilos que llenan de dudas, incertidumbre e inseguridad la relación de cuidados que supone la crianza de los hijos.

Unos cuidados que, a pesar de nuestras incertidumbres y de las transformaciones sociales que todos sufrimos, nuestros hijos siguen necesitando. Eso no ha cambiado. Ni cambiará. La crianza se construye en una balanza equilibrada entre dos conceptos imprescindibles: amor y límites. Conceptos que, como madres y padres, son nuestra responsabilidad.

Una infancia invadida

La idealización es decir, maquillar de colores y suavizar la realidad, a veces es un mecanismo de defensa que nos permite sobrevivir en momentos difíciles y poner a salvo la esperanza. Pero a veces nos perjudica y nos hace daño. Sobre todo cuando son idealizaciones «masivas» y nos hacen negar realidades de las que debemos correr a protegernos o contra las que necesitamos forjar una armadura. Tampoco nos ayuda avanzar siempre mirando solo hacia delante, cortando por lo sano y dejando atrás y en el olvido costumbres, dinámicas y aprendizajes que protegían lo realmente valioso de nuestras vidas.

Ni es bueno que idealicemos tiempos pasados olvidando las carencias, las injusticias y las dificultades que había en ellos, ni tampoco que avancemos en nuestra historia sin reconocer los pilares que otros construyeron y que les ayudaban a sostener sus vidas con mayor facilidad.

Desde hace un siglo —como vimos en el primer capítulo—, después de grandes luchas, en las sociedades occidentales a los niños por fin se les ha dejado ser niños. Ya no tienen que trabajar, pueden ir a la escuela y se los reconoce como personas con derechos propios. La sociedad les construyó su propio espacio y respetó sus tiempos tanto dentro como fuera del hogar. Los niños alcanzaron una vida estable, predecible y muy similar. Las escasas opciones de lo que es rutinario jugaban a favor de simplificar su día a día. Todos los niños veían las mismas películas y programas de televisión, con un contenido especial supervisado para la infancia que los protegía de los contenidos adultos. Ese contenido especial para la infancia no solo estaba pensado para entretener, sino para aprender —el funcionamiento del cuerpo humano, a contar números cantando, a conocer los secretos de la naturaleza—. Los protagonistas de películas, series de televisión y novelas infantiles vivían trepidantes aventuras movidos por valores éticos que servían de inspiración y referencia, en las que la violencia, la sexualidad y el contenido adulto no tenían cabida. Cuando los niños se aburrían, inventaban. Y podían aburrirse porque había más tiempo disponible, libre de exigencias académicas, habilidades que desarrollar, contenido multimedia que consumir y grandes almacenes que visitar para no dejar de consumir. Podían aburrirse porque no sentían la angustia que se desprende de una soledad no deseada.

Antes —y no hace mucho de ello—, en los años de la infancia, había un adulto que asumía la responsabilidad necesaria para acompañar el crecimiento de los niños, que estaba presente física y mentalmente, que los comprendía desde el corazón y los protegía con la cabeza para que los niños pudieran ser niños. Antes, los niños podían aburrirse porque se les permitía hacerlo, ya que sus quejas no conectaban con la culpabilidad y la incertidumbre de quien los cuidaba. Podían aburrirse porque el adulto a su cargo no quería vivir a través del niño la completud que a él mismo le faltaba. Todo aquello que no se daba a los niños se convertía en un motor de ilusión que movilizaba sus vidas hacia el crecimiento y la lucha por sueños posibles. La palabra *no* ponía un límite a su narcisismo, a sus miedos y a sus deseos, dándoles la oportunidad de crecer en flexibilidad, aceptación y tolerancia. La magia de los cuentos y de sus personajes amables coloreaba el mundo infantil y les permitía transitar sobre las pérdidas que conlleva la vida. Crecían lejos de la realidad adulta, en la que los problemas económicos, las dificultades relacionales, los venenos familiares, la sexualidad adulta, la agresividad, la incertidumbre, la soledad, la injusticia y el sinsentido son el pan nuestro de cada día. Esto se ve de una manera excelente y bellísimamente reflejada en la magnífica película *La vida es bella*, en la que un padre inventa un mundo amable, lleno de magia, sorpresas y juegos, para que su hijo sobreviva física y emocionalmente a un campo de exterminio nazi.

En la realidad actual —en la que intentamos desmontar y destruir dinámicas y roles injustos— pareciera que no sabemos discriminar qué cosas nos dañan y cuáles es necesario conservar. Hoy en día, ha desaparecido el lugar protegido de los niños. En nuestras vidas, la infancia ya no tiene su propio espacio, tanto en nuestras casas, como en nuestras vidas, como en nuestra sociedad. Se nos está olvidando la importancia del espacio protector y respetuoso que la infancia necesita para crecer feliz y con salud mental. Es como si creyésemos que los niños y los adolescentes están capacitados para ser testigos de nuestra vida adulta, los creemos unos iguales, poniéndolos a nuestro nivel y evitamos la jerarquía y la diferencia generacional imprescindible que tanto los protege y los guía. La infancia ha sido invadida por el mundo de los adultos. Y comenzamos a ser testigos del daño que esto les está causando.

Comprendemos que a un bebé no se le puede dar un solomillo y no porque el solomillo sea malo en sí, sino porque no es bueno para el bebé. Sin embargo, no todos comprenden que, para el correcto desarrollo emocional y psíquico de nuestros hijos, el contenido y la vida adultos deben ser cuidadosa y progresivamente mostrados.

El juego de las sillas

¿Recuerdas el juego de las sillas? Con una animada melodía, bailábamos alrededor de unas sillas, atentos a sentarnos en cuanto la música cesaba, ya que había sillas para todos menos para uno, que perdía esa ronda. Supongamos que cada silla es simbólicamente un rol dentro de una familia. Una silla representa la función materna; otra, la función paterna; otra, es la silla del hijo «bueno»; otra, la del hijo «malo». Otra la de la abuela y otra la del abuelo. Actualmente, pareciera que las familias bailan alrededor de las sillas y que, según las circunstancias, se sientan en una u otra. Según nos encontremos, nos sintamos o cambie la situación en una vida tan inestable como la actual, hacemos cambios en las posiciones familiares sin previo aviso, esperando que nuestros hijos ocupen distintos roles en función de nuestras necesidades. Unos días queremos que ocupen la silla del hijo bueno. Esos días los premiaremos, les diremos que los queremos y estaremos atentos a sus necesidades. Otro día, les haremos ocupar la silla de la función materna. Les pediremos que nos cuiden, que sean testigos de nuestra intimidad y nuestros problemas de pareja o de familia, sin plantearnos lo letal que es eso para un menor. Otros días querremos que ocupen la silla de la función paterna y pongan límites a nuestra agresividad o a nuestro narcisismo. Y otros días tendrán que ocupar la silla de hijo malo, para que podamos hacerlos responsables de nuestra infelicidad, para descargar sobre ellos la rabia, la frustración y la incertidumbre que sentimos ante nuestras imperfectas y vulnerables vidas.

También hay veces que las abuelas ocupan las sillas de madres y las madres la de hijas y los hijos la de hermanos de sus padres e hijos de los abuelos.

Pero la familia no es un juego, sino una institución imprescindible. Un pilar. Un sólido y estable refugio en el que crecer caracterizado por unas relaciones humanas, íntimas, comprometidas y fundamentalmente estables en las que se hace necesaria e imprescindible una jerarquía que ordena y garantiza unas funciones y unos roles sin los cuales nuestros hijos no solo no pueden desarrollarse con la fortaleza, la solidez y la resiliencia necesarias, sino con la mínima salud mental.

La adolescencia eterna

Si hay una edad que es venerada por la sociedad actual es la adolescencia. Y aunque idolatramos las características idealizadas de esta etapa de la vida, parecemos no comprender e incluso rechazar a los verdaderos adolescentes. La adolescencia la hemos colocado en el centro de nuestra manera de vivir, de cómo nos comunicamos, de cómo nos vestimos y de aquello a lo que aspiramos. En el centro de lo que consumimos y de lo que despreciamos. De cómo caminamos por la vida, de qué esperamos de ella y de cómo la manejamos. Porque ser un adolescente conlleva un mensaje prepotente, individualista y egocéntrico, que niega nuestros límites, nuestras carencias, nuestras vulnerabilidades, nuestras pérdidas y el paso del tiempo, que tantísimo nos cuesta aceptar.

Esta etapa de la vida se ha idealizado tanto que se ha extendido por ambos extremos, invadiendo la infancia y la latencia —impidiendo a nuestros niños ser niños y vivir su infancia— y prolongándose sin fin en la vida adulta. Al ser la etapa más venerada por excelencia, hemos robado a nuestros mayores el lugar destacado que tenían en la sociedad y en la familia. Su experiencia y su sabiduría eran reconocidas y validadas. Sus historias, escuchadas y su presencia, buscada y respetada. Nuestros mayores eran referentes y guías que nos contaban los trucos para sobrellevar la vida. Representaban los valores que nos sostienen y nos ayudan a comprender el recorrido que implica la vida y los diversos momentos que vamos a atravesar. Nos aportaban sentido y trascendencia y nos permitían relativizar nuestras angustias y encontrarles un sentido. Nos enseñaban a reconocer unas veces y a recordar otras lo que es verdaderamente importante de nuestra existencia. A aceptar una jerarquía ineludible. Y a sentir y creer que formamos parte de una historia que nos precede y nos continua.

Que la adolescencia tuviera unos límites y un lugar determinado en la sociedad y en los hogares ayudaba a que los adolescentes supieran que el verdadero estado emocional y psíquico en el que se encuentran, ese duelo del que ya hemos hablado, tenía un comienzo y un final. Los ayudaba a querer transitar por ella y llegar a la vida adulta, porque al crecer les esperaban interesantes experiencias, un futuro bueno y deseable al que aspirar. Una vida que conocían a través de las historias de los mayores que no vivían ni en la queja ni en el victimismo, sino que contaban orgullosos sus vidas sin negar una realidad que conlleva disconfort, sufrimiento, pérdidas y frustración, pero también momentos de satisfacción por el deber cumplido, un sentido encontrado, unos valores por los que luchar y un futuro común construido. El alto índice de abandono escolar, el aislamiento que sufren nuestros jóvenes debido a las nuevas tecnologías, la dificultad cada vez mayor para establecer lazos íntimos y estables, la falta de desarrollo de las habilidades necesarias para sobrevivir, la masiva idealización de la realidad, la potenciación de lo individual y de un yo narcisista y la precariedad para acceder a un trabajo o independizarse son algunas de las poderosas fuerzas y razones que impiden atravesar a nuestros adolescentes esta etapa de sus vidas.

Un adolescente no es un adulto. Tampoco es un niño. Es una persona que está en un momento de tránsito, embebida en unos cambios físicos, emocionales y psíquicos de enorme magnitud. Nuestros hijos adolescentes necesitan que sigamos ejerciendo nuestras funciones materna y paterna, que seamos suelo, que sigamos poniéndoles límites, que no los abandonemos en sus habitaciones, que no los llenemos de falsas ilusiones de que todo es posible, que los escuchemos, que los abracemos, que contemos con ellos, que no nos creamos lo que nos dicen de que pueden con todo y ya no nos necesitan, en su intento por independizarse de nosotros. Sin embargo, hay muchos padres y muchas madres que actualmente han sido invadidos de manera inconsciente por este mensaje de que la adolescencia es, además de eterna, el mejor momento de la vida, enarbolando los mensajes de «vive el momento», «disfruta el aquí y el ahora», «todo lo puedes», «todo lo mereces», «no hay límites», «lo que sientes es lo más importante», «lo necesito ya» propios y característicos de la parte más narcisista de la adolescencia. La moda, el aspecto físico, los *hobbies*, los cambios de pareja, el cuestionamiento permanente de la autoridad y el no construir un futuro en el presente son actitudes y mensajes adolescentes que, sin embargo, guían nuestra vida adulta actual y condicionan que muchas madres y muchos padres se relacionen con sus hijos adolescentes como si fueran uno más de su pandilla. Diluyendo la jerarquía y la diferencia generacional. Compartiendo planes, confidencias, ropa, la adicción al móvil e incluso competiendo con ellos en distintos aspectos, olvidándose de conectar con sus necesidades, que —como madres y padres que somos— debemos garantizar.

Tenemos que poder ver a través de lo que la sociedad nos impone y a través de lo que ellos nos muestran. Porque la realidad es que muchos adolescentes, en la actualidad, se sienten insatisfechos, angustiados, a la deriva y sin sostén.

Están viviendo una adolescencia distinta a la nuestra. El mensaje competitivo y de tantísima exposición que promueven las redes sociales es un arma de doble filo que repercute directamente en el modo que tienen de verse, de sentirse, de desarrollarse y de percibir la interacción con los demás. La diferencia generacional es inmensa, en parte debido a que internet y las nuevas tecnologías, están produciendo unos cambios sociales de inmensa envergadura, como veremos, que nos dificultan seguir los pasos de nuestros hijos y comprender su verdadera realidad. Nunca antes habíamos visto la soledad y el desconcierto que sienten ahora los adolescentes. Muchos de ellos no encuentran motivos suficientes para vivir una vida que les parece hipócrita, invasora, caótica, carente de sentido y para la que no han podido desarrollar las herramientas suficientes ni las capacidades necesarias para poder enfrentarse a ella. Los referentes que tienen no los ayudan a crecer, a tener deseos y ambiciones. Desconocen los valores éticos que son un sostén. Tienen tantas opciones absolutamente en todos los ámbitos, desde la ropa y todo lo que tiene que ver con el aspecto físico, hasta los planes, la identidad, los estudios, los estilos de vida, las series que ver…, que su vida se convierte en un bucle de elecciones continuas en las que se juegan permanentemente demostrar su identidad única, exclusiva y diferente. Una infinidad de opciones a todos los niveles que los bloquean, los agotan y les hacen no saber para qué crecer.

Helados y sabores

Cuando era pequeña, pasaba los veranos en un pueblo de la sierra de Madrid con mis abuelos. Mis mejores recuerdos, a los que algunas veces retorno, los construí en las mañanas de mercado con mi abuela y en las tardes de piscina, bicicleta y piñones con mis hermanos. Recuerdo que los domingos por la tarde, al caer un poco el dorado sol veraniego, caminábamos todos juntos hasta la deliciosa heladería que había en la esquina de la plaza del pueblo, muy cerquita de la estación. Cada domingo elegíamos un helado entre los cinco sabores que había:

vainilla, chocolate, limón, fresa y turrón. Los primeros domingos de cada verano elegía sabores distintos. He de admitir que nunca probé el de turrón: aunque era el preferido de mi abuela, a mí me parecía que tenía un desagradable y sospechoso color. Decidirse por un sabor era sencillo. Y si te equivocabas, no pasaba nada. Sabías que tenías tardes de verano suficientes para probarlos todos y repetir el que más te gustaba. Cuando ahora voy a una heladería con mis hijos, hay treinta sabores diferentes. Es una maravilla ver que se pueden hacer helados de violeta, canela y rosas. Sin embargo, veo a mis hijos bloqueados delante del mostrador. Ver tantas opciones los confunde. Saben que jamás tendrán el tiempo suficiente de probarlos todos y encontrar su preferido, su mejor opción.

Hoy en día tenemos un acceso ilimitado e instantáneo no solo a la información, sino prácticamente a todo. La magnitud de las ofertas y de las opciones parece infinita e inabarcable, pero posible, potenciando en parte por el consumismo hedonista de la filosofía actual y en parte por la construcción social alrededor de un "YO" hipertrofiado que niega tanto la necesaria diversidad de todo lo humano como la certeza de lo común y universal. En estos momentos en los que se potencia una identidad exclusiva y en los que cada acto, decisión, vestimenta que nos ponemos, café que nos tomamos o plan que exhibimos se vuelve identitario, es decir, tiene como objetivo reafirmar ante el mundo una identidad propia, esta la sentimos tan vulnerable que pasamos los días en una reivindicación violenta que rechaza cualquier realidad común con un colectivo que no nos represente total y completamente y arrastrándonos a ser víctimas de nosotros mismos, incapaces de enterarnos, acercarnos o escuchar una realidad que no sea la nuestra. Nos acercamos solo a aquellos que nos ayudan a querernos a nosotros mismos, que reafirman nuestra identidad siempre amenazada, considerando un peligroso enemigo a quien representa realmente a un otro diferente, que limita nuestro ego, y al que debemos cancelar, humillar y destruir.

Lo común se difumina, la familia se desestructura, lo compartido se hace imposible, la realidad en la que estamos todos se rechaza de una manera violenta y legítima.

Ante este progresivo e invisible aislamiento, cada día se hace más difícil construir esa frontera entre lo que yo soy y lo que no soy, entre lo que deseo y lo que puede ser, entre nuestro mundo interno y el externo. Una realidad que a golpe de clic, como la lámpara maravillosa de Aladino, parece dárnoslo todo. Y aunque este nuevo mundo nos ofrece muchísimas posibilidades, cuando estamos construyendo nuestro aparato psíquico —como están haciendo nuestros hijos—, creer que tenemos opciones ilimitadas y que todo es posible, lejos de ser una oportunidad, nos provoca sufrimiento e incapacidad

Primero, porque que todo sea posible es una idea que no parte de la realidad, sino de nuestro narcisismo y nuestra omnipotencia infantil, de un mundo interno primitivo del que debemos salir progresivamente para no enloquecer y desarrollar las capacidades que nos permiten vivir en la realidad, en la que están los demás, a los que tanto necesitamos. Segundo, porque las ausencias, las faltas e imperfecciones de la realidad nos permiten tener deseos, aspirar a nuevos caminos, tener ilusiones, hacernos preguntas, buscar respuestas, avanzar, crecer, conectar y construir. Querer vivir, en definitiva. Y tercero, porque el que haya tantas opciones en todo todo el rato hace que tengamos constantemente que estar tomando decisiones. Algo que es terriblemente agotador. Nunca podemos poner el piloto automático, bajar la guardia, dejarnos llevar. Construir la estabilidad que permite tantas cosas. Vivir confiados. Sino sometidos y esclavos al miedo por demostrar que no nos hemos equivocado y que estamos en el bando de los guais.

Al final, el creer «poder tenerlo todo» se ha convertido en una manera sutil pero muy eficaz de esclavitud.

La era digital

Los enormes y súbitos cambios sociales de los últimos años hacen que muchos padres y muchas madres no comprendan y no puedan sostener las actuales infancias y adolescencias de sus hijos, que tan poco se parecen a lo que ellos mismos vivieron. Esto repercute directamente en la relación que tenemos con ellos. A veces nos distanciamos de nuestros hijos, abrumados por la angustia de no comprender lo que están viviendo. Otras, la rabia y la frustración de no poder ayudarlos o no entenderlos nos hace discutir en exceso. Y en otras retomamos por la fuerza el descontrol que sentimos, imponiéndonos de malas maneras y a destiempo. Todo ello contribuye a que nuestros hijos vivan actualmente su infancia y su adolescencia con más soledad.

La posibilidad de conexión actual es tan abrumadora que ha transformado nuestras vidas íntimas en algo público que se comparte y se expone y que resulta invasivo para nuestros menores. Nos hemos vuelto mucho más dependientes de la valoración mordaz de otros, que ni siquiera pertenecen a nuestros vínculos reales. Creemos que aquello que no compartimos en redes y que no es valorado por otros tiene escaso valor. Nuestras inseguridades y nuestro narcisismo nos impiden compartir nuestra verdadera realidad y así maquillamos y filtramos todo aquello que compartimos, creando una realidad paralela, en la que creamos un personaje que mostramos con una identidad digital. Nosotros, los adultos, sabemos que eso no es todo lo que nos pasa, ni todo lo que somos, sino una selección de los grandes y mejores momentos de nuestros días, lleno de filtros que muestran solo nuestro mejor perfil y que alimenta nuestro ego y nuestra vanidad. Ahora, todos nos mostramos tan bellos, jóvenes, perfectos y maravillosos que esto ha pasado a ser la norma, es decir, lo que parece más frecuente y, por tanto, lo que nuestros hijos creen que es «lo normal». Nuestros menores creen que la realidad está construida con esos filtros, esos planes increíbles y esos cuerpos perfectos, e intentan, sin conseguirlo, pertenecer a esa mentirosa realidad. La frustración que sienten es inmensa. El miedo a mostrarse como son, enorme. Y las dificultades para construirse como personas valiosas, autónomas, conectadas con sus cuerpos reales y cambiantes, con sus emociones florecientes, valorando lo que sí tienen en vez de caer en las redes del victimismo ante lo que no poseen, expresando las dudas, las incertidumbres y las ambivalencias propias de su edad y aprendiendo a establecer relaciones sinceras e íntimas con sus iguales, parecen hoy en día cada vez más insalvables.

Todas estas razones hacen que la infancia y la adolescencia actuales sean enormemente complejas tanto para nuestros hijos como para nosotros, sus madres y padres. Conocer y comprender lo que están viviendo es de vital importancia para que podamos sostenerlos y prevenir las posibles consecuencias negativas que tienen las redes sociales, internet y las nuevas tecnologías. Nos preocupamos y ocupamos para que reciban una buena educación, gocen de buena salud, no transiten por sitios peligrosos y tengan buenos amigos. No queremos que nada malo les suceda. Pero negamos con una actitud despreocupada que en internet está lo mejor y lo peor tanto del ser humano como de nuestra sociedad. Dejar a un menor con un dispositivo que esté abierto libremente a internet es como irnos a dormir por la noche dejando la puerta abierta de casa. No solo porque en la red van a encontrar personas con turbias intenciones, sino porque también se toparán con contenido que va a perjudicarlos, que somete a nuestros hijos a un alto grado de violencia estética, corporal y pornográfica, dañándolos muchas veces de manera irreversible, ya que carecen de las herramientas necesarias para gestionarla y protegerse.

Vamos a desmenuzar los diferentes problemas y desmontar algunos de los mitos que existen en lo que a las pantallas se refiere.

El primer problema es la hiperestimulación que producen. El contenido es infinito, lleno de movimiento, sonidos y luces. Nuestros hijos tienen un aparato psíquico inmaduro incapaz de discriminar los estímulos y de cesar o posponer la búsqueda de placer. Tampoco tienen desarrollada la percepción del tiempo que emplean en internet, su sistema emocional es inmaduro y la búsqueda de gratificación es infantil: inmediata y voraz. Por eso no dejamos a un niño pequeño sin supervisión en una tienda de gominolas. Sabemos que después tendríamos que llevarlo a un hospital por la indigestión.

Tampoco pensemos que los adolescentes tienen capacidad para renunciar a la satisfacción que produce una pantalla. Su fácil accesibilidad, la escasez de frustración y la gratificación inmediata refuerzan los mismos circuitos cerebrales que se ven implicados en el resto de las adicciones, es decir, las pantallas están diseñadas para ser adictivas. Sin embargo, ¿por qué tenemos claro que tenemos que evitar que nuestros hijos consuman alcohol y drogas en su infancia y adolescencia y, sin embargo, no reconocemos la capacidad adictiva y perjudicial que tienen las pantallas?

No todo es malo. Sabemos que en los grises es donde se conjuga la propia realidad con la externa. Las pantallas también son un refugio. Y sabemos que la adolescencia es un viaje complejo lleno de retos e incertidumbres. Por eso, los adolescentes se refugian en su móvil. Los distrae, los conecta con sus iguales, les permite compartir y conocer y les abre inmensas posibilidades. Pero sin supervisión, pueden ser refugio que se torne calabozo, en el que el adolescente se aísle e impida el desarrollo de las habilidades necesarias para establecer relaciones reales y tener la oportunidad de construirse un buen y saludable futuro. Las pantallas son más peligrosas para aquellas personas con una identidad frágil, vulnerabilidad psíquica o emocional (característica de la adolescencia) o dificultad para diferenciar el mundo interno del externo (característica de la infancia).

Tal vez sería más fácil si pensáramos en el móvil como si tuviera vida propia y fuera un ser que quiere robarnos tiempo, intimidad y conexión con la realidad (que es donde se encuentran los demás). Tenemos que estar pendientes de que no nos invada y nos quite la libertad y las oportunidades de experimentar otras cosas. Porque la realidad es que cuando logramos desconectarnos, llama nuestra atención con notificaciones; cuando estamos concentrados en otra cosa, vibra y nos distrae. Busca contenido relacionado con lo que nos interesa y acabamos creyendo que lo que miramos es toda la realidad. Sentimos ansiedad al perderlo de vista, nos permite tener varias identidades y facilita el espionaje de la vida de los demás. Nos permite insultar, aislar y vejar a alguien de manera prácticamente impune y nos informa de si nuestros contactos reciben y leen nuestros mensajes y de si están conectados, promoviendo el control sobre los otros y cuestionando o afirmando la prioridad que somos para los demás.

Introducir las nuevas tecnologías en el método educativo no solo ha mejorado el aprendizaje, que es ahora más ágil, dinámico y cooperativo, sino que también ha ampliado las diferencias educativas entre los menores y abierto inmensamente la brecha generacional con nuestros hijos. Muchos de nosotros desconocemos o sabemos mucho menos, en lo que a tecnologías se refiere, que ellos. Ya no somos capaces de supervisar y acompañarlos en sus estudios y, además, pasamos las tardes alerta, porque desconocemos si están estudiando o navegando por internet. También, está demostrado que escribir facilita fijar la información y los conocimientos en la memoria, por lo que desconocemos cómo puede afectar a medio y largo plazo la interferencia de las nuevas tecnologías en nuestra capacidad de retención y en uno de los más importantes avances del ser humano: la escritura.

Como tercer aspecto, negamos un hecho que avanza sigiloso, pero que amenaza nuestra civilización. Y es la negación que hacemos de una *desculturización* cada día mayor. Lo negamos, porque es la actitud con la que solemos manejar nuestras carencias.

La desculturización progresiva es consecuencia de un narcisismo que nos hace creer que por ver un vídeo de cinco minutos en YouTube ya somos expertos en el tema en cuestión. No solamente es que no busquemos y certifiquemos que a quien escuchamos es conocedor de la materia, sino que creemos que no nos hace falta. Creemos que, al estar los conocimientos a golpe de clic, siempre estarán disponibles y no necesitaremos interiorizarlos. Ya no sabemos ser críticos. Confundimos la libertad de expresión con que una opinión sea conocimiento. Es posible que ni siquiera estemos buscando la verdad, sino solo aquello que reafirma lo que ya creemos, evitando todo lo que nos confronta o nos hace dudar de nuestra posición.

Por último, vamos a reflexionar sobre el contenido al que acceden nuestros hijos en internet. Hay seis tipos de contenido que merecen nuestra especial atención por su capacidad para dañarlos.

1. La violencia

Mucho del contenido tanto visual como verbal de internet contiene violencia. El problema de la violencia es que cuanto más nos exponemos a ella, aunque sea a través de una pantalla, más tolerantes nos volvemos a su presencia. Como ante cualquier otro estímulo, cuando este se mantiene en el tiempo, nuestro cerebro se habitúa a él.

Cualquier búsqueda en internet puede dar acceso a vídeos de contenido violento, en los que se ven expresamente agresiones a cosas, animales o individuos, vejaciones a personas en situación de vulnerabilidad, insultos a compañeros o figuras de autoridad, que llegan a convertirse en un reto viral o a alcanzar el mayor número de visualizaciones. Muchos videojuegos son explícitamente sangrientos y ganar implica matar lo más rápido posible: y es una muerte sin «consecuencias», ya que siempre se puede reiniciar la partida.

Está demostrado que la exposición a la violencia, más si es en la infancia, tiene dos consecuencias graves. Por un lado, la posibilidad de que nuestros hijos la utilicen como medio para no frustrarse, obtener lo que quieren, controlar a los demás o solucionar situaciones. Pero también los hace más tolerantes a la violencia que se ejerce sobre ellos. Normalizarán insultos e incluso actos violentos, haciendo posible que en un futuro se sometan a relaciones en las que sean agredidos de alguna manera.

2. La pornografía

Uno de los derechos más importantes de nuestros hijos, por el que tenemos que velar especialmente en estos tiempos, es que puedan desarrollar una sexualidad propia y libre, integrada con todo lo que son, respetuosa con ellos mismos y con los demás. Que sea medio de expresión, canal de comunicación y fuente saludable de conexión y placer.

Construir una sexualidad así no es fácil y menos en estos momentos en los que se deshumanizan los vínculos, las relaciones son de usar y tirar, la agresividad y la falta de respeto parecen inundar todo y tendemos a conductas automáticas carentes de pensamiento y emoción, en las que la sexualidad se confunde con la pornografía.

La pornografía es un producto de consumo adulto construido desde una filosofía machista, que normaliza la violencia, y que no debemos confundir con la sexualidad que se da en las relaciones reales con otro al que se reconoce como persona y no como objeto y que se experimenta anclada a lo emocional.

El aumento del consumo de pornografía en la población infantil, facilitado por su acceso libre —incluso invasivo y sin buscarlo— en internet, está directamente relacionado con el aumento exponencial de la violencia sexual y de las agresiones sexuales de las que cada día somos testigos en adultos cada vez más jóvenes e incluso menores. Se relaciona además con el aumento de las crisis de pareja entre los jóvenes, debido a la alta expectativa que crea una sexualidad tan voraz; con la idealización y búsqueda de cuerpos perfectos y exuberantes, y con una visión superlativa y exagerada del sexo.

A los niños les interesa la sexualidad como les interesa absolutamente todo. Pero una cosa es buscar algún tipo de fotografía o libro que contenga información sobre el tema y otra cosa son vídeos, con imágenes, sonidos y contenido pornográfico. Para un niño, ver imágenes pornográficas es una agresión. Lo que él ve es un acto violento entre personas. Es algo que no solo no va a comprender ni poder elaborar, sino que le va a producir intensos sentimientos de vergüenza, culpa y soledad, convirtiéndose para él en una clara experiencia traumática.

En un púber o adolescente, la pornografía condiciona el desarrollo de su propia sexualidad, la tolerancia a unos roles de género machistas e injustos, el ejercicio o la aceptación de una manera de violencia y la forma en que va a entender y buscar el placer y la conexión sexual con otros. La pornografía a estas edades supone un adoctrinamiento. Alecciona a nuestros hijos, arrebatándoles el derecho de construir una identidad sexual propia y saludable.

La sexualidad adulta ha inundado por completo nuestra sociedad, sin respetar la infancia. Nuestros hijos consumen vídeos musicales con un alto contenido erótico, expresado en los bailes, la ropa, las posturas y las letras que ellos cantan e imitan y que condicionan la manera que tienen de comunicarse con sus iguales, de expresarse, de vestirse y de estar. No debemos extrañarnos de que nuestros hijos pidan fotos sexuales a sus amigas o de que nuestras hijas crean que para triunfar tienen que utilizar ropa y maquillaje muy sexualizados y mostrarse en las redes de la misma forma. Facilitamos el mensaje de que somos unos cuerpos que pueden exhibirse, desearse, calificarse y venderse y de que eso entra dentro de lo que son las relaciones humanas. Todo esto contribuye al profundo malestar que expresa nuestra juventud.

Como madres y padres, desconocemos el implacable avance de las nuevas tecnologías. Nuestros hijos encuentran en internet no solamente contenido hipersexualizado, machista, violento o pornográfico, sino que la red es también una vía de acceso a la pederastia y la prostitución, facilitada por el uso de identidades falsas de los adultos que se acercan a los menores a través de aplicaciones como *sugar daddy* o *sugar baby*.

Además, es un nuevo medio de acoso y extorsión, ya que cualquier foto comprometida que nuestros hijos se hagan y compartan ofrecerá a los demás la posibilidad de dañarlos durante mucho tiempo, a pesar del derecho al olvido y la protección de datos.

La sexualidad adulta no debe invadir la sexualidad infantil. Es dañino, traumático y negativo para nuestros hijos. Ellos tienen sus propios intereses, sus propios tiempos y su propia manera infantil de ir asimilando y acercándose a esta realidad, que debemos comprender y respetar. En la actualidad, parece que algunos quieren correr con respecto a este asunto. Contar y mostrar a los niños la sexualidad de una manera didáctica que esconde la exposición invasiva a conocimientos y dudas propias de la edad adulta. Se hacen imprescindibles la cautela y el sentido común, ya que, si realmente comprendemos la infancia y el desarrollo de la sexualidad humana, comprenderemos que esas actitudes, lejos de beneficiar a los niños, no solo son invasivas y poco respetuosas con la infancia, sino que pueden implicar una clara negligencia.

Nuestros hijos púberes y adolescentes tienen interés y necesitan información y experiencias sexuales, pero tenemos que velar porque estas protejan y respeten el período de la vida en el que están y la vulnerabilidad que conlleva. Que sean acordes con quienes son y el momento del desarrollo en el que se encuentran. Hablaremos con más detalle sobre ello en el capítulo sobre sexualidad e identidad.

3. El exhibicionismo

Nos gusta mirar y ser mirados. Nos produce placer que nos admiren y observar la vida de los demás. Es algo innato en el ser humano. Por eso, las redes sociales son tan poderosas, porque conectan con placeres innatos, los satisfacen sin límite y los convierten en necesidad.

Las redes sociales se crearon en un principio para comunicarnos. Pero al ser esa comunicación visual y constante, ya que llevamos el móvil siempre a cuestas, puede que la comunicación se haya pervertido y ahora más que saciar nuestra necesidad de conexión, las redes colmen nuestras necesidades narcisistas y sacien el deseo de mirar y ser mirados, en una actitud que raya el exhibicionismo. Y nos atrevemos a hacerlo en gran parte por la cantidad de mentiras o medias verdades que internet nos permite contar. La presencia de filtros que modifican nuestra realidad adaptándola a los cánones socialmente exitosos y la posibilidad que tenemos de compartir solamente los buenos momentos son algunos de los trucos que utilizamos para mostrar la identidad digital que creamos y que poco tiene que ver con la realidad de nuestras vidas.

Para los adolescentes, esto implica un gravísimo problema de comparación, sentirse perseguidos, exigidos y en inferioridad de condiciones respecto a los referentes que idolatran. Ellos necesitan como el oxígeno que los miren, los visualicen y respondan positivamente a sus publicaciones. Pareciera que, si dejan de ser mirados, dejaran de existir. La diferencia entre nuestros púberes y adolescentes y nosotros es que ellos no son capaces todavía de distinguir la realidad de lo que no lo es y dan por auténtica la identidad digital falsa que mostramos en las redes. Muchas de las aplicaciones de las que abusan nuestros adolescentes sirven para mostrarse y para observar a los demás, sin que ningún contenido verbal o mental forme parte de esa interacción.

En estos tiempos, la imagen parece serlo todo y, para tenerla, somos capaces de cualquier cosa. Desde exhibir nuestros sufrimientos y denunciar desde una actitud victimista y ofendida el límite que la realidad de los demás nos impone, hasta expresar indignación, buscar reconocimiento o dar rienda suelta a todo nuestro mundo emocional e instintivo delante de un móvil, el cual nos une a espectadores gratuitos y desconocidos. Todo con el objetivo de contarnos a nosotros mismos nuestra propia historia sin permitirnos una distancia crítica, ni tolerar la opinión de los demás, a los que bloqueamos en cuanto no nos adulan. Actualmente, lo que prima es la imagen y la valoración positiva que los demás hacen de ella, individuos a los que ni siquiera conocemos y que no están dentro de nuestro círculo de relaciones personales. Sin embargo, un «me gusta» puede hacer que la autoestima de nuestros púberes y adolescentes se dispare, al igual que un comentario negativo puede destruirlos en un segundo. En ambos casos, nuestros hijos no están apoyando su valoración personal en sus propias capacidades, en la lucha por sus objetivos, en la comprensión de que no todo el mundo puede quererlos, en lo importante que es discriminar a quién escuchamos, en la necesidad de conocerse y respetarse y en el valor que tiene crecer y luchar por objetivos comunes que nos trascienden, sino en los falsos valores que esta sociedad nos vende, entre los que la apariencia, la perfección, un «yo» hipertrofiado y hedonista, la cosificación de las personas y una violencia impune, conforman la realidad digital.

4. El ciberacoso

Esta palabra preocupantemente desconocida para lo presente que está en la vida de nuestros hijos es un tipo de violencia que, como todas, tiene una graduación, desde actitudes más leves que son toleradas y normalizadas, hasta situaciones más graves que están directamente relacionadas con el aumento de los suicidios en menores.

El acoso a través de las redes es el pan nuestro de cada día en la vida de nuestros hijos. Que no los incluyan o los excluyan de los grupos de WhatsApp, que no contesten a sus mensajes, que hagan comentarios ridiculizándolos a través de las redes..., son las maneras más leves de agredir a alguien.

El problema del ciberacoso es que no tiene límites, es posible tanto si nuestros hijos están en el colegio o el instituto como si están en casa, donde los creemos protegidos. Saber que cualquier comentario o acto sirve de material para que sean ridiculizados o excluidos, muchas veces de manera anónima e impune como permite internet, hace que nuestros hijos vivan con muchísima ansiedad, inseguridad y suspicacia. Que se mantengan siempre alerta. El estado mental de hipervigilancia en el que están constantemente impide a nuestros hijos crecer, aprender, concentrarse, desear, confiar y, por supuesto, disfrutar de la vida. Pensemos que este tipo de violencia siempre es gradual y que poco a poco se va infiltrando en la vida de nuestros hijos. Por ello, la mejor manera que tenemos de ayudarlos es hablarles de lo que es normal y esperable dentro de una relación humana y lo que es una agresión. Aceptar que, en el ciberacoso, como en el resto de los tipos de acoso, nuestros hijos pueden ocupar el papel de víctimas, pero también el de agresores o consentidores. Se hace imprescindible que les enseñemos lo que puede implicar para otro niño u otro adolescente no responder a sus mensajes o compartir un vídeo insultante. Ayudarlos a reconocer cuándo ellos mismos están siendo víctimas de vacíos, burlas o insultos para que puedan pedir ayuda. Animarlos a denunciar y a no silenciar la agresión a un compañero, si son testigos de ella. Que comprendan que muchas veces a esa persona no la va a ayudar nadie más. Protegerlos con nuestro ejemplo y con el diálogo de la excesiva importancia que se da al número de seguidores o a un «me gusta», del peligro de los filtros y de la idealización de la vida que se muestra en las redes. Anclar sus expectativas a la realidad. Mostrarles la importancia que tiene valorar a las personas. Construir con ellos los valores y las herramientas necesarios para que aprendan a respetarse y respetar en esta nueva manera de comunicarse que impone la era digital.

5. El exceso de información

Hablábamos de los helados y los sabores para explicar la incertidumbre y el bloqueo que crea en el ser humano contar con demasiadas opciones. Es cierto que conocer muchas realidades y acceder a muchas posibilidades nos da mayores oportunidades. Pero como venimos hablando, tenemos que tener la madurez y el criterio suficientes para que el exceso de información y de posibilidades no se convierta en veneno. No siempre necesitamos saberlo todo. No siempre es necesario elegir entre todas las opciones posibles. No es verdad que todo dependa de nuestras elecciones. No es cierto que cambiando y eligiendo otras cosas el malestar y los problemas se resuelvan. Tampoco que en cada elección que hacemos estemos demostrando quienes somos o nuestra identidad, siempre cuestionada y valorada. Recordemos una vez más que nuestros hijos se están construyendo, que sus identidades están en crecimiento y que todos los factores que los rodean influyen de manera positiva o negativa en el viaje en el que se encuentran. La adolescencia es un momento de la vida que por definición va a estar sembrado de dudas identitarias profundas que conciernen a todos los aspectos de la vida de nuestros hijos.

Van a preguntarse quiénes son, por qué son así, si les gusta cómo son. Van a cuestionar su identidad en el contexto familiar y social. Van a preguntarse quiénes quieren ser y adónde quieren llegar, cuáles son sus acciones, sus miedos, sus sueños y sus deseos. Van a preguntarse por su identidad familiar, por su sexualidad y por lo que implica y limita el género que la sociedad les ha impuesto. Van a compararse a todos los niveles —social, religioso, corporal, sexual, intelectual y familiar— con sus iguales. Van a buscar referentes. Personas o grupos que les cuenten cosas parecidas a lo que piensan y sienten y que calmen su malestar. Referentes que actualmente no son personas con una preparación y una experiencia que les enseñan a abrirse a nuevas realidades, sino iguales que exhiben su propia experiencia, siempre parcial, que alimenta su posición individual. La confesión y la exhibición de lo íntimo no implican por sí mismas algo positivo, pero confundimos que alguien muestre en las redes su intimidad con el valor del conocimiento que podemos obtener de las personas que acumulan experiencia y formación. Nuestros hijos van a buscar respuestas para disminuir la incertidumbre y la ambivalencia que sienten, pero intentando que esas respuestas sean atajos y soluciones rápidas que pueden abocarlos a vivir identidades y vidas que nada tienen que ver con quienes son y lo que necesitan realmente.

En estos momentos en los que lo que cada uno siente, define identidades, es causa de derechos exigidos y marca el rumbo de nuestras vidas, nos enfrentamos a la invasión de una pereza intelectual que nos defiende de tener que confrontarnos, informarnos y tolerar realidades distintas. La exigencia de actitudes políticamente correctas nos inhibe de expresar nuestros criterios y el dejar fluir en lo inmediato nos aleja de vivir según una ética fundamentada y compartida que construye un futuro y que permite el mantenimiento de todo lo común.

El contenido que consumen nuestros hijos en internet va a ser una de las fuentes principales sobre las que desarrollen los criterios para contestar todas las preguntas propias de la adolescencia. Por eso es importante cuidar y supervisar a lo que acceden, conocer cuáles son sus preguntas, qué les interesa y dónde buscan las respuestas. Precisan que los sigamos acompañando para que puedan atravesar las inmensas dudas identitarias que implica la adolescencia, para que se construyan libres e independientes de lo que la sociedad actual impone de manera sutil pero perversa. Necesitan que les demos el tiempo que su adolescencia implica, sosteniendo con ellos las incertidumbres que poco a poco, con el tiempo y la madurez psíquica y neuronal suficiente, se van despejando en el horizonte de un amanecer que lleva a la madurez y la experiencia.

6. Salud mental

Las redes sociales y los contenidos de internet tienen un impacto demostrado sobre la salud mental. Un impacto que se produce en dos sentidos o direcciones bien contrarias.

Por un lado, las redes sociales ayudan a disminuir el estigma que existe sobre las personas que padecen algún trastorno o síntoma mental. Cada día, se habla más del sufrimiento psíquico; lo hacen desde personas anónimas hasta personajes relevantes, que verbalizan su experiencia con las enfermedades mentales. La expresión *salud mental* se ha vuelto un tesoro importante. Ya no es no estar loco. Tampoco es querer ser feliz. La sociedad comienza a darse cuenta de que la salud mental es crucial en nuestras vidas. En internet, empiezan a aparecer consejos para protegerla y potenciarla, así como advertencias sobre los síntomas que deben alertarnos para pedir ayuda. Empezamos a comprender que tenemos un papel protagonista para cuidar de ella y que cualquiera de nosotros la puede perder. Ahora sabemos más de las enfermedades y los trastornos mentales y estamos cada vez más cerca de valorar como se merece nuestra salud mental.

El uso responsable de las redes facilita la conexión entre personas, permitiendo la creación de un entorno social que previene el aislamiento, la soledad y la depresión. Pero como todo en esta vida, esta herramienta puede usarse de manera dañina o negativa y más si estamos en momentos de confusión, búsqueda de respuestas y enorme vulnerabilidad, como son la infancia y la adolescencia.

Hace unos meses en *The Wall Street Journal*, contaba que Mark Zuckerberg ocultó los estudios internos de Facebook, que alertaban de que Instagram dañaba la salud mental de sus usuarios, en especial todo lo referente a la imagen corporal de las adolescentes y sus consecuencias.

La falta de supervisión por parte de un adulto responsable y el abuso de internet y de las redes sociales tienen una participación evidente en el aumento de la depresión durante la infancia y la adolescencia. La excesiva comparación social, lo persecutorio que resulta un móvil, el «vacío social» digital, los filtros, las identidades falsas, los referentes que inspiran, los foros que promueven las autolesiones y el suicidio, el ciberacoso... son algunas de sus causas.

Es imprescindible que valoremos la madurez y la capacidad para protegerse de nuestros hijos cuando les facilitamos un móvil o una pantalla.

Mientras están en la infancia, es importante que escuchen la música sin ver los vídeos y demos importancia a las letras de las canciones. Durante la latencia, estemos pendientes de si tienen amigos o están solos, de qué «lugar» ocupan en el colegio, de si están integrados y cómo es la relación que establecen con sus iguales. Observemos si muestran cambios, si se enfadan excesivamente al terminar los tiempos de uso de sus dispositivos, o son flexibles y se ponen a jugar a otra cosa. Al comenzar la pubertad, cuidemos el tiempo que pasan conectados y supervisemos las aplicaciones de su móvil o los videojuegos que los entretienen. Estemos pendientes de sus estados emocionales y de si cambian al usar el teléfono, señal de que algo negativo les han dicho o han encontrado. Hagámosles entender que la supervisión que ejercemos es parte de los cuidados que ellos merecen.

A medida que vayan creciendo, asegurémonos de que aprenden a proteger y respetar su intimidad y su privacidad. A silenciarlo cuando duermen y estudian y a desactivar la confirmación de lectura de los mensajes como medio para ganar libertad. Que entiendan el problema de compartir fotos, las consecuencias de criticar o excluir a alguien, la presencia de aplicaciones y de adultos perversos y crueles que, disfrazados de corderos, se pueden encontrar.

Hasta que no veamos a nuestros hijos integrados, con amigos y planes, teniendo su propio criterio y responsabilizándose de sus vidas, debemos seguir supervisando el uso de lo digital.

Del estigma a la sobrepsiquiatrización

En 1977, George Engel elaboraba el modelo biopsicosocial de la enfermedad mental que continúa vigente hoy en día. Engel postuló que existen tres sistemas que afectan a la salud mental y que se afectan entre sí. Uno de esos sistemas es el biológico, que se refiere al sustrato anatómico, estructural y molecular de la enfermedad. Otro es el psicológico, que se refiere a los efectos de los factores psicodinámicos o psicológicos. Y el último es el sistema social, en el que se encuentran las influencias culturales, ambientales y familiares.

Sabemos que la salud mental es un complejo equilibrio entre unos factores genéticos que se expresan modulados por unos factores ambientales y que estos moldean los factores psicológicos, que a su vez pueden ser factores de protección o de riesgo y expresión de una suficiente salud mental o, en su defecto, de una enfermedad mental. Y esta es la base sobre la que se asienta la importancia de una buena crianza.

Con nuestro cariño, nuestra mirada, nuestras atenciones y los límites y la jerarquía en la que nos sustentemos, minimizamos la expresión de legados genéticos patológicos y potenciamos el desarrollo de las capacidades de nuestros hijos para que puedan conservar su salud mental. De la misma manera, si no los criamos con el amor, la coherencia y los límites necesarios, potenciaremos la expresión de genes y factores que producen la enfermedad mental.

Recuerdo una situación que viví en una guardia durante la residencia que me marcó profundamente. Estando de guardia en psiquiatría, me avisaron a las tres de la madrugada para que valorase a una madre y a su hija, a las que habían desalojado de su casa, de la que habían sacado basura hasta llenar cinco contenedores Cuando te despiertan y llevas solo una hora de sueño, después de dieciocho horas trabajando sin descanso, la sensación de estar en un mundo paralelo es bastante inquietante. Me senté en la consulta delante de ellas. La madre me miraba sonriendo sin verme. La hija se ocultaba tras un pelo oscuro, muy sucio, que le llegaba hasta los pies. Ninguna de las dos contestaba a mis preguntas ni reaccionaba ante mi presencia. Cogidas de la mano, se balanceaban en un intento de ganar seguridad. Tras ingresarlas en la unidad de psiquiatría, pude averiguar que estas dos mujeres apenas salían de su casa porque tenían miedo de que las mataran los vecinos. Compartían este delirio y entre ellas lo alimentaban. Tras ponerme en contacto con los servicios sociales de su zona, me contaron que la madre había tenido otros dos hijos, que vivían en una institución. Los vecinos, alarmados por los gritos que escuchaban, llamaron a servicios sociales, que acudieron a su casa y comprobaron con horror cómo la madre había encerrado a su hija mayor en una habitación desde hacía meses, ante el miedo que esta mujer tenía a una agresión. La niña padecía un retraso mental importante y, de vez en cuando y sin aparente razón, se mostraba muy agresiva. A su madre le habían contado que la familia estaba maldita y que su hija estaba endemoniada y, desde que había crecido, le tenía miedo y la encerraba. Esto sucedía cada vez con más frecuencia. A la hora de la comida, le pasaba el almuerzo por debajo de la puerta, que desde un día nunca más abrió. Y así pasaron las semanas y los meses hasta que los servicios sociales se encontraron con el drama humano que se esconde tras de la enfermedad mental, el abandono y la desprotección.

Como hemos visto, en los últimos años la salud mental ha comenzado a dejar de ser un tabú, para empezar a convertirse en algo valorado y reconocido. El conocimiento y la información sobre las enfermedades mentales están disponibles en muchas páginas y muchos foros de internet. Esto facilita que la población pueda reconocer los síntomas que está padeciendo y pedir ayuda antes, dar importancia a sus dificultades y facilitar la comprensión, por parte de familiares y allegados, de las dificultades que tienen las personas con algún trastorno mental. También ha facilitado la comunicación con enfermos mentales, que debido a su enfermedad se encontraban muy aislados y solos. Y ha hecho posible que, en un breve espacio de tiempo, los padres hayan pasado de esconder a los hijos que tenían una enfermedad mental, por el estigma que suponía, a adquirir nuevos conocimientos sobre los que basan la relación con sus hijos.

Pero de la información se puede hacer también un mal uso, como venimos observando con preocupación creciente los profesionales de la salud metal. Por un lado, cuando atendemos en las consultas de salud mental a un menor, comprobamos que algunos adolescentes se saben muy bien los síntomas y las palabras que han de utilizar para que su entorno les piense con una enfermedad mental. Los motivos son varios y todos ellos preocupantes. A veces necesitan atención; otras, huir de un hogar triste. O quizá asumir la identidad de «enfermo» los libera de responsabilidades o quizá lo hagan porque no tienen nada más en lo que sostenerse. A veces es un reto; otras, el deseo de notoriedad. Pero en otras muchas ocasiones, la falta de recursos de las familias para costear tratamientos psiquiátricos o psicológicos privados y las desalentadoras listas de espera de la sanidad pública conducen a nuestros adolescentes a buscar en internet a otros jóvenes que comparten lo que les pasa y dan forma así a lo que ellos mismos sienten. Encuentran un diagnóstico que explica lo que sienten o información no profesional sobre cómo deben proceder. En todos los casos, es peligroso y negativo para su desarrollo y un auténtico veneno para su fragilidad, ya que pueden potenciar conductas o actitudes que aumenten la gravedad de su estado psíquico y emocional en un momento en que se encuentran inmersos en la búsqueda de su identidad.

Otro aspecto negativo de la presencia de las enfermedades mentales en las redes sociales es que hay chats y grupos que potencian las autolesiones, aconsejan dietas extremas, iluminan sobre métodos eficaces de suicidio, compiten por quién está «peor» y hablan de la falta de motivos para seguir vivos y existir.

La psiquiatría infantojuvenil es una especialidad médica recientemente reconocida que valora y estudia todos los ámbitos (familiar, social, escolar, médico y personal) de la vida del menor que acude a consulta. Requiere de unos conocimientos específicos y de un tiempo específico para poder intervenir sobre todos aquellos aspectos que inciden en la salud mental y en el desarrollo del menor, incluida la precaución de no psiquiatrizar el disconfort o el sufrimiento humano esperable y necesario que conlleva atravesar la existencia.

El mal uso de toda la información, disponible en redes, conlleva entre otras cosas transformar realidades y convertir el sufrimiento que supone estar vivo con una enfermedad mental.

Como madres y padres, muchas veces nos sentimos perdidos y un diagnóstico nos ayuda a poner la esperanza de cambio en un especialista, una terapia o un tratamiento farmacológico. Cuando el problema derivado de la falta de cuidados en la crianza pasa a ser un problema de «salud», adquiere un rango de enfermedad que tranquiliza a una sociedad medicalizada que pone la responsabilidad del origen y de la solución en el poder de la ciencia. Sin embargo, en esta etapa de la vida, debemos hacer los diagnósticos psiquiátricos con cautela, ya que pueden invadir una identidad que aún se está construyendo. Es importante evitar clasificar o calificar a los adolescentes por sus síntomas, actuaciones o dificultades: debemos conocer su identidad y devolverles este reconocimiento. Frases como «soy anoréxica» o «soy depresivo» no deberían nunca definir a una persona y menos a un menor de edad.

Si somos honestos y valientes, seremos capaces de aceptar que la sociedad que nos rodea no facilita nuestra labor como madres y padres, ni ayuda a crecer con la suficiente salud mental. En otras palabras, en los tiempos que corren es más difícil la crianza, así como ser un niño y un adolescente mentalmente sano. Nuestros menores crecen con más sufrimiento y, a la vez, son más frágiles y menos resistentes al disconfort que conlleva vivir. Por eso es tan importante que validemos y escuchemos lo que nos dicen y que usemos bien los conocimientos que adquirimos.

La buena noticia es que nosotros, como madres y padres, no solo estamos implicados en los factores que promueven tanto nuestra propia salud metal como la de nuestros hijos, sino que somos el eje más importante y fundamental. Podemos influir de manera activa para disminuir el sufrimiento de nuestros hijos, protegiéndolos de una realidad cada vez más caótica y ayudarlos a desarrollar todas esas capacidades que les van a permitir adaptarse a una realidad difícil, pero llena de increíbles oportunidades y experiencias maravillosas por vivir.

Capítulo 11

Identidad, sexualidad y género en la infancia

Si el lenguaje no es correcto, entonces lo que se dice no es lo que se quiere decir; si lo que se dice no es lo que se quiere decir, entonces lo que debe hacerse queda sin hacerse; si eso queda sin hacerse, la moral y el arte se deterioran; si la justicia se extravía, el pueblo se encontrará en una indefensa confusión. Por eso no debe haber ninguna arbitrariedad en lo que se dice. Esto es lo que importa por encima de todo.

CONFUCIO

Todos somos puzles, y para entender a alguien no necesitas todas las piezas, solo cuatro o cinco. Eso sí, a veces se tarda una vida en encontrarlas.

MILENA BUSQUETS

Para atravesar este capítulo, necesitamos un buen puñado de honestidad intelectual, unas gotitas de valentía, una ralladura de humildad, una ramita de compromiso y un generoso pellizco de responsabilidad.

Nos adentramos en el complejo terreno de la identidad y la sexualidad humanas, para las que cada uno de nosotros tenemos armados potentes mecanismos mentales de defensa que nos ayudan a mantener una estabilidad interna a costa de negar realidades distintas a la nuestra, estando muchas veces ciegos y otras veces sordos al momento social en el que viven nuestros niños y nuestros adolescentes.

En este capítulo vamos a abordar temas que son del máximo interés para las madres y los padres de hoy en día. No solo porque merece la pena que comprendamos los factores y las maneras en las que se construye la identidad de nuestros hijos, sino porque necesitamos estar preparados para las cuestiones que nos van a plantear cada vez a más pronta edad. Vamos a profundizar, desde la perspectiva que da la medicina en general y la psiquiatría en particular, en qué es la identidad de las personas, qué factores están implicados en su formación y cómo se va forjando. Hablaremos de la identidad de género, un tema en el que merece la pena detenerse y que supone un importante reto no solo para nuestros hijos, sino para toda la sociedad. Abordaremos la palabra *sexo* y las implicaciones que tiene. Hablaremos de la sexualidad y de cómo la desarrollan nuestros hijos a lo largo de su infancia, su pubertad y su adolescencia.

Voy a intentar abordar estos temas tan complejos abstrayéndome de cualquier juicio moral o connotación ideológica propia. Mi intención es informar y poner sobre la mesa una realidad que se presenta a diario en consulta y que parece complejizarse por momentos, invadiendo la infancia y la adolescencia. Parto de la premisa de que mis estudios de medicina, así como mi formación como psiquiatra, condicionan la lectura y la interpretación que hago de una realidad que parece pertenecer cada día más a lo subjetivo. Una realidad constituida la mayoría de las veces por conceptos que están atravesados por la ideología y por el contexto histórico y social en el que vivimos.

El ser humano es mucho más complejo de lo que nos enseñan a tolerar. En el mundo actual —en el que las fronteras físicas y lingüísticas han desaparecido—, las personas que se encuentran en una posición de «inferioridad» o vulnerabilidad se han encontrado en las redes, promoviendo un cambio generacional que supone un auténtico desafío para cada uno de nosotros y que, como todos los cambios que nos han precedido, despierta resistencias, miedos y recelos. Un cambio gestado por personas de todas las razas, los sexos, las edades y las formas que andaban escondidas, anuladas, avergonzadas o sometidas por no entrar en lo normativo, es decir, en la zona que se define como normal o más frecuente en la campana de Gauss, que han comprendido que merecen los mismos derechos y la misma dignidad que las que sí cumplen con «la norma», esto es, las personas que son socialmente aceptadas, religiosa y culturalmente valoradas, que no padecen ninguna enfermedad limitante ni una discapacidad diagnosticada.

Por ello, como madres y padres, nos asuste o nos sintamos liberados por esta nueva dimensión social, es imperante que conozcamos todo lo que rodea a nuestros hijos para poder acompañarlos en su caminar.

Hay cuestiones que, por su trascendencia, debemos replantearnos con la responsabilidad, el sentido de la justicia, la valentía, la honradez, el compromiso y la prudencia necesarios para preservar los derechos de la infancia y la adolescencia. En este sentido, es importante que evitemos que nuestros menores actúen en función de las dudas y cuestiones que algunos adultos debaten. Sin duda, parte de este debate busca desde las mejores intenciones crear una sociedad más justa, pero hay quien lo aprovecha para aumentar el caos y destruir de manera invisible los principios éticos y el respeto que nos diferencian como especie. Tenemos una realidad biológica que aceptar, una realidad psíquica que madurar y una realidad social común sin la cual nos destruiríamos como individuos y como especie.

Nuestra sociedad es cada día más invasiva: lejos de ejercer la máxima del respeto y de la tolerancia tan necesarios que promulga, permite comportamientos que arrasan con los derechos de una mayoría que no tiene voz, nuestros menores.

Se hace imprescindible que comprendamos que, en la adolescencia y la juventud, nuestros hijos se encuentran en un período de la vida en construcción en el que necesitan oscilar, probar, caminar, avanzar, retroceder y cambiar de rumbo hasta que encuentren su propio camino. Un camino que sabemos que debe ser el suyo, pero en el que pareciera que, por un lado, sobredimensionamos el efecto de las creencias de los progenitores del menor y, por el otro, restamos importancia y permitimos que, como en épocas no muy lejanas, las corrientes ideológicas invadan el espacio de la infancia y la adolescencia a través de internet o del contenido que se imparte en las escuelas, en un intento evidente de adoctrinamiento, que tan nefastas consecuencias está teniendo en nuestros menores.

Deshacer los nudos

Antes de comenzar a hablar de los distintos aspectos que conforman la identidad y la sexualidad humanas, es importante que comprendamos por qué generan tanta confusión y tanto debate.

Lo primero que necesitamos entender es que las palabras que son claves a la hora de hablar de estos temas —como sexo, sexualidad, identidad, género y normal o *normativo*, tienen para cada individuo una importante carga personal que matiza sus significados, nos hace vulnerables a la manipulación y limita e incluso impide que podamos hablar entre nosotros para generar el necesario debate social que nos ayude a evolucionar, en lugar de destruirnos.

Esa carga está condicionada, entre otros factores, por el entorno familiar y social en el que vivimos, por las experiencias y necesidades propias, por la ideología que cada uno atesora y por el uso y el contexto en el que se utilizan estos términos, construyéndose realidades en direcciones distintas.

Por eso es tan importante la palabra *visibilizar*, porque nos permite hacer consciente y aceptar no solo la realidad que seleccionamos para sentirnos tranquilos, sino también aquella que nos llena de dudas y puede despertar nuestro malestar. Porque en esa realidad se encuentran la dignidad y los derechos que las personas —que nuestros menores— merecen.

Del modelo de normalidad al modelo de diversidad

Nombramos las cosas y las realidades para estudiarlas, conocerlas y compartirlas, pero también dejamos de nombrarlas para negarlas, invalidarlas o hacerlas invisibles.

A las personas no se nos puede comprender ni definir desde un solo y exclusivo punto de vista, porque además de ser seres altamente complejos, mucho de lo que somos y de nuestra historia está en lo que permanece oculto.

El mundo pitagórico y matemático, sobre el que se cimentó nuestra sociedad, nos lleva a dividir todo aquello que percibimos en pares contrapuestos: luz/oscuridad, caliente/frío, blanco/negro, suave/áspero, bueno/malo, superior/inferior, normal/anormal... Unos pares que además relacionamos entre sí, para simplificar una realidad que percibimos compleja. Eso nos ayuda a sentir mayor seguridad y disminuye la mal tolerada incertidumbre. Así, la luz, lo caliente, lo blanco y lo suave son «lo normal» y «lo bueno». La medicina, con su origen hipocrático, también divide sus conceptos de una manera dualista: sano/enfermo, aceptable/inaceptable, normal/patológico..., obviando —como muchas ciencias y muchos saberes— la realidad que existe en los puntos intermedios.

Un gran ejemplo de esto es la división de los hechos que nos conforman en dos tipos. Por un lado, los hechos biológicos y observables, que creemos inmutables, es decir, que vienen dados, y, por otro, los hechos que pertenecen al ambiente o a lo cultural, creyendo que son perfectamente mutables o cambiantes e incluso elegibles, pero lo cierto es que no es así. En los últimos años, cada vez damos más valor a la epigenética. Hay evidencias científicas suficientemente sólidas y contrastadas para concluir que los hechos biológicos pueden cambiar por circunstancias ambientales, que nuestra anatomía y la expresión de nuestros genes son capaces de transformarse y adaptarse al entorno y que esta interacción y esta capacidad para influir es mutua y se dirige en ambas direcciones, de tal forma que nosotros, con nuestra biología, también podemos cambiar el entorno.

Empezamos a comprender y a validar que las situaciones sociales y los hechos culturales y familiares nos construyen y moldean con la misma determinación que lo hacen nuestra carga genética y nuestra biología y que, además, esas realidades inciden y se modifican entre ellas. Así, los dualismos biológico/social, inmutable/mutable, objetivable/subjetivo, genético/ambiental..., con los que se construyeron las bases de la ciencia en general y la medicina en particular, empiezan a dejar de ser realidades absolutas.

Entre todos estos conceptos hay uno especialmente limitante y que, sin embargo, es pilar y eje sobre el que se sostiene nuestra sociedad. Un concepto que es veneno y trampa, que ha invadido nuestro vocabulario, nuestras ciencias y nuestro conocimiento, perpetuando una intransigencia que es condena para muchos y justificación para una violencia desleal para otros.

El concepto de lo *normal.*

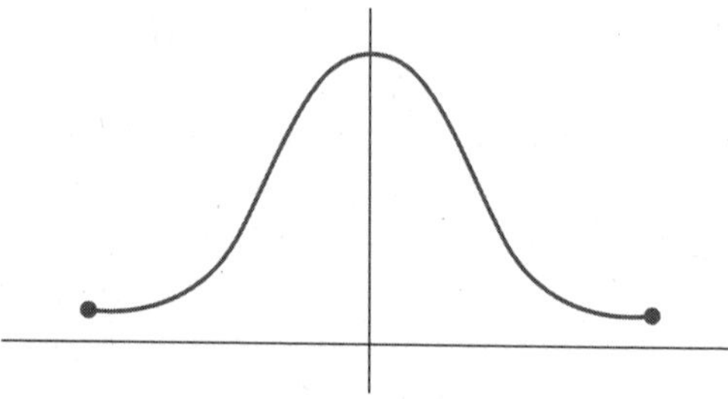

Es preciso que recordemos que lo *normal* alude a un concepto estadístico que tiene que ver con «lo más frecuente». Sin embargo, hemos olvidado que la realidad también está formada por los extremos de la campana de Gauss. Pero nosotros no estamos hablando de datos estadísticos, sino de personas vivas y reales, con circunstancias y características que, al ser menos frecuentes y no entrar dentro del concepto de *normalidad*, son negadas y excluidas, como si no formaran parte de todo lo que existe o como si su realidad fuera mala o peor.

La idea de *normalidad* tiene como consecuencia la construcción de una sociedad solamente para las personas que están dentro de los límites elegidos en función de una serie de características que no sabemos quién ha decidido e impuesto, ni por qué son las más importantes o valiosas. Anteponemos lo normal a la realidad plural y concluimos que normal, bueno, frecuente, moral, sano y aceptable son sinónimos, como también lo son anormal, malo, infrecuente, inmoral, enfermo e inaceptable, promoviendo una actitud de rechazo, negación o incluso desprecio e infravaloración hacia todo aquello que no sea lo más frecuente. Así, nos hemos convertido, según escribe Foucault, en una «sociedad de normalización» que se refleja en muchísimos ámbitos humanos. Por reseñar algunos ejemplos, desde el estilo educativo, pensado para menores con un coeficiente intelectual *normal*, en el que no entran ni los menores con dislexia ni los de altas capacidades, hasta las tiendas de ropa, donde no hay tallas menores que la XS ni mayores de la XL.

Las personas que se encuentran fuera de lo normativo no solo son invisibles, sino que sufren lo que llamamos *estrés de las minorías*. Un estrés derivado del estigma, de los prejuicios, de la violencia y de la mayor probabilidad de padecer abusos, negligencia y maltrato por no existir dentro de la norma.

Un estrés que se intenta poner de manifiesto con el sufijo -fobia (homofobia, xenofobia, gordofobia...), con el que debemos tener cuidado para no hacer un mal uso del mismo, porque una cosa es despreciar, discriminar o maltratar a una persona por no estar dentro de «lo normativo» y otra es no disponer de espacios en los que preguntar, explicar y acercar posiciones desde el respeto y el interés. Opinar de manera diferente no implica odio, por mucho que lo expresado con respeto haga tambalear nuestro ego y nuestra vanidad.

Nos encontramos ante cuestiones emergentes que precisan ser pensadas, cuestionadas y debatidas desde distintas perspectivas para llegar a conclusiones conjuntas y respetuosas. Sin embargo, con demasiada frecuencia, se ejerce la censura más mordaz, imponiendo realidades politizadas, fruto de intereses ocultos que nada tienen que ver con hacerse cargo del sufrimiento de los demás y que acaban atacando de manera directa e irreversible los derechos de la infancia y la adolescencia, al haberse infiltrado tanto en las prácticas educativas como médicas y legislativas, sin el suficiente consenso previo.

Y es que nuestra necesidad de simplificar nos mueve a posicionarnos en extremos peligrosos y casi siempre injustos.

En el momento actual, hemos pasado de dejar de negar la realidad de muchas personas que han vivido con menos derechos, casi escondidas para no ser dañadas, a que la existencia de algunas minorías parezca ahora la única realidad legítima. En vez de caminar todos juntos hacia la tolerancia y la complejización humana, tendemos a negar de nuevo una parte de ella, volviendo a actitudes intransigentes, invasivas y destructivas.

Pareciera que tras muchas luchas hubiéramos pasado de un pensamiento normativo construido solamente por las mayorías más fuertes a una sociedad que, en vez de estar construida por todos, se ha fragmentado en miles de realidades posibles, tantas como identidades individuales sentidas, amenazando con destruir todo lo común.

Pareciera que ahora nos pensamos no como «parte de...», sino como seres deseantes descontextualizados de nuestras familias, de la educación que recibimos y de la cultura que nos rodea.

Desdibujamos la realidad, la negamos y la convertimos en algo subjetivo. Sin embargo, la realidad no nos pertenece. Existe independientemente de nosotros. Está llena de excepciones, matices y diferencias que nada tienen que ver con la locura, la enfermedad, un error de la naturaleza o un castigo de Dios. La realidad no desaparece en función de nuestros deseos y necesidades, sino que existe y permanece a pesar de ellos.

Identidad

Erik Erikson definió la *identidad* como el sentimiento de mismidad y de continuidad en el núcleo interno del individuo que se mantiene en medio y a pesar de los cambios externos, es decir, la identidad alude a saber quién eres de una manera estable. El sentido de identidad se va construyendo poco a poco, a través de cambios físicos, mentales, instintivos y sexuales que se combinan en la adolescencia para desarrollar una crisis cuya resolución implica el crecimiento y el desarrollo de nuevas virtudes y capacidades.

La adolescencia es una crisis porque lo que pensamos que somos en la infancia está completamente condicionado y subyugado por nuestro entorno, un entorno al que hemos necesitado pertenecer y que nos devolvía una imagen que creíamos que era todo lo que éramos. Esa creencia debe transformarse en la adolescencia para dar lugar a la propia identidad.

Lo que creemos que somos cuando somos niños está constituido por el reflejo de lo que nuestras madres y nuestros padres nos dicen que somos, esperan, desean y temen que seamos. Lo que ellos habrían querido ser, lo que nos quieren evitar y lo que a través de nosotros necesitan redimir (es decir, se produce un proceso de proyección). Como hijos, introyectamos esta imagen proyectada, la introducimos dentro de nosotros mismos, junto con lo que nos devuelven el resto de nuestras figuras de referencia y que es el cimiento sobre el que se construye nuestra identidad.

Recuerdo a un paciente que atendí en consulta tras diagnosticarle autismo. Un día, su madre me contó preocupada que su hijo, que por entonces tenía nueve años, se ponía a escondidas su ropa. «Incluso se pone mis medias y a veces se las lleva cuando va al colegio debajo de los pantalones», contaba. Por aquel entonces, este niño, de una nobleza conmovedora, estaba siempre solo en el patio, no tenía amigos y los profesores no sabían cómo afrontar ni su comportamiento ni el de sus compañeros con él, ya que no había recibido aún un diagnóstico. La madre se preguntaba si es que su hijo era trans. Le pedí que observara sin intervenir la conducta del chico. Cuando volvió a consulta, me contó que su hijo solo se ponía su ropa cuando ella se marchaba de casa para hacer algún recado o cuando iba al colegio, es decir, cuando se separaban. La madre, además, estaba pasando por un momento personal difícil y estaba más triste de lo habitual. Le expliqué el complejo proceso por el que construimos nuestra identidad, cómo introyectamos a las personas más importantes de nuestra infancia, es decir, cómo «introducimos» dentro de nosotros mismos sus gestos, sus formas, su manera de reaccionar…, y cómo eso sirve de base para construir nuestra incipiente identidad. Vestirse con la ropa de su madre podría estar sirviendo a este chico para reforzar la introyección y para facilitarle la separación de su madre, al sentir que la llevaba de alguna manera con él. Acordamos respetar este proceso. El diagnóstico de autismo ayudó al menor a recibir las ayudas y la comprensión imprescindibles en el colegio y la madre recibió la ayuda que ella necesitaba para su tristeza. Poco a poco, mi pequeño gran paciente acudía cada día más contento y seguro al colegio. Pasado un tiempo, la madre me dijo en consulta que su hijo ya no había vuelto a ponerse su ropa y que ahora, ya en la adolescencia, le pedía ir de compras a por ropa «chula» para salir con sus amigos.

Los cimientos de nuestra identidad están constituidos por cada idea, aspiración, norma, prohibición y expectativa que nos hace sentirnos parte de ese grupo al que llamamos *familia* o *entorno*, y que es objeto de un cuestionamiento —crisis— imprescindible al llegar a la adolescencia que nos permite transitar hasta nuestra identidad estable y adulta.

La crisis de identidad es característica y propia de la adolescencia, sin atravesarla no podremos llegar a ser adultos con una identidad estable y propia que nos defina.

La identidad tiene diferentes facetas. Hay una identidad que llamamos *personal* y que tiene que ver con el ambiente en el que hemos crecido y nos hemos desarrollado, con nuestras características físicas, la forma en que interactuamos con las personas, cómo nos vestimos, en qué empleamos el tiempo o con quiénes nos relacionamos, y las capacidades y las deficiencias tanto psíquicas como físicas que tenemos.

Hay otra identidad a la que llamamos *social* que se refiere al sentimiento de pertenencia a un grupo. Desde que nacemos, pertenecemos a uno al que llamamos *familia*. Después, a una escuela, luego a una pandilla, a un equipo deportivo, a un grupo de interés o incluso a una «tribu urbana», y así sucesivamente, desarrollando el concepto de nosotros mismos según las diferencias y conexiones entre los diferentes tipos de personas con las que interactuamos.

Hay otra identidad a la que llamamos *cultural* que tiene que ver con las tradiciones y las costumbres y que está sometida a una gran influencia histórica. Está constituida por la raza, la etnia, el país de origen, el uso del lenguaje, las creencias religiosas, el estatus socioeconómico, los antecedentes migratorios y el grado de afiliación con nuestra familia extensa. La cultura determina la manera que tenemos de interpretarnos a nosotros mismos y al mundo que nos rodea. Condiciona y orienta nuestras conductas, la manera de comunicarnos, las perspectivas que tenemos, los pensamientos, la moral y las emociones que nos permitimos. Define el conjunto de significados, normas, creencias, valores y patrones que modulan nuestra conducta y que compartimos con la comunidad en la que vivimos. Nos da una perspectiva que interpreta las cosas que nos suceden como buenas o malas, positivas o negativas, legítimas o ultrajantes.

Dos aspectos fundamentales que incluyen y determinan nuestra identidad son el *sexo* y el *género*. Una vez que saben que el recién nacido está bien, lo primero que preguntan madres y padres sobre su hijo es su sexo. E inmediatamente, tras esa respuesta, le imaginan con unas características en concordancia con el género binario (mujer/hombre) que nuestra sociedad impone según el sexo genital constatado (varón/hembra). En este tema profundizaremos más adelante.

Por último, la identidad también viene definida, por la identidad religiosa y política, el estatus social, la edad o el grado de disfunción que se pueda padecer, entre otros.

Todas las facetas de la identidad se aprenden y se desarrollan en un continuo, en un todo complejo que, aunque estable, está en permanente evolución y que incluye tanto patrones subjetivos como objetivos de conducta y que viene matizado por los distintos ejes de los que hemos hablado. Estos ejes o facetas de la identidad interaccionan entre sí, posicionándonos en un lugar social con muchos privilegios, con escasos o con ninguno.

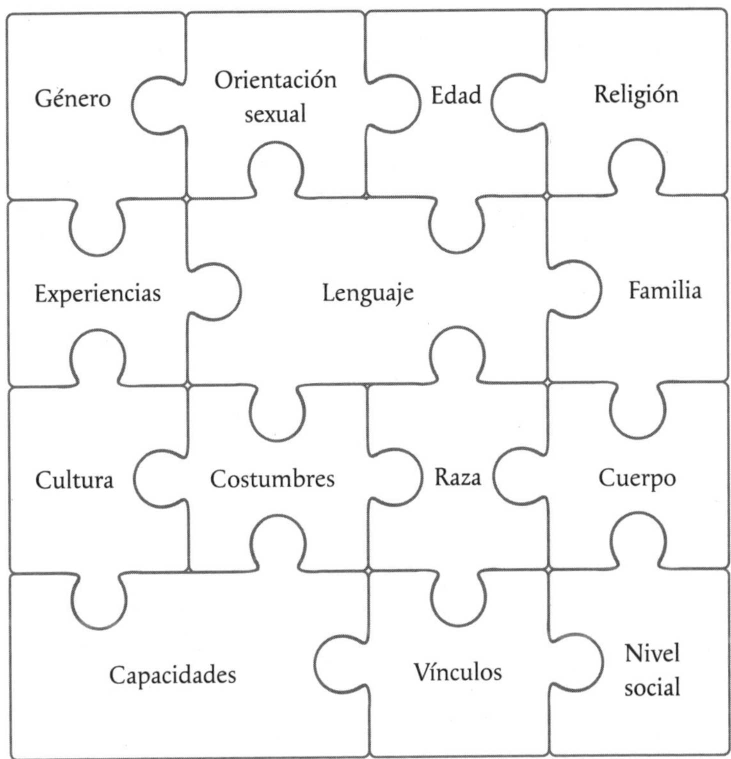

La crisis de identidad de la adolescencia

En la construcción de la identidad es decisivo el sentido de pertenencia desarrollado en la infancia. Un sentido que nos confirma que formamos parte de una familia o de un grupo que nos acepta. La crisis conlleva separarnos de ese grupo para continuar enriqueciéndonos y construyéndonos en función de nuevas personas, grupos, situaciones y capacidades que llegan a nuestra vida.

Necesitamos expresar la diferencia para sentir que no nos fusionamos con el grupo al que pertenecemos, es decir, la identidad se construye desde los demás para diferenciarnos de los demás.

Como decíamos, la identidad tiene su mayor crisis en la adolescencia. Posteriormente no es que cambiemos, sino que evolucionamos, nos complejizamos. A mis pacientes les cuento un ejemplo que los ayuda a comprender cómo construimos nuestra identidad. Imaginemos que somos una casa. Al principio, sencilla y de una sola habitación. A medida que vamos cumpliendo años, ampliamos nuestro hogar, construyendo nuevas estancias y habitaciones que se añaden a las primeras —que siempre permanecen—. No nos transformamos, sino que vamos añadiendo y complejizando nuestra identidad.

Esto explica por qué cuando nos encontramos en situaciones difíciles o estamos con personas con las que interactuamos de manera determinante en el pasado, volvemos como por arte de magia a roles que ya no usamos y que teníamos olvidados, pero que, sin embargo, siempre, como la primera habitación que construimos al hacer nuestra casa, van a estar ahí.

Vamos adquiriendo distintas facetas de una identidad cada vez más compleja, pero siempre condicionada a la pertenencia a un grupo y a la necesidad de separación y diferenciación de los demás. Este deseo de pertenencia y diferenciación es la base que subyace a la necesidad de nuestros hijos adolescentes de encontrar una pandilla o un grupo que los ayude en el tránsito entre la identidad que reciben de su familia y el mundo exterior.

No todo el mundo consigue una identidad sólida y madura. Hay personas con enormes problemas de identidad porque no tuvieron en su crianza a alguien que les devolviera una imagen de sí mismos estable o saludable —lo que es causa de un intenso sufrimiento— o que tienen una identidad muy frágil y dependiente que aún los devuelve su familia o grupo. Las dudas identitarias son la causa de las actitudes agresivas de muchos adolescentes y de algunas personas adultas. Para reafirmar su identidad, muestran actitudes violentas —que van desde la intransigencia hasta el desprecio, el insulto, la agresión física e incluso el asesinato— ante los que tienen una identidad política, religiosa o cultural diferente.

Tener una identidad propia sólida va a depender, entre otras cosas, de que el grupo al que pertenecemos primariamente nos ayude a construirla y que después permita y valide nuestra necesidad de separarnos y terminar de construir la imagen de nosotros mismos en otras relaciones. Si nuestra familia no nos permite expresar la diferencia, tendremos solamente dos caminos.

El primero es renunciar a tener una identidad propia y aceptar la identidad impuesta, viviendo nuestra vida en un falso *self*. Esto les sucede a algunos adolescentes que sienten que, si crecen y se individualizan, su familia puede destruirse. También a aquellos que se quedan anclados en la identidad proyectada por sus padres, que sufren una situación de maltrato emocional en casa o que disfrutan de un lugar privilegiado dentro del hogar y prefieren no salir al exterior, donde no podrán seguir reinando ni serán mirados con tanta devoción. En suma, les sucede a quienes ocupan un lugar destacado o asumen una responsabilidad excesiva dentro de la familia que los atrapa, ya sea desde el miedo, la culpa o el ego.

La segunda opción que tienen si la familia se opone a la diferenciación y la individuación, es luchar activamente, con todas sus fuerzas, expresando conductas que podrían parecer radicales o extremistas, para separarse y poner la distancia suficiente que les permita encontrar su propia identidad. Esto es lo que muchas veces explica la actitud reivindicativa e incluso disruptiva de adolescentes que eran niños y niñas «buenos» y dóciles en su infancia.

Recuerdo la sorpresa que me produjo una familia cuando acudió a mi consulta. Los padres iban vestidos de manera elegante y tradicional. La hija, con la ropa roída y sucia. Los padres se mostraban muy educados en sus formas y lenguaje; la hija, tirada en la silla de la consulta, no paraba de blasfemar. La historia que precedía a esta escena era un ambiente familiar muy tradicional y excesivamente rígido e inflexible que había dominado sus vínculos, sus creencias y su forma de estar en el mundo. Acudían porque no reconocían a su hija y pensaban que esta tenía una grave enfermedad mental, pero esta chica «solo» estaba intentando de manera desesperada encontrar su propio lugar. Cuando al llegar a la adolescencia empezó a cuestionar algunas costumbres de sus padres o a expresar lo cansada que se sentía de las conversaciones vacías en alguna reunión social, los padres se enfadaban con ella, llenándola de reproches, castigándola para que volviera a ser la «niña buena» y disciplinada que había sido tiempo atrás. O seguía los designios de sus padres o luchaba por su propio camino. Esta adolescente se presentaba con la mano en alto, marcando de manera caricaturesca la diferencia imprescindible para poder continuar.

Los adolescentes cambian, unos días se presentan de una manera; otros, de otra. Es un complejo, inquietante e imprescindible proceso en su lucha por construir su propia identidad.

Por eso es tan importante que cuando nuestros hijos lleguen a la adolescencia y muestren actitudes o ideas diferentes a las nuestras ganemos en flexibilidad y no nos las tomemos como una desautorización, un descrédito o un ataque a nuestros esfuerzos o a nuestra valía como madres y padres. Hemos de entenderlas como la expresión temporal de la necesidad sana que tienen de separarse para encontrar su propio camino. Si intentamos forzarlos a pensar como nosotros, a tener nuestro mismo criterio, a realizar las mismas elecciones, utilizando el reproche, la culpa, el control, la exclusión o incluso la violencia manifiesta, obligaremos a nuestros hijos a elegir entre los dos caminos de los que antes hablábamos: el de la sumisión o el de la radicalización. Entre ser unos eternos infelices o cortar las fuertes ataduras y alejarse a cualquier precio y para siempre de nosotros.

Los mensajes mentirosos

«Sé tú mismo.» Este es un mensaje que vemos todos los días en tazas de café y en agendas de lindos colores, en pancartas o incluso en estados de WhatsApp. Saber quiénes somos y ser uno mismo según nuestra esencia son dos requisitos para alcanzar momentos de felicidad y vivir una vida con salud mental y con sentido, pero ser uno mismo implica reconocer a los demás, un hecho que en la actualidad se obvia constantemente. Pareciera que el derecho a ser nosotros mismos implica que podemos hacer lo que queramos, es decir, es un concepto que más que ayudarnos a desarrollarnos en un mundo común, alimenta nuestro ego y nuestro narcisismo solitario. Un mensaje que olvida que la identidad es algo mucho más complejo que un sentimiento. Es un constructo que se edifica desde los demás, para poder separarnos de ellos y construir una realidad propia y a la vez conjunta. Este mensaje que confunde a nuestros menores y nuestros adolescentes, que piensan que una persona libre es la que actúa según sus propios deseos y sentimientos, sin prestar ninguna atención a los ajenos. Pero una identidad sólida y madura significa aceptar nuestros límites, deseos y emociones y reconocer y respetar los de los demás. Términos como *intimidad* y *fidelidad* implican asumir un compromiso en las relaciones humanas y aceptar la renuncia que muchas veces conllevan.

La irresponsabilidad, la falta de compromiso, pensar que el otro es un objeto que podemos utilizar y que sirve para satisfacer nuestros propios deseos son la expresión de una necesidad narcisista y caprichosa que se aleja de lo que implica la construcción de la propia identidad.

En la construcción de la identidad de nuestros hijos tenemos un papel protagonista. Tanto en su infancia, ayudándolos a crear unas buenas y sólidas bases identitarias (a través de un vínculo seguro, el sostén, las palabras que construyen, la imagen en espejo positiva y capaz que les devolvemos, reconociendo nuestras proyecciones...), como en la adolescencia, permitiéndoles separarse y seguir construyendo su identidad en otras relaciones y otros lugares. Tener una identidad estable es una garantía de salud mental, porque nos permite vivir adaptándonos a lo que nos sucede, aprender y evolucionar sin sentir que lo que pasa fuera atenta constantemente contra quienes somos. Nos permite la interrelación con los demás de manera equilibrada, sin someternos ni someter, aceptando que necesitamos a los demás, pero sin dependencias enfermizas, tolerando nuestros límites y construyendo la realidad común que nos humaniza. Nos permite caminar por la vida gestionando el sufrimiento, que puede tolerarse cuando no cuestiona nuestra identidad.

Recuerdo un día de otoño. Yo estaba de guardia de psiquiatría, en el hospital. Estaba siendo una guardia tranquila, podíamos trabajar bien, atendiendo a los pacientes con tiempo y sin hacerlos esperar. Por la tarde llegó un hombre que había intentado suicidarse. Tenía unos cuarenta años. Su aspecto era descuidado. El pelo, lacio y sucio, le caía sobre sus tensos hombros. Unas ojeras profundas enmarcaban sus tristes y asustados ojos. Su espalda permanecía doblada por un peso invisible que sin embargo había deformado su columna vertebral. Y sus largas y finas manos temblaban levemente, impidiéndole coger el vaso de agua que le ofrecí. Parecía malnutrido y le costaba un mundo mirarme cuando le pedí hablar. Me contó que hacía unas semanas le había dejado su pareja y que en ese momento su mundo se había terminado. Ya no sabía por qué vivir. Había dejado de trabajar y de salir a la calle. No era la primera vez que le sucedía. Sus parejas le dejaban siempre y su vida consistía en eso, en buscar una nueva persona con la que estar. No le importaba tanto quién fuera o cómo le tratase, con tal de que quisiera estar con él. Cuando tenía pareja, sentía que existía. Las ganas de vivir volvían. En pareja, no solo adquiría compañía, sino mucho más. Tenía a quien imitar en gestos y maneras. Tenía un referente, un espejo en el que mirarse. Reía cuando su pareja reía y hacía lo que la otra persona quería, aliviando la infinita indecisión y la falta de criterio propio que ahogaban sus días y le hacían tanto mal. Tener a alguien que le dijese quién era le daba seguridad, porque este hombre inteligente y válido, que había abandonado el trabajo de repartidor con el que se mantenía, necesitaba de un «otro» que le diera no solo cariño, sino una identidad.

Los psiquiatras llamamos a esta situación trastorno de personalidad por dependencia y es una de las posibles consecuencias de no construir una identidad sólida.

Las dimensiones del ser humano

En el ser humano hay cuatro dimensiones que es imprescindible comprender y diferenciar. Estas son el sexo, la identidad de género, el rol de género y la orientación sexual.

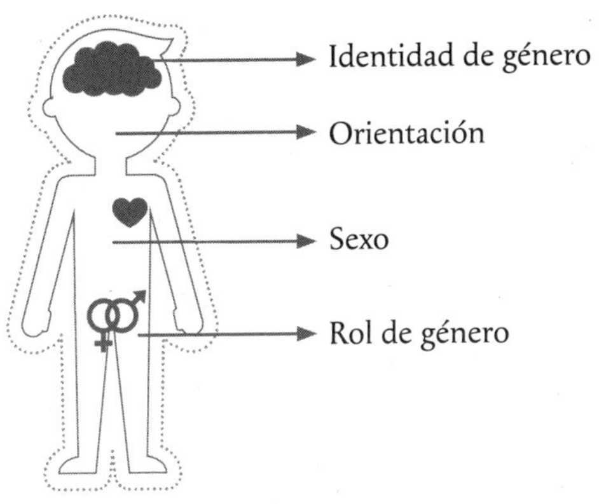

Sexo

El sexo es una característica biológica que no depende de la voluntad del individuo, es decir, no pertenece a nuestros deseos, ideas o sentimientos. El sexo *es*. Pertenece a la realidad externa y no al mundo de lo subjetivo. Es una característica objetivable, es decir, se puede ver y constatar, y está determinado por la genética, la anatomía y la fisiología (por el funcionamiento del cuerpo humano).

Podemos hablar de un *sexo genético* o *cromosómico*, que viene dado por la asociación de los cromosomas sexuales X e Y. Un sexo *genital,* en función de los genitales externos (vulva, clítoris, pene) e internos (vagina, útero, trompas). Un sexo *somático,* reflejado por los caracteres sexuales secundarios (mamás, musculatura, tamaño de la cintura, grosor de la piel, disposición del vello corporal, tono de voz). Un sexo *gonadal,* que viene dado por las gónadas que tenga la persona (ovarios, testículos). Y un sexo *hormonal*, determinado por las hormonas que se secretan y que contribuyen al desarrollo de ellos.

En nuestra especie nos encontramos con tres situaciones posibles. Por un lado, las hembras, caracterizadas por tener dos cromosomas XX, la presencia de óvulos y ovarios, vulva, clítoris, vagina y útero, el predominio de hormonas sexuales «femeninas» y, a partir de la pubertad, el desarrollo de las mamas, el tono de voz agudo y un escaso vello corporal, entre otros. Por otro, los varones estarían definidos por un cromosoma X y otro cromosoma Y, la presencia de espermatozoides, testículos, pene, el predominio de hormonas sexuales «masculinas» y, a partir de la pubertad, el desarrollo de la musculatura, un tono grave de voz y barba. Y, por otro, las personas intersexuales (dos de cada diez mil personas se encuentran en esta categoría).

En las antiguas Grecia y Roma, se reconocían estados intersexuales, para los que había leyes específicas. Platón escribió que había tres sexos: masculino, femenino y hermafrodita. Herodoto (siglo v a. C.) cita que, en Escitia, al borde del mar Negro, existían tribus nómadas entre cuyos componentes había individuos con caracteres sexuales ambiguos. En la mitología griega, Hermafrodito era un dios, hijo de Hermes y Afrodita, que reunía los caracteres sexuales de ambos sexos, que era «bello y delicado como una mujer y tenía el rigor y la fuerza de un hombre». Plinio (23 d. C.), en su *Historia natural,* describe a los andróginos como una comunidad compuesta por individuos que reunían ambos sexos en una misma persona y que alternativamente ejercían la función de uno u otro.

En la Edad Media, las personas con genitales y apariencia ambigua no se consideraban enfermos, sino otra opción más de la naturaleza y vivían en la sociedad con total normalidad.

El término *hermafrodita* fue introducido por semejanza con el dios griego para designar a una persona que reúne caracteres de ambos sexos. Actualmente, este término ha sido desplazado por otro más amplio: *intersexual*, introducido por Goldschmidt en 1931. Estos estados intersexuales se definen por la existencia de contradicción de uno o más de los criterios morfológicos que definen el sexo (estructura cromosómica, gónadas, genitales internos y externos) o para aquellos individuos cuyos caracteres sexuales están muy poco diferenciados. Las personas intersexo parece que no existen en nuestra sociedad occidental, algo que no sucede en otras partes del mundo, como por ejemplo en la India, donde las personas intersexo se denominan *hijras* y ocupan un lugar socialmente reconocido.

El sexo, como todo lo que nos constituye, tiene una razón de ser: la función reproductiva, independientemente de que por diversas razones la persona ejerza esa función o no. Garantiza la perpetuación de nuestra especie. Por eso, lo que define principalmente el sexo de un individuo es qué tipo de célula aporta a la reproducción humana, si un óvulo o un espermatozoide.

Género

El sexo de una persona se observa y se constata al nacer, con una exactitud elevadísima, aunque no perfecta (en el caso de los intersexuales).

Sin embargo, el género se fabrica, se atribuye y se construye a lo largo de la vida, en un proceso que se inicia incluso antes de que nazcamos. En este proceso, aprendemos e interiorizamos a través de la relación con otras personas los valores, las actitudes, las expectativas y los comportamientos específicos de la sociedad en la que hemos nacido.

Como comentábamos en anteriores capítulos, nacemos con un sexo biológico, una carga genética, un cuerpo y un temperamento, pero nos convertimos en personas en función del ambiente que nos rodea, con una identidad hecha de matices, entre los que se encuentran aquellos relacionados con el género. En este sentido, actúa el pensamiento/sentimiento propio referido a sentirse hombre o mujer, que se crea en un proceso altamente complejo, dinámico, continuo, permanente y multifactorial en el que están involucradas variables sociales, políticas, individuales y culturales.

Crecemos en una cultura que tiene una serie de normas por las que el sexo se traduce dentro de una normativa en lo que llamamos género. Esas normas van moldeando nuestra conducta y convirtiéndonos en un hombre o una mujer. La identidad de género es una construcción social y cultural a partir del hecho biológico del sexo, que conlleva aspectos psicológicos y conductuales relacionados con la masculinidad y la feminidad.

Así, según sea el sexo de un bebé, se fomentan en el menor unos comportamientos y actitudes y se reprimen otros, al tiempo que se transmiten ciertas condiciones de lo que significa ser hombre y ser mujer. De una forma implícita y sutil a veces y otras de manera explícita, con normas sociales e imperativos, se transmite el mensaje de que en la sociedad en la que vivimos, solo hay dos géneros (género binario), situados en extremos polarizados y contrarios: hombre o mujer, que se corresponden con los dos sexos, varón o hembra. Mediante recompensas, que incluyen los juguetes que ofrecemos y los comentarios que hacemos —«qué buena niña eres que cuidas de tus hermanos», «qué chico tan valiente, que cuando te caes te levantas y sigues corriendo sin llorar», «qué niña tan preciosa y sensible, así da gusto», «qué chicazo estás hecho, cómo te gusta el fútbol»— así como imperativos y reproches —«los niños no lloran», «las niñas no se tiran al suelo», «las niñas no gritan», «los niños no bailan moviendo la cintura», «las niñas comen despacio sin mancharse»—. De este modo, con una sucesión interminable de experiencias cotidianas, nos vamos asegurando que cada persona desarrolle el género que le corresponde a su sexo. Los mensajes recibidos son diferentes para uno y otro sexo y son interiorizados por cada persona, que los hace suyos. Hembras y varones terminamos pensando y comportándonos en consonancia con lo que nos han transmitido. Que no nazcamos con un género no significa que lo podamos elegir. Los mensajes, actitudes, refuerzos e inhibiciones que van moldeando nuestra identidad en este sentido nos vienen impuestos y actúan incluso antes de que lleguemos a un mundo en el que ya se nos espera con un nombre que pretende definirnos y una cuna de un determinado color.

Nuestra sociedad ha impuesto dos maneras de identidad: referidas al sexo: el género hombre o el género mujer, según las cuales una *mujer* es una persona de sexo *hembra*, que da una importancia extraordinaria a todo lo relacionado con el mundo emocional y los rasgos que caracterizan la maternidad: los cuidados, la entrega, la capacidad para detectar las necesidades del otro, la empatía y la dedicación para preservar los vínculos... son los ejes que construyen este tipo de identidad. Así, las mujeres son dependientes de las personas a las que quieren y la soledad para ellas es el peor de los castigos. Por ello, aprenden a renunciar, a posponer, a someterse y a anular sus propios deseos y proyectos personales, a reprimir sus libertades, talentos y ambiciones, y crecen —en general— con una escasa estimulación intelectual. Se les impone que no se interesen ni por ellas mismas ni por las cosas importantes que están fuera del hogar. Una «buena mujer» ni es competitiva ni agresiva, sino que es sumisa, generosa y renuncia a lo suyo con una sonrisa. Su espacio está dentro de la casa, en lo íntimo, en el mundo emocional.

Para la mujer así construida, el cuerpo no es un vehículo que ayude a realizar los propios sueños, ni una herramienta para sentir placer, fuerza y potencia. Ni siquiera un hogar que habitar. Para ella, el cuerpo es el arma que garantiza que la quieran y la tengan en cuenta. Es un regalo que ofrecer a los demás y, así, ser querida y no sufrir el abandono.

No se le enseña a conectar libremente con lo instintivo y lo corporal, sino a utilizarlo, someterlo e incluso maltratarlo para asegurarse el cariño, el deseo y el reconocimiento de los demás. Se le enseña a dar mucha importancia a su aspecto físico, pero no a cómo funciona su cuerpo. Se depila, se maquilla, se tiñe el pelo y se pasa la vida haciendo dieta, es decir, trata mal a su cuerpo a cambio de un vínculo con los demás.

Aunque pensemos que hemos evolucionado mucho y ahora las mujeres estudien y ocupen puestos directivos, compitan en las Olimpiadas y vistan con ropa cómoda y zapatillas de deporte, seguimos siendo esclavas en mayor o menor medida de estos imperativos que moldean nuestra identidad por el género en el que somos educadas.

En lo que parece el polo opuesto están las personas de sexo varón que además han construido sus identidades como hombres. Una identidad cuya máxima es demostrar continuamente, a lo largo de toda la vida, que no son mujeres. Los varones que han sido educados de esta manera apenas saben cuidar de sí mismos ni de los demás. A los varones no se los ayuda a desarrollar sus capacidades emocionales y sentimentales; la ternura, la empatía y el perdón se consideran características femeninas y, por tanto, una «debilidad» que no se pueden permitir sentir ni expresar. Según nuestra sociedad, ser un «hombre» implica ser rudo, fuerte, valiente e insensible. Al negárseles la capacidad de conectar o expresar su lado vulnerable, tienen limitadas las posibilidades para comprometerse, compartir e intimar. Se les veta la expresión del amor y de la ternura. Se los mutila emocionalmente. Las relaciones que establecen con sus iguales son de camaradería, se comparten aficiones e intereses, pero la expresión de la fragilidad y la vulnerabilidad se les prohíbe. Para un hombre así construido, decir que no puede, que no sabe o que necesita a los demás es una vergüenza y un fracaso. Para alabar a un «hombre», lo máximo que le puedes decir es que «es muy hombre».

Aprenden a disimular e inhibir sus sentimientos más humanos y, sin embargo, no solo se los legitima, sino que incluso se los anima a expresar la agresividad, la rabia y la frustración con violencia. Pegar un portazo o dar un puñetazo en la mesa es de ser «muy hombre». A los varones lo más frecuente es que se los eduque para que tengan poder y lo ejerzan. Se les inculca que sus cosas son importantes. Se los anima para que tomen decisiones e impongan normas, para que dominen. Son los que ganan el dinero y acumulan las conquistas. Su hábitat natural es el espacio público, en el que competir por ser el mejor es algo que afirma su identidad de «hombre». La conexión con su cuerpo es superior y más libre que en el caso de las hembras. Se les concede mayor libertad para ello. Se les permiten juegos para moverse con libertad, mancharse y correr riesgos. Pueden alzar la voz, comer sin medida y no tienen un canon estético tan estricto con el que cumplir. Su capacidad para ser efectivos y productivos define el sentido de su vida. Por eso muchos hombres jubilados entran en cuadros depresivos y no saben para qué vivir cuando ya no pueden ir cada mañana a trabajar.

Todos conocemos hombres que ha sido educados siguiendo estas máximas; aunque ahora las cosas comienzan a visibilizarse y a intentar cambiarse, la gran mayoría de los varones siguen cumpliendo en mayor o en menor medida esta manera de comprenderse y ser un «hombre». Para el hombre, el amor es un fracaso, implica renuncia y perder lo que más valora, su libertad. Sin embargo, para la mujer el amor es el mayor logro, el objetivo de sus renuncias y el fin de sus días. Conseguirlo implica no estar sola, sentirse protegida y, al fin, descansar.

Como consecuencia de ello, en la adolescencia, las mujeres tienen mayores problemas de autoestima debido a que en esta etapa el aspecto físico y su valoración por parte de los demás es determinante. Prueba de ello es el enganche que tienen las niñas a TikTok, a ser miradas y mirar para compararse con las demás y buscar maneras de «gustar más». Por eso, también, existe un mayor factor de riesgo de padecer un trastorno de la conducta alimentaria en la adolescencia —sea anorexia o bulimia— si se pertenece al género «mujer» —que no al sexo «hembra»—. El hombre, sin embargo, no se ve tan expuesto en la adolescencia, porque aquello que se valora en él no reside tanto en su apariencia como en el uso de su cuerpo, en su fuerza, resistencia y capacidad. La desprotección de la mujer en la adolescencia es mayor en este sentido. Pensemos lo que tardan nuestras jóvenes en salir a la calle tras largas sesiones de peluquería y maquillaje y en el tamaño y la comodidad de la ropa que utilizan para sentirse vistas, valoradas y deseadas (sirva de ejemplo la diferencia de tamaño de los trajes de baño de hombre y mujer). La exposición a la crítica social que deben soportar las mujeres a lo largo de toda su vida determina que alcancen puntuaciones muy altas en baja autoestima.

Estas son algunas de las causas que justifican que nuestras jóvenes y nuestras adolescentes necesiten más intervenciones en el ámbito de la salud mental por cuadros de depresión y ansiedad y que los varones acudan por alteraciones de conducta y problemas de agresividad.

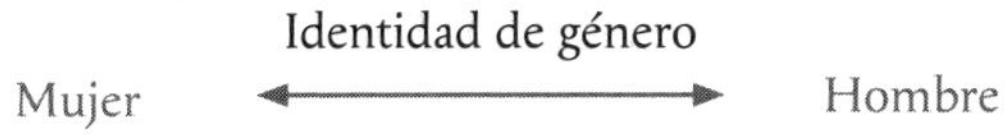

Identidad de género

Mujer ⟵⟶ Hombre

La identidad de género no es algo fijo, como mucho podemos decir que es estable.

Si lo pensamos bien, pocos individuos se reconocen perfecta y puramente en alguna de las dos identidades de género. Casi todas las personas —tengamos el sexo que tengamos—, si no recibimos una educación machista, clásica y rígida, crecemos desarrollando y expresando características de ambos géneros, porque son características que realmente no pertenecen al género, sino a la enorme capacidad de desarrollo y expresión humana.

La revolución social de las últimas décadas tiene mucho que ver con desmontar el género y visibilizar la diferencia entre este y el sexo para poder desaprender estas identidades impuestas que tanto limitan el desarrollo de nuestras capacidades y posibilitar que podamos vivir en una sociedad justa. Evidentemente, son las hembras las que más luchan por esta causa, ya que ellas tienen todo que ganar y nada que perder, al serles impuesta una manera de vida reprimida y sometida muchas veces, y otras tantas sembrada de injusticia, abuso y violencia. Hay varones, especialmente los menos privilegiados por esta manera de entender e imponer identidades, que se saben grandes perdedores, ya que sufren en silencio la profunda miseria de la mutilación emocional que se les impone. Pero la mayoría de los varones «masculinizados» tienen que renunciar a la posición de poder que socialmente tienen sin la cual podrán desarrollar todo su mundo emocional y establecer las relaciones de igualdad, complicidad e intimidad que tanto necesitan.

A esta superación del género es a lo que se refieren nuestros jóvenes cuando se declaran con un género no binario. Se reconocen como varones o hembras por su sexo, pero su identidad de género está en un continuo entre estos dos polos extremos, frente a la identidad tradicional hombre/mujer.

Recuerdo que hace unos años atendía a un niño de doce años por problemas de ansiedad. Un día me dijo que no tenía muy claro que le gustase ser un hombre, porque se aburría mucho: «A mí no me gusta competir, ni correr, ni sudar. Tampoco los gritos que pegan mis amigos cuando juegan al fútbol. A mí me gusta hablar, contar mis cosas y escuchar. Y además me gustaría estar más entretenido. Yo creo que vosotras os divertís más, cuando estáis aburridas os pintáis las uñas de colores y ya está».

Hoy en día, atiendo a varones que se sienten y declaran hombres, que admiten abiertamente que no les gustan los deportes violentos y que llevan las uñas pintadas de negro sin que eso los haga cuestionarse nada de su identidad. Afortunadamente, ha aumentado muchísimo la conciencia de lo limitantes que son las identidades binarias de género y muchas madres y padres incentivan a sus hijos varones a expresar sus sentimientos y a sus hijas a aprender a competir, hacer deporte y destacar en ámbitos tradicionalmente masculinos. Sin olvidarnos de los maravillosos vídeos, hasta hace bien poco impensables, en los que aparecen padres vestidos de princesas, llenos de purpurina, bailando y jugando con su hija.

Rol de género

El rol de género es toda aquella conducta que expresa una persona y que nos hace presuponerle un género. Es la expresión del género mediante patrones que hemos aprendido a lo largo de nuestra infancia y que se pueden observar en los demás. Cuando vamos a tener un hijo, preguntamos su sexo y, en función de la respuesta, decoramos y compramos su ropa. Le ponemos o no pendientes. Le vestimos con llamativos lazos o de manera sobria. Le dejamos el pelo largo y le hacemos trenzas o se lo cortamos para que sea más cómodo. Le apuntamos a clases de *ballet* u otro estilo de danza o a deportes de equipo como fútbol o baloncesto. Le pintamos las uñas y la vestimos de volantes o incentivamos la ropa deportiva. Le ofrecemos juguetes en los que hacen comiditas para sus muñecos, son profesoras, cuidan de sus bebés, limpian la casa u otros con los que juegan a ser valientes piratas, superhéroes llenos de poderes o a pilotar veloces coches y potentes aviones.

El rol de género es la expresión en nuestra conducta del género. Es cómo te muestras o cómo muestras tu género a los demás. Explica cómo te vistes y sales a la calle, los colores que usas, dónde llevas las llaves y el monedero, si mueves mucho o nada la cintura cuando bailas, cómo das un abrazo, el contenido de los vídeos que compartes por WhatsApp y cómo te pones la protección de labios.

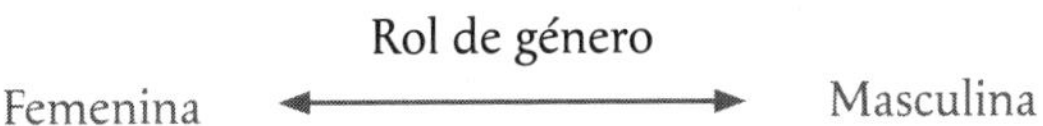

Los roles de género no son solo culturalmente aceptados, sino esperables y promovidos, y dividen nuestra conducta en masculina y femenina, quedando de nuevo nuestra realidad limitada a dos opuestos que nos enseñan desde pequeños que nunca deben tocarse.

Lo que recoge actualmente el Registro Civil es el sexo, ya que de este dependen cuestiones importantes en distintos ámbitos de nuestras vidas, como, por ejemplo, los de la investigación y la medicina: hay enfermedades prevalentes en hembras o en varones (los problemas ginecológicos o relacionados con el embarazo y el parto, la menstruación o la menopausia son estrictamente situaciones que viven las hembras, o el cáncer de mama que tiene una prevalencia exponencialmente mayor en hembras; y los varones padecen en exclusiva, por ejemplo, problemas de próstata o, con mucha más frecuencia, el cáncer de colon).

El sexo también nos ayuda a saber cómo distribuir a las personas en hospitales y cárceles, en competiciones deportivas o en los aseos públicos. Esta es la realidad humana, una realidad biológica, la del sexo, que en estos momentos es cuestionada como realidad. En parte porque el sexo se ha desligado de la reproducción y en parte porque en estos momentos la palabra *igualdad* parece una dictadura que demonizase todo lo que implica la palabra *diferencia*. Y en parte para servir de justificación en argumentos políticos que confunden y dañan a la sociedad en general, y a la infancia y la adolescencia en particular, fomentando la idea de que el sexo no existe, sino que pertenece a la subjetividad de cada individuo.

No es necesario negar o tergiversar nuestra realidad biológica para defender la dignidad y exigir el respeto y la igualdad que todas las personas merecen.

Aunque pueda parecer que la verdadera batalla se está jugando en el ámbito del lenguaje, la confusión entre *sexo* y *género* tiene una trascendencia que se esconde en la confusión lingüística, pero que sirve para difundir unas creencias entre la población que nada tienen que ver con luchar por la igualdad o con proteger a ciertas minorías. Estas creencias, lejos de limitarse a los debates políticos o sociales —tan necesarios—, han invadido la infancia (a través de los temarios que se imparten en las escuelas en tercero y cuarto de primaria, por ejemplo) sin respetar los derechos de nuestros menores. Dicho de otro modo, se está utilizando a la infancia como escenario sobre el que reafirmar posiciones ideológicas, actuando, desde mi punto de vista profesional, no solo de manera invasiva e imprudente, sino también negligente.

Orientación sexual

La orientación sexual describe si la persona que activa nuestro deseo sexual o sobre la que depositamos nuestro deseo sexual es del sexo contrario al nuestro (heterosexualidad), del mismo (homosexualidad) o de ambos (bisexualidad).

La necesidad del ser humano de simplificar la realidad y de creer en esa realidad simplificada hace que pensemos que estas categorías se pueden definir con precisión y de manera permanente, es decir, que si eres heterosexual, eres de una manera, si eres homosexual, eres de otra manera; y si eres bisexual, de otra manera distinta. Y que todos los heterosexuales, los homosexuales y los bisexuales *son*, es decir, nacen con esa condición inamovible y, además, son iguales entre ellos.

Sin embargo, la orientación sexual —como el resto de las facetas del ser humano— es una trama compleja que tiene que ver con la atracción sexual, la conducta sexual, las fantasías sexuales, la preferencia emocional, la preferencia social, el deseo, la autoidentificación y el estilo de vida, todo ello sobrepuesto a una escala temporal (pasado, presente y futuro) que se desarrolla a lo largo de nuestras vidas.

La orientación sexual no es algo fijo, como no lo es la identidad, ni el deseo ni casi nada de lo que nos construye como personas. Estamos en continua evolución, incorporando nuevos aprendizajes, experiencias y relaciones a lo que previamente somos. Asumimos que nuestro cuerpo cambia. Desde los rollizos brazos y nuestra incapacidad para mantenernos de pie cuando somos niños, a los músculos firmes que definen nuestra juventud, la piel que se llena de manchas por los veranos acumulados y los ojos que dejan de ver y los oídos que dejan de oír al envejecer. Admitimos que aprendemos a comer solos, a leer, a montar en bicicleta y a hacer amigos. A defender lo que opinamos, a tolerar lo que perdemos y a aceptar las cosas como son.

Evolucionamos continuamente, aunque en mayor medida en la infancia y en la adolescencia. Nos construimos en todas las facetas de nuestra vida, también en la esfera de la orientación sexual. Nos lo cuentan algunos adolescentes que muestran interés por personas del mismo sexo o conductas homosexuales en la adolescencia y, al llegar a la vida adulta, sienten deseo por personas del sexo contrario. O quienes se declaran heterosexuales en su juventud y viven acontecimientos o se encuentran con determinadas personas que despiertan su deseo y mantienen una relación homosexual. O quienes se sienten atraídas por la identidad de otra persona, independientemente de su sexo, entre otras muchas opciones.

Recuerdo a una adolescente de catorce años que acudía a tratamiento por un cuadro de bulimia. Ingería grandes cantidades de comida y luego se provocaba el vómito, en un ritual aprendido que disminuía su sufrimiento y aumentaba su propio rechazo, pero que calmaba su ansiedad. Con el paso de las semanas y tras forjar un vínculo terapéutico lo suficientemente seguro, esta adolescente me comentó las conductas sexuales impulsivas e indiscriminadas que mantenía con cualquier chico del colegio y en cualquier lugar. En estas conductas no había palabras, ni cariño. Reconocía que a veces ni se sabía el nombre del chico con el que mantenía relaciones. Solo quería sentirse deseada y así poderse valorar un poco más.. Un día acudió rota a la consulta. Un chico había abusado de ella. La había forzado más de lo que ella quería y empleado la violencia como parte del acto sexual. El asco y la culpa la invadieron, oscureciendo aún más el mundo de esta adolescente, que entró en un preocupante empeoramiento de su estado mental. De los motivos que llevaban a esta joven a tener esta conducta hablaremos en otro libro. Ahora quiero contaros que, tras una terapia intensiva y el tratamiento farmacológico necesario, esta adolescente comenzó a respetarse y a poder amar. Se enamoró de su mejor amiga y con ella empezó mantener relaciones sexuales en las que la igualdad, el amor y los cuidados eran el eje principal. Jamás pudo volver a mirar a un chico con deseo. Para ella suponían una amenaza y una época de su vida que necesitaba dejar atrás.

Con este ejemplo no quiero decir ni mucho menos que nuestra sexualidad esté siempre marcada por hechos traumáticos, sino señalar que evoluciona y está determinada por las vivencias y experiencias que construyen desde muy pronta edad no solo nuestra sexualidad, sino toda nuestra identidad, de la que la sexualidad forma parte esencial. Y forma parte de quienes somos.

Vamos a profundizar en cómo se construye la sexualidad de nuestros hijos, sin olvidarnos de que su consideración y la valoración social que hacemos de ella varían no solo en diferentes culturas, sino también según el momento histórico.

Sexualidad

La sexualidad ha sido objeto constante de curiosidad, interés, análisis y miedos por parte de la humanidad.

Expresada en el arte desde las pinturas rupestres hasta el libro del *Kamasutra,* ha sido tema principal en la construcción de las ideologías religiosas, culturales, sociales y de nuestras propias vidas.

Las personas con una sexualidad sana y satisfactoria suelen tener mayores niveles de salud mental. La atracción sexual hacia otra persona y la pasión y el amor que le siguen se asocian estrechamente con sentimientos profundos de felicidad.

Hasta la invención de los métodos anticonceptivos, no hace muchos años, la sexualidad tenía que ver con la función reproductiva. Actualmente, las relaciones sexuales ya no se refieren a la reproducción, sino a la posibilidad de obtener placer, a la intimidad, a la complicidad y a la erótica de las personas.

La sexualidad forma parte de la identidad y tiene que ver con los genitales que tenemos, con la identidad en todas sus facetas, con quién despierta nuestro deseo, con las fantasías, con el amor romántico que nos condiciona, con cómo son los cuerpos, con las consecuencias aleccionadoras de la pornografía, con la seducción y la autoestima, con el lugar que cada persona concede al placer en su vida, con querer o no formar una familia, con las creencias religiosas, con las experiencias en la infancia, con la ternura y la intimidad, con el conocimiento de uno mismo y con el nivel de confianza que podemos tener en los demás. La sexualidad se puede utilizar para muchas cosas, además de para el placer, la reproducción o para conectar con otra persona. También se puede utilizar para cubrir necesidades no sexuales, como el deseo de poder, de estatus o de ejercer la violencia.

Una conducta sexual saludable proporciona placer al propio individuo y a la persona con la que se mantiene una relación y está libre de sentimientos de culpa o ansiedad. Una sexualidad sana no es un acto compulsivo ni irrefrenable ni solitario, sino un continuo desde el deseo a la expresión de este, en el que la libertad, la igualdad, la creatividad, el respeto, el placer, el cuidado, la intimidad y la conexión con la otra persona son los ingredientes.

La sexualidad está determinada por la anatomía de la persona, la fisiología (los estados hormonales), la cultura, las relaciones que establecemos con los demás y las experiencias que tenemos a lo largo de nuestra infancia y nuestra adolescencia. Incluye la percepción y la aceptación del propio sexo, los pensamientos y las fantasías privados y los comportamientos que de ellos se deriva.

Está tan íntimamente relacionada con la identidad y la personalidad del individuo que es imposible denominarla como una entidad independiente. Forma parte de quienes somos. La conforman cuatro realidades interrelacionadas entre sí de las que ya hemos hablado: la identidad sexual y la identidad de género, la orientación sexual y la conducta sexual.

La sexualidad en la infancia

La sexualidad es una función, una necesidad y una capacidad humana con la que nacemos y que se desarrolla en dos tiempos bien definidos: el de la sexualidad infantil, que abarca desde el nacimiento hasta la pubertad, y el de la sexualidad adulta, que comienza en la pubertad, con el desarrollo sexual. Es de vital importancia que comprendamos que en nuestras manos de adultos está que estos dos estadios estén separados por una firme barrera, cuyo sentido es proteger a los menores. Todos conocemos los casos de adultos que abusan de niños, pero nuestra protección debe ir mucho más allá. Nuestros menores precisan que respetemos profundamente su sexualidad infantil y no la invadamos con nuestras interpretaciones e intereses adultos. Un ejemplo de esta situación sería exponer a los niños a escenas sexuales, justificándonos en que son niños y no entienden. O interpretar el juego sexual entre dos menores de la misma edad como un abuso, es decir, desde nuestra perspectiva adulta. O hablarles de la sexualidad adulta cuando todavía no están preparados para ello.

Nuestros hijos, cuando son pequeños, inician un juego exploratorio o de estimulación de sus genitales, así como de otras partes de su cuerpo (la boca con un chupete, la piel acariciando una mantita suave, o el sistema vestibular, localizado en el interior del oído, que los calma cuando los acunamos o cuando ellos mismos se balancean). Todo esto forma parte del desarrollo normal.

A medida que nuestros hijos van creciendo, expresan interés por las diferencias anatómicas y los órganos sexuales, como muestran interés por absolutamente todo. Para ellos, lo sexual no es diferente a lo demás.

No tiene ninguna connotación especial o diferente. En la infancia, los niños y niñas pueden tener juegos sexuales que los ayudan a comprender las diferencias corporales y a integrarlas en su identidad.

Recuerdo la preocupación de la madre de un niño de cuatro años, porque le habían llamado el colegio diciendo que su hijo había abusado de otro pequeño. Aquella mujer estaba descompuesta, asustada y era incapaz de dejar de llorar. Cuando llamé al colegio para profundizar en la situación, me contaron que habían encontrado a estos dos niños de la misma edad mirándose los genitales, algo que a esta edad no solo es esperable, sino que forma parte del desarrollo normal. La mirada adulta tiende a invadir, interpretando la infancia sin respetarla. Sin embargo, también recuerdo a una niña de cinco años a la que traía su abuela a consulta y que recreaba claramente con los muñecos escenas de la sexualidad adulta. Eso nos alertó: aquella niña estaba sufriendo abusos y sin demora lo denunciamos a servicios sociales y a la fiscalía del menor.

Los juegos exploratorios no son imitación de las conductas sexuales adultas y, por supuesto, deben darse entre niños de edades similares. De lo contrario, nos encontraríamos ante una situación de abuso, ya que el niño lo vería y sentiría desde su mirada de niño y un adolescente o un adulto ya tendrían en la cabeza una sexualidad adulta que invadiría la intimidad y la inocencia del menor.

En nuestra cultura, con la llegada de la latencia, el interés por la sexualidad disminuye y los niños desarrollan el pudor, el asco y la vergüenza que implica comenzar a comprender que en nuestra sociedad hay zonas del cuerpo y partes de nuestra identidad que son privadas e íntimas. Durante la latencia, los niños mantienen un interés más oculto por la sexualidad, que se traduce en chistes, bromas o palabras que utilizan como insulto o chascarrillo.

Proteger a los niños de la sexualidad adulta es de vital importancia. Exponer a un menor a una imagen, escena o situación adulta es agredirlo. Interpretar sus dudas, actitudes, juegos y comportamientos desde nuestra propia visión adulta supone una forma dañina de invasión. Por eso es tan importante que vigilemos el contenido digital al que acceden nuestros hijos, que mantengamos firmes los límites entre la infancia y la vida adulta y que vigilemos que otras personas —o la sociedad en su conjunto y sus mensajes— no invadan su sexualidad infantil con necesidades y argumentos propios de la edad adulta. Tendremos que mantener esta actitud de manera activa, ya que la sociedad actual nos está imponiendo un mensaje en el que parece que no hay límites, en el que todo vale, en el que nada importa y en el que todo parece estar justificado.

La sexualidad en la pubertad y adolescencia

En estas edades, nuestros hijos no solo tienen que desarrollar su propia sexualidad y elaborarla como una manera de conexión y relación consigo mismos y con los demás, sino que uno de sus mayores retos es llegar a un equilibrio entre la experimentación sexual sana y las prácticas que resultan física y emocionalmente inseguras y dañinas.

Los factores que influyen en la conducta sexual de nuestros hijos adolescentes son varios: los rasgos de personalidad, el grado y manejo de su impulsividad, la satisfacción y el placer que obtengan de otras facetas de sus vidas, la aceptación de su cuerpo, la identidad y los roles de género, los factores culturales y religiosos, la actitud familiar ante la sexualidad, la educación sexual que hayan recibido por parte de los adultos que los rodean, de sus iguales y de la pornografía que hayan consumido, la capacidad que hayan desarrollado para la empatía y el respeto, la seguridad de sus vínculos y ante la vida en general, el apoyo y el cariño que crean merecer y que pueden dar, su libertad, creatividad y capacidad para jugar y explorar y los sucesos con contenido sexual que hayan podido vivir en su infancia.

Con la llegada de la pubertad y la explosión hormonal, el púber recupera el interés por un cuerpo que empieza a ser sexuado y sobre el que estalla el instinto sexual, al que hay que aprender a dar forma y gestionar. Este instinto, que se vivirá al principio con timidez o desde una excitación desconocida, invade los vínculos, reinterpreta el pasado y despierta una nueva e inquietante mirada en los demás. Es un instinto que parte de un cuerpo en proceso de cambio, que se vive como ajeno, pero sobre el que se depositarán las primeras fantasías y los primeros actos sexuales. Por eso, en sus inicios, la sexualidad se denomina *autoerótica*.

La masturbación suele ser el precursor normal de la conducta sexual orientada a las personas. En la adolescencia, cumple un papel importante, porque permite trasformar la extrañeza con la que los púberes y los adolescentes viven su cuerpo cambiante en algo propio, a la vez que les permite comenzar a experimentar una sexualidad que —por ser nueva y tan intensa— los asusta, sin el riesgo de ser dañados, ridiculizados o rechazados por otros. Las fantasías sexuales de los adolescentes son importantes para el desarrollo de su identidad. En el territorio seguro de la imaginación, el adolescente ensaya y aprende el papel sexual adulto.

Para disfrutar de una sexualidad sana, tenemos que evolucionar desde esta sexualidad autoerótica hasta una sexualidad compartida, respetuosa y que forma parte de las relaciones humanas. Por eso, a este primer período le seguirá otro de tocamientos con personas del mismo sexo o del contrario, que terminará con el inicio de las primeras relaciones sexuales. La mayor parte de los varones que han construido su identidad de género como hombres tienen un desarrollo muy conectado a lo corporal, en el que el instinto sexual se legitima como irrefrenable. Si a esto añadimos el pobre desarrollo emocional que se les impone a muchos, el resultado es que la mayor parte de los adolescentes hombres se inician antes en las relaciones sexuales y tienen más parejas sexuales porque lo emocional apenas interviene.

Las hembras, por su parte, posponen la actividad sexual por varios motivos. Primero, porque, por su género, lo sexual y lo emocional están más entretejidos, por lo que su vulnerabilidad es más grande y mayor es la necesidad de protegerse de un abandono emocional. Segundo, porque al crecer aprendiendo a inhibir lo corporal, lo sexual se vive como algo más lejano y desconocido. Tercero, porque el hecho de que los varones sean más fuertes físicamente hace concebir las relaciones sexuales como potencialmente peligrosas (ya que existe el peligro de que no se respete su deseo de no mantenerlaso de cómo mantenerlas). Y cuarto, por el miedo a un embarazo no deseado.

Para los adolescentes, la sexualidad que se despierta por el factor hormonal es de tan alta intensidad que va a invadirlo todo. Va a teñir sus relaciones más importantes, tanto con sus amigos como con sus padres, de un nuevo tinte sexual que los asusta y confunde enormemente.

Amar, enamorarse, desear y excitarse implica toda una maraña de emociones, pensamientos, necesidades y deseos difícil de descifrar y comprender. Pensarán que están enamorados de un amigo, verán a su madre o a su padre como una persona sexuada y temerán demostrar físicamente el cariño, porque se puede confundir o interpretar desde un punto de vista sexual. Por eso, nuestros hijos adolescentes no están cómodos cuando los besamos o acariciamos.

En este punto, es importante que como madres y padres mantengamos la diferencia generacional y la jerarquía, que va a ayudarlos a sentirse seguros. Los límites y las barreras que pongamos atenuarán sus miedos a que lo sexual, lo emocional, lo corporal y lo inconsciente se mezclen y se confundan en una misma realidad. Necesitan que llamemos a sus puertas antes de entrar en su habitación y que cerremos las nuestras cuando estamos en nuestros dormitorios. Que salgamos de la ducha envueltos en una toalla. No es que los genitales sean malos o buenos, es que los nuestros —por ser sus madres y sus padres— los inquietan inmensamente. Necesitan que mantengamos la distancia corporal, que hablemos con prudencia de los temas sexuales, que evitemos compartir con ellos nuestras relaciones personales y nuestras vidas íntimas y que no comentemos su cuerpo, ahora sexualizado.

Comentarios como «qué fuerte estás, hijo mío,», «qué piernas más bonitas tienes con esa minifalda» son habituales en esta generación de padres que quieren ser también adolescentes, pero que comprometen a sus hijos, llenándolos de una desagradable confusión.

Ayudar a crecer con una sexualidad sana

Tenemos que ayudar a nuestros hijos a que desarrollen conductas sexuales seguras, que no comprometan ni su salud física ni su salud mental. El sexo indiscriminado, descontextualizado, deshumanizado y sin protección física ni emocional supone un daño en la construcción de la identidad y del sistema emocional de nuestros hijos. Muchas veces, su origen es la huida hacia delante que emprenden algunos adolescentes con carencias afectivas e identitarias que necesitan resolver.

Cuando una conducta sexual es de riesgo, lo es porque implica un peligro emocional —burlas, insultos, trato vejatorio, abandono afectivo, cosificación...— o porque implica un riesgo físico, como las enfermedades de transmisión sexual (la mitad de los nuevos casos de VIH en Estados Unidos se producen en menores de veinticinco años) y el embarazo.

El embarazo de adolescentes conlleva un altísimo riesgo para la salud tanto de la madre como del bebé. Los niños nacidos de madres adolescentes sufren mayor riesgo de muerte antes de los cinco años y los que sobreviven presentan una mayor probabilidad de fracaso escolar, falta de cuidados y abusos. Solo un 1,5 % de las madres adolescentes tendrá un título universitario a los treinta años, muy pocas continúan la relación con el padre de su hijo y la mayoría tiene que dejar al pequeño al cuidado de sus propios padres, que ya tienen una edad o una carga de trabajo excesivas, o dejarlos bajo la tutela del Estado. La otra opción es el aborto, penalizado en muchos países y que siempre supone —aun en países donde es legal— una situación complicada para la mujer. No conozco adolescente o mujer adulta —en la consulta o fuera de ella— que me haya hablado de su aborto sin que haya sido para ella una situación extremamente delicada, difícil y compleja, en la que se sintió inmensamente sola.

Una conducta sexual responsable y sana en la adolescencia es uno de los indicadores de salud más importantes de la edad adulta.

El apego y el vínculo son la base de las relaciones que establecemos a lo largo de nuestras vidas. Así lo entendemos en las relaciones familiares, con nuestros hijos o con nuestros amigos. Pero en las relaciones de pareja hay un mayor grado de intimidad, compromiso y complicidad, y la sexualidad forma parte de la formación y la expresión de ese vínculo. Es parte del cuidado y de la conexión.

La sexualidad adulta suele ser más satisfactoria y más libre cuando forma parte de una relación en la que hay conexión y seguridad vincular.

Aunque nuestros hijos hayan nacido en este momento de apertura a otras realidades, tienen una idea muy distorsionada de cómo son los cuerpos, mediada por la facilidad para acceder a la cirugía estética, el abuso de los filtros en las redes sociales y el aleccionamiento que reciben por el consumo de pornografía cada vez a más pronta edad, que normaliza las practicas violentas dentro del sexo y que se construye desde el deseo del hombre de afirmar su superioridad, frente a la sumisión de la mujer que se presenta como un objeto sin deseos propios ni voluntad. La sexualidad adulta lo ha invadido todo. Hay sexo en todas partes, pero el discurso del amor parece que no existe, que ni es importante, ni lo necesitamos. Que el amor, la ternura, el compromiso y los cuidados ya no tienen valor y no nos hacen falta. Entre los jóvenes de hoy, muchas veces la sexualidad no se acompaña de palabras de amor ni de emociones. No se elige a una persona especial a la que se desea. La sexualidad ya no es la expresión de un deseo, sino un derecho propio que se ejerce. Es indiscriminada, y el mutismo y la acción toman la palabra. Parece que más que obedecer a una necesidad vincular y de conexión, obedeciera a una necesidad narcisista, de sentirse deseados, pero negando las propias necesidades afectivas, generando una manera de vivir en un *yo, me, mi, conmigo* continuos.

Sin embargo, para los seres humanos, para nuestra felicidad, para que nuestras vidas tengan sentido, para sostenernos en los momentos difíciles y disfrutar de las cosas buenas, necesitamos compartir. Necesitamos sentirnos vinculados a los demás. Y la sexualidad, además de garantizar la pervivencia de nuestra especie, tiene como principal objetivo satisfacer parte de nuestras necesidades humanas. Para el ser humano, son muy importantes las relaciones personalizadas y no anónimas en las que nos podemos reconocer a través de los demás. Es muy importante desarrollar las características que nos permiten establecer relaciones que garantizan que en nuestras vidas haya continuidad, apoyo y estabilidad.

Nuestros adolescentes necesitan desarrollar actitudes para establecer relaciones íntimas y estables en las que muestren sus necesidades y reconozcan a los demás no como objetos, sino como individuos.

Por eso, uno de los trabajos más importantes de la adolescencia es pasar del autoerotismo a descubrir a los demás *en la sexualidad* y *con su propia sexualidad*. Aprender a compaginar y entrelazar la satisfacción propia con lo vincular y lo relacional. A ir construyendo una sexualidad que no es perfecta, pero que nada tiene que ver con la violencia ni con el nivel de excitación superlativo que les enseña la pornografía.

Una sexualidad realista, erótica, propia y compartida, vivida en cuerpos imperfectos y por personas imperfectas. Una sexualidad en que no hay una completud total, pero sí unas necesidades físicas, emocionales y vinculares que son satisfechas.

Además de nuestro acompañamiento en el desarrollo de su sexualidad, nuestros hijos púberes y adolescentes necesitan que les mostremos respeto, que les concedamos la distancia suficiente y justa y que manejemos nuestras propias creencias, miedos y limitaciones sobre la sexualidad sin trasladárselos.

A esto se añaden dos cuestiones de enorme trascendencia.

Una es la deslegitimación que ha hecho el Estado de la función materna y paterna, al introducir en los colegios la educación sexual de una manera no consensuada, como si fuera una asignatura más. La sexualidad humana es algo muy complejo, no solo una función corporal que tiene que ver con el placer físico. Además, está cargada de ideología (tanto política, como religiosa y moral). Aportar conocimiento de manera generalizada a los menores vulnera —desde mi punto de vista— sus derechos, ya que cada uno de ellos tiene su propio proceso de desarrollo psíquico, físico, sexual y emocional, que merece ser respetado en sus propios tiempos, sin descontextualizarlo del propio entorno familiar y social.

La otra cuestión deriva de poner sobre la mesa cómo los roles de género influyen, moldean, condicionan y determinan la vivencia y la expresión de nuestra sexualidad. El modelo tradicional nos impone la creencia de que el varón es dominante, activo, irrefrenable, insensible y penetrador y la mujer tiene un papel pasivo, es penetrada, desvirgada, ama en vez de gozar, su papel es la satisfacción del deseo del varón y «sirve» para contener la sexualidad del varón, de cuya conducta y deseo sexual sería responsable. Este modelo sigue condicionando la visión y la manera que tenemos de entender la sexualidad de hombres y mujeres, dando por hecho que es distinta. Este injusto patrón se fomenta con la pornografía, que nuestros jóvenes consumen de manera dañina, pues los alecciona y les arrebata el poder aprender por ellos mismos sin tener que desaprender antes. Nuestros hijos merecen encontrar con libertad su propia sexualidad y su manera de expresarla. Y hoy en día tenemos que ayudarlos de manera activa a desacreditar estos mitos y patrones para que tanto nuestros hijos como nuestras hijas desarrollen una sexualidad más respetuosa, libre y ligada a lo emocional. Hemos de ayudar a que nuestros hijos varones se apropien de su deseo, que comprendan que un embarazo es responsabilidad de dos personas, que lo emocional enriquece y da sentido a una sexualidad sana, que los cuidados y el respeto forman parte de ella y que cualquier tipo de violencia no es legítima en ningún tipo de relación. Y a nuestras hijas tenemos que ayudarlas a construir una sexualidad más libre, basada en su propio placer y satisfacción, en la que no crean que someterse es parte del juego. Que sepan que tienen derecho a interrumpir una relación sexual cuando quieran y que la sexualidad no solo es la penetración. Que descubran la importancia de las zonas erógenas de sus cuerpos y sepan que sus cuerpos imperfectos son deseables, sin tener que venderse en una feria o al por mayor.

Protejamos el tiempo para ser menor

Nos encontramos ante una importante crisis social. Ante un momento histórico de enormes cambios, que supone un auténtico desafío para cada uno de nosotros. Un momento en el que los padres tenemos que ganar en prudencia, una virtud aristotélica que media entre dos defectos: el de la inacción, permaneciendo ajenos a la realidad social en la que nuestros hijos tienen que desenvolverse y el exceso de precipitación, en el que los apoyemos incondicionalmente en decisiones precipitadas y drásticas cuyo objetivo es huir del malestar imprescindible de ciertas etapas de la vida como la adolescencia. Una actitud prudente nos ayudará a sostenerlos y acompañarlos. A tolerar nuestra propia incertidumbre. A comprender que, aunque viven otros tiempos que muchas veces no comprendemos, las cosas importantes siguen siendo las mismas. La prudencia nos ayudará a mantener la calma y la jerarquía que necesitan. A no desautorizarnos a nosotros mismos porque desconozcamos una realidad que avanza y parece cambiar cada día. La prudencia nos impulsará a informarnos y aprender de buenas manos qué significa lo que nos cuentan y están viviendo nuestros hijos. Para poder comprender lo que de verdad necesitan. Partimos de un modelo binario y simplista en el que no eran reconocidas no solamente las personas que se encuentran en minorías sino la verdadera esencia y la libertad de cada uno de nosotros. La verdadera complejidad del ser humano.

Pero esta tormenta ideológica necesaria amenaza con llevarse por delante los derechos de nuestros menores. Por eso tenemos que ser prudentes y respetar su espacio y su tiempo sin invadirlos con nuestras luchas ideológicas. Respetar un tiempo imprescindible para oscilar, probar, reflexionar, sentir, experimentar, construir, deconstruir, libres de la presión y la interpretación adulta de sus cosas. Libres de las soluciones adultas y de intereses que se ocultan bajo eslóganes novedosos. Libres para descubrirse, comprenderse y tolerarse. Para vivir su propia infancia y su necesaria adolescencia dentro de los límites marcados por una realidad externa en la que se sitúan los demás y que es imprescindible aceptar.

Como médico y psiquiatra infantojuvenil, comparto una preocupación que ya es alarma con la mayoría de los profesionales que rodean a la infancia y la adolescencia (pediatras, médicos, profesores, trabajadores sociales...). Por eso, hago un llamamiento al sentido común, a la responsabilidad, a la prudencia y al compromiso para convertirnos en el sostén que precisan nuestros menores, para proteger su proceso de construcción de la sexualidad y de la propia identidad, libre de la invasión de ideologías y adoctrinamientos que esconden evidentes intereses políticos y económicos y que están sembrando esta etapa de sus vidas de un sufrimiento inmenso y gratuito que muchas veces encuentra salidas rápidas e irreversibles. Protejamos a nuestros menores y permitamos a los niños ser niños y a los adolescentes ser adolescentes.

Capítulo 12

La escuela y sus problemas

Todo el mundo habla de la paz, pero nadie educa para la paz. La gente educa para la competencia y este es el principio de cualquier guerra. Cuando eduquemos para cooperar y ser solidarios unos con otros, ese día estaremos educando para la paz.

MARIA MONTESSORI

Libres son los que crean, no los que copian. Y libres son los que piensan, no los que obedecen. Enseñar es enseñar a dudar.

EDUARDO GALEANO

En este capítulo vamos a abordar no solo la importancia que tienen la escuela y el colegio en la construcción de la identidad y el desarrollo de las capacidades de nuestros hijos, sino la importancia de hacer amigos, las dificultades que pueden surgir a este respecto y otros problemas frecuentes en el ámbito educativo, desde el fracaso escolar, hasta la negativa a asistir a clase y el acoso.

La elección del colegio

Comenzaremos reflexionando con qué criterios elegimos el colegio de nuestros hijos. Nos enseñan muchas cosas a lo largo de nuestra vida que no nos sirven para mucho y, sin embargo, no aprendemos a crear un espacio para tomar las decisiones que van a condicionar nuestro estilo de vida. La mayor parte de las madres y los padres no se permiten reflexionar sobre todos los factores que determinan sus vidas cotidianas y que, si organizan bien, ayudarán a que no se agoten inútilmente y preserven su salud física y mental, lo que beneficiará enormemente a sus hijos.

Sobrevivimos a nuestros días y tomamos decisiones según el conflicto que tenemos delante, pero sin una visión a medio y largo plazo.

En el actual contexto social, lo común es que tanto la madre como el padre (si ambos están) trabajen fuera de casa. Los abuelos muchas veces no están disponibles o viven lejos. Además, con el paso de los años, la exigencia académica de nuestros hijos es cada vez mayor. Pararnos a pensar para elegir cuáles son nuestras mejores opciones para organizarnos bien es ahora mismo un seguro de vida.

Otro aspecto importante es conocer los valores y la filosofía del colegio. Hay centros que potencian mucho las facetas artísticas; otros que trabajan en la exigencia de un excelente currículum académico; otros, en la excelencia en idiomas y otros que potencian lo deportivo. Pero no olvidemos que nuestros hijos van a pasar en su centro educativo la mayor parte de su infancia y su adolescencia y que, por tanto, es crucial conocer el valor que da el colegio a las relaciones interpersonales y a los valores éticos del alumnado, que van a determinar la construcción de su identidad y de su autoestima. Recordemos que nos construimos «en espejo», en nuestra relación con los demás.

Por ello son muy importantes las dinámicas que tiene el centro para garantizar una convivencia basada en la tolerancia, el respeto, la aceptación de la diferencia, el manejo de la rivalidad y la resolución asertiva de los conflictos.

En todo caso, en un contexto tan exigente como el actual, pensemos como madres y padres que nada es definitivo. La flexibilidad es una garantía de éxito y, si nuestro hijo al crecer no está contento en el colegio que elegimos, no nos gustan los valores que transmite o surgen problemas relacionados con su desarrollo académico, podemos plantearnos sin miedo cambios que son una puerta a la esperanza.

Recuerdo a una familia que acudió a consulta porque su hijo pequeño tenía dificultades de aprendizaje. Era una familia reconstituida, el padre tenía hijos de una relación previa y después se había casado con su actual mujer, con la que había tenido dos hijitos más. Este padre, que había viajado mucho por trabajo, tenía una visión amplia de la vida y me contaba que tenía seis hijos que acudían a cuatro colegios diferentes. Es cierto que esta familia tenía la suerte de contar con ayuda externa, pero, incluso así, cuadrar los horarios escolares de sus seis hijos era un reto. Este padre me explicaba que, igual que aceptaba que sus hijos tuvieran aficiones distintas y que estudiaran y trabajaran en cosas distintas el día de mañana, también asumía que a cada uno de ellos le iba bien un colegio diferente.

No olvidemos que la infancia es la etapa crucial del desarrollo de la identidad, la autoestima y las capacidades y competencias de nuestros hijos y que en el colegio pasan la mayor parte de sus horas. Es importante que diferenciemos lo que nosotros como padres creemos que es un buen colegio del colegio que mejor va a ayudar a nuestro hijo a desarrollar sus propias capacidades y a que sea una niña o un niño feliz e integrado.

A qué edad comenzar la escuela

En España, la escolaridad obligatoria se inicia a los seis años y termina a los dieciséis. En este período, nuestros hijos, por ley, tienen el derecho a ir al colegio y nosotros, como padres, la obligación de asegurárselo. Antes de los seis años, los niños pueden comenzar su andadura en instituciones educativas. La denominada educación infantil tiene carácter voluntario y comprende desde los cero hasta los seis años. Se organiza en dos ciclos, el primero de ellos hasta los tres años y, el segundo, de los tres a los seis.

La elección del momento en que nuestro hijo comienza a acudir a un centro depende de muchos factores, pero vamos a pensar en los más importantes y a desterrar algún que otro mito.

El primero son las circunstancias que rodean a la familia. Cuando la madre o el padre tienen que incorporarse al trabajo, se encuentran mal de ánimo o salud, tienen otro hijo enfermo, otro bebé que está en camino o se sienten desbordados por la situación, necesitan dejar a su hijo al cuidado de alguien durante unas horas. Recordemos que lo mejor para nuestros hijos es que nosotros estemos bien. Para ello, nos tendremos que organizar de la mejor manera.

Pero si tenemos en cuenta exclusivamente las necesidades propias de nuestro hijo, tenemos que saber que hay una creencia falsa que nos cuenta que cuanto antes llevemos a un niño a una guardería más estimulado va a estar y más capaz, sociable e inteligente va a ser. Esto no es necesariamente así. Evidentemente, si en casa va a estar al cuidado de una persona que no le preste —por el motivo que sea— la suficiente atención y que no va a interaccionar mucho con nuestro bebé será mejor llevarlo a una guardería que nos garantice que van a mirarlo, sonreírle, hablarle y jugar con él. Porque lo más importante en nuestra ausencia no es asegurarnos de que nuestro hijo esté estimulado para que sea inteligente, sino garantizar los cuidados físicos y la interacción humana que precisa para ser feliz. Hasta los dos o tres años, si por las circunstancias que nos rodean hay una abuela, un tío, una hermana o una profesional a la que le gustan los bebés y puede hacerse cargo de manera estable de él, para nuestro hijo siempre va a ser mejor quedarse en casa siguiendo sus propios ritmos, disfrutando de un trato exclusivo y adaptado a sus necesidades y evitando los virus de las guarderías. Pero si no tenemos esta posibilidad, la guardería es una buena opción, sin olvidarnos de que cuantas menos horas pase nuestro hijo en ella y más en un entorno donde la interacción sea conocida y exclusiva, más beneficioso será para él.

A partir de los dos años, nuestros hijos necesitan moverse mucho y comienzan a interactuar con otros niños. Si vivimos en un sitio donde los parques están vacíos, una buena opción es llevarlo unas horas a la guardería para que pueda estar un ratito con otros niños.

Otro factor que tener en cuenta es la capacidad que tienen o cómo viven la separación. Esta capacidad para separarse con más o menos angustia depende fundamentalmente del tipo de vínculo que estamos estableciendo con él. Así, hay bebés que se adaptan a una separación que no sea muy larga, pero otros la vivirán como un abandono, sin poder tolerarla. Expresarán un llanto constante e inconsolable, que no se atenúa con el paso de los días, no podrán dormir ni comerán bien en la guardería. En este caso, tendremos que pensar en acortar los tiempos de separación para que a nuestro hijo le resulte más soportable y hacer una adaptación progresiva en función de la tolerancia que demuestre para que no viva con desolación la soledad que conlleva la separación. Es importante estar pendientes de su reacción las primeras semanas, porque al final los niños pierden la esperanza y dejan de protestar. Eso no significa que estén adaptados, sino que acaban normalizando la angustia de la soledad. Hemos de comprender que la separación de nuestros seres queridos es algo que vamos a ir elaborando durante toda nuestra vida y que en muchos momentos la vamos a tolerar mal. Como en otros ámbitos de la crianza, observar y conocer de manera íntima a nuestros hijos y no actuar según nuestras propias ideas, sino ser capaces de ser flexibles y adecuar nuestras decisiones al conocimiento que vamos construyendo de quiénes son ellos es la mejor manera de ayudarlos a desarrollarse y crecer felices, seguros y con salud mental.

El colegio como primer lugar que habitamos más allá del hogar

Es importante que comprendamos que nuestros hijos no van al colegio solamente a aprender inglés, matemáticas, lengua y ciencias sociales, sino a desarrollar sus capacidades humanas. El colegio es el laboratorio en el que van a vivenciar todas las experiencias que conforman nuestra vida. La capacidad para razonar, extraer conclusiones y buscar soluciones. Para ver otras realidades y otras vidas. Para separarse sin romperse, aprender a tolerar la frustración, admitir la diferencia y comprender que nuestra realidad no es la mejor ni la única. Nos enseña a compartir lo bueno y lo malo y a trabajar en equipo; a competir sin dañar, a pedir perdón y a rectificar; a respetar las jerarquías y encontrar nuevos referentes; a saber que existen injusticias y a defender a los demás y a nosotros mismos de ellas; a manejar los celos y la envidia. Allí aprendemos también el valor de la amistad y a elegir buenos amigos; a aceptar que no todo el mundo va a querernos; a decir que no, a poner límites y defender lo propio. En definitiva, a conocer, reconocer y adaptarnos a un mundo que está más allá de nuestro hogar. Y esta maravillosa aventura la van a vivir en un momento de sus vidas en el que están forjando su identidad, por lo que estas experiencias, tanto académicas como relacionales, van a ser determinantes en su desarrollo psíquico, identitario y emocional.

Cuando nuestro hijo tiene dificultades en el colegio, podemos reaccionar básicamente de tres maneras que influirán de manera determinante en la posición que nuestro hijo tenga en el mundo y en su capacidad para adaptarse a él.

En un extremo se sitúan los padres que quieren proteger a su hijo de cualquier malestar, interviniendo personalmente en cualquier conflicto. Son padres que, en vez de valorar la situación con el colegio, lo cuestionan y desautorizan. No es que intervengan cuando su hijo está viviendo una situación que creen importante pidiendo ayuda, sino que viven cualquier grado de malestar de su pequeño como injusto y propio. Si mantenemos esta actitud, nuestros hijos crecerán con la idea narcisista de creerse el centro de todo, disfrazada de victimismo, creciendo con una dependencia soterrada hacia nosotros, sus padres.

En el extremo opuesto, se sitúan los padres que consideran que su hijo no los necesita, que es capaz de hacerse cargo de su propia vida o que lo que le sucede no es importante. Desatienden las necesidades del pequeño, no están disponibles y, de alguna manera, permiten que su niño, si llega a tener problemas graves en el colegio, ya sean académicos o relacionales, no sea atendido. El niño crecerá con importantes deficiencias en su autoestima, creyendo que se merece lo malo que le pasa, que no es capaz de sacar buenas notas o tener amigos, que no tiene derecho a un buen lugar ni en su propia vida ni en la de los demás. Como en el caso de los estilos educativos, tanto la sobreprotección como el abandono impiden a nuestros hijos desarrollarse y tener una vida plena.

Recordemos en este punto la importancia de criar respetando los equilibrios que nos permiten escuchar, reconocer y validar las dificultades de nuestros hijos, pero que nos dejan enseñarle a aceptar la realidad y construirse como persona autónoma y capaz ante la vida y sus problemas.

Recuerdo la actitud de una madre cuando su hijo le contaba que la profesora lo había suspendido. La madre lo escuchaba atentamente, mirándole y en alguna ocasión le acariciaba la cabeza. Este gesto ayudaba al niño a sentirse seguro contando algo que sabía que podía enfadar a su madre. Esta había comprendido en consulta que el reproche y el miedo minan la autoestima y no sirven para nada positivo, así que pensó en una solución a medio plazo que devolviera a su hijo la idea de ser capaz.

Cuando terminó, la madre le preguntó si él creía que había estudiado lo suficiente. El niño, tras pensar un rato, dijo que no. Su madre le preguntó cómo creía que podía poner remedio a esa situación e idearon un plan juntos para el siguiente trimestre. De esta manera, el niño se sintió escuchado, pero comprendió que en él estaban las respuestas. Que si quería sacar buenas notas, él mismo tendría que hacer algo. Que su madre estaba disponible también cuando las cosas no le salían bien. Que podía contar con ella para encontrar soluciones que él tendría que poner en marcha, porque —y esto era lo más importante para él— su madre creía que era capaz de hacerlo.

Creer que nuestros hijos son capaces nos va a mantener en una actitud en la que los potenciaremos. No solucionaremos sus problemas, sino que los ayudaremos a desarrollar las capacidades para que los resuelvan ellos. Poco a poco, de manera gradual, acompañándolos y estando pendientes para, cuando la situación sea más grave o los sobrepase, salir en su ayuda. Desde esta posición, nuestros hijos desarrollarán un papel activo y responsable en sus vidas. Un papel protagonista. Aprenderán a valorar a qué situaciones deben adaptarse y en qué situaciones luchar, con la seguridad de saber que cuentan con nosotros, un hogar al que siempre pueden regresar.

Recordemos cuando empezaron a andar y se caían constantemente al suelo. Conozco a niños que tienen un retraso en la adquisición de la marcha porque sus madres o sus padres no los dejaban caer, angustiados por si lloraban o se herían, aunque fuera levemente. Si no toleramos nunca el malestar de nuestros hijos, si no confiamos en que pueden hacerlo, si no pensamos que necesitan hacerlo y los dejamos probar, si siempre les agarramos la mano y los protegemos, no les daremos la oportunidad de que aprendan a caminar.

«No quiero ir al colegio»

Los motivos por los que nuestros hijos rechazan el colegio varían mucho según su edad.

Cuando son más pequeños, suele deberse a que les resulta demasiado difícil separarse de nosotros. En este caso, como decíamos anteriormente, tendremos que ir haciendo una separación progresiva y tolerable para ellos, atendiendo a cómo van respondiendo. Debemos asegurarnos de que han dormido lo suficiente, han desayunado y se encuentran bien, ya que muchas veces el llanto se debe a que una de estas necesidades no está atendida.

De los tres a los seis años, si ya estaban adaptados a la escuela y observamos un cambio de actitud, este suele relacionarse con alguna vivencia que les produce inseguridad, ya sea con alguno de los adultos que se hacen cargo de ellos o con alguna experiencia que los haya sobresaltado (quizá un día un maestro les habló con tono muy serio, o la monitora del comedor los obligó a comer lo que no les gusta...). En casa lo manifestarán con dolores de tripa o malestares difusos de los que se quejarán antes de ir al colegio o con llanto y muestras de angustia cuando los estemos llevando. En estos casos, lo mejor es hablar con el colegio e insistir hasta encontrar la causa de aquello que los ha asustado y quieren evitar. Muchas veces no es grave, pero sí algo que han vivido como amenazante.

Primaria: Los nuevos retos

En primaria, cuando están en la latencia, no querer ir al colegio suele tener que ver con la confrontación que la escuela supone de la realidad.

Lo esperable es que en casa nuestros hijos se sienten seguros, confortables, escuchados y mirados de manera exclusiva; sin embargo, en el colegio son uno más. Allí surgen situaciones de toda índole que los hacen dudar de que sean suficientes y que cuestionan su valor y su capacidad, aumentando sus sentimientos de incertidumbre e inseguridad. Se encontrarán con adultos que no siempre los escuchen o les hablen bien y con iguales que a veces los dejarán de lado, no compartan las cosas o los excluyan de los juegos.

Hasta los cuatro o cinco años, los niños no interaccionan con sus iguales para jugar. Se trata de un tipo de interacción muy básica, ya que apenas tienen capacidad de mentalización, es decir, de ponerse en el lugar de los demás. Pero a partir de los cinco años, más o menos, comienza la verdadera relación con sus pares y, por tanto, el riesgo de que los puedan dañar emocionalmente.

En la latencia, nuestros hijos comienzan a hacer amigos con los que no solo juegan, sino que intercambian opiniones y experiencias. Ya son capaces de pensar en emociones, pensamientos y familias distintas a las suyas. Pero a esta edad las relaciones son todavía inestables, van y vienen según las experiencias momentáneas. Los mejores amigos en esta etapa lo son por tener con ellos mayores experiencias gratificantes y suelen ser fácilmente intercambiables. En esta época, tendrán que a aprender e interiorizar las normas y los códigos sociales que nos permiten convivir. Saber esperar su turno, compartir, pedir perdón y decir que no, manejar la frustración y no agredir a los demás son algunas normas de esos códigos.

En la latencia, la exigencia académica y las normas que imperan en el aula y que van restringiendo la libertad corporal aumentan. Los niños que no pueden adaptarse a estos cambios —por diversos motivos— mostrarán problemas de aprendizaje, de conducta o de relación con sus iguales. En esta etapa es poco frecuente que nos llamen del colegio, porque nuestro hijo esté solito en el patio o lo vean triste. Las llamadas, principalmente, se producen por problemas de conducta, como que es muy inquieto, no respeta el turno, pega sus compañeros o muestra problemas graves de aprendizaje.

Sin embargo, hay muchos niños que pasan desapercibidos porque «no dan problemas» y, a pesar de ello, ven menoscabado el desarrollo de sus capacidades cognitivas y sociales, escondiendo un intenso sufrimiento tras actitudes silenciosas que no llaman la atención. No debemos infravalorar el grado de sufrimiento emocional de los niños. Que sean menores no significa que sufran menos que nosotros cuando se sienten solos, rechazados o desamparados. Cuando nuestro hijo tiene problemas en el colegio, no suele tratarse de una cuestión aislada, sino que suele tener asociados problemas emocionales, de adaptación o dificultades en otras facetas de su desarrollo. Por eso, si las dificultades se mantienen en el tiempo y no encontramos una justificación, como sería un momento de inestabilidad o un cambio familiar —un divorcio, la pérdida de algún ser querido, la llegada de un hermanito…—, lo mejor es que pidamos una valoración profesional, ya que nuestro hijo se encuentra en un momento crucial de su desarrollo psíquico y emocional. Muchas veces, ayudándolos en estos momentos evitamos que estos problemas condicionen la construcción de su identidad.

La pubertad

La llegada de la pubertad implica una creciente necesidad de pertenencia a un grupo. A partir de este momento, la autoestima comenzará a depender en mayor medida de la mirada que les devuelven sus iguales y no tanto de la nuestra. La amistad empieza a transformarse desde el modelo más impersonal de la infancia, mediado por la búsqueda de buenos momentos y juegos divertidos, a una relación adolescente basada en la intimidad. Nuestros hijos van a experimentar situaciones y sentimientos complejos con sus amigos, entre los que se van a encontrar los celos, las rupturas, la rivalidad, la traición y la reconciliación, que van a suponer algunos de los ejes principales de sus preocupaciones. Debemos escuchar y atender sus inquietudes, dándoles la importancia que tienen y aportando nuestro punto de vista adulto, sin imponer ni reprochar, sino creando puentes y abriendo puertas que los ayuden a comprender realidades distintas a las suyas.

Los cambios físicos irrumpen antes en unos púberes que en otros, aumentando las diferencias y promoviendo nuevos estatus. Algunos seguirán teniendo cuerpos infantiles y permaneciendo emocionalmente en la infancia y otros comenzarán su desarrollo sexual, iniciándose en la adolescencia.

La fuerza física, la altura y la visibilidad de los caracteres sexuales secundarios, como el aumento de las mamás o la aparición de la barba, los hará sentirse expuestos y se compararán unos con otros. Se activarán los roles de género de los que hablamos en el capítulo anterior y la impulsividad motivada por los cambios hormonales hará más complejos los conflictos e interferirá en sus estudios. Ante esta avalancha de cambios, las actividades en grupo que tengan que ver con el cuerpo, como el deporte o el teatro, adquieren una gran relevancia, al volverse potentes y saludables maneras de conectar con un cuerpo que nuestros hijos no reconocen y que estas actividades muestran como capaz, ágil y valioso. Además, los deportes en equipo ayudan a tolerar la imperfección y los errores, tanto propios como ajenos y a comprender que juntos se consiguen más y mejores cosas. Aprenden a ganar sin despreciar al que pierde y a perder sin confundirlo con una escasa valía personal. A aceptar una jerarquía imprescindible, ya que hay que respetar al entrenador y cumplir las normas que rigen y permiten el juego. El arte, la historia y la cultura amplían sus horizontes, ayudándolos a comprender más realidades, culturas y su propio pasado. Estas historias que los preceden los ayudan a relativizar sus dudas, permitiéndoles conectar mejor con una realidad que siempre limita nuestro narcisismo y, por tanto, la magnitud de nuestros miedos. Facilitarles determinadas actividades, como ayudar en comedores sociales o visitar a enfermos que están solos, los ayuda a construir un interés por realidades que trascienden sus intereses individuales y que les otorga un papel protagonista en un momento de tantas dudas identitarias.

Así, nuestro papel como madres y padres en la pubertad y la adolescencia no es tanto decirles que valen, sino ayudarlos a que experimenten por sí mismos que son valiosos en los diferentes aspectos de sus vidas.

En esta época, cobran una especial importancia otros adultos que acompañan a nuestros hijos en sus vidas, como algunos profesores o monitores, que serán nuevos referentes, sustituyéndonos parcialmente y facilitando que nuestros hijos puedan edificar una identidad propia y diferente a la que construyeron en la relación con nosotros.

Entrar en la adolescencia con una rutina de actividad física, un equipo deportivo al que pertenecer y unos intereses y actividades enriquecedores son herramientas importantes para preservar la salud mental en esta etapa.

La adolescencia

Cuando nuestros hijos llegan a la adolescencia y, por tanto, al trabajo psíquico y emocional que esta implica, se encuentran en un momento de máxima exigencia académica, que coincide con que la escolaridad deja de ser obligatoria. Ambas circunstancias abocan a muchos adolescentes a abandonar los estudios por no poder sostenerlo todo. Los que continúan con ellos se encuentran en un momento decisivo y crítico, ya que el resultado académico que obtengan determinará en parte su capacidad para decidir su futuro laboral.

En definitiva, en contra de lo que creemos y se nos vende, nuestros hijos adolescentes no están en una etapa divertida de sus vidas, sino en un momento de máxima exigencia psíquica, académica, emocional, social, física y familiar.

La autoestima con la que nuestros hijos entran en la adolescencia es uno de los factores más importantes para que puedan atravesar esta etapa con éxito. Al inicio de esta, la aceptación y la validación corporal suponen una prioridad, seguida por la validación que reciben por sus resultados académicos, deportivos u otros talentos. Y es que, aunque los cambios que están viviendo son generalizados, los que notan y valoran las personas que los rodean son los externos.

Nuestros hijos sienten que controlando y cambiando su aspecto físico con dietas, ropa, maquillaje o *looks* cambiantes, pueden controlar todos esos cambios psíquicos y emocionales que tan difíciles son de comprender y tolerar a veces. La sociedad actual, además, potencia esta creencia, imponiendo unos cánones estéticos idealizados y juveniles en los que la valoración principal de las personas se basa en su apariencia y el éxito social.

Por eso, nuestros hijos deben encontrar nuevas maneras sanas y adaptadas de gratificación de su narcisismo, es decir, que apoyen su autoestima y los hagan sentirse valiosos y suficientes, pero de una manera realista.

En esta época, cobra una especial importancia ser visto como una persona socialmente competente e integrada. Nuestros hijos se identifican con un grupo que influirá mucho en las decisiones que tomen y hacia dónde encaminen sus vidas, que puede empujarlos a fomentar y desarrollar actitudes y acciones beneficiosas, pero que también los puede condicionar para emprender conductas socialmente poco aceptadas, peligrosas o abrirlos a realidades que los dañen. La fuerza y la influencia de las relaciones con iguales en la adolescencia son inmensas y determinantes, porque pertenecer a un grupo alimenta la necesidad de unidad, calma el terror a la soledad y la incertidumbre y permite sostener la sensación de no tener una identidad, al haberse difuminado o perdido la identidad infantil. Sin embargo, para ellos esta no es la única realidad, porque los demás también son un problema o pueden suponer un conflicto, ya que cuestionan su valoración personal y su autoestima, lo que puede incrementar los sentimientos de agresividad ante la incertidumbre que muchas veces todavía no saben manejar. Por eso presentan esas conductas que tanto nos llaman la atención de refugiarse en la soledad o buscar de manera desesperada a sus amigos; esas oscilaciones entre el aislamiento en su habitación y no querer otra cosa que estar con sus iguales.

En los grupos, nuestros hijos buscarán la identificación que antes hacían en casa, encontrando en el líder una figura paterna y una figura materna (en toda relación grupal subyacen distintas relaciones de fuerza) e identificándose con el resto.

Por eso es tan importante acompañar de cerca a nuestros hijos adolescentes, conocer a sus amigas y amigos y comprender lo que buscan y encuentran en su grupo de iguales, ya que este los ayudará a crecer como personas y a potenciar sus aspectos más positivos, o, por el contrario, fomentará relaciones patológicas y experiencias negativas que dificultarán que nuestros hijos atraviesen la adolescencia de una manera saludable.

Muchas veces el grupo salva al adolescente. Permite un sostén emocional y un reflejo identitario que la familia no puede o no sabe dar.

Hay muchos tipos de grupos: físicos —es decir, amigos a los que va a ver y con los que se relacionará presencialmente— o virtuales —grupos con los que se identifica, que se encuentran en las redes sociales o en internet—, pero también grupos creativos, socialmente implicados, divertidos y amables... O grupos tóxicos, en los que se mueven dinámicas de celos y envidias o en los que se comparte el aspecto más peligroso de la adolescencia, por lo que tener y saber hacer buenos amigos es algo que pueden llegar a potenciar conductas autolesivas o suicidas.

El grado de integración en un grupo saludable y la participación en actividades colectivas es una garantía de salud mental en la adolescencia que como padres y madres debemos promover desde la infancia y la latencia.

Al final de la adolescencia, entre los diecisiete y los diecinueve años, nuestros hijos van a seguir explorando sus capacidades académicas, artísticas y sociales. Su identidad se va a ir definiendo como algo propio, pero perteneciente a un grupo, a una familia y a una sociedad.

Comienzan a sentirse más cómodos y seguros en cualquier tipo de interacción social, tanto individual como colectiva. Tanto conocida como nueva. La relación con nosotros se vuelve más fluida y cercana, menos defensiva, pudiéndose recuperar la cercanía previa a la adolescencia, aunque de una manera ya distinta, al haber podido construir en parte una identidad propia y comprender su lugar en la familia y en el mundo.

Las amistades son elegidas y seleccionadas no desde la necesidad de pertenencia a un grupo, sino de manera más individual. Son más estables, menos fusionadas, ya que los límites de la propia identidad y la diferenciación entre uno mismo y los demás es cada vez más estable.

Esto da lugar a que las relaciones puedan basarse en una mayor intimidad y aceptación de la diferencia, si bien nuestros hijos tendrán que seguir aprendiendo a tolerar la ambivalencia, es decir, las emociones aparentemente contradictorias que sentimos en las relaciones más íntimas con los demás.

Violencia escolar

Se sabe por estudios realizados que la mitad de los menores van a sufrir violencia escolar en algún momento de su infancia o su adolescencia y que uno de cada cuatro niños sufre acoso escolar reiterado. Esto implica que la mayor parte de las situaciones de acoso son duraderas y se mantienen en el tiempo.

El aumento evidente de la violencia en la infancia y la adolescencia la conocemos por noticias en las que escuchamos un aumento de la violencia sexual entre los adolescentes, la violencia ejercida contra personas vulnerables que es grabada y difundida, el aumento de casos cada vez más graves de acoso y hasta el aumento de los suicidios y las autoagresiones, un tipo de violencia dirigida hacia uno mismo.

La violencia puede ser resultado de conductas impulsivas o reactivas, de trastornos mentales, de comportamientos aprendidos, de un sistema de valores o creencias culturales (la más grave y generalizada) o ser una agresión depredadora y sin remordimientos. Se puede expresar a nivel sexual (abuso, violación), dirigida contra una víctima especifica (*bullying*), a un grupo específico (racismo, sexismo, misoginia, nacionalismo) y ser física o emocional. Esta última tiene como consecuencia más grave algo que no se ve ni se habla y es la muerte del «alma de la persona». La violencia no solo implica un acto violento contra el cuerpo, sino que, como hemos visto, también se ejerce con la palabra, con la ausencia, el rechazo, la falta de cuidados, la negligencia, el abandono y el abuso de poder.

La violencia puede estar institucionalizada (Holocausto) o legitimada (violencia de género, estilo educativo). Y debemos saber que el lugar del mundo en el que más violencia se ejerce es dentro del hogar.

La violencia tiene su posibilidad en varias circunstancias que, por separado, posibilitan su expresión y juntas se potencian y que tienen su base en que el mayor modificador de la conducta humana es la experiencia. Los comportamientos agresivos son consecuencia del aprendizaje.

Recordemos que hablábamos de cómo el desarrollo cerebral se produce de manera jerarquizada, desde estructuras más instintivas o primitivas, entre las que se encuentra la emoción de la rabia o la ira, a estructuras más superiores, situadas en la corteza cerebral. Este desarrollo depende completamente de las experiencias que nos acompañan y «tallan» durante la infancia y la adolescencia nuestro aparato psíquico, de tal manera que, si son adecuadas, la corteza cerebral aumenta de tamaño, creando las conexiones neuronales imprescindibles para que podamos desarrollar la capacidad para modular, controlar e inhibir la conducta violenta que determinadas emociones pueden despertarnos.

La otra circunstancia que tiene que ver con la expresión de la violencia es la empatía. Esa capacidad que también desarrollamos en la infancia según nuestras experiencias afectivas y de apego, experiencias imprescindibles y nutricias que hacen que desarrollemos determinadas zonas cerebrales que nos permiten poder ponernos en el lugar de los demás, sentir simpatía por los otros o remordimientos si les hacemos daño y que nos ayudan a controlar la agresividad que podemos sentir, al comprendernos a nosotros y al otro como una persona con dignidad e integridad que respetar.

La tercera circunstancia viene determinada por la evolución de nuestro narcisismo, el cual está relacionado con las experiencias de la infancia que implican aceptar las jerarquías, los límites, la diferencia, y tolerar la frustración. Y también para que entendamos que existe una realidad externa, en la que se encuentran otras personas que no son objetos, sino individuos que no podemos usar y a los que debemos respetar.

Y la última es el grado de violencia al que los menores son expuestos en su hogar o en las pantallas y que acaba haciendo que normalicen la violencia, ya no los conmueva y la vean como una posibilidad. El aumento de la violencia de los jóvenes está estrechamente relacionado con el mundo que actualmente les ofrecemos para que crezcan.

La violencia en el ámbito escolar tiene varias expresiones, desde actos disruptivos en las aulas, faltas de disciplina, vandalismo y daños materiales, hasta el acoso o maltrato entre iguales.

Acoso escolar

El acoso escolar es una de las mayores preocupaciones actuales de madres y padres, en parte debido a las terribles y dolorosas noticias que a veces llenan los telediarios.

La violencia escolar tiene una repercusión devastadora sobre la identidad de nuestros hijos, sobre su autoestima y sobre la posición que ocupan frente a los demás y en este mundo. Conocemos el caso de niños que han atentado contra su vida por no poder soportar el dolor que les supone el maltrato y la exclusión que conlleva este tipo de violencia, pero existen también otras consecuencias menos visibles que tienen una trascendencia decisiva a medio y largo plazo en la vida de nuestros hijos: problemas de autoestima, cuadros depresivos, trastornos de alimentación, autolesiones, fracaso escolar, absentismo y situaciones de estrés postraumático y falta de amigos son algunas de ellas.

También es posible que haya niños que están padeciendo un cuadro de acoso o violencia intraescolar, pero que no estén expresando síntomas porque tienen una elevada resiliencia o un buen entorno familiar en el que refugiarse.

En cualquier caso, aunque creamos que este es un problema menor y típico de la adolescencia, hoy sabemos que su incidencia es alta y muchísimo mayor en la infancia, donde nuestros hijos tienen menos recursos para diferenciar lo que se merecen de lo que no, para comprender que están siendo agredidos, menor capacidad para verbalizar lo que les sucede y el entorno es más permisivo con las expresiones de violencia que en la pubertad o en la adolescencia, en las que resultan menos tolerables. El acoso en la infancia (primaria) se produce de manera mayoritaria en el patio y el comedor escolar y, en secundaria, en los pasillos y dentro del aula.

La idealización de la infancia, esa que nos limita a la hora de reconocer que el sufrimiento de un niño es igual de inmenso e insondable que el de un adulto, también nos deja ciegos a la hora de aceptar la capacidad de los menores para hacer sufrir, extorsionar, excluir y agredir a los demás.

La violencia escolar no implica siempre una violencia física. Como en otros tipos de violencia, cuando se mantiene en el tiempo, se produce una escalada desde las miradas que nos rehúyen, hasta el vacío de las palabras, la ausencia de turno en los juegos, de sitio en las mesas o de sonrisas que nos respaldan. De este malestar difuso se avanza despacio hacia el insulto y la carcajada. Hacia los portazos en la cara, los veloces escupitajos, los encierros y los robos y la comida que nos lanzan, nos humilla y nos mancha. Después vendrán los empujones, seguidos de las patadas. Y de ahí en adelante, los tortazos y los puñetazos nos asaltarán en cada esquina poco vigilada. La extorsión, la intimidación, las amenazas y el acoso son maneras de una violencia que, disfrazada, destruye y arrasa a quien la padece.

En la pubertad y en la adolescencia ha aparecido una nueva modalidad de acoso: el ciberacoso, definido en términos generales por difundir información e imágenes mediante métodos electrónicos para intimidar o perjudicar intencionadamente a alguien. Utilizar imágenes para ridiculizar y extorsionar; insultar y vejar a alguien mientras lo grabamos, con la intención de difundirlo; criticar o crear una identidad o realidad falsas —pero a pesar de ello imposible de desmentir— son algunas de las maneras.

Con el teléfono móvil y las redes se puede agredir a los demás, bloqueándolos en los grupos, deteriorando su imagen, dejando «en leído» sus mensajes sin responderlos o creando grupos aparte para excluir a la víctima del grupo. Actualmente, esta es una de las mayores preocupaciones de los púberes y adolescentes, ya que con cualquier teléfono móvil pueden ser grabados, insultados, vejados y excluidos por cualquiera y en cualquier lugar, no ya en un aula o en los pasillos del colegio, sino estando en casa. A pesar de que ya haya jurisprudencia al respecto, lo cierto es que todavía son muchas las reticencias a denunciar este tipo de situaciones y a darles la importancia que tienen.

En cualquier caso, la manera más dañina en la pueden agredirnos es la psicológica, ya que tardamos mucho más tiempo en reconocer el daño causado y, además, no podemos demostrarlo. La curación de las heridas causadas es además más lenta y laboriosa, porque lo que se daña es nuestra integridad, nuestra identidad y nuestra valoración personal, la confianza en el mundo en el que vivimos y la esperanza de merecer compañía y cariño por parte de los demás.

Ser víctima o agresor depende de muchos factores, pero es cierto que los niños que son testigos de actos violentos o que están expuestos a la violencia en sus dinámicas familiares o porque acceden a contenido violento en películas y videojuegos tienen más probabilidades de verse implicados en conductas violentas cuando crecen, ya sea como agresores o como víctimas. Esto es así porque la exposición a la violencia nos conduce a tolerarla, a permitir que ya no nos conmueva y a interiorizarla como una actitud posible.

Lo más dramático de la violencia escolar y el *bullying* es que es una situación evitable, pero para ello tenemos que comprender la violencia es un problema social, que el acoso escolar es un modo de violencia infantojuvenil y que la prevención de las situaciones de violencia nos compete a todos y cada uno de nosotros.

Es mucho más frecuente que los comportamientos de hostigamiento y acoso psicológico los produzca un grupo que una persona. Los tipos de acoso que nos podemos encontrar son los siguientes:

1. **Físico** (empujones, golpes, encerrar, rodear).
2. **Verbal** (insultos, motes, menosprecio en público, gastar bromas pesadas, amenazar). Este tipo de acoso es el más frecuente y el que más rápido desestabiliza a la víctima.
3. **Psicológico** (hacerse pasar por un amigo y después someter bajo la amenaza de difundir información personal). Este tipo de acoso mina mucho la autoestima y es más frecuente en el género femenino.
4. **Social** (aislar, dar de lado) **o sexual** (comentarios obscenos, gestos obscenos).

En una situación de violencia escolar, nuestro hijo puede ocupar, por ello, cinco posiciones posibles:

1. Ser el líder agresor.
2. Pertenecer al grupo de agresores que siguen al líder.
3. Formar parte del grupo de niños que no son amigos del agresor y que, siendo testigos y conocedores de la situación de violencia, callan por miedo a ser ellos los siguientes agredidos.
4. Ser parte de un grupo de niños que ignoran el problema y se mantienen ajenos y en otros juegos.
5. Ser la víctima.

Un factor que perpetúa que la víctima se mantenga en silencio es que la agresión es continuada y supone una intimidación sistemática de la que la víctima no puede salir, entre otras cosas, porque el abusador tiene una posición de poder en el grupo. Esta va dejando al menor solo, cosa que, a su vez, supone un prejuicio o estigma frente a los demás. Cuando un niño está solo en el patio del colegio, se piensa que algo raro le sucede, que tiene algún problema o que de alguna manera merece. Cuando nuestra soledad no es deseada, la vivimos con vergüenza y como un fracaso personal. Si la situación se perpetúa, el niño acosado entra en un estado de hipervigilancia hacia las señales que le envían los demás de aceptación o rechazo. Esto, al final, le agota y le hace evitar el contacto, abocándole a una soledad que acaba creyendo merecer. Por eso, los niños que están solos en el patio son mirados con recelo por los demás, que no van a defenderlos, y, en muchas ocasiones, ni siquiera a creerlos si verbalizan un abuso.

El menor acosador suele hace un abuso del poder que tiene en el grupo. Elige a la víctima por ser un niño frágil o por ser un niño sano y estudioso que refleja como un espejo su propia incompetencia a algún nivel. La agresión hace disfrutar al agresor, es intencionada, repetitiva y surge sin ninguna provocación por parte de la víctima. Estos niños suelen vivir en hogares en los que la expresión de la violencia esta normalizada, por eso la toleran y la ejercen y tienen menos empatía y capacidad de conmoverse a nivel emocional. Son acosadores porque muchas veces son las víctimas en sus casas.

Frases como «no pasa nada», «no es para tanto», «son cosas de niños» o «se trata de un caso aislado» no ayudan a visibilizar, comprender y aceptar que el acoso es un problema general de la infancia, que ocurre desde siempre y en todos los colegios y que es consecuencia —entre otros muchos factores— de la violencia que permite y ejerce nuestra sociedad. Lo más decisivo del *bullying* y del acoso escolar es que es una situación que se puede prevenir. Está en las manos de todos concienciar a nuestros hijos de que la violencia nunca es ni puede ser justificada. Está en nuestras manos no exponerlos a la violencia, aunque que sea en un videojuego y evitar que la normalicen. Está en nuestras manos aprender a manejar nuestros impulsos y dar un buen ejemplo. Está en nuestras manos aprovechar los detalles, las noticias y las situaciones cotidianas para enseñar a niños y jóvenes el respeto que merecen y que merecemos los demás, ayudándolos a crecer en tolerancia y empatía, para que, si ven a un compañero solo, puedan ponerse en su lugar. Es nuestra tarea, como padres y madres, desarrollar un sentido del compromiso que los lleve a entender que muchas veces serán la «única oportunidad» para alguien que está siendo agredido; que tienen una responsabilidad que durará toda su vida en la defensa de la integridad de los demás; que ningún ser humano y menos una víctima, puede ser invisible a nuestros ojos. Que para sentirnos valiosos no tenemos que sentirnos superiores ni menospreciar a los demás. Que debemos tolerar la incertidumbre que produce sabernos limitados.

La intervención sobre este fenómeno depende de la perspectiva que tengamos de la violencia y de la infancia. O intervendremos desde la exclusión, separando de la sociedad a los menores que no se adaptan y agreden, minimizando y personalizando el problema, sacando del aula o incluso del colegio al chico que molesta y haciendo que estos menores, que muchas veces son víctimas de violencia en sus hogares, queden excluidos para siempre de la sociedad.

La otra manera es intervenir desde la integración y asumiendo la responsabilidad que como sociedad tenemos en la expresión de la violencia infantil en general y escolar en particular. Intentando comprender a cada menor y haciéndonos preguntas importantes como ¿por qué este niño es violento? o ¿por qué este niño lo tolera? Interviniendo desde modelos mediadores y comunitarios, entendiendo lo que cada menor necesita para manejar sus emociones y crecer en la defensa de sus derechos. Dando respuestas al conflicto, que se integra en la dinámica relacional de los menores para potenciar una convivencia saludable y reparar el daño.

Es importante trabajar no solo en la concienciación y la prevención, sino en la detección y la reparación del daño infligido. Comprendamos que tanto el agresor como la víctima, también el resto de los niños implicados en la situación, se están desarrollando como personas, por lo que se encuentran en un momento en el que se hace imprescindible aprender a convivir. El agresor puede ser capaz de aprender a solucionar sus conflictos sin violencia, a crecer con una autoestima respetuosa, a pedir disculpas y a reparar el daño causado. La víctima puede aprender a creer que no merece el trato recibido, a expresar su rabia y su dolor, a aceptar las disculpas y reparar el daño sufrido. El resto de los niños han de aprender a no tolerar la violencia, a denunciarla si son testigos de ella y a trabajar para tolerar las diferencias.

Como sociedad, no podemos normalizar la violencia en el ámbito escolar. Comprender la enorme repercusión que tiene en la vida de los menores y aceptar que es una responsabilidad de todos es el primer paso para sacar la violencia del entorno escolar. Para ello, debemos reconocer el colegio como el primer escenario en la vida de nuestros hijos, aquel en el que van a aprender a desarrollar las capacidades para solucionar los conflictos interpersonales de una manera respetuosa, renunciando a la violencia. Madres, padres y profesores hemos de garantizar no solo que los protocolos frente al acoso escolar se cumplen, sino también apostar por la formación y la motivación para el desarrollo de todas esas capacidades tanto en el hogar como en el aula que fomentan la aceptación de los límites, la frustración adaptada, la empatía imprescindible y el manejo emocional que humaniza y posibilita el respeto y la confianza.

Los adultos que rodeamos a los menores debemos comprender que en este aumento de la violencia hemos de trabajar dirigidos a educar en la responsabilidad y el respeto hacia uno mismo y los demás. Que madres, padres y profesores recuerden la importancia de ejercer una autoridad moral de la que frecuentemente dimitimos por cansancio o porque no está de moda, pero cuya función imprescindible es establecer un límite que enseñe a nuestros menores y nuestros adolescentes que no todo es posible, que no todo es exigible, que no todo lo merecen y que en la vida hay que poder tolerar la frustración y el malestar, cosa que en estos momentos ni está de moda ni incluso es políticamente correcto contar.

Pero estos límites imprescindibles que como adultos responsables de nuestros menores hemos dejado de poner, lejos de querer devolvernos a un paternalismo autoritario al que no debemos regresar, tratan de transmitir la jerarquía que tiene que ver con el saber de la vida, con la aceptación de la incompletitud y la orientación en nuestro caminar.

Todos tenemos un lugar. Todos somos valiosos. Todos merecemos ser respetados y tenidos en cuenta. Todos necesitamos la mirada de los demás. Y todos tenemos una dignidad que debe ser intocable. Las diferencias de raza, religión, creencias, estatus social, sexo, género, capacidad, apariencia, salud o ideología son matices que nos construyen y enriquecen como individuos y como sociedad, y nunca una justificación para atentar contra la dignidad de ninguna persona.

Una profesora te puede cambiar la vida

Como padres, tenemos que garantizar el derecho de nuestros hijos a la escolarización y nuestro deber es incentivarlos a adaptarse al colegio en todos los sentidos, sin olvidar que nuestras propias limitaciones nos van a impedir dárselo todo. El colegio, con sus profesores, monitores, personal, compañeros y amigos, es una experiencia imprescindible para ellos.

Hoy en día los profesores no lo tienen nada fácil. Ya no son esas figuras reconocidas y respetadas que tanto podían ayudar al alumnado. Esperamos de ellos que enseñen las distintas materias y que traten a nuestros hijos de una manera exclusiva, llena de la atención y dedicación que muchas veces nosotros mismos, como madres y padres, nos les concedemos. Al mismo tiempo, se les ha arrebatado la credibilidad y la autoridad que necesitan para mantener una jerarquía imprescindible sin la cual no pueden realizar su función. La actitud de sobreprotección que actualmente tiene la mayor parte de la sociedad hacia los niños y de descuido frente a los adolescentes, junto con el fantasma de un pasado con estilos educativos totalitaristas y punitivos que utilizaban la agresión y la violencia, han contribuido a deslegitimar el papel fundamental de maestros y profesores en la vida de nuestros hijos.

Pero para ser un buen profesor o profesora no solo hace falta experiencia, sino también la motivación que proporciona el reconocimiento de su importante función social, ya que enseñan y acompañan a nuestros hijos en muchas más cosas que las académicas.

Recuerdo a una mujer madura que me contaba en consulta que había tenido una infancia difícil. Su madre, siempre triste y ausente, no supo protegerla de un padre poco empático y violentamente autoritario.

En el colegio era una niña invisible que marchaba por los pasillos mirándose los aburridos mocasines azules. Se consideraba poca cosa. Creía firmemente que no podía ofrecer nada a los demás. Así se lo decían en casa. Y nada de lo que sucedía en su vida cuestionaba esa creencia. No solo no esperaba que nadie quisiera hablar o jugar con ella, sino que aceptaba ser el objetivo de las burlas de los niños más despiadados. El colegio le daba miedo, temía la clase de educación física, ya que la mayor parte de las actividades se hacían en pareja y ella siempre se quedaba sola o la última. En el comedor no sabía con quién sentarse. Tampoco en el autobús, cuando iban de excursión. Cuando acababa el colegio, la situación no mejoraba. Al llegar a casa, nadie le preguntaba cómo le había ido el día. Estudiaba durante horas, intentando silenciar ese amargo sentimien-

to de tristeza y soledad infinita, que era suplido por el miedo al oír cerrarse la puerta de casa cuando su padre llegaba de trabajar. Así fue sobreviviendo, sin atreverse a tener sueños y refugiándose en los libros que devoraba y que le contaban historias de otras vidas posibles que sostenían su débil esperanza.

Cuando tenía quince años, al empezar el curso, conoció a su nueva tutora. Su profesora de Física y Química, una mujer sencilla y reservada, se dio cuenta de que la alumna que sacaba malas notas en todas las asignaturas y que se sentaba en silencio en la última fila comprendía lo que ella con pasión explicaba. Se lo notaba en la mirada. En unos ojos que la miraban sin perder detalle, nublados de una mezcla extraña de tristeza y esperanza. Durante todo ese curso se preocupó por esta alumna, a la que ayudó no solo a aprender a estudiar y comprender su asignatura, sino a que creyera que podía tener amigas. La niña, ya adolescente, comenzó a sacar buenas notas y a ver los resultados de su esfuerzo. Se atrevió a creer que podía tener amigas, que merecía una vida mejor en la que disfrutar de las pequeñas cosas. Comprendió que la situación de su casa era extraña y dañina y que debía luchar por sus propios sueños, y defender y proteger la dignidad que creía extinguida.

Aquella mujer sencilla y reservada —su profesora— cambió el rumbo de una vida por la que caminaba ya sentenciada. Su querida profesora, para la que sentía que nunca le había dado las suficientes gracias, se hacía cruzado un día en su camino, mirándola con unos ojos que por primera vez vieron a esa niña que tantas ganas de vivir, amar y ser amada guardaba.

....

Los profesores no pueden suplirnos como madres y padres, pero pueden proporcionar experiencias vinculares correctivas que curen y restauren las heridas derivadas de vínculos insuficientes, inestables, inseguros, ambivalentes y dañinos, como advirtió Bowlby. Nuestros hijos, en su continuo crecimiento, son capaces de recuperar el camino y de adquirir aquello que nosotros no podemos darles.

Por eso tenemos que dar y más en estos tiempos, un lugar prioritario a la escuela, a los maestros y profesores. A las dinámicas de convivencia que se permiten y promueven en los centros educativos. Debemos legitimar la autoridad de los maestros para que tengan la posibilidad de trabajar. Tenemos que concienciarnos de que realizan una labor imprescindible con nuestros hijos que va mucho más allá de la asignatura que imparten. Una labor que debemos valorar y cuidar.

La educación ha de ser una dialéctica que se crea entre el individuo y el mundo y que le permite conocerlo y adaptarse a él. Querer aprender y poder ganarnos la vida el día de mañana conlleva una negociación con la realidad, que es conocida, reconocida y tenida en cuenta. Hemos de tener nuestros propios deseos, a los que no renunciaremos, pero también hemos de aceptar que no se nos deben, ni el mundo nos los va a conceder por existir, sino que hay que luchar por ellos y construirlos día a día.

En el colegio, entre sus aulas y patios y entre sus profesores, se encuentra actualmente el espacio común y de esperanza de la infancia y la adolescencia y de sus progenitores. Y es ahí donde se deben realizar las actuaciones más importantes para conservar la salud mental. De la formación, el apoyo y la motivación de los maestros, así como de su acompañamiento por parte de los profesionales de la salud mental infantojuvenil, dependen cosas muy importantes. Es imprescindible que comprendamos que actualmente no pueden con todo y que escuchemos que hacer las cosas no es lo mismo que poder hacerlas bien. Es imposible ser maestro, tutor, administrativo, *coach*, psicólogo y experto en intervenciones de acoso o de prevención del suicidio, siempre y todo a la vez. Las maestras y profesores comienzan a perfilarse como la línea más importante para la prevención y el cuidado de la salud mental de la población infanto juvenil. Pero precisan del reconocimiento del valor de sus intervenciones, que apreciemos la limitación que su formación les impone y la escasez de recursos de toda índole, la autoridad que les ha sido arrebatada y, por último, que exijamos a nuestros políticos un gran pacto de Estado que garantice la estabilidad del sistema educativo. Que este sea independiente de intereses políticos o de ideologías imperantes y estable a pesar del cambio de los colores que gobiernan. Que sea pensado por especialistas en la materia y construido por y para la buena praxis de profesores y maestros, en beneficio de la infancia y de la adolescencia.

Epílogo

La infancia es un tema de todos

Cuando ya no somos capaces de cambiar una situación, nos encontramos ante el desafío de cambiarnos a nosotros mismos.

VIKTOR FRANKL

El secreto del cambio es enfocar toda tu energía no en la lucha contra lo viejo, sino en la construcción de lo nuevo.

SÓCRATES

Si miramos con atención y escuchamos entre el bullicio, descubriremos que se han iniciado movimientos sociales que, aunque insuficientes, protegen a la infancia y la adolescencia. Se están creando chats de madres en distintos barrios para servir de apoyo, consejo, sostén, consuelo o espacio de reflexión. Han aumentado hasta los cuatro meses las bajas por paternidad, para que la función paterna pueda ser ejercida. Han aparecido marcas de ropa específicas para adolescentes. Cada vez son más las *influencers* que abandonan los filtros y se muestran cómo son y los jóvenes apuestan por redes sociales sin filtros en las que comparten imágenes y momentos reales, como BeReal. Y son muchos los jóvenes que muestran un renovado interés por la espiritualidad.

Estos pequeños movimientos, aunque no contrarrestan las alarmantes cifras de violencia y sufrimiento entre nuestros menores, nos demuestran que la población comienza a tomar conciencia de que tenemos todos un problema que nos debe impulsar a exigir a los responsables en materia de sanidad, educación y servicios sociales una mayor inversión en todo lo que conlleva el cuidado de la salud mental y la prevención y eliminación de dinámicas violentas y desadaptadas centradas especialmente en nuestros jóvenes y nuestros menores.

Eso implica trabajar para encontrar la manera en que la conciliación laboral sea real y posible, adaptando las condiciones laborales al cuidado de los niños, los enfermos o nuestros mayores y no al revés, como se está haciendo ahora mismo. Implica atender el dolor humano antes de que este se convierta en una enfermedad. Que nos duelan las cosas de la vida es normal, pero necesitamos que nos enseñen a gestionar el sufrimiento desde la infancia, desde nuestros hogares y en el colegio, como una asignatura más. Igual que nos enseñan a hablar, a sumar, a comer bien y a hacer deporte, debería existir una asignatura para algo tan importante y decisivo como es cuidar la salud mental. Implica formar al profesorado y dotar a los colegios e institutos de profesionales especializados en salud mental que acudan a los centros con la frecuencia suficiente para implantar acciones tanto preventivas como de sostén cuando haya diagnósticos concretos (acoso, depresión, intento de suicidio…). Implica desarrollar la manera de proteger a los menores del daño inequívoco que produce el acceso libre a internet. Aportar a la sociedad en general y a las madres y los padres en particular, los conocimientos y los recursos necesarios para proteger la salud mental de sus hijos. Implica comprender que la infancia y la adolescencia precisan de un tiempo en el que la prudencia debe ser nuestra manera de sostener. Implica comprometerse para crear más espacios de naturaleza, cultura y deporte para nuestros jóvenes y apostar por todo aquello —hábitos saludables, estabilidad familiar, entorno escolar respetuoso y amable, espacios de encuentro en los barrios, accesibilidad a libros y películas que enseñan valores y referentes…— que nos ayuda a construirnos como personas sanas. Implica cuidar de quienes cuidan y apostar por una atención que requiere un número suficiente de profesionales formados (médicos, enfermeros, profesores, trabajadores sociales, jueces, educadores…).

No nos excusemos en el esfuerzo que estas medidas suponen. Excusas que muchas veces esconden la dura realidad de que la enfermedad es más rentable para determinados intereses capitalistas. Recordemos que sabemos a ciencia cierta que trabajar en prevención siempre es más y eficiente que revertir o tratar.

Y también se hace imprescindible que tomemos conciencia de la enorme invasión que está sufriendo la infancia por intereses adultos y politizados que utilizan a nuestros menores y su indefensión para justificar ideologías, con actitudes claramente irresponsables —cuando no negligentes— que atentan contra los derechos de la infancia.

Es posible una crianza feliz

Lola es una mujer de cuarenta y dos años, de pelo alborotado y sonrisa generosa, que acude a mi consulta con su hija latente porque esta se distrae en el colegio. Es una mujer que quiere garantizar a sus dos hijos todas las oportunidades y herramientas para tener una vida lo más satisfactoria posible. Así lo hicieron sus padres con ella, por eso piensa que acudir a consulta no supone ningún problema. Es una mujer resolutiva, cariñosa, espontánea y alegre que, en contra de lo que parece, ha pasado por muchas cosas en la vida.

En la entrevista que siempre tengo a solas con madres y padres, me cuenta su historia. Nació en un pueblecito de Badajoz, rodeada del bullicio y del caos que supone ser la séptima de nueve hermanos. «En casa no me esperaban con un hueco hecho, porque no lo había. Nací y me acomodé a una familia cariñosa y espontánea, pero muy humilde.» Cada noche dormía en una de las dos habitaciones que había en la casa, compartiendo cama con una de sus hermanas. A medida que se iban acostando, los niños ocupaban el sitio que quedaba libre... La ropa, como la cama y absolutamente todo lo que había en esa casa, se compartía y aprendió de sus hermanos mayores aquello que más le fascinaba de cada uno ellos. De uno, su gusto por la lectura; de otra, su capacidad para las relaciones sociales; de otro, su bondad. Su casa, aunque era de las pequeñas del pueblo, siempre estaba llena de amigos que iban y venían y que eran invitados a merendar.

Su padre trabajaba desde que salía el sol hasta que lo sustituía la luna como jefe de la estación de tren del pueblo. Y su madre se ocupaba de todo lo demás. Se emociona al hablar de ella. La luz inunda su alma y se le ilumina la cara al recordarla. Muchas veces, mis pacientes me enseñan las respuestas más certeras, esas que no pude encontrar en los libros. Me pregunté cómo sería esa madre para que su hija, al recordarla, me hiciera sentir algo tan especial. Me hizo pensar en qué es lo verdaderamente importante que necesitan nuestros hijos de nosotros, qué es lo mejor que les podemos dar.

Mi madre era el centro de la casa. Recuerdo despertarme a las cinco de la madrugada para ir al baño y verla ya planchando, con su café negro recién hecho y sus labios pintados de rojo. La recuerdo contando el dinero que le daba mi padre y separándolo en montoncitos: uno para la compra, otro para la luz, otro para los zapatos rotos de mi hermano y otro para ir ahorrando algo para los Reyes Magos. La recuerdo cocinando deliciosos guisos o descansando en el sofá con su manta de lana. La recuerdo riendo, canturreando y hablando mucho con nosotros, animándonos para que fuéramos personas independientes y trabajadoras y para que aprendiéramos a compartir, respetarnos, cuidarnos y llevarnos bien. Siempre respondía lo mismo cuando alguien le decía que tenía demasiados hijos: «Son muchos, sí. Con tantos, alguno se torcerá, pero los voy a querer a todos por igual». Y la recuerdo cuando los sábados por la mañana me despertaba muy pronto para que la acompañara al mercado. Ella siempre conseguía que te sintieras única y especial con pequeñas cosas. Un día, todo cambió para siempre y yo aprendí de golpe lo dura que puede ser la realidad. Nos avisaron de que mi hermana mayor había muerto volviendo a casa del trabajo en un accidente. Mi madre entró en silencio en su habitación y salió —ya para siempre— con la cara lavada y vestida de un negro que nos mostraba que una parte de ella se había roto y marchado con mi hermana para no volver jamás. Nunca más vimos sus alegres vestidos de lunares, ni sus labios y su abrigo rojos… Mi madre siguió viviendo por nosotros, le quedaban ocho hijos por los que luchar. Ella era muy valiente y fuerte y poco a poco volvió a sonreír, aunque nunca pudo superar el dolor profundo de haber perdido a su niña mayor. Tras unos meses durísimos, mis padres nos juntaron en el salón y nos dijeron que con el dinero que les habían dado por la indemnización del accidente —ellos no lo habían pedido— iban a hacer lo que a mi hermana le habría gustado: pagarnos los estudios universitarios a los que jamás habríamos podido aspirar. Uno de mis hermanos estudió Medicina; otra, Periodismo; otro, Derecho; otra,

Económicas; otro se convirtió en protésico dental... Mis padres ya han fallecido y todos los hermanos los recordamos con infinitos agradecimiento, admiración y cariño. Nos regalaron una familia en la que cada uno se sabe querido, respetado y reconocido. Nos enseñaron a compartir, a luchar por nuestros sueños y a sobrevivir a las cosas de la vida. A saber que lo importante está, se construye y se demuestra en las pequeñas cosas. A aceptar y respetar. Nos regalaron amor, sentido, valores y la alegría de vivir una vida que, aunque esté llena de caídas, merece la pena y es siempre una oportunidad.

Nuestra VERDADERA realidad

A lo largo de este libro hemos recorrido juntos un largo camino, en el que hemos hablado de muchas cosas, algunas complejas, otras sencillas; algunas que nos asustan y otras que nos llenan de esperanza. Hemos constatado la presencia de una importante crisis en la salud mental de nuestros menores y nuestros adolescentes, que es expresión de una crisis social de enorme envergadura.

También hemos sido conscientes de que tenemos la oportunidad de cambiar el devenir de las cosas y transformar la sociedad en la que vivimos en una más tolerante, respetuosa, paciente, resiliente, enfocada en lo colectivo y que admita la necesidad y la fragilidad humanas con una actitud activa y de compromiso. Creo firmemente que hay lugar para la esperanza. Una esperanza que comienza por comprender los factores que dificultan tanto nuestras vidas adultas como el ejercicio adecuado de la función materna y paterna.

Mi esperanza se sustenta en reconocer que los menores son nuestro futuro. De que cómo los ayudemos a desarrollarse depende hacia dónde se encamine nuestro mundo.

Buena parte de la frustración y del desconcierto que sentimos actualmente en la crianza no se debe a que nuestros niños tengan un problema, ni siquiera a que lo tengamos nosotros, sino a una sociedad cuyas exigencias y cuyos mandatos son incompatibles con las necesidades tanto de los menores como de los que cuidan de ellos. No solo de sus madres y padres, sino de sus maestros y profesores, de sus médicos, de sus abuelos y familiares... La crisis de los cuidados es una de las causas más importantes de las enormes dificultades que atravesamos.

La soledad, la escasez de apoyo y de una red para sostenernos, el mensaje individualista y narcisista que nos cautiva, la confusión entre igualdad y falta de jerarquías y límites, la intolerancia a la frustración, la negación de la falta y el miedo a someternos condicionan que nos agotemos en objetivos que distan cada día más de lo que necesitan realmente nuestros hijos.

La inmensa distancia generacional que nos separa de ellos, nativos digitales, aumenta las dificultades. Ellos han nacido y crecido con las nuevas tecnologías, que condicionan su ocio, sus estudios, sus relaciones interpersonales; que les hacen creer que tienen el universo en la palma de sus manos y los aleccionan en diversas direcciones, arrebatándoles el desarrollo adecuado de muchas de las capacidades que necesitan para disfrutar de una vida plena con salud mental.

Una de las creencias que más nos exige y limita a la hora de criar es la presión que esta sociedad nos impone de ser felices. Nos hemos creído, sin ser capaces de cuestionarlo, que nacimos para ser superfelices a todas horas, en todos los ámbitos y por siempre jamás. Que la felicidad es el motivo por el que vivimos y nuestro único fin. Nos sumamos como una oveja en un rebaño y dedicamos nuestros días a esta falsa creencia y la crianza de nuestros hijos a perseguir algo que alcanzamos solo en algunos momentos y que nadie se ha molestado en explicar.

Nuestro sistema nervioso central está conformado para mantenernos vivos y lo consigue atendiendo a los estímulos que le llegan y discriminándolos para reaccionar en consecuencia. Si tuviéramos que atender toda la información que nos rodea, no comprenderíamos nada y no podríamos reaccionar. Por eso el cerebro discrimina, prioriza y anula de nuestra conciencia los estímulos conocidos, una vez que son atendidos, para centrarse en los demás. Nos pasa, por ejemplo, al utilizar un nuevo perfume: al principio percibimos su aroma sin ninguna dificultad, pero al cabo de unas semanas apenas lo notamos, hasta que alguien nos dice lo agradable que le resulta. Con el mundo psíquico, donde están las emociones y los pensamientos, nos sucede igual. Somos capaces de acostumbrarnos a todo. Desde lo más agradable a la situación más adversa. Nos acostumbramos al dolor, a la muerte, al abandono... también a la felicidad. Por eso solo es posible sentir felicidad en determinados momentos. Es un estado al que llegamos por sorpresa y del que nos vamos a veces con pena y otras con naturalidad. Lo que sí podemos es «trabajar» para sentirla con más frecuencia o dejar que se convierta en una especie de vieja amiga a la que solo vemos en Navidad.

La sociedad no solo nos miente contándonos que ser felices es un estado permanente al que todos podemos llegar, sino que además nos tienta, como la bruja de Hanzel y Gretel, sobre cómo conseguir esa ansiada felicidad. Los centros comerciales abarrotados de gente, las imágenes perfectas —aunque sea mediante el uso de filtros— que inundan redes sociales y medios de comunicación, los sueños imposibles que se anuncian como fáciles de conseguir, la exhibición del éxito, el lujo, la juventud, el consumo desmesurado... nos alejan sin darnos cuenta de nuestra esencia, de nuestro sentido y de nuestra humanidad. Nos hemos vuelto seres deseantes e insaciables, auténticos devoradores de objetos y relaciones que exhibimos y de los que alardeamos y que, sin embargo, no solo no nos llenan, sino que nos producen un desasosiego descomunal. Nos contamos entonces que algo nos falta: otra casa, más dinero, más planes, o que es nuestro aspecto físico o nuestra edad lo que «falla». Sin embargo, en los países en desarrollo, los niños ríen aun faltándoles todas esas cosas que para nuestra sociedad occidental son imprescindibles y que consideramos el pilar de lo que llamamos felicidad.

Sin embargo, lo que da sentido a nuestra existencia, lo que verdaderamente se acerca a lo que llamamos felicidad, es algo intangible que nos pilla siempre desprevenidos y que tiene que ver con las pequeñas cosas llenas de grandes matices: la satisfacción personal, la conexión con otras personas, saberse parte de una naturaleza a la que debemos respeto, el sonido del viento y el azul profundo del mar, la belleza y la armonía, la serenidad, la confianza y la espiritualidad. La felicidad tiene que ver con que las cosas tengan un sentido, con desplegar la paciencia necesaria y transitar la vida con voluntad; con crecer en los malos momentos y aceptar nuestra vulnerable fragilidad; con reír y jugar; con la creatividad y la capacidad para sorprendernos. Con la espontaneidad, la estabilidad y la seguridad. Con el descubrir y comprender lo que estaba oculto. Con el agradecimiento y la bondad. Con el equilibrio, la alegría y la esperanza. Con la libertad, el respeto, la honestidad y la verdad. Con lo sencillo y lo cotidiano. Con lo que está lleno de amor, ternura y autenticidad. Con el cuidado recibido y regalado. Con caminar hacia delante, comprendiendo y aceptando lo que dejamos atrás. Con ser valientes y defender lo que creemos. Con sentirse integrado, formando parte de algo que nos trasciende... En definitiva, la felicidad se vincula con todo aquello que nos devuelve humanidad.

Criar con salud mental

El objetivo de que nuestros hijos sean siempre inmensamente felices, además de una quimera, puede dañarlos, al no ayudarlos a tolerar la falta, la ausencia y la frustración que conlleva vivir en la realidad, sin engaños, sin el victimismo que tan de moda está. Lo que nos falta también nos construye; es fuente de deseo y motor que nos incentiva para seguir dando pasos cada día al despertar.

Como madres y padres está en nuestras manos ayudarlos a construirse para que crean que sus vidas merecen la pena porque tienen un sentido y que las recorran con la alegría que hace posible la salud mental. Sabemos que no podremos protegerlos de todo y que no siempre estaremos. No importa tanto lo que les vaya a pasar, las dificultades que tendrán que atravesar, el dolor que soportarán y las faltas que tendrán que aceptar, mientras sean capaces de salvaguardar su salud mental y sostenerse porque su vida tiene sentido.

El primer ingrediente de la salud mental es el amor, la necesidad más básica del ser humano, sin la que no tenemos capacidad de sobrevivir. La salud mental tiene que ver con el amor recibido, el amor propio y el amor que somos capaces de dar. Si lo recibimos en la infancia, nos permite establecer relaciones con los demás de calidad, sinceras, comprometidas, seguras y estables, en las que nos mostramos como somos realmente. Es saber, porque lo experimentamos cuando éramos niños, que merecemos vivir y ser amados por ser quienes somos. Que lo que somos es suficiente. Sentirse amado y poder amar es lo que nos llena de sentido y constituye el cimiento imprescindible de nuestra salud mental.

Además del amor, hay otros pilares sobre los que se edifica la salud mental. Comentemos los más importantes:

1. La aceptación, el conocimiento y los cuidados del cuerpo que habitamos.
2. El reconocimiento, la validación y el manejo de nuestras emociones.
3. El conocimiento, el enriquecimiento y el buen uso de nuestros pensamientos.
4. La construcción de una frontera firme entre nuestros mundos interno y externo.
5. La aceptación de que los demás existen, con todo lo que ello implica, como que no nos pertenecen.
6. La integración de todo lo que hemos sido y vivido, lo que somos y lo que creemos que seremos.
7. El sostén de una red familiar y social, a la que sentimos que pertenecemos
8. La posibilidad de dar y recibir apoyo.
9. El desarrollo de actividades significativas, importantes y valiosas.
10. El desarrollo de las capacidades, fortalezas y habilidades.
11. El respeto por unos valores éticos que nos constituyen.

Cada actitud y cada palabra que recogemos y devolvemos a nuestros hijos, el tipo de vínculo que establecemos, el sostén que les proporcionamos y el análisis crítico del entorno en el que los criamos los ayuda no solo a construirse, sino a hacerlo con salud mental. Y nos ayuda como madres y padres a preservar y cuidar de la nuestra.

Debemos enseñar a nuestros hijos a valorar, proteger y cuidar su salud mental con nuestro ejemplo. Sin esta, no hay vida posible: ni nos sentimos vivos, ni queremos vivir.

La buena noticia es que podemos hacer muchas cosas por nuestra salud mental y por la de nuestros hijos. Tenemos un papel activo y fundamental, que venimos analizando a lo largo de los capítulos de este libro y que tiene que ver con ayudarlos a desarrollar las capacidades que les permitan sostenerse en la edad adulta. La base de nuestras actitudes y decisiones en la crianza debe ser ayudarlos a desarrollar sus fortalezas y capacidades, más que castigar y reprochar sus errores, dificultades y debilidades.

La vida es algo más grande e importante que resolver problemas. Por eso, como madres y padres necesitamos tener en la cabeza los objetivos o los motivos que yacen detrás de cada actuación y respuesta que les devolvemos cada día. Hemos de comprender que, con nuestras actitudes e intervenciones, además de construirlos, podemos ayudar a preservar su salud mental, es decir, a fortalecer su capacidad para regular sus emociones, a potenciar alternativas saludables a sus comportamientos, a promover un entorno saludable y a desarrollar la resiliencia para que puedan gestionar las situaciones difíciles que sin duda se les presentarán en el presente y en el futuro.

Los objetivos que hemos de promover y tener presentes son los siguientes:

1. **La creación de su *propia identidad***, separada de la nuestra y de la de sus figuras de apego, que los construye como individuos independientes y estables y que implica la construcción de una firme frontera entre sus mundos interno y externo.
2. **El derecho *a la intimidad*,** que permite establecer relaciones cercanas y auténticas con los demás, implicándonos con ellos.
3. **La obtención de *logros***, que no tienen que ver con la exigencia masoquista ni el ego, sino con conseguir objetivos valiosos como lo era el juego cuando éramos niños. Logros que tienen un valor para los demás, que nos ayudan a estar satisfechos con nosotros mismos y nos sirven de compensación frente a los avatares de la vida.
4. **La *generatividad*,** es decir, comprender que somos un eslabón de una cadena que nos antecede y que continúa después de nosotros y con la que mantenemos el compromiso de dejar un legado.
5. **La *integridad***, que se produce cuando conseguimos un sentimiento de paz y unidad respecto a la propia vida y al mundo entero (Erick Erikson).
6. **La *inteligencia socioemocional***, que Aristóteles definió magistralmente: «Cualquiera puede enfadarse, eso es fácil. Pero es-

tar enfadado con la persona correcta, en su justo grado, en el momento preciso, por una razón justa y de la forma adecuada, eso no es fácil».

7. La ***capacidad de mentalización***, de reconocer en uno mismo el mundo interno, con sus pensamientos, emociones, deseos e intenciones y de reconocer el de los demás como distinto al nuestro. Esta capacidad tan fundamental depende de las vivencias tempranas y de la seguridad vincular que hayamos establecido.
8. La ***empatía***, es decir, la capacidad de reconocer nuestros propios estados emocionales y los de los demás, que juega un importante papel en la salud mental, ya que nos permite establecer vínculos saludables.
9. La ***resiliencia***, que nos permite crecer y adquirir nuevos aprendizajes ante situaciones adversas, no simplemente soportarlas, aguantarlas o sobrellevarlas. Es de enorme importancia en los procesos vitales de cambio y tiene que ver con tres factores: el primero es el apoyo de las personas que nos acompañan en la vida; el segundo, tener estrategias mentales conscientes y suficientes para manejar la situación, y, el tercero, los mecanismos de defensa, que son inconscientes y nos ayudan a distorsionar la realidad interna o externa cuando nos desborda, para volverla tolerable. Cuando estos mecanismos son saludables, los denominamos defensas maduras y, entre ellas, se encuentran el altruismo, el arte, el deporte, la anticipación y el humor.
10. La ***flexibilidad***, es decir, tener una mente abierta y ser capaces de adaptarnos a lo que sucede, de hacer renuncias parciales, de no ahogarnos en un vaso de agua y de jugar con las cartas que la vida nos presta. La flexibilidad nos permite cambiar de criterio, rectificar, aprender y evolucionar sin vivirlo como un daño narcisista o un cuestionamiento de nuestra identidad.
11. La ***asertividad***, que es la capacidad de poner límites y dar nuestra opinión de manera respetuosa. Es, sin duda, uno de los secretos para vivir en armonía, establecer relaciones sanas, reconocernos, valorarnos y crecer en autonomía, confianza y libertad.

12. **La voluntad**, que nos permite decidir. Nos ayuda a sentirnos útiles y valiosos. A tener cierto control sobre nuestras vidas y luchar por sueños grandes, pero posibles. Las personas con voluntad cumplen más deseos, se sienten más útiles, encuentran más sentido a sus vidas y son más libres y estables. La voluntad se educa con pequeñas renuncias diarias, posponiendo pequeñas gratificaciones, tolerando la frustración o el disconfort que esa renuncia produce y centrándonos en el valioso objetivo que, renunciando a la gratificación inmediata, podemos alcanzar.
13. **La *curiosidad* y la *creatividad***, que, aunque creemos que son características de los niños, son importantísimas herramientas para abrirnos al conocimiento del mundo y de nosotros mismos, para alimentar la alegría de vivir y para gestionar los malos momentos. Impidamos como padres todo aquello que haga menguar la curiosidad y la creatividad de los niños, como no contestar a sus preguntas, o hacerlos sentir que hay algo en ellos que es malo. Dejemos que, en sus juegos, se manchen y se muevan libremente. Dejemos que se aburran sin llenar su tiempo con juguetes o actividades extraescolares. El aburrimiento es un importante alimento de la creatividad.

Nuestros hijos se van a encontrar mejor cuando logren experimentar en sus vidas más sentimientos positivos que negativos, estén satisfechos porque han identificado lo que saben hacer bien y utilicen su talento y su esfuerzo de manera constante para construirse una vida. Cuando se comprometan con ellos mismos, con lo que hacen y con las relaciones que establecen y contribuyan a crear o mantener un bien común que los trasciende. Cuando sus vidas tengan un objetivo y un sentido.

El sentido de la vida es un tema que nos preocupa especialmente a los profesionales de la salud mental infantojuvenil, ya que en los últimos tiempos nuestros adolescentes se quejan cada vez con más frecuencia de no hallarlo. A veces, no encontramos ese sentido porque tenemos un trastorno mental, como una depresión, que nos hace olvidarlo o perderlo. Pero otras veces lo que nos sucede es que no nos han ayudado a desarrollar ni las capacidades de las que estamos hablando, ni la ética ni las fortalezas necesarias.

Las fortalezas humanas, descritas por Martin Seligman en 1998, nos permiten tener una vida más plena, llena de compromiso y significado. El coraje, la humanidad, la trascendencia, la moderación, la justicia y la sabiduría son seis fortalezas humanas a las que llegamos potenciando determinadas virtudes, que tenemos que enseñar a nuestros hijos con nuestro ejemplo en el devenir cotidiano:

1. **El coraje,** que se vincula con la integridad, la persistencia, la valentía y la vitalidad.
2. **La humanidad**, que se construye con el amor, la generosidad y la empatía.
3. **La trascendencia**, que implica la espiritualidad, el humor, la esperanza, la gratitud y la apreciación de la belleza.
4. **La moderación**, construida sobre el autocontrol, la prudencia, la humildad, el perdón y la compasión.
5. **La justicia**, vinculada con el liderazgo, la equidad y el civismo.
6. **La sabiduría**, que se relaciona con la perspectiva, la pasión por aprender, la curiosidad y la creatividad.

Nuestros hijos necesitan encontrar su propio sentido a la vida, sentirse realizados y construir lazos de amor. Necesitan llenar de contenido su existencia y sentir que pueden aportar un granito de arena para la construcción de un mundo mejor.

Pero como hemos visto a lo largo de este libro, no lo tienen nada fácil. La sociedad invade la infancia de manera agresiva e impune con excusas políticas, intereses adultos y justificaciones envenenadas que ponen los frágiles derechos y necesidades de nuestros menores y adolescentes al servicio del individualismo adulto.

Balanzas equilibradas

Ser madres o padres no significa que seamos personas llenas de seguridad, ni que lo sepamos todo. Tampoco que podamos hacerlo siempre y todo bien y menos que no necesitemos apoyo y cariño a raudales. Por eso es importante saber que no nos la jugamos a cada rato. Necesitamos recordar que la crianza es un recorrido en el que vamos juntos y acompasados. Nuestros hijos aprenden a ser personas y nosotros, a cuidarlos. Aprendemos que para ser unas madres y unos padres suficientemente buenos no hace falta que traspasemos nuestros límites, sino que los reconozcamos; que nos mantengamos en nuestra posición adulta y no reaccionemos intensamente ante los retos tan profundos y movilizadores que implica la relación desnuda y primitiva que creamos con nuestros hijos. Que reconozcamos que la crianza se construye, ante todo, con amor, límites, responsabilidad y tiempo. Un tiempo que, si no invertimos al principio en construir, tendremos que invertir más tarde en curar y restaurar lo que antes quedó desbaratado. Y si contamos con que los límites son imprescindibles, tal vez comprendamos que merece la pena aprender a establecerlos, antes que imponerlos sin sentido o no ponerlos por miedo, agotamiento o desdén.

Los límites enseñan a nuestros hijos dónde acaban sus deseos y realidades y dónde comienzan los de los demás. Unos límites que, si los establecemos refiriéndonos a nosotros mismos («necesito que dejes de hacer ruido o tendré que quitarte el tambor»), no se viven como los reproches dolorosos que tanto destruyen («deja de hacer ruido: eres un egoísta y un pesado»), sino que son cimiento para crecer en un hogar respetuoso, en el que todos cuentan y caminan de la mano.

Un hogar se construye con equilibrios siempre dinámicos —entre la función materna y la paterna, entre los intereses de los padres y los intereses de los hijos...—, que se consiguen con la escucha activa y actitudes flexibles que nos permiten introducir cambios con los que todos sentimos que salimos ganando. El equilibrio entre dirigir la vida de nuestros hijos o no hacerles ningún caso nos permite dejarles realizar aquello de lo que son ya capaces y confiar en ellos, pero estando atentos a sus dificultades y comprendiendo el proceso en el que se encuentran, en el que es posible y necesario seguir avanzando.

Estos equilibrios no son estáticos porque ellos crecen, nosotros aprendemos y la vida «nos va sucediendo» mientras tanto. Por eso hemos de ser flexibles y prestar una atención suficiente a los factores que pesan a ambos lados.

Necesitamos tomar las riendas de nuestras vidas. Establecer nuestras prioridades, rescatar lo aprendido en nuestras infancias, recordar qué fue y qué es lo importante para nosotros. La sociedad y la vida han cambiado, pero no las necesidades humanas de amor y de límites. Necesitamos recuperar la valentía y la esperanza. Creernos valiosos y capaces de construir nuestra propia vida. Y una parte básica en ella es la relación con nuestros hijos. Evitemos sumarnos al resto, no nos dejemos llevar porque estamos cansados y perdidos; reduzcamos exigencias y expectativas, descansemos y parémonos a pensar.

Organicemos bien nuestros días para ocuparnos de todo lo pequeño que construye lo que queremos para hoy y para nuestro mañana. Decidamos rutinas que nos ayuden a no tener que decidirlo todo, todo el rato, pero cuidando que no se vuelvan grilletes que nos atan y nos arrebatan la espontaneidad.

Hagámonos cargo de nuestra vida para que la culpa silenciosa y el miedo que constriñe nuestra libertad y espontaneidad no bloqueen y silencien nuestros deseos y nuestras ganas y nos aboquen a seguir huyendo, incapaces de mirar nuestras vidas descontroladas, impidiéndonos replantearnos las cosas y obligándonos a seguir mintiendo sobre lo que somos. No culpemos a nuestros hijos de la insuficiencia que escondemos tras una apariencia maquillada. Huyamos del consumo voraz y desmesurado de las cosas, de las personas y de los espacios para recuperar el contacto íntimo y pausado que requiere estar con nuestros seres queridos de manera activa y sincera y que nos posibilita crear la estabilidad imprescindible que tanto necesitamos.

Organicemos nuestros hogares según somos, atendiendo a nuestras circunstancias y prioridades reales. Alejémonos del caos y las dinámicas exigentes, vacías y cambiantes que tanto perjudican a nuestros hijos y su desarrollo. Los cambios que necesitamos son sencillos, pero están llenos de sentido y tienen un enorme poder de transformación.

Recuerdo a la madre de un niño que acudía a consulta porque se sentía triste, preocupada y desbordada. Estaba embarazada, trabajaba por las mañanas en una oficina y por las tardes recogía al pequeño, lo llevaba al parque, lo duchaba, le daba de cenar y así cada día, uno tras otro. Su pareja estaba mucho tiempo fuera de casa por trabajo y su familia y sus amigos vivían en un pueblo al que volvían solo en vacaciones de verano y en Navidad. Cuando llegaban los fines de semana, se sentía agotada y, después de comer, intentaba tumbarse un rato, pero su hijo de cuatro años demandaba su atención y ella, que se sentía culpable por tener que trabajar y por la ausencia del padre, dejaba de descansar para jugar con su pequeño.

En consulta, hablamos de que su hijo ya era capaz de respetar su sueño y que, además, pedirle que lo hiciera ayudaría al niño a sentir que él también podía cuidar de su madre y crecer en independencia y capacidad. Y así lo hicieron. La madre, desde entonces, se entrega a profundas siestas reparadoras, mientras su hijo ve una película infantil de aventuras y luego salen juntos y felices a pasear.

La experiencia de la maternidad o de la paternidad, de los cuidados que nuestros hijos precisan, requiere de un alto nivel de compromiso material, social, emocional y temporal. Y el cansancio y el agotamiento nos ponen tristes y llenan de bruma nuestros días, llegando a creernos que dar a nuestros hijos tiempo, ilusión, ganas, prioridad y esfuerzo es someternos o hacer renuncias que no están de moda.

Vivimos en la sociedad de la abundancia, pero escasean de manera evidente el amor y los cuidados. Todo aquello que no sea eficaz o productivo no es valorado y parece una pérdida de tiempo. No acabamos de comprender que nuestros hijos son una parte importante y valiosa de nuestra vida y de las personas que queremos ser.

La transformación que implica ser madre o padre no es ni espontánea ni sencilla y menos en estos tiempos en los que, además de todos los factores que hemos visto, pareciera que la lucha por la igualdad de género, se hubiera trasladado a nuestros hogares y a nuestro dormitorio, condicionando de una manera mal entendida el tipo de crianza que ejercemos (demonización de la función paterna, huida de los cuidados y sobreprotección) impidiéndonos cooperar y cuidar de nuestra pareja y abocándonos a que nos atrincheremos en actitudes victimistas y reaccionarias que nos impiden construir un hogar.

La realidad es que somos las madres y los padres de nuestros hijos. Y aunque a veces nos abrume pensarlo, somos para ellos las personas más importantes de sus vidas y necesitan sentir que ellos son nuestra prioridad, que los elegimos y que no son una tarea más de la que nos ocupamos con tedio, poco tiempo y fuerzas escasas.

Necesitan que establezcamos con ellos una relación. Un vínculo imprescindible que los construye, algo que —como todo lo realmente valioso e importante de la vida— se hace a fuego lento y con mucha calma. Con miradas que se devuelven, con exclamaciones que son escuchadas, con sonrisas compartidas. Demostrando a nuestros hijos que nos influyen, que nos importan, que sus cosas nos hacen ilusión, que nos preocupamos por sus problemas, que atendemos sus demandas. No siempre podemos, hay veces que no estamos para nada, pero lo importante es nuestro hacer cotidiano, la trayectoria de un camino que se recorre con cada paso, aunque a veces se detenga o parezca perderse en la nada. Hemos de recordar que los desencuentros y los errores son parte de las relaciones humanas, no meras posibilidades. Lo importante es la reparación del daño, ser conscientes, responsables y humildes. Saber desandar los pasos y rectificar el rumbo cuando haga falta.

Nuestros hijos necesitan que forjemos con ellos un vínculo seguro en el que nos mostremos como somos: reales y verdaderos, sinceros y conectados. Los vínculos son alimento y sustento de nuestra humanidad. Sin ellos, enloquecemos, morimos de inanición, pena y soledad.

Para construirlos y cuidarlos necesitamos tiempo. Tiempo para que lo más íntimo y personal suceda y que no nos encuentre corriendo, agotados, mirando el móvil y desganados. Ojalá fuera cierto que, con unos pocos minutos, si son de calidad, basta. Lo importante de la vida sucede en las pequeñas cosas. En lo cotidiano y aparentemente monótono, que necesita tiempo, estabilidad y calma, caricias y muestras de cariño que aumentan las conexiones cerebrales y moldean redes neuronales imprescindibles para vivir con la suficiente salud mental.

Hemos comprendido que la exigencia es mala compañera; que la culpa es lo menos transformador del universo; que el miedo y la rabia son endiabladas amenazas; que la búsqueda de respuestas fuera de nosotros, en nuevas o antiguas modas educativas, son nubes que nos alivian temporalmente, pero no nos ayudan a edificar las sólidas catedrales de apego y autenticidad que nuestros hijos precisan.

Con la renuncia al todo. Con la renuncia a la nada. Ni priorizándonos siempre, ni sometidos a demandas narcisistas que nos esclavizan y nos apagan. Con la paz y la serenidad de tener unas pocas prioridades claras. Comprendiendo que todo tiene sus tiempos. Que lo que hacemos hoy construye un mañana.

No podemos ni debemos serlo todo para nuestros hijos. Así tendrán el deseo de salir a un mundo lleno de posibilidades en el que encontrarán mucho de lo que les falta. Un mundo que tenemos que mostrarles despacito, en función de su edad y de sus capacidades, siendo filtro y parapeto de una sociedad invasiva que no respeta prácticamente nada.

Saber que no podemos dárselo todo alivia nuestra angustia y la exigencia que nos mata. Pero no debe ser alimento de actitudes victimistas y refugio de narcisismos voraces que se disfrazan de impotencia barata.

Hemos comprendido que la igualdad por la que luchamos en el mundo adulto no tiene nada que ver con la jerarquía que debe haber dentro de nuestra casa. Que una cosa es respetar y comprender a nuestros hijos y otra no ejercer nuestras funciones, que se anclan en jerarquías necesarias. Un «no» con sentido no traumatiza. Un «no» coherente establece límites y es muestra de cuidado, implicación, responsabilidad, coherencia y confianza.

Necesitamos ser conscientes y responsabilizarnos de nuestros cuidados y de nuestro bienestar de manera activa. Buscar con alegría el sentido que nos llena y reconocer las dificultades que nos arrebatan la calma, la estabilidad y la sonrisa.

Conocernos, tolerarnos, cuidarnos, querernos y evolucionar es el primer paso para crear el vínculo real e íntimo que nuestros hijos precisan. Las madres y los padres más felices son los que pueden ser espontáneos, los que se conocen, los que se permiten marchar conectados consigo mismos, los que no viven en permanente huida ni con la coraza defensiva puesta, sino que se mantienen abiertos, conectados y flexibles para incorporar todo lo grande y pequeño que aprenden de sus hijos y de sí mismos a través de sus hijos. Winnicott nos enseñó qué es el *dinamismo psíquico*. Postuló que vivimos en una continua elaboración de todo lo que somos, que nuestra mente se encuentra en un equilibrio dinámico que implica cierto grado de inestabilidad, y, aunque nos desconcierta, nos permite ser flexibles y evolucionar al lado de nuestros hijos.

Y aunque las respuestas están en nosotros, tenemos que aceptar que solos no podemos. Necesitamos una red social sincera que nos sustente cuando nos hace falta. El respeto y la comprensión de las personas que nos rodean, su testimonio y compañía, el apoyo mutuo y la sensación de pertenencia.

La crianza es una carrera de fondo, como también lo es construir un hogar y hacerlo nuestro. Compartir aficiones con nuestros hijos, crear experiencias, forjar ilusiones, conocerlos en los días buenos y malos. Permitirles ser, porque nos lo permitimos a nosotros mismos. Que puedan ser en nuestra presencia. Que puedan experimentar la libertad de expresar su verdadero yo, porque los miramos desde la aceptación y sin censuras, sin que tengamos una expectativa previa que deben cumplir, ni una falta o vacío nuestro que rellenar. Adornemos nuestros días juntos de experiencias reconfortantes, que siempre serán un refugio de recuerdos. Ampliemos los horizonte. Cortemos las amarras de una vida siempre feliz que tanto nos atan.

Compartiendo con una actitud alegre y optimista la alegría por vivir, viendo todo lo bueno que somos. Esto es uno de los regalos más valiosos que podemos hacer a nuestros hijos. Porque la ilusión invade entonces su identidad en construcción, permitiendo que las opciones realistas se hagan posibles y la confianza en el propio valor sea un suelo firme sobre el que edificar una vida.

Somos suficientes. Tenemos el amor y la capacidad para cuidar de nuestros hijos y ayudarlos a crecer con la suficiente salud mental. Ellos nos aman incondicionalmente y necesitan y quieren que seamos nosotros los que los acompañemos a lo largo de su vida. Al principio, refugiados entre nuestros brazos. Más tarde, cerca y de la mano. Después, envolviéndolos con la mirada y la sonrisa para más tarde darles el relevo y dejarles volar surcando los infinitos cielos turquesa. Los mismos que en primavera y otoño se muestran de un rosa imposible y de un dorado nacarado.

Bibliografía

Aberastury, Arminda, *Aportaciones al psicoanálisis de niños*, Barcelona, Paidós, 1971.

—, *El niño y sus juegos*, Buenos Aires, Paidós, 1998.

—, *Psicoanálisis de niños y sus aplicaciones*, Barcelona, Paidós, 1998.

American Psychiatric Association, DSM-5. Manual diagnóstico y estadístico de los trastornos mentales, Madrid, Médica Panamericana, 2014.

Ansermet, Françoise y Magistretti, Pierre, «Neurociencias y psicoanálisis», *Cuadernos de psiquiatría y psicoterapia del niño y del adolescente*, vol. 43-44, 2007, págs. 5-16.

—, *A cada cual su cerebro*, Buenos Aires, Katz, 2006.

Anzieu, Annie *et al.*, *El juego en psicoterapia del niño*, Madrid, Biblioteca Nueva, 2010.

Aulagnier, Piera, *El aprendiz de historiador y el maestro brujo*, Buenos Aires/Madrid, Amorrortu, 2015.

Barudy, Jorge, *Los buenos tratos a la infancia*, Barcelona, Gedisa, 2009.

Bettelheim, Bruno, *La fortaleza vacía*, Barcelona, Paidós, 2021.

—, *Psicoanálisis de los cuentos de hadas*, Barcelona, Booket, 2012.

—, *Con el amor no basta*, Barcelona, Hogar del Libro, 1983.

Blos, Peter, *La transición adolescente*, Buenos Aires/Madrid, Amorrortu, 2003 [1981].

—, *Los comienzos de la adolescencia*, Buenos Aires/Madrid, Amorrortu, 1993.

—, *Psicoanálisis de la adolescencia*, Ciudad de México, Joaquín Mortiz, 1971.

Boland, Robert Joseph; Verduin, Marcia L. y Ruiz, Pedro, *Kaplan & Sadock: Sinopsis de psiquiatría*, Barcelona, Wolter Kluwer, 2015.

Bowlby, John, *El apego y la pérdida*, Barcelona, Paidós, 2023.

—, *El vínculo afectivo*, Barcelona, Paidós, 1993.
—, *La separación afectiva, Barcelona*, Paidós, 1985.
Brazelton, T. Berry y Cramer, Bertrand G., *La relación más temprana*, Barcelona, Paidós, 1993.
Bürgin, Dieter, «La escuela, lugar terapéutico», *Cuadernos de psiquiatría y psicoterapia del niño y del adolescente*, vol. 26, 1998, págs. 59-72.
Bursztejn, Claude, «Psicoterapia durante el período de latencia», *Cuadernos de psiquiatría y psicoterapia del niño y del adolescente*, vol. 26, 1998, págs. 73-86.
Damasio, Antonio, *En busca de Spinoza*, Barcelona, Destino, 2018.
de Ajuriaguerra, Jean, *Manual de psiquiatría infantil*, Barcelona, Masson, 1973.
—, *Manual de psiquiatría infantil*, Barcelona, Elsevier Masson, 1973.
del Olmo, Carolina, *¿Dónde está mi tribu?*, Madrid, Clave Intelectual, 2013.
Diatkine, René; Ferreiro, Emilia; Reinoso, E. García; Lebovici, Serge y Volnovich, Juan Carlos, *Problemas de la interpretación en psicoanálisis de niños*, Barcelona, Gedisa, 1981.
Dolto, Françoise, *La causa de los niños*, Barcelona, Paidós, 2007.
—, *La dificultad de vivir, tomos I y II*, Barcelona, Gedisa, 2010.
—, *La imagen inconsciente del cuerpo*, Barcelona, Paidós, 2010.
—, *Psicoanálisis y pediatría*, Madrid, Siglo XXI de España Editores, 2005.
— y Nasio, Juan David, *El niño del espejo. El trabajo terapéutico*, Barcelona, Gedisa, 2009.
Errasti, José y Pérez Álvarez, Marino, *Nadie nace en un cuerpo equivocado*, Barcelona, Deusto, 2022.
Fausto-Sterling, Anne, *Cuerpos sexuados*, Tenerife, Melusina, 2020 [2006].
Fonagy, Peter, *Teoría del apego y psicoanálisis*, Barcelona, Espaxs, 2004.
Freud, Anna, *El yo y los mecanismos de defensa*, Barcelona, Paidós, 1981.
—, *Normalidad y patología en la niñez*, Barcelona, Paidós, 1991.
—, *Psicoanálisis del desarrollo del niño y del adolescente*, Barcelona, Paidós, 1992.
Freud, Sigmund, «Análisis de una fobia infantil. "El caso Hans"», en *Obras completas*, tomo X, Buenos Aires/Madrid, Amorrortu, 2012 [1902].
—, «Tres ensayos sobre teoría sexual. La sexualidad infantil», en *Obras completas*, tomo XI, Buenos Aires/Madrid, Amorrortu, 2013 [1905].
—, *Obras completas*, Madrid, Biblioteca Nueva, 2013.

Geissman, Claudine y Houzel, Didier (comps.), *Psicoterapias del niño y del adolescente*, Madrid, Síntesis, 2003.
Geissmann, Claudine y Pierre, *Historia del psicoanálisis infantil,* Madrid, Síntesis, 2003.
Gutton, Philippe, *El bebé del psicoanalista*, Buenos Aires/Madrid, Amorrortu, 1988.
Johnson, Sue, *Abrázame fuerte*, Barcelona, Alba, 2019.
Klein, Melanie, «Envidia y gratitud», en *Obras completas,* tomo III, Barcelona, Paidós, 1998.
Kreisler, León; Fain, Michel y Soulé, Michel, *El niño y su cuerpo*, Buenos Aires/Madrid, Amorrortu, 1999.
Laplanche, Jean y Pontalis, Jean Bertrand, *Diccionario de psicoanálisis*, Barcelona, Paidós, 1996.
Lebovici, Serge, *El lactante, su madre y el psicoanalista*, Buenos Aires/Madrid, Amorrortu, 2013.
Leclaire, Serge, *Matan a un niño*, Buenos Aires/Madrid, Amorrortu, 2010.
Lishman, William Alwyn, *Organic Psychiatry: The Psycological Consequences of Cerebral Disorder*, Nueva Jersey, Blackwell, 2005 [1978].
Mahler, Margaret S., «Sobre los conceptos de simbiosis y separación individuación», *Simbiosis humana: las vicisitudes de la individualización*, México, Joaquín Mortiz, 1972.
Marrone, Mario, *La teoría del apego*, Madrid, Psimática, 2001.
McDougall, Joyce y Lebovici, Serge, *Diálogo con Sammy. Contribución al estudio de la psicosis infantil*, Buenos Aires, Paidós, 1973.
Moro, M. R. *et al.*, *Bébés et traumas*, Pensée Sauvage, 2006.
Ogden, Pat *et al.*, *El trauma y el cuerpo*, Bilbao, Desclée de Brouwer, 2009.
Perry, Bruce D., «Incubated In Terror: Neurodevelopmental Factors in the "Cycle of Violence"», en *Children, Youth and Violence: The Search for Solutions*, Osofsky, J. (comp.), Nueva York, Guilford Press, 1997, págs. 124-148.
Perry, Philippa, *El libro que tus padres hubieran leído*, Barcelona, Zenith, 2020.
Piaget, Jean, *Seis estudios de psicología*, Barcelona, Labor, 1991.
Roudinesco, Élisabeth, *El yo soberano*, Barcelona, Debate, 2023.
Rutter, Michael y Taylor, Eric, *Child and Adolescent Psychiatry*, Nueva Jersey, Blackwell, 2006 [1976].

Segal, Hanna, *Introducción a la obra de Melanie Klein*, Barcelona, Paidós, 1981.

Siegel, Daniel J., *Tormenta cerebral*, Barcelona, Alba, 2014.

Spitz, René A., *El primer año de vida del niño*, Ciudad de México, Fondo de Cultura Económica de México, 2000.

Stern, Daniel, *El mundo interpersonal del infante*, Barcelona, Paidós, 1991.

—, *La constelación maternal*, Barcelona, Paidós, 1997.

Tolón, Jesús Gómez y Gargallo, Alberto Carreras, «Neurogénesis y estructura modular de la conciencia», *Revista de la Asociación Española de Neuropsiquiatría*, vol. 88, octubre-diciembre de 2003, págs. 91-107.

Tustin, Frances, *Autismo y psicosis infantiles*, Barcelona, Paidós, 2010.

Vallejo Ruiloba, Julio, *Introducción a la psicología y a la psiquiatría*, Barcelona, Elsevier Masson, 2015.

Winnicott, Donald W., *Escritos de pediatría y psicoanálisis*, Barcelona, Paidós, 1999.

—, *Los procesos de maduración y el ambiente facilitador*, Barcelona Paidós, 1993.

—, *Realidad y juego*, Barcelona, Gedisa, 2008.

—, *El Hogar, Nuestro Punto de Partida*, Buenos Aires, Paidós, 1994.

Agradecimientos

En primer lugar, quiero agradecer a todos mis pacientes la confianza que un día en mí depositaron. Por darme la oportunidad de acompañarlos en un camino arduo, complejo y lleno de rincones oscuros que hemos podido transitar por ir de la mano. Por enseñarme todo aquello que no aparece en los libros de medicina y psiquiatría y que es la verdad desnuda del ser humano.

A todos los profesionales y compañeros que han compartido conmigo su conocimiento y su experiencia posibilitando que ejercer mi profesión sea un verdadero regalo.

A la Dra. Sara González y la Dra. Laura Moreno, su incondicional amistad y la posibilidad de caminar y evolucionar juntas en este apasionante viaje que un día comenzamos.

A Menchu R., por sembrar la duda.

A Carlos P., por ser parte de lo más importante.

A Rafael Cruz Roche, por enseñarme despacito lo que permanece oculto y precisa ser aceptado y elaborado.

A Miguela Arévalo, por hacerme comprender que, sin una red social saludable, no solo no podemos, sino que enfermamos.

A Begoña A., por ser aire fresco.

A Flora S. C., por su generosa historia.

A Patricia Fernández Martín, por su ética inquebrantable.

A Edu, por sostener lo que muchas veces ha sido insostenible.

A todas las personas que me apoyan en redes, por pedirme escribir este libro con tanta ilusión. Espero que sirva de luz en la densa niebla que desdibuja la confianza mínima sin la cual no podemos seguir caminando.

A mi editora, Elisabet Navarro, por su comprensión y su impulso.

A Planeta, por darme la posibilidad de dejar un legado.

A Belén Martí Junco, por su preciosa foto.

A WeJazz, por su maravillosa portada.

A la Dra. Lucía, mi pediatra, por su generoso prólogo.

A la Dra. Marian Rojas, por su valioso tiempo.

Y, sobre todo, quiero agradecer a mis hijos su amor y su apoyo incondicional sembrado de las pequeñas y grandes renuncias que han hecho para impulsarme, siempre… a volar alto.

En memoria de mi queridísima Nana.

booket